GRAMÁTICA
didáctica
del español

Leonardo Gómez Torrego

Proyecto editorial
Elsa Aguiar

Autoría
Leonardo Gómez Torrego

Índices y correspondencias
Marlene Díaz Marbán
Elena Díaz-Plaza Martín-Lorente
Elena Vázquez Risco

Diseño de interiores
Estudio SM

Diseño de cubierta
Estudio SM

Edición técnica
Marlene Díaz Marbán
Elena Díaz-Plaza Martín-Lorente
Elena Vázquez Risco

Coordinación editorial
Nieves Almarza Acedo
Yolanda Lozano Ramírez de Arellano

Dirección editorial
Concepción Maldonado González

Primera edición: julio 1997
Décima edición (revisada y actualizada): marzo 2011

CENTRO INTEGRAL DE ATENCIÓN AL CLIENTE
TEL. 902 12 13 23   FAX 902 24 12 22
clientes@grupo-sm.com
www.grupo-sm.com

Para más información fuera de España:
Grupo Editorial SM Internacional
Impresores, 2 - Urb. Prado del Espino
28660 Boadilla del Monte (Madrid) - España

Teléfono +34 91 422 88 00
Fax +34 91 422 61 09
E-mail: internacional@grupo-sm.com

© Leonardo Gómez Torrego – Ediciones SM, Madrid
ISBN: 978-84-675-4135-9 / Depósito legal: M-7906-2011
Impreso en la UE - *Printed in EU*

Presentación

A esta gramática la acompaña el adjetivo **didáctica** por varias razones:

- Porque los contenidos en ella vertidos se exponen con sencillez, con claridad y con un buen puñado de ejemplos en todos y cada uno de los epígrafes que contiene[1]. Y siempre en párrafos cortos, que hacen más fácil la lectura.

- Porque está salpicada de un buen número de llamadas de **Atención**, en recuadros especiales, que previenen al lector contra posibles equívocos y que lo alertan ante posibles confusiones demasiado frecuentes en las aulas.

- Porque abundan las **remisiones** de unos lugares a otros, donde se tratan los mismos fenómenos, y se añaden unos **índices temáticos** muy completos, que permiten llegar a un mismo concepto o término gramatical desde diversas entradas.

- Porque se ofrecen **correspondencias terminológicas**, bien al principio de la unidad correspondiente, bien en su interior, con vistas a que los lectores que han aprendido ciertos términos pertenecientes a escuelas gramaticales concretas sepan dónde situar un término y, en consecuencia, un concepto gramatical determinado.

- Porque se ajusta a un **diseño** claro y riguroso, y porque los distintos párrafos de cada capítulo o unidad se acompañan de **ladillos** cuya finalidad es la de orientar y guiar al lector en la búsqueda de la idea central que en cada párrafo se contiene.

- Porque muchos de los ejemplos de sintaxis llevan incorporados los **análisis sintácticos** correspondientes.

- Porque después de cada capítulo o bloque se presenta un buen número de **ejercicios**, cuyas **soluciones** se ofrecen al final. En este sentido, se trata de una gramática teórica y práctica.

- Porque se añaden informaciones de **norma**, con cuadros bien visibles. En una gramática didáctica no debe faltar el aspecto normativo, que, a pesar de lo que suele creerse, enriquece en muchos casos la reflexión gramatical. Reflexionar sobre laísmos, dequeísmos, quesuismos, usos anómalos de relativos, ciertas discordancias y concordancias viciadas, etc., lleva al lector y al lingüista a preguntarse los porqués de esos fenómenos y su adecuación más o menos violenta al sistema. En este sentido, la Normativa no se entiende como una mera lista de preceptos o imposiciones, sino como una ayuda más en la profundización del funcionamiento de una lengua[2].

---

[1] En aras de esta claridad, no hemos querido ser exhaustivos en la inserción del desdoblamiento de las flexiones morfológicas de género y número.

[2] Esta décima edición ha sido actualizada con las novedades y cambios normativos más señalados aparecidos en las últimas obras académicas: la *Ortografía de la lengua española* (2010), los dos primeros volúmenes de la *Nueva gramática de la lengua española* (2009), el *Diccionario panhispánico de dudas* (2005) y la vigesimosegunda edición del *Diccionario de la lengua española* (2001) con las enmiendas avanzadas en su versión digital.

Es evidente que una gramática como esta no puede desarrollar en profundidad los distintos aspectos gramaticales que trata. Se necesitaría una macrogramática compuesta de monografías diversas. No obstante, se ha intentado que en ella aparezca, aunque a veces solo esbozado, lo esencial de cada fenómeno gramatical.

Sin embargo, esta gramática presenta muchos aspectos de novedad que la hace, sin duda, más atractiva porque posiblemente —y eso siempre es saludable en la ciencia— el lector se vea obligado a discrepar o a discutir sobre algunos fenómenos concretos. ¡Qué difícil es que dos gramáticos estén siempre y en todo de acuerdo!

Por otra parte, se ha evitado dividir esta gramática en morfología y sintaxis, incluyendo en la morfología las clases de palabras (o partes de la oración) y en la sintaxis el estudio de las oraciones y grupos sintácticos, que es lo que normalmente se hace. Nosotros entendemos que la sintaxis también se ocupa, en parte, de las clases de palabras (sus combinaciones y funciones), por lo que hemos preferido dedicar un capítulo a las partes de la gramática, otro a las clases de palabras y otro a enunciados, oraciones y grupos sintácticos. No obstante, dada la tradicional división de la gramática en sintaxis y morfología, tan arraigada en la enseñanza de la lengua, la presente colección cuenta también con una obra dedicada a las cuestiones sintácticas (Análisis sintáctico. Teoría y práctica) y otra dedicada a las cuestiones morfológicas (Análisis morfológico. Teoría y práctica).

Creemos que esta gramática puede ser de gran utilidad para alumnos y profesores de niveles de enseñanza no universitaria y para estudiantes de Filología, así como para todas aquellas personas que demuestren un claro interés por el funcionamiento gramatical de nuestra lengua.

LEONARDO GÓMEZ TORREGO

Índice

3.3   Oración y conjuntos

Capítulo 4.   Fonética y fonología

4.1   Fonética y fonología

Capítulo 5. Ortografía

5.1 Ortografía de las letras

5.2 Ortografía de la sílaba

5.3 Ortografía de las palabras

Introducción

1.1 Introducción

1.1 | 1 | PARTES DE LA GRAMÁTICA

1.1 1.1 Consideraciones generales

La gramática comprende la morfología, la sintaxis y la fonología

Según algunos gramáticos, la gramática comprende solo la morfología y la sintaxis; según otros, abarca también el plano fónico, es decir, el de los sonidos y los fonemas [**4.1.2**].

La **semántica**, rama lingüística que se ocupa de los significados, no es una parte de la gramática, pero se tiene en cuenta para el control de los procedimientos formales que se aplican en la sintaxis y para la explicación de muchos fenómenos sintácticos.

* La **morfología** se ocupa de la estructura de las palabras, de sus componentes internos (raíces, temas, desinencias flexivas, desinencias derivativas o afijos...).

* A la **sintaxis** pertenece todo lo que tiene que ver con la combinatoria de palabras en los grupos sintácticos, en las oraciones. Asimismo, le corresponde el estudio de las funciones que las palabras o grupos sintácticos desempeñan en las oraciones, y, además, la clasificación de las oraciones.

* La **fonología** estudia las unidades mínimas sin significado, pero capaces de diferenciar significados, con las que formamos sílabas y palabras; es decir, estudia los fonemas.

En el estudio de las clases de palabras intervienen la sintaxis (combinación de palabras, funciones) y la morfología (la estructura interna de la palabra).

Por eso, esta gramática no identifica morfología con clases de palabras y sintaxis con oraciones, tal y como normalmente se viene haciendo, sino que consta de una primera parte llamada **clases de palabras**, donde intervienen la morfología flexiva y la sintaxis, y una segunda parte dedicada a **enunciados**, **oraciones** y **grupos sintácticos**, donde solo interviene la sintaxis.

Por otra parte, aunque la **ortografía** no es propiamente hablando una parte de la gramática, aquí se incluye por entenderse que es un complemento gramatical muy útil.

1.1 1.2 Significado, forma y función

En esta gramática se procuran diferenciar nítidamente conceptos como los de **significado**, **forma** y **función**, que tantas veces se mezclan indiscriminadamente. Así, una cosa es lo que signifiquen los sustantivos, adjetivos, verbos, etc., y otra la forma que adoptan y la función que desempeñan.

Se entiende por **forma** todo lo que en gramática tiene que ver con las combinaciones de un elemento con otros elementos gramaticales, y con las oposiciones a que dan lugar dos o más elementos en el sistema gramatical. Y por **función**, se entiende el papel relacional abstracto que un elemento determinado ejerce dentro de un grupo sintáctico o de una oración (a veces, desde fuera de la oración).

Así, si tenemos que hablar del sustantivo, diferenciamos su manera de significar, que le corresponde más a la semántica (personas, animales, objetos, cualidades, acciones, etc.) y a la lógica (el sustantivo significa 'sustancia'), de su forma (por un lado las oposiciones masculino/femenino, singular/plural, y por otro, sus combinaciones con determinativos [artículos, cuantificadores...]), y de su función (el papel de núcleo en un grupo nominal o el de sujeto, complemento directo, etc., en una oración). La **forma** y la **función** son los dos aspectos inherentes a la gramática. Conviene, no obstante, hacer dos observaciones:

• Que la semántica (disciplina que se ocupa de los significados léxicos y gramaticales), aunque no es una parte de la gramática, sí la impregna o la cruza. Eso quiere decir que muchos aspectos significativos de sustantivos, adjetivos, verbos, etc., repercuten en la sintaxis. Así, un sustantivo como *libro,* que designa un objeto físico, y otro como *destrucción,* que, por ser derivado de un verbo transitivo [**2.5.18**], significa acción o resultado, poseen comportamientos sintácticos diferentes precisamente por sus formas de significar. Entre otras cosas, el sustantivo *destrucción* puede ir acompañado de un complemento agente (*la destrucción de la ciudad por los bárbaros*), y *libro,* no. Eso quiere decir que en la gramática debe contarse siempre con la semántica, a pesar de que, como se ha dicho, esta disciplina no es, propiamente hablando, parte de aquella.

• Que al hablar de **función** nos referimos a las funciones sintácticas (sujeto, complemento directo, modificador, etc.) y no a las semánticas (paciente, lugar, instrumento, etc.). Sin embargo, las informativas (como tópico o tema, rema, etc.) sí pueden concebirse también como sintácticas.

1.1 | 2 | LA MORFOLOGÍA: OBJETO DE ESTUDIO

Morfología: se ocupa de la forma y de los componentes internos de las palabras

La morfología estudia la forma y las combinaciones de los componentes internos de las palabras.

1.1 2.1 Morfología y morfemas

Morfemas: componentes internos de una palabra

Los componentes internos de una palabra se llaman **morfemas** o **monemas** y son unidades mínimas (no se pueden dividir más) con significado. Se clasifican de la manera siguiente:

Clases: raíz, base léxica, desinencias y afijos

- **Raíz.** Es el segmento morfológico que queda una vez eliminados los morfemas derivativos y flexivos. Ejemplos:

    man-ec-illa-s   *lent-itud*   *pequeñ-it-a-s*

- **Base léxica.** Es una palabra que tiene independencia gramatical, a la que se añaden morfemas derivativos y flexivos. Ejemplos:

    manecillas: mano (base léxica), *man-* (raíz)
    lentitud: lento, a (base léxica), *lent-* (raíz)

    Cuando la raíz se corresponde con una palabra independiente, la raíz y la base léxica coinciden. Ejemplos:

    mar-in-er-o   *pan-ec-illo*
    raíz y base léxica   raíz y base léxica

- **Morfemas desinenciales o flexivos.** Son las terminaciones de una palabra que indican los significados gramaticales de género, número, persona, tiempo, modo y aspecto.

    Cuando el morfema no se manifiesta con una marca exterior pero se opone a otro o a otros, se habla de **marca cero** de un morfema. Ejemplos:

    -s es la marca del morfema de plural en *casa-s*
    -a es la marca de género femenino en *niñ-a*
    -Ø es la marca de singular en *niñ-a*

    En los verbos se intercala un morfema, llamado **vocal temática**, entre la raíz y los morfemas flexivos correspondientes, que indica la conjugación a la que pertenece el verbo. Ejemplos:

    1.ª conjugación: *cant-a-r, cant-a-ndo, cant-a-do*
    2.ª conjugación: *tem-e-r, tem-e-r-é, tem-e-r-ía*
    3.ª conjugación: *part-i-r, part-i-r-é, part-i-r-ía*

    En ocasiones, la vocal temática desaparece (*tem-o*) o sufre variaciones (*tem-ie-ndo*). El segmento formado por la raíz y la vocal temática se llama **tema**.

- **Morfemas afijales o derivativos.** Son ciertos segmentos que no son desinencias, que preceden o siguen a una raíz o morfema léxico y que no tienen autonomía fuera de la palabra.

    Aportan significados muy variados como lugar, acción, cualidad, etcétera. Ejemplo:

    -ero significa: acción en *rem-ero* y lugar en *perch-ero*.

1.1 2.2 Clases de morfología

En relación con los componentes que se adhieren a la raíz, cabe hablar de dos tipos de morfología:

* **Morfología flexiva.** Se ocupa exclusivamente de los significados gramaticales de género [**2.1.5**] y número [**2.1.7**] en los sustantivos, adjetivos, determinativos, algunos pronombres, y de los de número [**2.5.5**], persona [**2.5.5**], tiempo [**2.5.7**], modo [**2.5.5**] y aspecto [**2.5.7**] en los verbos. Las marcas de estos significados gramaticales se denominan **desinencias**, y las oposiciones entre ellas, **flexión**. Ejemplos:

    niños: niñ- (raíz), *-o-* (género masculino), *-s* (número plural)
    amábamos: am- (raíz), *-á-* (1.ª conjugación), *-ba-* (tiempo pasado y modo indicativo), *-mos* (1.ª persona y número plural)

Dos tipos de morfología: flexiva y derivativa

ATENCIÓN

En la flexión hay que tener en cuenta que a veces un significado desinencial se manifiesta con una marca cero. Ejemplo:

niño: niñ- (raíz), *-o* (desinencia de género masculino) y Ø (marca cero: número singular)

El número singular de sustantivos, adjetivos y determinativos se justifica porque se opone a la desinencia de plural marcada con *-s* o *-es*. Ejemplos:

niño/niños   *árbol/árboles*   *azul/azules*

---

* **Morfología derivativa y compositiva.** La morfología no solo estudia las desinencias de ciertas palabras, sino también otros segmentos que o bien preceden a la raíz o bien la siguen, pero que siempre van delante de las desinencias si las hubiera. Estos segmentos se llaman **afijos**.

    Por otra parte, hay palabras (como *carricoche*) que se componen de varias raíces.

1.1 2.3 Elementos compositivos

Hay palabras en cuya formación intervienen componentes que tienen autonomía, o sea, que pueden actuar como palabras por sí mismos (a veces, con alguna pequeña variación) o que ya eran palabras en otras lenguas como el latín o el griego. Ejemplos:

    carricoche (*carro* + *coche*)
    xenofobia (*xenos*, 'extranjero', y *fobeo*, 'temer', 'odiar')

1.1 2.4 Clases de palabras

En relación con los morfemas afijales y los elementos compositivos, las palabras se clasifican de la siguiente manera:

1.1 | 2 | **LA MORFOLOGÍA: OBJETO DE ESTUDIO**

Clases de palabras según sus morfemas afijales y elementos compositivos

- **Primitivas.** Son las palabras que constan de morfema léxico y que no llevan ni morfemas afijales ni elementos compositivos. Ejemplos:

pan	*coche*	*leche*	*mar*

- **Prefijadas.** Son las palabras que añaden a la raíz o tema, por delante, un afijo llamado **prefijo**. Ejemplos:

in-finito	*a-moral*	*re-lanzar*	*des-hacer*

- **Derivadas.** Son las palabras que añaden a la raíz, por detrás, un afijo (o varios) llamado **sufijo**. Ejemplos:

mes-illa	*cart-ero*	*cart-er-ista*	*bell-eza*

- **Compuestas.** Son las palabras que se han formado con dos o más raíces o morfemas léxicos. Ejemplos:

  vierteaguas: vierte + aguas   *aguanieve: agua + nieve*
  guardapolvos: guarda + polvos   *chupatintas: chupa + tintas*

- **Parasintéticas.** Generalmente, las palabras parasintéticas se interpretan de dos formas diferentes:

  - Como palabras que incluyen a la vez dos (o más) elementos compositivos y algún sufijo. Ejemplos:

    misa-cant-ano   *barrio-baj-ero*   *quince-añ-ero*

  - Como palabras derivadas que se forman añadiendo a la vez un prefijo y un sufijo con la particularidad de que, solo con el prefijo, o solo con el sufijo, la palabra no existe. Ejemplos:

    alma → *des-alma-do*   *viejo* → *en-vej-ec-er*

ATENCIÓN

- Una palabra puede haber sido históricamente compuesta y sentirse hoy como primitiva. Ejemplo:

  antojo se formó con *ante* + *oculum* → *ant(e)ojo*.

  Sin embargo, hoy se siente ya como primitiva.

- Para algunos gramáticos, las palabras prefijadas son una variante de las derivadas.

- Se duda si considerar ciertos segmentos procedentes de palabras griegas o latinas como prefijos o sufijos o como elementos compositivos. Ejemplos:

  autocontrol: auto- es considerado prefijo por unos y elemento compositivo por otros.
  lumbalgia: -algia es para unos un sufijo y para otros un elemento compositivo.

- Hay palabras en que los dos elementos que las componen eran palabras autónomas en latín o en griego, por lo que en estos casos es preferible hablar solo de elementos compositivos. Ejemplos:

  xenofobia (xeno + fobia) ('odio a lo extranjero')
  neuralgia (neur[o] + algia) ('dolor nervioso')

- Se duda, asimismo, si las palabras formadas con una preposición delante de un morfema léxico deben considerarse prefijadas o compuestas. Ejemplos:

  sinvergüenza   *anteojo*
  sinsabor   *contramanifestación*

- Algunos gramáticos clasifican los morfemas en trabados (desinencias, sufijos, prefijos) y en libres. Estos últimos serían las preposiciones, las conjunciones y el artículo.

1.1 2.5 Los prefijos

Los prefijos son morfemas afijales que preceden a un morfema léxico o raíz (o tema) y que carecen y han carecido de autonomía. Hay palabras que llevan delante más de un prefijo. Ejemplos:

Prefijos: morfemas afijales que preceden a la raíz o tema

  des-en-terrar   *des-com-poner*

- Los prefijos no cambian la categoría de la palabra. Ejemplos:

Características

  enterrar es un verbo → *desenterrar* también lo es
  juicio es un sustantivo → *prejuicio* también lo es
  moral es un adjetivo → *amoral* o *inmoral* también lo son

- Sin embargo, modernamente los prefijos *multi-*, *anti-* y *pos-* sí parecen convertir los sustantivos en adjetivos, aunque dichos sustantivos también pueden entenderse como sustantivos prefijados apositivos. Ejemplos:

  productos multiuso   *línea multiservicio*
  producto antiarrugas   *sistema antirrobo*
  tratamiento posparto   *faros antiniebla*

- Los prefijos suelen aportar significados nuevos. Ejemplos:

  re- en *releer* significa 'volver a'
  re- en *recular* significa 'hacia atrás'
  re- en *relimpio* es un intensificador

  Eso quiere decir que algunos prefijos son polisémicos. Ejemplo:

  in- (con sus variantes *im-* e *i-*) → significa 'no' en *infinito*, *imposible* o *ilegible*

  → significa 'dentro' en *inhumar* o *innato*

- Algunos prefijos aportan un significado intensificador. Ejemplos:

  archi- en *archimillonario...*
  extra- en *extraordinario...*

> *híper-* en *hipersensible...*
> *re-* en *relimpio, reguapo, relisto...*
> *requete-* en *requeteguapo, requetelimpio...*
> *súper-* en *superelegante, superfino...*

- Ciertos prefijos se unen a morfemas léxicos o raíces que, sin ellos, no existen como palabras autónomas. Ejemplos:

*cular (de *recular*)	**térrito* (de *im-per-térrito*)
*humar (de *inhumar*)	**mersión* (de *inmersión*)

En estos casos, deducimos el morfema léxico de otras palabras de la misma familia léxica. Ejemplos:

recular → *culo*	*impertérrito* → *terror*
inhumar → *humus*	*inmersión* → *emerger*

1.1 2.6 Los sufijos

Sufijos: morfemas afijales que se añaden por detrás a un morfema léxico o tema

Los sufijos son morfemas afijales que se añaden por detrás a un morfema léxico o tema. A veces, se forma una cadena sufijal para un mismo morfema léxico. Ejemplos:

ros-al-eda	*cristi-an-dad*
españ-ol-ada	*informat-iza-ción*

Dos tipos: los de significado gramatical y los de significado léxico

Se pueden distinguir dos clases de sufijos: los que tienen un significado meramente gramatical y los que aportan un nuevo significado léxico.

1.1 2.7 Sufijos de significado gramatical

Los de las formas no personales del verbo

Estos sufijos son los de las formas no personales [**2.5.2**] del verbo. Ejemplos:

> El sufijo de infinitivo es *-r*: *ama-r, teme-r, parti-r*
> El sufijo de gerundio es *-ndo*: *ama-ndo, temie-ndo, partie-ndo*
> El sufijo de participio es *-do*: *ama-do, temi-do, parti-do*

Los significados de estos sufijos son gramaticales, concretamente aspectuales.

1.1 2.8 Sufijos de significado no gramatical

Sufijos no gramaticales: obligatorios y potestativos

Estos sufijos se subdividen a su vez en las clases siguientes:

- **Obligatorios.** Son sufijos que aportan un significado nuevo que apunta a un concepto o a una realidad distintos de los que designa la raíz. Ejemplos:

En *lechero*, el sufijo *-ero* significa 'persona que realiza una acción'. En este caso, 'persona que vende leche'.

En *monedero*, ese mismo sufijo significa 'lugar'. En este caso, 'lugar donde se guardan las monedas'.

Muchos de estos sufijos presentan la particularidad de cambiar la categoría de una palabra. Ejemplo:

Un sufijo como *-e* convierte los verbos en sustantivos:
acusar → acuse (el), ajustar → ajuste (el), cesar → cese (el).

Pero no siempre los sufijos cambian la categoría de la palabra. Ejemplos:

lobo → lobezno   *percha → perchero*
rosa → rosal   *gris → grisáceo*

- **Potestativos.** Estos sufijos no crean palabras que designen conceptos o realidades nuevas, sino que matizan semánticamente lo designado por la raíz desde un punto de vista afectivo o expresivo. Ejemplos:

  ojazos: no hay un concepto nuevo, sino un valor expresivo de admiración en el hablante.
  mesita: lo que añade *-ita* es un valor afectivo.
  importantísimo: *-ísimo* es un intensificador de *importante*.

Además, estos sufijos nunca cambian la categoría de la palabra a la que se añaden.

Los sufijos potestativos pueden ser de varias clases: diminutivos, aumentativos, despectivos, superlativos y familiares.

Tipos de sufijos potestativos

- Los **diminutivos** suelen aportar valores expresivos de afecto, cariño, entusiasmo, emoción, etc. (acompañados o no de la idea de disminución o pequeñez).

Diminutivos: expresivos o apelativos

  Pero también pueden aportar valores apelativos; es decir, se usan no solo para expresar un sentimiento del hablante (valor expresivo), sino también para mover la voluntad del oyente. Ejemplos:

  abuelita: manifiesta cariño.
  momentito: se intenta que el oyente no se impaciente.
  limosnita: se intenta conmover al interlocutor.

  Así pues, los diminutivos unas veces son meramente expresivos o afectivos, y otras, apelativos o conativos.

  Los diminutivos presentan las formas siguientes:

  -ete, -eta: *guapete, guapeta*
  -illo, -illa: *ratillo, chiquilla*
  -ito, -ita: *abuelito, abuelita*
  -uelo, -uela: *tontuelo, tontuela*

En zonas dialectales:

-ico, -ica: ratico, ratica
-ín, -ina: pobrín, tontina
-iño, -iña: pobriño, pobriña
-uco, -uca: papeluco, casuca

Los diminutivos se añaden a sustantivos y adjetivos, y en el caso sobre todo de *-ito, -ita*, también a algunos adverbios, a algunos gerundios y a algunos determinativos. Ejemplos:

Adverbios: *cerquita, lejitos, prontito, lueguito, ahorita*
Gerundios: *corriendito*
Determinativos: *poquito, poquita, todito, todita*

Aumentativos: aportan valores de aumento, de rechazo, desprecio o cariño
• Los **aumentativos** aportan valores de aumento, de admiración o de engrandecimiento, acompañados o no de otros como rechazo, desprecio, cariño, etc.

Las formas suelen ser las siguientes:

-azo, -aza: buenazo, buenaza
-ón, -ona: grandón, grandona
-ote, -ota: grandote, grandota

Los aumentativos se añaden a sustantivos y adjetivos y, en casos aislados, a adverbios. Ejemplos:

arribota   *lejotes*

Despectivos: indican desprecio y a veces afecto
• Los **despectivos** indican siempre desprecio, mezclado a veces con afecto. Sus formas son:

-ajo, -aja: pequeñajo, pequeñaja
-ejo, -eja: pillejo, calleja

Hay otros sufijos con valor despectivo pero muy poco productivos como:

-acho: ricacho   *-astro: poetastro*
-ato: cegato   *-ica: acusica*
-orrio: villorrio   *-orro: secorro*
-ucho: feúcho   *-zuelo, -zuela: reyezuelo, mujerzuela*

Superlativos
• **Sufijos superlativos.** Para estos sufijos, ver [**2.2.3**].

Familiares
• **Sufijos familiares.** Algunos sufijos potestativos encierran significados de ironía, desprecio, etc., pero tienen un marcado carácter familiar. Ejemplos:

viv-ales   *fresc-ales*
guap-eras   *fin-olis*

ATENCIÓN

Un sufijo que es potestativo se convierte en obligatorio cuando la palabra entera adquiere un nuevo significado. Ejemplos:

> manitas → un manitas ('hábil')
> carota → un carota ('sinvergüenza')
> manazas → un manazas ('torpe')

Por otra parte, los sufijos potestativos se conocen también con el nombre de **apreciativos**.

1.1 2.9 Significado de los sufijos

● Significado de los sufijos obligatorios

Los significados de estos sufijos son muy variados. He aquí algunos:

- Origen y procedencia:

  -ano, -ana: asturiano, asturiana
  -eno, -ena: chileno, chilena
  -ense: almeriense
  -eño, -eña: madrileño, madrileña
  -és, -esa: genovés, genovesa
  -í: marroquí
  -ín, -ina: mallorquín, mallorquina
  -ino, -ina: granadino, granadina
  -ita: israelita
  -o, -a: sueco, sueca
  -ol, -ola: español, española

  Las palabras de este tipo, que designan personas procedentes de lugares geográficos, se llaman **gentilicios**.

- Colectividad:

-ada: yeguada	*-ado:* profesorado
-aje: equipaje	*-al:* instrumental
-ambre: pelambre	*-amen:* velamen
-amenta: cornamenta	*-erío:* caserío
-ería: palabrería	*-ío:* gentío

- Lugar:

-ada: embajada	*-ado:* condado
-al: trigal	*-ar:* encinar
-ario: campanario	*-dor:* comedor
-dromo: canódromo	*-eda:* rosaleda
-edo: viñedo	*-era:* gasolinera
-ería: consejería	*-ero:* trastero
-ía: peluquería	*-teca:* discoteca
-torio: consultorio	

- Acción o efecto:

-a: marcha	*-ada: llamada*
-ado: revelado	*-aje: patinaje*
-anza: tardanza	*-ata: caminata*
-ato: asesinato	*-azgo: hallazgo*
-azón: quemazón	*-ción: grabación*
-da: salida	*-do: silbido*
-dura: mordedura	*-e: ajuste*
-eo: tapeo	*-ería: cacería*
-ía: habladuría	*-idad: caducidad*
-mento: ligamento	*-miento: pensamiento*
-o: olvido	*-toria: dedicatoria*

- Profesión, dignidad o cargo:

-ado: secretariado	*-ario, -aria: empresario,*
-ato: decanato	*empresaria*
-ero, -era: ingeniero, ingeniera	*-azgo: maestrazgo*
-ista: modista	*-ía: alcaldía*

- Actor o agente:

-dor, -dora: narrador, narradora	*-ín, -ina: bailarín, bailarina*
-nte: traficante	*-ero, -era: panadero, panadera*
-or: cantor	

- Cualidad:

-az: vivaz	*-dad: bondad*
-ería: tontería	*-ez: idiotez*
-eza: agudeza	*-ia: contumacia*
-ía: majadería	*-icia: malicia*
-idad: tenacidad	*-or: dulzor*
-tud: amplitud	*-umbre: mansedumbre*
-ura: finura	

- Semejanza:

-áceo: grisáceo	*-ado: rosado*
-eo: marmóreo	*-uzco: parduzco*

- Crías de animales:

-ato: lobato	*-ezno, -ezna: lobezno, lobezna*
-in(o), -ina: palomino, palomina	*-ucho: aguilucho*

- Relación o pertenencia:

-esco: novelesco	*-estre: campestre*
-í: alfonsí	*-iano: mozartiano*
-icio: alimenticio	*-ico: volcánico*
-iego: mujeriego	*-il: infantil*
-íneo: apolíneo	*-ino: canino*
-ista: madridista	

- Instrumento:

-dera: regadera	*-dor, -dora: secador, secadora*

- Golpe o acción violentos reales o metafóricos:
  - *-ada:* pedrada *-azo:* frenazo
- Árbol:
  - *-al:* peral *-ano:* manzano
  - *-ero:* membrillero *-o:* guindo
- Abundancia:
  - *-oso:* tramposo *-udo:* barbudo
- Partición:
  - *-avo:* doceavo
- Doctrina, sistema, movimiento:
  - *-ismo:* romanticismo
- Deporte:
  - *-ismo:* atletismo *-aje:* patinaje
- Actitud:
  - *-ismo:* egoísmo *-ancia:* vagancia
- Modalidad:
  - *-mente:* fácilmente

1.1 2.10 Interfijos

A veces, entre la raíz y el sufijo o, más raramente, entre un prefijo y una raíz (dentro del tema) aparecen ciertos segmentos que no aportan significado (al menos en la gran mayoría de los casos), por lo que no pueden considerarse morfemas. Son, más bien, elementos de enlace dentro de la palabra. Ejemplos:

Interfijos: elementos de enlace dentro de la palabra

sol-*ec*-ito	pan-*ec*-illo	chup-*et*-ón
cafe-*l*-ito	te-*t*-era	cafe-*t*-e-ra
ris-*ot*-ada	joven-*z*-uelo	en-*s*-anchar

En algunos casos, el interfijo evita homonimias. Ejemplos:

solo → solito frente a solecito
mano → manotada frente a manada
chupar → chupetón frente a chupón

1.1 2.11 Las palabras compuestas según el tipo de raíces

Ya se ha dicho que las palabras compuestas están formadas por dos o más raíces que, por sí solas, constituyen palabras independientes. Pero hay que distinguir varias clases:

Palabras compuestas atendiendo a su raíz

- Palabras compuestas formadas con dos o más raíces españolas que no ofrecen ningún tipo de cambio fónico en la composición a excepción de la atonicidad del primer componente. Ejemplos:

boca + calle: bocacalle
guarda + espaldas: guardaespaldas
media + luna: medialuna
saca + corchos: sacacorchos
tío + vivo: tiovivo
vídeo + juego: videojuego

• Palabras compuestas con algún cambio gráfico. Ejemplo:

diez + y + seis: dieciséis

• Palabras compuestas con algún cambio fonético además de la atonicidad del primer componente. Ejemplos:

agrio + dulce: agridulce
carro + coche: carricoche
veinte + seis: veintiséis
verde + negro: verdinegro

• Palabras compuestas en que el primer componente no se hace átono. Son las palabras constituidas con una forma verbal y uno o dos pronombres personales átonos. Ejemplo:

entrega + se + lo: entrégaselo

• Palabras compuestas con dos lexemas que eran palabras autónomas en griego o en latín. Ejemplos:

audio + metro: audiómetro
auto + grafo: autógrafo
miso + ginia: misoginia
xeno + fobia: xenofobia

En casos como estos, los componentes han experimentado cambios en su adaptación al castellano.

• Palabras compuestas con lexemas castellanos que mantienen su sílaba tónica y que, en la escritura, suelen escribirse separadas por un guion. Ejemplos:

físico-químico   *teórico-práctico*   *anglo-egipcio*

En estos compuestos, solo el segundo componente es sensible a la concordancia. Ejemplo:

cuestión teórico-práctica

ATENCIÓN

Los adverbios acabados en *-mente* pueden considerarse palabras derivadas (*-mente* se siente hoy como sufijo) o palabras compuestas (el componente *-mente* es un sustantivo). En cualquier caso, son palabras que mantienen el acento o intensidad en cada uno de sus componentes. Ejemplo: *fácilmente*.

1.1 2.12 Clasificación de las palabras compuestas según las categorías

Las palabras compuestas pueden estar formadas de la siguiente manera: *Atendiendo a su categoría*

- Verbo y sustantivo. Ejemplos: *sacacorchos, abrelatas, correcalles, tirachinas, tentempié* (con incrustación del pronombre *te* y la preposición *en*)
- Sustantivo y sustantivo. Ejemplos: *bocacalle, bocamanga, carricoche, motobomba*
- Sustantivo y adjetivo. Ejemplos: *tiovivo, caradura, pelirrojo, cornicorto, vinagre*
- Adjetivo y adjetivo. Ejemplos: *agridulce, verdinegro*
- Verbo y verbo (con conjunción o sin ella). Ejemplos: *correveidile* (se añaden además un pronombre y una conjunción), *vaivén, comecome, hazmerreír* (con un pronombre incrustado)
- Verbo + *todo*. Ejemplos: *sabelotodo* (con incrustación del pronombre *lo*), *metomentodo* (con la incrustación del pronombre *me* y la preposición *en*)
- Cardinal y cardinal. Ejemplos: *dieciséis, veintidós*
- Cardinal y sustantivo. Ejemplos: *milhojas, ciempiés*
- Adverbio y sustantivo o adjetivo. Ejemplos: *bienpensante, maleducado, bienhechor*
- Adverbio y verbo. Ejemplos: *maleducar, malmeter, maldecir*
- Preposición, sustantivo y adjetivo. Ejemplos: *enhorabuena*
- Preposición, pronombre y adjetivo. Ejemplos: *ensimismar (en-símismo)*
- Determinativo y adjetivo. Ejemplo: *ambidextro*
- Adjetivo y sustantivo. Ejemplos: *medialuna, mediodía, altamar, salvoconducto, altavoz, todoterreno*
- Interjección y sustantivo. Ejemplo: *avemaría (¡ave! + María)*
- Sustantivo y posesivo. Ejemplo: *padrenuestro*

Clases de palabras

2.1 El sustantivo

Terminología

- Los **sustantivos** se denominan también **nombres**. No obstante, algunos gramáticos hablan de **nombres sustantivos**, que oponen a **nombres adjetivos**. En este caso se considera que tanto sustantivos como adjetivos son subclases del nombre.

- Los nombres o sustantivos **comunes** se conocen también con la denominación de **apelativos**.

- Los nombres o sustantivos **contables** se conocen también como **discontinuos**, y los no contables, como **continuos** y como **nombres de materia**.

2.1 | 1 | **EL SUSTANTIVO**

2.1 1.1 **Definición tradicional**

Definición semántica tradicional

Tradicionalmente, el sustantivo se ha definido como una palabra que sirve para designar personas, animales o cosas que tienen existencia independiente, ya en la realidad, ya por abstracción. Esta concepción no tiene en cuenta los aspectos formales, sino que se apoya exclusivamente en criterios semánticos.

Sin embargo, los criterios semánticos por sí solos no son suficientes para diferenciar los sustantivos de otras clases de palabras. El término *cosas* resulta muy vago, dado que un sustantivo puede designar, entre otros valores:

Necesidad de criterios puramente formales

• Objetos físicos. Ejemplos: *libro, mesa*

• Cualidades. Ejemplos: *belleza, caridad*

• Acciones. Ejemplos: *movimiento, agitación*

• Situaciones o propiedades. Ejemplos: *imaginación, creencia*

• Sentimientos. Ejemplos: *alegría, odio*

• Tiempo. Ejemplos: *mediodía, semana*

• Relación. Ejemplos: *amigo, vecino*

• Número. Ejemplos: *docena, centenar*

Por otra parte, los adjetivos [**2.2.1**] también pueden designar cualidades (*bello, caritativo*...), y los verbos [**2.5.1**] por lo general designan acciones (*mover, agitar*...). De ahí que la definición tradicional no sea muy adecuada. Por todo ello, es necesario aplicar criterios puramente formales para el reconocimiento del sustantivo.

2.1 1.2 **Características combinatorias del sustantivo**

Atendiendo a sus posibles combinaciones con otros elementos, el sustantivo presenta las siguientes características:

Combinación con el artículo y otros determinativos

• Puede aparecer con el artículo [**2.3.2**] y con otros determinativos [**2.3.1**]. Ejemplos:

la mesa	*mi libro*
ese movimiento	*mucha belleza*

Combinación con algunas formas de cuantificación

• Cualquier sustantivo puede siempre combinarse con las formas de cuantificación *mucho* (*mucha, muchos, muchas*), *cuanto* (*cuanta, cuantos, cuantas*), *tanto* (*tanta, tantos, tantas*) y *cuánto* (*cuánta, cuántos, cuántas*). Ejemplos:

mucho daño (*daño* es un sustantivo)
tantos insultos (*insultos* es un sustantivo)
cuánta gente (*gente* es un sustantivo)

Por el contrario:

*mucho rápido (*rápido* no es un sustantivo)
*cuánto lejos (*lejos* no es un sustantivo)

(Para casos como *muchos altos, tantos listos, mucho listo,* ver el apartado de la sustantivación [**2.3.3**]).

Esta característica es muy importante, ya que otras categorías o palabras, como los adjetivos y la mayoría de los adverbios [**2.6.1**] que admiten cuantificación, solo pueden ir acompañadas por las formas apocopadas de los cuantificadores *muy, tan* y *cuán.* Ejemplos:

Adjetivos: *muy bueno, tan seguro, ¡cuán simpático!*
Adverbios: *muy cerca, tan lejos, ¡cuán lejos!*

ATENCIÓN

Debe tenerse en cuenta que algunos adverbios admiten las formas plenas *mucho* y *tanto.* Ejemplos:

mucho antes	*mucho después*
mucho más	*tanto menos*

- Los sustantivos son siempre palabras tónicas y pertenecen a una clase abierta. Así, son sustantivos de creación reciente palabras como *horterada, amiguismo, aperturismo...*

Palabras tónicas que pertenecen a una clase abierta

2.1 1.3 Palabras que pueden funcionar como sustantivos y como adjetivos

Hay palabras que pueden funcionar como sustantivos y como adjetivos según el contexto en que aparecen. Ejemplos:

Sustantivo o adjetivo según el contexto

La palabra *joven* es sustantivo en *esos jóvenes.*
La palabra *joven* es adjetivo en *muy jóvenes.*

Por tanto, son las características combinatorias las que nos permiten decidir si estamos ante un sustantivo o un adjetivo. Ejemplos:

joven   *anciano*   *español*

Estas palabras funcionan como sustantivos en:

los jóvenes   *ese anciano*   *muchos españoles*

Y como adjetivos en las secuencias:

muy joven   *tan anciano*   *muy español*

| 2.1 | 2 | **CLASES DE SUSTANTIVOS (I)** |

Clasificaciones
semánticas de
utilidad desigual
Tradicionalmente, los sustantivos se han clasificado desde un punto de vista semántico o lógico. No obstante, algunas de estas clasificaciones pueden justificarse también desde un punto de vista sintáctico. Estas son las principales clases:

2.1 2.1 Sustantivos abstractos y sustantivos concretos

Una clasificación
lógico-filosófica
Los sustantivos se dividían en abstractos y concretos.

- Los **sustantivos abstractos** serían aquellos que no designan un objeto real, sino una cualidad de los seres, y solo serían aprehensibles por el intelecto. Ejemplos:

  belleza   *caridad*   *fe*   *vagancia*

- Los **sustantivos concretos** serían todos los que designan seres reales o que se pueden representar como tales y solo serían aprehensibles por los sentidos. Ejemplos:

  agua   *lápiz*   *piedra*   *casa*

Sin embargo, esta es una clasificación lógico-filosófica que no permite clasificar claramente sustantivos como *viento, semana, luz* y otros.

2.1 2.2 Sustantivos individuales y sustantivos colectivos

En la gramática tradicional, desde una perspectiva semántica se distinguían también los sustantivos colectivos de los sustantivos individuales.

- Los **sustantivos colectivos** serían los que designan conjuntos de entidades. Ejemplos:

  alameda   *pinar*   *ejército*   *rebaño*

- Los **sustantivos individuales** serían los que designan entidades individuales. Ejemplos:

  álamo   *pino*   *soldado*   *oveja*

Colectivos: si solo se
pueden combinar con
el adjetivo *numeroso*
Sin embargo, desde un punto de vista sintáctico, son colectivos solo los sustantivos combinables en singular con el adjetivo pospuesto *numeroso* (no con el determinativo *numeroso*, que se puede usar en plural y antepuesto, y que en ese caso significa 'abundante': *numerosas familias, numerosos pinares*). Ejemplos:

  familia numerosa   *rebaño numeroso*

frente a:

  *alameda numerosa   **pinar numeroso*

2.1 2.3 Sustantivos comunes y nombres propios

Los nombres o sustantivos se clasifican también en comunes y propios.

Propios: etiquetas identificativas de seres u objetos

- Los **nombres propios** son aquellos que señalan un determinado ser
entre los demás de su clase. No significan nada: individualizan seres,
pero no los clasifican. Son como etiquetas identificativas de seres y
objetos, instituciones, etc. Ejemplos:

  Antonio   Duero   Himalaya   París

Norma Nombres propios con artículos

Los nombres propios de persona no se combinan con artículo; de ahí que sea vulgar
decir:

  *la María   *el Manolo   *la Rocío

No obstante, conviene precisar:

- Si el nombre propio va especificado, es necesario el artículo. Ejemplos:

  el Manolo del otro día   la Rocío de la que te hablé

- Algunos nombres propios de personajes famosos pueden llevar artículo. Se trata de
un uso popular. Ejemplos:

  la Caballé   la Pardo Bazán

Son nombres propios los nombres de pila, los apellidos, los apodos o alias, los sustantivos que significan por antonomasia (*El Sal-
vador* —Jesucristo—), los topónimos, los nombres de ríos, arroyos,
mares..., los títulos de obras, los nombres de empresas, de instituciones, de organismos, etc.

- Los **sustantivos comunes** son todos los demás: no identifican un
ser en concreto, sino que designan todas las personas o cosas de
una misma clase. Ejemplos:

  hombre   río   montaña   ciudad

2.1 2.4 Sustantivos animados y no animados

Esta clasificación, basada únicamente en criterios semánticos, distingue entre sustantivos que designan seres considerados vivientes
(**sustantivos animados**) y sustantivos que designan seres carentes
de vida (**sustantivos inanimados**).

Animados: designan seres vivientes

Esta clasificación puede tener repercusiones sintácticas. Así, ciertos
verbos con sujeto animado llevan complemento directo, y con sujeto
no animado, complemento indirecto. Ejemplos:

  Juan asustó **a María**. → **la** asustó.
  A María le asusta (≃ **le** da miedo) la vida.

2.1 3 CLASES DE SUSTANTIVOS (y II)

2.1 3.1 Sustantivos contables y sustantivos no contables

Contar o no contar Los sustantivos se dividen también en contables y no contables:

- Son **sustantivos contables** aquellos que designan realidades que se pueden contar. Ejemplos:

  tres libros   *muchos pájaros*   *algunos casos*

- Son **sustantivos no contables** los que no se pueden contar, a no ser que nos refiramos con ellos a clases o variedades distintas. Ejemplos:

  *dos petróleos   **varias platas*   **tres aguas*

Son dos clases de sustantivos que se diferencian en las posibilidades combinatorias y en el aspecto funcional.

- **Diferencias combinatorias**

Diferencias combinatorias Los sustantivos contables:

- Son compatibles con numerales cardinales [**2.3.13**].
- Pueden aparecer en plural.
- Pueden combinarse con cuantificadores plurales sin que cambie el significado léxico.

Los sustantivos no contables:

- No admiten numerales cardinales ni pueden aparecer en plural (excepto si se convierten en contables con el significado de clase, modalidad...). Ejemplo:

  Estos dos petróleos son los mejores. → *Estas dos clases...*

- Se pueden construir con cuantificadores como *mucho, poco, bastante, tanto...*, pero no con sus plurales. Ejemplos:

  mucha fe (no **muchas fes*)   *mucha arena* (no **muchas arenas*)

- **Diferencias funcionales**

Diferencias funcionales Los sustantivos no contables pueden funcionar como complementos directos [**3.2.9**], y como sujetos de oraciones pasivas reflejas y de oraciones de *ser* + participio [**2.5.22**] sin necesidad de determinativos. Los sustantivos contables en singular no tienen ese comportamiento. Ejemplos:

  Complemento directo: *Quiero agua.* (**Quiero pájaro).*
  Sujeto de pasivas reflejas: *Se encontró oro.* (**Se encontró libro).*
  Ser + *participio: Fue encontrado carbón.* (**Fue encontrada carpeta).*

2.1 4.1 Núcleo del grupo nominal

Si atendemos a la función sintáctica, el sustantivo se caracteriza por poder funcionar como núcleo o centro de un grupo nominal [**3.2.3**]. Es decir, el sustantivo-núcleo es aquella palabra hacia la que convergen los demás elementos del grupo (determinativos, adjetivos, palabras o grupos con preposición, oraciones). Ejemplo:

El **libro** pequeño de Juan que leíste ayer.

El sustantivo funciona como núcleo del grupo nominal

- Además, el sustantivo, o el grupo al que pertenece, es capaz de desempeñar en la oración las funciones de sujeto [**3.1.4**], complemento directo [**3.2.9**], complemento indirecto [**3.2.11**] y complemento de régimen [**3.2.17**]. Ejemplos:

Otras funciones

Me apetece **agua**.   Prefiero **pan**.
Di el vaso **a Mario**.   Hablaron **de política**.

- También puede desempeñar la función de complemento circunstancial dentro de un grupo nominal sin preposición, o bien formando parte de un grupo con preposición. Ejemplos:

Te veré **el jueves**.   Lo comía **con ansia**.
Estuve **en casa**.   Lo hizo **sin ganas**.

- Asimismo, puede desempeñar la función de complemento agente de un participio o de otro sustantivo, si va precedido de las preposiciones *por* o *de*, y también la de atributo. Ejemplos:

Complemento agente: Odiado **por (de) los hombres**.
Complemento agente de otro sustantivo: La entrega de los rehenes **por los secuestradores**.
Atributo: Juan es **médico**.

- Por último, un sustantivo puede complementar a otro sustantivo (bien directamente [aposición], bien mediante una preposición), a un adjetivo o a un adverbio. Ejemplos:

A un sustantivo: ciudad **dormitorio** (aposición).

la casa **de Juan** (mediante preposición).

A un adjetivo: lleno **de satisfacción**.

A un adverbio: cerca **de casa**.

| **2.1** | 5 | **EL GÉNERO EN EL SUSTANTIVO** |

2.1 5.1 Género masculino y género femenino

Uno de los rasgos más característicos del sustantivo es el de poseer género gramatical.

Sexo y género gramatical No se deben confundir género y sexo. El género es un rasgo gramatical. El sexo, en cambio, es un rasgo biológico propio de algunos seres vivos. Género y sexo no siempre coinciden: existen sustantivos en los que el género es un rasgo gramatical inherente que no tiene reflejo en la realidad. Ejemplos:

la pared   *el muro*   *el ordenador*

Y existen seres que en la realidad presentan diferencias de sexo y se designan, en cambio, con un sustantivo sin variación de género. Ejemplos:

la ardilla macho   *la ardilla hembra*

Con respecto al género, hay dos clases de sustantivos:

Género inherente: concordancia con determinativos y adjetivos • Aquellos que tienen como rasgo propio o inherente el ser masculinos o femeninos. Ejemplos:

pared (es inherentemente femenino)
césped (es inherentemente masculino)

Pertenecen a este grupo los sustantivos que designan seres no animados y algunos que designan seres animados. En este caso, el género se manifiesta mediante la concordancia con determinativos y adjetivos. Ejemplos:

la, esta, alguna... **pared** *blanca* (es femenino porque se combina con determinativos y adjetivos femeninos)
el, ese, mucho... **césped** *cortado* (es masculino porque se combina con determinativos y adjetivos masculinos)

Género dependiente de la terminación • Aquellos que pueden ser masculinos o femeninos, dependiendo de la terminación o desinencia. Ejemplos:

chico/chica (son masculino y femenino en relación con las terminaciones con que aparecen)

En este caso es la diferente terminación la que manifiesta el género.

2.1 5.2 Las terminaciones o desinencias de género

Acabados en -a: femeninos; acabados en -o: masculinos • Aunque la mayoría de los sustantivos acabados en *-a* son femeninos y la mayoría de los acabados en *-o* son masculinos, esta correspondencia no es válida en todos los casos. Ejemplos:

	sustantivo femenino	sustantivo masculino
acabados en -a	casa margarita	mapa pijama
acabados en -o	mano nao	banco armario

Masculinos acabados en -a y femeninos acabados en -o

- Muchos sustantivos que designan seres animados se valen de las desinencias [**1.1.2.1**] o terminaciones para diferenciar no solo el género gramatical, sino también el sexo.

  Sustantivos que designan seres animados: desinencias

  - En estos casos, el femenino se suele marcar con la desinencia -a, y el masculino con las desinencias -e, -o o con la ausencia de una marca propia. Ejemplos:

    Desinencias -o/-a: chico-chica, gato-gata, perro-perra
    Desinencias -e/-a: nene-nena, jefe-jefa
    Sin marca Ø/-a: concejal-concejala, señor-señora

  - Existen, no obstante, otras desinencias para el femenino: -esa, -isa, -ina, -triz. Ejemplos:

    Otras desinencias de género femenino

    -esa: abad-abadesa, alcalde-alcaldesa, tigre-tigresa
    -isa: sacerdote-sacerdotisa, poeta-poetisa, papa-papisa
    -ina: héroe-heroína, gallo-gallina, rey-reina, jabalí-jabalina
    -triz: emperador-emperatriz, actor-actriz

  - En ocasiones, el género (y el sexo) de los seres animados se diferencia con la oposición de palabras y no con terminaciones. Este fenómeno se denomina **heteronimia**. Ejemplos:

    Género por oposición de palabras

padre-madre	hombre-mujer	varón-hembra
padrino-madrina	caballero-dama	caballo-yegua
yerno-nuera	toro (buey)-vaca	carnero-oveja

- Ciertos sustantivos no animados también presentan la oposición de género -o/-a no para marcar diferencias de sexo, sino para diferenciar contenidos relacionados con el tamaño, la forma o la distinción árbol-fruta. Ejemplos:

  Otros significados de la oposición -o/-a

  Tamaño o forma: cesto-cesta, cubo-cuba, jarro-jarra
  Árbol y fruta: manzano-manzana, guindo-guinda, naranjo-naranja

- Algunos sustantivos tienen un significado diferente según se combinen con determinativos o adjetivos de distinto género. Ejemplos:

  Sustantivos con diferente significado según el género del determinativo

el/la editorial	el/la frente	el/la corte
el/la orden	el/la cólera	el/la coma

Son casos de **sustantivos homónimos**.

2.1 | 6 | LOS GÉNEROS COMÚN Y AMBIGUO Y LOS SUSTANTIVOS EPICENOS

Los géneros del sustantivo, propiamente hablando, son exclusivamente el masculino y el femenino. Sin embargo, a veces se habla también de los géneros común, ambiguo y epiceno.

2.1 6.1 Sustantivos comunes en cuanto al género

Sustantivos comunes en cuanto al género: no tienen género propio

Se habla de **género común** para designar aquellos sustantivos que carecen de género propio, pero necesitan diferenciar el sexo, lo que hacen mediante el artículo u otros determinativos. Ejemplos:

> el/la estudiante el/la poeta el/la coleccionista

Sin embargo, es preferible, en estos casos, hablar de sustantivos **comunes en cuanto al género** (mejor que de género común).

● Son comunes en cuanto al género:

Sustantivos en -*ista*

● Los sustantivos formados con el sufijo -*ista.* Ejemplos:

> el/la artista el/la pianista el/la telefonista

Sustantivos en -*a*

● Los sustantivos de personas acabados en -*a.* Ejemplos:

> el/la comparsa el/la burócrata el/la logopeda

Sustantivos en -*e*

● Los sustantivos acabados en -*e.* Ejemplos:

> el/la paciente el/la intérprete el/la cónyuge

No obstante, algunos de estos sustantivos presentan excepciones, dado que tienen una forma específica para el femenino. Ejemplos:

> jefe-jefa (también *la jefe*) nene-nena sastre-sastra
> presidente-presidenta (también *la presidente*)
> dependiente-dependienta (también *la dependiente*)

Otros sustantivos

● Otros sustantivos comunes en cuanto al género. Ejemplos:

> el/la testigo el/la piloto el/la contralto
> el/la soprano el/la conserje el/la mártir

● Los sustantivos referidos a títulos y profesiones que, hasta hace poco, eran comunes en cuanto al género, se han desdoblado en masculinos y femeninos. Ejemplos:

> ministro-ministra notario-notaria abogado-abogada
> arquitecto-arquitecta ingeniero-ingeniera filósofo-filósofa

No desdobla, sin embargo, *canciller (el/la canciller).*

ATENCIÓN

El *Diccionario* académico registra el sustantivo *modista* como común en cuanto al género: *el/la modista.* Pero por primera vez en la edición de 1992 recoge también el masculino *modisto*, que supone una excepción con respecto a todos los sustantivos acabados en -*ista*.

2.1 6.2 Sustantivos ambiguos en cuanto al género

Algunos sustantivos no animados se dejan acompañar indistintamen- te por determinativos y adjetivos masculinos y femeninos sin diferencias gramaticales ni semánticas, aunque puedan darse diferencias de registro o estilo. Estos sustantivos se llaman **ambiguos en cuanto al género** (mejor que sustantivos de género ambiguo). Ejemplos:

Ambiguos

el/la mar	*el/la linde*	*el/la armazón*
azúcar blanquillo/blanquilla	*el/la acné*	*el/la maratón*

A veces, la ambigüedad se produce en el uso del sustantivo en singular frente a su uso en plural. Ejemplo:

> *el **arte** dórico* → *las bellas **artes***

2.1 6.3 Sustantivos epicenos

Los sustantivos inherentemente masculinos o femeninos que desig- nan personas o animales sin diferenciar el sexo se llaman **epicenos**. Ejemplos:

Epicenos

gorila	*víbora*	*liebre*
perdiz	*cuervo*	*cría* (animal)

La gramática tradicional hablaba en estos casos de género epiceno, pero no se trata de un género, sino de un rasgo semántico de los sustantivos. Un sustantivo como *gorila* es de género masculino (*el gorila*), aunque posee el rasgo semántico de epiceno.

| 2.1 | 7 | **EL NÚMERO DEL SUSTANTIVO** |

2.1 7.1 **Dos clases de número**

Los sustantivos, por lo general, presentan variaciones de número. El número ofrece dos formas:

Singular y plural

- **Número singular.** Se refiere a un solo ser u objeto. Ejemplos:

  mesa   animal   sentimiento   persona

- **Número plural.** Se refiere a más de un ser u objeto. Ejemplos:

  mesas   animales   sentimientos   personas

2.1 7.2 **Formación de plural**

Se marca el plural, no el singular

La oposición entre el singular y el plural se manifiesta de la siguiente manera:

- El singular no tiene desinencia o terminación propia.

- El plural se marca mediante las terminaciones *-s, -es*.

Reglas de formación

Estas son sus reglas de formación:

- **Sustantivos acabados en vocal**

Vocal átona

- Los sustantivos acabados en vocal átona forman el plural añadiendo *-s*. Ejemplos:

  casa → casas   coche → coches   amigo → amigos

  Siguen esta regla los latinismos y los extranjerismos recientemente castellanizados por las Academias de la Lengua Española, entre ellos los que han convertido la *-y* en *-i* y los italianismos plurales castellanizados como singulares. Ejemplos:

  derbi → derbis   panti → pantis

Vocal tónica

- Los sustantivos acabados en las vocales tónicas *-a, -e, -o* forman el plural añadiendo *-s*. Ejemplos:

  sofá → sofás   café → cafés   dominó → dominós
  re → res   fa → fas   do → dos

- Se exceptúa el plural de *no* como sustantivo, que es *noes*, y el de *yo*, que es *yoes* (también *yos*), así como el de las letras vocales *a, e, o* (*aes, ees/es* y *oes*).

  Siguen también esta regla los extranjerismos recientemente castellanizados por las Academias de la Lengua Española. Ejemplos:

  chalé → chalés   caché → cachés   ayatolá → ayatolás

- Los sustantivos acabados en las vocales tónicas *-í, -ú* forman el plural bien con *-és*, bien con *-s*. Conviene, no obstante, precisar:

Si se trata de sustantivos gentilicios o de palabras cultas, ha de preferirse el plural en -es. Ejemplos:

israelí → israelíes   ceutí → ceutíes   iraní → iraníes

Si se trata de sustantivos con un marcado carácter popular o coloquial, ha de preferirse el plural en -s. Ejemplos:

pirulí → pirulís   popurrí → popurrís   vermú → vermús

En los demás casos no se da preferencia a una forma sobre otra. Ejemplos:

esquí → esquíes o esquís   tabú → tabúes o tabús

No obstante, los plurales respectivos de *menú* y *champú* son *menús* y *champús* (mejor que *menúes* y *champúes*).

El plural del sustantivo *sí*, procedente del adverbio *sí*, así como el de las vocales *i*, *u*, siempre es en -es (*los síes, las íes, las úes*).

- **Sustantivos acabados en consonante**

  - Los sustantivos acabados en una consonante normal en caste-   Consonante
    llano en posición final, como son -*l*, -*n*, -*r*, -*d*, -*z* y -*s* (esta, en
    palabras agudas), hacen el plural en -es. Ejemplos:

    árbol → árboles   canon → cánones   cáncer → cánceres
    seis → seises   dos → doses   tres → treses

    Siguen esta regla los sustantivos latinos y los extranjerismos recientemente castellanizados por las Academias de la Lengua Española. Ejemplos:

    chándal → chándales   plus → pluses

    Se exceptúan los extranjerismos que son esdrújulos en singu-   Extranjerismos
    lar, como *cáterin*, *trávelin*, *mánager*, *cárdigan*, el latinismo esdrú-
    julo *ínterin* y los grecismos también esdrújulos *polisíndeton*,
    asíndeton, que permanecen invariables en plural, ya que en
    español no hay palabras sobresdrújulas que no sean las forma-
    das con verbos más pronombres: *devuélvemelo*. Constituyen
    también excepción los latinismos acabados en -*r* procedentes
    de formas verbales, y el grecismo *poliptoton*, los cuales deben
    permanecer invariables: *los cónfer, los poliptoton*.

ATENCIÓN

El plural del grecismo *hipérbaton* es *hipérbatos*, y no **hipérbatons* ni **hiperbatones* o **hiperbátones*; tampoco es invariable. Por su parte, el grecismo *oxímoron* puede per-manecer invariable en plural o bien puede hacer el plural *oxímoros*.

2.1 | 7 | EL NÚMERO DEL SUSTANTIVO

Sustantivos acabados
en -s o -x

- Los sustantivos acabados en -s o -x en palabras castellanas, latinas o extranjeras castellanizadas, llanas o esdrújulas permanecen invariables en plural. Ejemplos:

    la tesis → *las tesis*   *el tórax* → *los tórax*

- Los sustantivos agudos acabados en -x hacen el plural en -es. Ejemplos:

    fax → *faxes*   *telefax* → *telefaxes*

    Se exceptúa *dux*, que permanece invariable (*los dux*).

Sustantivos acabados
en otras consonantes

- Los sustantivos acabados en consonantes distintas de las anteriores (salvo -j y -ch) forman el plural añadiendo -s. Ejemplos:

    tic → *tics*   *zigzag* → *zigzags*   *mamut* → *mamuts*

    Siguen esta regla los latinismos y extranjerismos recientemente castellanizados por las Academias de la Lengua Española. Ejemplos:

    debut → *debuts*   *clip* → *clips*   *airbag* → *airbags*

    Se exceptúa la palabra *club*, así como todos los compuestos con esta palabra, que hacen el plural en -s, pero también en -es (*clubs* y *clubes*, *videoclubs* y *videoclubes*). También son excepción la palabra *imam*, cuyo plural es *imames*; la palabra latina *álbum*, cuyo plural es *álbumes*, y los compuestos latinos, que quedan invariables (*los statu quo*, *los curriculum vitae*, *los delirium tremens*...).

Sustantivos acabados
en -j y -ch

- Los sustantivos españoles o extranjeros castellanizados acabados en -j y en -ch hacen el plural en -es, ya que los sonidos de estas dos consonantes (fricativo y africado, respectivamente) son incompatibles con la s. Ejemplos:

    reloj → *relojes*   *sándwich* → *sándwiches*

    Es excepción la palabra *crómlech*, cuyo plural es invariable (*los crómlech*).

Sustantivos acabados
en -y

- Los sustantivos acabados en -y como segundo elemento de diptongo o elemento final de triptongo hacen el plural en -es con consonantización de la y. Ejemplos:

    convoy → *convoyes*   *buey* → *bueyes*   *ay* → *ayes*

    Es excepción la palabra popular *guirigay*, cuyo plural más frecuente es *guirigáis*.

    Sin embargo, los sustantivos extranjeros castellanizados recientemente hacen el plural en -s con conversión de la y en i. Este plural empezó a ser normal con la palabra *jersey*, cuyo plural normativo es el de *jerséis*. Ejemplos:

    espray → *espráis*   *gay* → *gais*   *yóquey* → *yoqueis*

- Los sustantivos acabados en grupo consonántico (excepto algunos como *test*, *compost*, *kibutz*, que permanecen invariables),

procedentes todos ellos de lenguas extranjeras, hacen el plural
añadiendo una -s. Ejemplos:

récord → *récords*   *iceberg* → *icebergs*

ATENCIÓN

Todas las reglas dadas para la formación del plural de los sustantivos son válidas también para los adjetivos que presenten las mismas terminaciones (*amarillos, cursis,
cobardicas*...). Se exceptúa el adjetivo acortado *porno* (quizá porque presenta rasgos de
sustantivo: *el porno*), que permanece invariable: *películas porno* (no **pornos*).

2.1 7.3 **Otras cuestiones sobre el número**

- Algunos sustantivos solo tienen singular. Son los llamados *singu-*   *Singularia tantum*
laria tantum (solo singulares). Ejemplos:

      cenit   *caos*   *sed*   *cariz*

- Otros sustantivos solo tienen plural. Se llaman *pluralia tantum*   *Pluralia tantum*
(solo plurales). Ejemplos:

      andas (las)   *víveres*   *nupcias*   *exequias*

- En algunos sustantivos, la oposición entre el singular y el plural no   Mismo significado
siempre supone significados diferentes: en singular y en plural

      funeral y *funerales*   *barba* y *barbas*   *paz* y *paces*

- Algunos sustantivos que designan objetos compuestos de dos par-   Objetos compuestos
tes simétricas presentan el singular o el plural indistintamente   de dos partes
para un solo objeto. Ejemplos: simétricas

      tijera y *tijeras*   *nariz* y *narices*   *tenaza* y *tenazas*

En otros casos se utiliza el plural para designar un solo objeto
compuesto de dos partes simétricas. Ejemplos:

      gafas   *prismáticos*   *anteojos*

(Son una variante de los casos ya vistos de *pluralia tantum*).

- Algunos sustantivos no contables [**2.1.3**], cuando aparecen en plu-   Plural con significado
ral, añaden un significado de clase, modalidad o concreción: de clase

      Son dos vinos distintos (dos clases de vino).

Norma **Plurales que presentan dificultad**

Hay algunos sustantivos con cuyos plurales se suelen cometer errores:

álbum → *álbumes* (no **álbunes*)   *gachí* → *gachís* (no **gachises*)

tic → *tics* (no **tiques*)   *reloj* → *relojes* (no **relós*)

chotis → invariable (*los chotis*, no **los chotises*)

1. Aplica criterios formales para ver qué palabras de la siguiente relación son sustantivos comunes:

- bondad
- bonachón
- movido
- tortura

- bueno
- movimiento
- moviendo
- salud

2. Crea contextos en los que las siguientes palabras sean sustantivos y otros en los que no lo sean:

- entrada
- estado
- anciano

- asturiano
- salida
- adulto

3. ¿Cuáles de los siguientes sustantivos son contables o no contables, abstractos o concretos, colectivos o individuales?

- marfil
- caramelo
- enjambre
- cosa

- silencio
- leche
- idea
- caridad

4. ¿Pertenece a la misma clase el sustantivo *pueblo* en los dos contextos siguientes?

- *El pueblo siempre tiene razón.*
- *Vivo en un pueblo muy pequeño.*

5. ¿Qué sustantivos de la lista siguiente tienen significado epiceno?

- periodista
- dinamo
- águila
- bestia
- margen
- criatura
- agravante
- bebé

- esposos
- radio
- cómplice
- rata
- centinela
- ratón
- apócope

6. Forma el femenino de los siguientes sustantivos masculinos:

- tigre
- jabalí
- zar
- héroe
- diácono
- papa
- padrino
- profeta
- barón
- varón

- emperador
- poeta
- caballo
- sacerdote
- vampiro
- juez
- concejal
- bedel
- arquitecto
- técnico

7. ¿Cuál es la diferencia de significado de los sustantivos siguientes según se acompañen de artículo masculino o femenino?

- el/la cólera
- el/la cura
- el/la parte

8. Señala la diferencia semántica que existe en las siguientes oposiciones:

- naranjo/naranja
- almendro/almendra
- cántaro/cántara
- huerto/huerta
- leño/leña

9. ¿Cuál es el plural de los siguientes sustantivos?

- pirulí
- bambú
- desiderátum
- superávit
- álbum
- canon
- tesis
- hipérbaton
- maniquí
- corsé
- haber
- yanqui
- rondó
- dosis
- bíceps
- bantú

- iglú
- vermú
- espécimen
- régimen
- carácter
- no
- sí
- jabalí
- i
- o
- a
- u
- e
- fa
- canesú
- canapé

EJERCICIOS DEL SUSTANTIVO

10. ¿En la oposición *celo/celos* existe una oposición de número gramatical o se trata de un caso de paronomasia (palabras parecidas fonéticamente)?

11. ¿Existe verdadera oposición de número gramatical en las oposiciones siguientes? Razona tu respuesta.

- *tenaza/tenazas*
- *pinza/pinzas*
- *alforja/alforjas*
- *muralla/murallas*

- *calzón/calzones*
- *brida/bridas*
- *espalda/espaldas*
- *tripa/tripas*

2.2   El adjetivo

2.2 1.1 **Características**

Los adjetivos presentan las siguientes características:

Palabras tónicas
- Son siempre palabras tónicas.

Clase abierta
- Pertenecen a una clase abierta: en cualquier momento puede aparecer algún adjetivo nuevo. Así, hay algunos adjetivos relativamente recientes. Ejemplos:

  peatonal   *interactivo*   *paralímpico*   *cibernético*

Concordancia
- Toman prestados el género y el número de los sustantivos, con los cuales concuerdan. Ejemplos:

  casa bonit-a (fem. singular)   *vestido bonit-o* (masc. singular)
  casas bonit-as (fem. plural)   *vestidos bonit-os* (masc. plural)

Combinación con determinativos
- Los adjetivos no aparecen acompañados de determinativos. Ejemplos:

  *mi alegre   **su gratuito*   **este sutil*   **esta triste*

  Cuando aparecen con determinativos es porque están sustantivados [**2.3.3**]. Ejemplos:

  el malo   *la guapa*   *el anciano*   *la vieja*

Combinación con cuantificadores
- Los adjetivos que por su significado admiten cuantificación se combinan con las formas apocopadas adverbiales *tan* (de *tanto*), *cuan* (de *cuanto*), *cuán* (de *cuánto*), *muy* (de *mucho*). Ejemplos:

  tan bonito   *cuán astuto*   *cuán costosa*   *muy hermosas*

  Por tanto, los adjetivos nunca pueden aparecer con las formas plenas *tanto, cuanto, cuánto* y *mucho*. Cuando aparecen con estas formas, es porque están sustantivados. Ejemplos:

  ¿Qué hace tanto bueno por aquí?   *¡Cuánto listo hay aquí!*

- Además, ciertos adjetivos presentan una característica específica: la expresión del grado [**2.2.2, 2.2.3**].

2.2 1.2 **Los adjetivos: el género y el número**

Como se ha dicho, los adjetivos no tienen género o número propios, sino que los toman del sustantivo al que acompañan.

Clases de adjetivos según el género
- Atendiendo a la forma que presentan los adjetivos con relación al género, hay dos clases de adjetivos:
  - Adjetivos de una sola terminación (tradicionalmente llamados adjetivos invariables en género): son aquellos que tienen una misma forma para los dos géneros. Ejemplos:

    azul   *alegre*   *breve*   *común*   *policial*
  - Adjetivos de dos terminaciones (tradicionalmente llamados adjetivos variables en género): son aquellos que diferencian el género mediante terminaciones. Ejemplos:

    bonito, bonita   *español, española*   *chiquitín, chiquitina*

Norma Plural de los adjetivos

- Los adjetivos forman el plural siguiendo las mismas reglas que los sustantivos. Ejemplos:

  grande → grandes   común → comunes
  isósceles → isósceles   carmesí → carmesíes o carmesís
  dandi → dandis   cañí → cañís

- Los adjetivos de color ofrecen algunas particularidades:

  Si proceden de sustantivos, como *rosa*, *malva* o *violeta*, forman el plural regular cuando se sustantivan: *los rosas*, *los malvas*, *los violetas*; pero pueden presentar este plural o quedar invariables cuando acompañan a los sustantivos. Ejemplos:

  faldas rosa(s)   camisas malva(s)   tonos violeta(s)

  Cuando un adjetivo de color lleva un sustantivo modificador, dicho sustantivo permanece invariable en plural. Ejemplos:

  tonos verde botella   ojos negro carbón

  Cuando un adjetivo aparece modificado por otro adjetivo, ambos permanecen invariables en plural. Ejemplos:

  camisas azul celeste   pantalones azul marino

2.2 1.3 Significado del adjetivo

- Tradicionalmente se ha definido el adjetivo como una palabra que expresa cualidad (*bueno, malo, inteligente*...). Pero este tipo de definición, que atiende solo al significado, no es del todo exacta.

  Definición tradicional: que expresan cualidad

  - Hay sustantivos que también significan cualidad. Ejemplos:

    bondad   belleza   valor

  - Hay muchos adjetivos que tienen un significado distinto al de cualidad: pueden significar estados, relaciones, etc.

- En relación con su significado, hay varias clases de adjetivos:

  Clasificación semántica de los adjetivos

  - Adjetivos calificativos. Son los que expresan una cualidad del sustantivo. Ejemplos:

    bueno   malo   inteligente   valiente

  - Adjetivos de relación o pertenencia. Ejemplos:

    lingüístico   social   musical   ocular

  - Gentilicios. Expresan el origen o la procedencia de los nacidos en un pueblo, ciudad, país, etc. Ejemplos:

    madrileño   canario   abulense   ruso

  - Cuasideterminativos. Son adjetivos cuyo significado está muy cercano al de los determinativos. Ejemplos:

    siguiente   último   anterior   postrero

Esta lista no es exhaustiva, y además algunos adjetivos pueden significar cosas diferentes según el contexto.

GRADO POSITIVO Y GRADO COMPARATIVO

2.2 2.1 El grado del adjetivo

El grado: característica formal del adjetivo

La mayoría de los adjetivos, con excepción de aquellos que expresan relación y origen y de algunos cuasideterminativos [**2.3.16**], presentan una característica formal que los diferencia de los sustantivos: la de tener grado.

El adjetivo puede expresar tres tipos de grado: grado positivo, grado comparativo y grado superlativo.

2.2 2.2 Grado positivo

Grado positivo

Un adjetivo puede aparecer sin cuantificar y sin adverbios de cantidad (*más*, *menos*, *tan*...) o sin los sufijos *-ísimo* o *-érrimo*. En este caso decimos que el adjetivo está en grado positivo porque expresa una cualidad sin especificar un grado. Ejemplos:

> Juan es **bueno**.   La mesa es **cara**.

2.2 2.3 Grado comparativo

Grado comparativo

Se habla de grado comparativo cuando el adjetivo aparece cuantificado mediante los adverbios de cantidad *más*, *menos*, *tan* o mediante la locución *igual de*. En estos casos, la cualidad expresada aparece en una estructura comparativa. Ejemplos:

> Juan es más bueno que el pan.
> La mesa es menos cara que la silla/... tan cara como la silla.
> Juan es igual de listo que tú.

Hay tres variedades del grado comparativo:

● **Comparativo de superioridad**

Comparativo de superioridad

El adjetivo se cuantifica con el adverbio *más*. La conjunción *que* introduce el segundo término de la comparación. Ejemplo:

> Juan es **más** inteligente **que** Luis.

● **Comparativo de inferioridad**

Comparativo de inferioridad

El adjetivo aparece cuantificado con el adverbio *menos*. La conjunción *que* introduce el segundo término de la comparación. Ejemplo:

> Juan es **menos** amable **que** Luis.

● **Comparativo de igualdad**

Comparativo de igualdad

Se cuantifica el adjetivo con el adverbio *tan* o con la locución *igual de*. En el primer caso, el elemento que introduce el segundo término de la comparación es *como*. En el caso de la locución aparece de nuevo la conjunción *que*. Ejemplos:

> Juan es **tan** listo **como** Luis.
> Juan es **igual de** listo **que** Luis.

2.2 2.4 Adjetivos que no admiten el grado comparativo

Hay algunos adjetivos que ya son en sí mismos comparativos porque proceden directamente del comparativo latino. Se llaman comparativos sintéticos. Por ello son incompatibles con las marcas de grado comparativo. Estos adjetivos son:

Comparativos sintéticos: derivan directamente del latín

| mejor | peor | mayor |
| menor | inferior | superior |

Así, no decimos:

*más/menos/tan mejor   *más/menos/tan inferior
*más/menos/tan menor   *más/menos/tan mayor
*más/menos/tan peor   *más/menos/tan superior

Norma *Más mayor y tan mayor*

Dado que el adjetivo *mayor* procede de un comparativo latino, no es correcto combinarlo con marcas de grado comparativo. Ejemplo:

> *Ana es más mayor que yo.*

Por tanto, debe usarse solo el adjetivo *mayor*, que ya tiene significado comparativo. Ejemplo:

> *Mi hijo es más mayor que el tuyo* (se dice: *Mi hijo es mayor que el tuyo*).

- Sin embargo, el uso de la forma *mayor* precedida por *más* es correcto si no hay término de comparación. Ejemplo:

> Cuando seas más mayor irás al colegio.
> Cuando sea más mayor seré médico.

Los dos enunciados son correctos, pero la palabra *mayor* no significa exactamente lo mismo: en el primer caso, se dice 'cuando cumplas unos años más'; en el segundo, 'cuando sea adulto'.

- Tampoco significan lo mismo las expresiones *los más mayores* y *los mayores*. Esta segunda expresión indica que los referentes son personas adultas o casi adultas. La primera, en cambio, se dice cuando se presupone un conjunto de personas de las cuales algunas tienen algún año más (pocos).

Sin embargo, cuando *mayor* se refiere al campo semántico del tamaño, no se justifica nunca el uso de *más* y *tan*. Ejemplos:

> *las mesas más mayores* (se dice: *las mesas más grandes*).
> *Esa mesa es tan mayor como esta* (se dice: *Esa mesa es tan grande como esta*).

La razón es que, en estos casos, sí hay un adjetivo en grado positivo: *grande*.

EL GRADO SUPERLATIVO

2.23.1 **El grado superlativo**

Marcas de superlativo: adverbios y sufijos

Cuando el adjetivo se cuantifica con el adverbio de cantidad *muy* o con los sufijos *-ísimo*, *-érrimo*, está en grado superlativo. La cualidad del adjetivo aparece así en el grado más alto de una escala. Ejemplos:

> *muy pobre* → *pobrísimo* → *paupérrimo*
> *muy alto* → *altísimo*
> *muy nuevo* → *novísimo*

Otras formas de expresar superlativo

Además, se puede expresar grado superlativo mediante otros recursos formales. Ejemplos:

> *bien* → *está bien dormido*
> *extraordinariamente* → *extraordinariamente pobre*
> *enormemente* → *enormemente amable*
> *horriblemente* → *horriblemente cansado*
> *verdaderamente* → *verdaderamente viejo*
> *impresionantemente* → *impresionantemente caros*
> *increíblemente* → *increíblemente cariñoso*
> *horrorosamente* → *horrorosamente feo*

2.23.2 **Clases de grado superlativo**

Hay dos clases de superlativo: el superlativo absoluto y el superlativo relativo.

● **Superlativo absoluto**

Expresión del superlativo absoluto

El superlativo absoluto indica el grado más alto de una escala. Se expresa con los adverbios y sufijos antes mencionados. Ejemplos:

> *Alberto es un chico muy listo.*
> *Laura es inteligentísima.*
> *Mi tía es una señora ya muy mayor.*
> *Esa casa es paupérrima.*

● **Superlativo relativo**

Expresión del superlativo relativo

El superlativo relativo compara la cualidad de alguien o de algo con la de un conjunto. Puede expresarse de dos modos:

● Mediante una construcción especial: artículo o posesivo seguidos de un adverbio de cantidad (*más* o *menos*) más un adjetivo. Ejemplos:

> *la más alta ocasión*   *el menos atrevido*
> *las menos apropiadas*   *mi más cordial...*

● Con el artículo y un comparativo sintético. Ejemplos:

> *el mejor de todos*   *el peor de mis amigos*

Además, es necesario un complemento introducido por la preposición *de*, ya sea implícito o explícito. Ejemplos:

> *el más/menos listo de los alumnos*
> *la más/menos simpática de la clase*
> *los más/menos ingeniosos del grupo*
> *los peores de la pandilla*

De ahí que, por su significado, se trate de un tipo de comparativo más que de un superlativo. De hecho, se dice lo mismo, salvo diferencias expresivas, en las oraciones siguientes:

> *María es más lista que todos sus hermanos.*
> *María es la más lista de todos sus hermanos.*

Obsérvese, además, que en estas oraciones ni siquiera se dice necesariamente que 'María sea lista'; puede ocurrir que sea simplemente 'la menos tonta'. Por eso, el superlativo relativo se ha llamado a veces **comparativo de excelencia**.

2.2 3.3 Superlativos sintéticos

Además de tener unos comparativos sintéticos (*mejor, peor, mayor, menor, inferior, superior*), el español también dispone de unos superlativos sintéticos que derivan directamente del latín. Son los siguientes:

Superlativos sintéticos: derivan directamente del latín

> *bueno* → *mejor* → **óptimo**
> *malo* → *peor* → **pésimo**
> *pequeño* → *menor* → **mínimo**
> *grande* → *mayor* → **máximo**
> *bajo* → *inferior* → **ínfimo**
> *alto* → *superior* → **supremo**

Estos adjetivos superlativos se usan como superlativos absolutos (*calificaciones óptimas o pésimas, un esfuerzo mínimo o máximo, una ínfima calidad, una virtud suprema*, etc.).

Norma | *Muy mayor y mayorcísimo*

El adjetivo *mayor* referido a la edad admite el superlativo con *muy* y con *-ísimo*: *muy mayor* y *mayorcísimo* (esta forma presenta carácter coloquial).

2.2 4 FORMACIÓN DEL SUPERLATIVO

2.2 4.1 Formación del superlativo por derivación

Sufijo *-ísimo*
- Salvo algunas excepciones, la mayoría de los adjetivos que forman el superlativo con sufijo lo hacen con el sufijo *-ísimo, -ísima*. Ejemplos:

  altísimo   gordísimo   cariñosísimo

Cambios en la raíz
- Los adjetivos con los diptongos [**4.1.12**] *ue* e *ie* no diptongan en la lengua culta al añadir el sufijo superlativo. Ejemplos:

  fortísimo   novísimo   bonísimo   certísimo
  recentísimo   valentísimo   calentísimo   ternísimo

  Sin embargo, son frecuentes en la lengua menos esmerada las formas *fuertísimo, nuevísimo, recientísimo, ciertísimo, buenísimo, tiernísimo, valientísimo* y *calientísimo*, que ya se consideran correctas (la forma *bonísimo* es hoy de poco uso).

Superlativos sobre raíz latina
- Algunos adjetivos añaden el sufijo *-ísimo* a la raíz latina y no a la castellana. Eso ocurre con los adjetivos acabados en el sufijo *-ble* y con el adjetivo *sabio*, así como con otros que tienen diptongo en la raíz. Ejemplos:

  amabilísimo   notabilísimo   sapientísimo

  Por otra parte, el adjetivo *cursi* hace el superlativo con la adición del interfijo *-l-*: *cursilísimo*.

  Y el adjetivo *simple* presenta dos superlativos: *simplísimo* y *simplicísimo*.

Sufijo *-érrimo, -érrima*
- Algunos adjetivos forman el superlativo con el sufijo culto *-érrimo, -érrima*, unido a su raíz latina. Son los siguientes:

  libre → libérrimo   mísero → misérrimo
  célebre → celebérrimo   acre → acérrimo
  negro → nigérrimo   pulcro → pulquérrimo
  pobre → paupérrimo   áspero → aspérrimo

  De ellos, algunos admiten también el sufijo *-ísimo*:

  negro → negrísimo
  pobre → pobrísimo
  áspero → asperísimo
  pulcro → pulcrísimo

2.2 4.2 Adjetivos que no admiten el grado superlativo con sufijo

Adjetivos que no admiten el sufijo *-ísimo, -ísima*
No todos los adjetivos admiten el superlativo con sufijo. Hay adjetivos que admiten el grado superlativo con el adverbio *muy*, pero en cambio no admiten el sufijo *-ísimo, -ísima*. Ejemplos:

  muy próximo (no *proximísimo)   muy ciego (no *ceguísimo)
  muy anterior (no *anteriorísimo)   muy recio (no *recísimo)
  muy heroico (no *heroicísimo)   muy nimio (no *nimísimo)

2.2 4.3 Adjetivos que no admiten el grado superlativo

- Los superlativos cultos latinos, los sintéticos, son incompatibles con marcas de grado, precisamente por poseer en sí mismos el valor superlativo. Es incorrecto, por tanto, utilizar estos superlativos con el adverbio *muy* o con el sufijo *-ísimo*. Ejemplos: *Superlativos sintéticos*

    muy óptimo   *muy pésimo*   *optimísimo*   *pesimísimo*

- Hay otros adjetivos que también son incompatibles con marcas de grado, porque son en sí mismos comparativos sintéticos. Por ello, se puede decir: *Adjetivos con significado comparativo*

    muy bueno (no *muy mejor*)   *muy malo* (no *muy peor*)

- Sin embargo, no es incorrecto decir la secuencia *muy mayor* referida a la edad (sí lo es si se refiere al tamaño), pues ya se dijo que en este campo semántico no hay adjetivo en grado positivo [**2.2.2**] en el español peninsular.

- Esto mismo ocurre con otros adjetivos que, aunque proceden de un comparativo latino, se comportan a veces en castellano como positivos, no como comparativos. Ejemplos: *Comparativos latinos que se sienten como positivos*

    inferior → *muy inferior*   *anterior* → *muy anterior*
    superior → *muy superior*   *posterior* → *muy posterior*

- Otros adjetivos calificativos que tienen significado superlativo tampoco admiten grados. Ejemplos: *Adjetivos con significado superlativo*

    principal   *culminante*   *álgido*
    absoluto   *eterno*   *infinito*

Norma Marcas de grado

- No es correcto decir:

    un cuidado muy absoluto (se dice: *absoluto cuidado*)
    la parte más principal de la casa (se dice: *la parte principal...*)

  Sin embargo, por razones expresivas, se admiten formas como:

    el más mínimo caso   *la más mínima idea*
    llegó a ultimísima hora   *llegó a primerísima hora*

- No es correcto emplear dos marcas de grado para un mismo adjetivo. Ejemplo:

    muy listísimo (se dice: *muy listo* o *listísimo*)

2.2 5.1 Funciones del adjetivo

El adjetivo se caracteriza por modificar siempre a un sustantivo, con el cual concuerda en género [**2.2.1**] y número [**2.2.1**].

El adjetivo complementa al sustantivo de dos maneras:

Modificador del sustantivo
• Directamente, bien precediéndolo, bien siguiéndolo. En este caso, el adjetivo realiza la función de modificador o complemento del sustantivo [**2.1.1**]. Ejemplos:

alto porcentaje   *porcentaje alto*

Atributo o predicativo
• Indirectamente, a través de un verbo. En este caso, el adjetivo puede realizar la función de atributo [**3.1.10**] o la de predicativo [**3.1.11**]. En los dos casos, el adjetivo debe concordar con el sustantivo al que se refiere. Ejemplos:

Juan está triste (atributo).   *Tu hija salió ilesa* (predicativo).

2.2 5.2 Apócope del adjetivo

La apócope consiste en la eliminación de una vocal o de una sílaba al final de una palabra. Algunos adjetivos, al igual que algunos adverbios, presentan esta característica:

gran hombre   *buen hombre*   *mal chico*   *san Andrés*

Gran
• El adjetivo *grande* se apocopa en *gran* cuando va delante de sustantivos masculinos y femeninos en singular, excepto si va precedido del adverbio *más*. Ejemplos:

gran hombre   *gran mujer*

pero:

la más grande oportunidad   *el más grande acontecimiento*

Buen y mal
• Los adjetivos *bueno* y *malo* solo se apocopan delante de sustantivos masculinos en singular. Ejemplos:

buen hombre   *mal hombre*

pero:

buena mujer   *mala mujer*

San
• El adjetivo *santo* únicamente presenta apócope delante de nombres propios masculinos, nunca delante de sustantivos comunes ni de nombres propios femeninos. Ejemplos:

san Pedro   *san Antón*

pero:

santo varón   *santa Lucía*

• Por otra parte, este adjetivo no se apocopa delante de nombres propios que empiezan por *to-* y *do-*. Ejemplos:

santo Tomás   *santo Domingo*

2.2 5.3 El adjetivo y los determinativos

- Si un adjetivo aparece acompañado de un determinativo, en especial del artículo, es que está sustantivado [2.3.3]. Ejemplos:

  Me gusta el rojo y no el azul.
  Los buenos tendrán su recompensa.

  Por otra parte, hay que tener en cuenta que los determinativos pueden preceder a un adjetivo, pero sin que incidan sintácticamente sobre él: pueden hacerlo sobre el sustantivo con el que concuerda el adjetivo. Ejemplos:

  mi preciosa hija   *los grandes autores*

Los adjetivos no van con determinativos, a menos que estén sustantivados

- Todos los adjetivos pueden sustantivarse con el artículo neutro *lo*, excepto aquellos que significan cualidades solo aplicables a personas. Ejemplos:

  lo bueno   lo inteligente   lo pequeño   lo conveniente

  pero:

  *lo ileso   *lo contento   *lo satisfecho   *lo adulto

Sustantivación con *lo*

- Hay otras veces en que la forma *lo* en la construcción en que va seguida de un adjetivo y el relativo *que* no funciona como sustantivador, sino como intensificador del adjetivo. En estos casos, el artículo forma con el relativo *que* una unidad equivalente al exclamativo *qué*. Ejemplos:

  Lo fuertes que son. → Qué fuertes son.
  Lo antipática que eres. → Qué antipática eres.

  Hay que tener en cuenta que, en estos casos, el adjetivo concuerda en género y número con el sustantivo. Ejemplos:

  Lo lista que es esa chica.   Lo grandes que son esos edificios.

La construcción *lo fuertes que son*

| 2.2 | 6 | **POSICIÓN DEL ADJETIVO** |

2.2 6.1 Adjetivos que acompañan al nombre

Los adjetivos pueden complementar al sustantivo siguiéndolo o precediéndolo.

● Adjetivo pospuesto al sustantivo: adjetivo especificativo

Adjetivos pospuestos

● Cuando el adjetivo va pospuesto al sustantivo suele delimitar la extensión significativa de este. Por eso se le llama adjetivo especificativo. Ejemplo:

Quiero una corbata azul (no roja ni blanca).

● Sin embargo, también hay adjetivos que preceden al sustantivo y que tienen valor especificativo. Ejemplo:

un pequeño detalle → un detalle pequeño

● Hay adjetivos que siempre aparecen pospuestos al sustantivo. Son los adjetivos de relación [**2.2.1**] y los de procedencia o gentilicios [**2.2.1**]. Ejemplos:

Relación: *viviendas sociales* (no: **sociales viviendas*)
Gentilicio: *pintor español* (no: **español pintor*)

● También hay adjetivos que siempre preceden al sustantivo. Ejemplo:

un mero trámite (*un trámite mero)

● Adjetivo antepuesto al sustantivo: adjetivo explicativo

Adjetivos antepuestos

● Cuando el adjetivo va antepuesto al sustantivo suele añadir una nota significativa meramente explicativa, sin delimitación alguna del contenido del sustantivo. Por ello recibe el nombre de adjetivo explicativo o **epíteto**. Ejemplos:

la blanca pared   *la verde hierba*

● Entre los adjetivos explicativos los hay que designan una cualidad que le es inherente al sustantivo. Ejemplos:

la blanca nieve   *el negro carbón*

● En otros casos, lo significado por el adjetivo no se contiene en la realidad designada por el sustantivo. Ejemplos:

las polvorientas encinas   *su esbelta figura*

● Ahora bien, un adjetivo pospuesto al sustantivo y que va entre pausas (entre comas en la escritura) también es explicativo. Es la diferencia entre:

El chico simpático (no otro) *se acercó a mí*, frente a:
El chico, simpático, se acercó a mí.

● Por otra parte, un adjetivo puede ir pospuesto al sustantivo y no ser necesariamente especificativo. Puede aparecer para aportar una nota descriptiva. En este caso se trata de un adjetivo explicativo. Ejemplo:

El cielo azul nos envolvió en una atmósfera diáfana.

2.2 6.2 Adjetivos con diferente significado según vayan antepuestos o pospuestos

Algunos adjetivos presentan significados distintos según aparezcan delante o detrás del sustantivo. Ejemplos:

Distinto significado según la posición

un *pobre hombre* ('desgraciado')	un *hombre pobre* ('sin dinero')
un *simple soldado* ('sin graduación')	un *soldado simple* ('tonto')
cierta cosa ('alguna')	*cosa cierta* ('verdadera')
un *gran hombre* ('que destaca')	un *hombre grande* ('de tamaño')
un *nuevo coche* ('otro coche')	un *coche nuevo* ('sin usar')

2.2 6.3 Adjetivos en posición fija

En ciertos casos, el adjetivo forma con ciertos sustantivos una unidad conceptual. En este caso, el adjetivo tiene una posición fija que no puede cambiar. Ejemplos:

Adjetivos en posición fija

el *libre albedrío* (no: *el *albedrío libre*)   la *vía férrea* (no: *la *férrea vía*)

Norma | Concordancia del adjetivo con varios sustantivos

Cuando un adjetivo acompaña pospuesto a varios sustantivos coordinados con *y*, *ni*, *o*, deben tenerse en cuenta estas reglas:

* Sustantivos en singular y en el mismo género → adjetivo en plural y en el mismo género de los sustantivos. Ejemplo:

  Compré un *pantalón* y/o un *sombrero* *negros*.
  (masc. sing.)   (masc. sing.) (masc. pl.)

* Sustantivos en singular y con género distinto → adjetivo en plural y en masculino. Ejemplo:

  Compré un *pantalón* y/o una *corbata* *negros*.
  (masc. sing.)   (fem. sing.) (masc. pl.)

* Sustantivos en plural → el adjetivo en plural. Y en cuanto al género, las mismas reglas que en los casos anteriores. Ejemplo:

  Compré unas *botas* y/o unos *zapatos* *negros*.
  (fem. pl.)   (masc. pl.) (masc. pl.)

Solo cuando la unión de los dos sustantivos da lugar a un conjunto que apunta a una sola realidad, el adjetivo puede aparecer en singular, aunque también es válido en plural. Ejemplo:

lengua y literatura española/lengua y literatura españolas

Cuando un adjetivo se antepone a varios sustantivos coordinados, la concordancia se establece con el sustantivo más próximo. Ejemplo:

la extraordinaria fuerza y valor

ADJETIVOS CON *SER* Y *ESTAR*

2.2 7.1 Adjetivos que se combinan con el verbo *ser*

Solo con el verbo *ser* Hay adjetivos que son compatibles con el verbo *ser* y no con el verbo *estar*. Pertenecen a este grupo, entre otros:

● Adjetivos de relación y procedencia. Ejemplos:

El problema es político (no se dice: *está político).
Soy extremeño (no se dice: *estoy extremeño).

● Adjetivos con sujetos oracionales. Ejemplos:

Es necesario.	*Es posible.*	*Es absurdo.*
Es probable.	*Es normal.*	*Es seguro.*
Es importante.	*Es obligado.*	*Es evidente.*
Es distinto.	*Es común.*	*Es propio.*

En todos estos casos es imposible utilizar las formas del verbo *estar* si lo que sigue es una oración con función de sujeto. Ejemplo:

Es obligado que llueva (no se dice: **Está obligado que llueva*).

2.2 7.2 Adjetivos que se combinan con el verbo *estar*

Solo con el verbo *estar* ● Hay otros adjetivos que se combinan solo con el verbo *estar*. En general, son todos aquellos que indican un resultado. Por eso los participios [**2.5.4**], salvo en construcciones pasivas, se combinan siempre con el verbo *estar*. Ejemplos:

Ana está cansada (no se dice: **... es cansada*).
El jarrón está roto (no se dice: **... es roto*).
El bebé está sentado (no se dice: **... es sentado*).
El trabajo está acabado (no se dice: **... es acabado*).

Debe tenerse en cuenta que hay ocasiones en que los participios se combinan con el verbo *ser* porque de esta combinación surge un significado diferente. Ejemplos:

estar (bien) *considerado* ('recibir muestras de respeto')
ser considerado ('respetuoso')

● Otros adjetivos que solo se combinan con el verbo *estar* son:

● Adjetivos que fueron o son participios irregulares. Ejemplos:

contento (estar)   *satisfecho* (estar)

● Adjetivos que poseen significado de participios (indican el resultado de algo). Ejemplos:

Está lleno (no se dice: *Es lleno).
Está vacío (no se dice: *Es vacío).

2.2 7.3 Adjetivos que se combinan con el verbo *ser* y con el verbo *estar*

- Muchos adjetivos se pueden combinar con *ser* y con *estar*. El significado varía en cada caso. Ejemplos:

  Es alto./Está alto.   *Es calvo./Está calvo.*

Diferencias con *ser* y *estar*

- Con el verbo *ser*

  Cuando se combina con el verbo *ser*, el adjetivo designa:

  - Una cualidad inherente a lo designado por el sujeto. Ejemplo:

    Aurora es alegre (nos referimos a un rasgo de su carácter).

  - Una característica más o menos permanente del sujeto, que pertenece a su descripción o que lo clasifica (lo introduce en una clase de entes). Ejemplo:

    Pedro es soltero (lo estamos incluyendo en la clase de los solteros).

- Con el verbo *estar*

  Esos mismos adjetivos, cuando se combinan con el verbo *estar*, designan cualidad adquirida, producto de un cambio real o pensado. Ejemplos:

  Pedro está soltero (pensamos en un posible cambio en oposición a *casado*).

  Aurora está alegre (nos referimos al estado anímico en ese momento concreto).

- Hay algunos adjetivos que tienen un significado totalmente diferente cuando se combinan con *ser* o con *estar*. Ejemplos:

Diferente significado con *ser* y con *estar*

ser despierto ('listo')	*estar despierto* ('no dormido')
ser delicado ('sensible')	*estar delicado* ('mal de salud')
ser débil ('apocado')	*estar débil* ('sin fuerzas físicas')
ser listo ('inteligente')	*estar listo* ('preparado')
ser orgulloso ('con exceso de satisfacción propia')	*estar orgulloso* ('con satisfacción')
ser negro ('de piel oscura')	*estar negro* ('irritado')
ser nuevo ('sin estrenar')	*estar nuevo* ('usado sin parecerlo')
ser católico ('de religión católica')	*no estar católico* ('estar mal de salud')
ser vivo ('listo')	*estar vivo* ('no muerto')
ser interesado ('egoísta')	*estar interesado* ('tener interés')

1. Aplica criterios formales y funcionales para distinguir las palabras que son adjetivos:

- impenetrable
- sinvergüenza
- terrorífico
- joven
- librero
- monedero
- dicha
- niño
- novedad
- enfermo
- gratuito
- sinuoso
- tal
- muerto
- dental
- constitucional
- constitutivo
- turista
- turismo
- lírico

- lúdico
- terror
- astuto
- idiota
- libérrimo
- bondad
- adulto
- hombre
- ileso
- gratis
- dos
- todo
- antes
- tercero
- gradual
- endeble
- novedoso
- turístico
- desastroso
- rastrero

2. ¿Qué diferencias semánticas existen entre los adjetivos *caro* y *musical* en los contextos siguientes?

- caro amigo/coche caro
- un instrumento musical/un pianista muy musical

3. ¿En qué consiste la ambigüedad de los adjetivos *familiar* y *comunitario* en los siguientes contextos?

- reunión familiar
- problema comunitario

4. ¿Qué diferencia semántica se aprecia entre los miembros de las siguientes parejas de adjetivos?

- cívico/civil
- cordial/cardíaco
- musculoso/muscular
- estiloso/estilístico

5. ¿Por qué son incompatibles con *lo* (sin valor ponderativo) adjetivos como *eximio* o *ilustre*?

6. ¿Cuáles son los comparativos y superlativos sintéticos de *bueno, malo, grande, pequeño, bajo* y *alto*?

7. El adjetivo *mayor*, ¿cuándo deja de ser un verdadero comparativo? Pon ejemplos.

8. ¿Las palabras *malva* y *naranja* son adjetivos o sustantivos en estos contextos? Razona la respuesta.

- el color malva
- el vestido naranja

9. ¿Es correcto decir un *hombre políglota* y un *hombre autodidacta*? Consulta el diccionario en caso de duda.

10. ¿Cuáles son los superlativos absolutos y relativos de estos adjetivos?

- suave
- reacio
- bueno
- caliente
- cursi

- pulcro
- nuevo
- terrible
- excelente

11. ¿Qué se quiere decir con el superlativo del adjetivo *nuevo* en estos contextos?

- El traje está nuevísimo.
- Esta noticia es novísima.

12. ¿Por qué el adjetivo *harto* selecciona el verbo *estar* y no el verbo *ser*?

2.3 | Los determinativos

Terminología

- La denominación de **determinativo** empleada en esta gramática coincide en parte con la de **determinante** usada por otros gramáticos, aunque este último término suele cubrir solamente a los que aquí se llaman determinativos **actualizadores [3.2.3]**.

- Algunos gramáticos entienden los **determinativos** como una subclase de los adjetivos **[2.2.1]** y hablan de **adjetivos determinativos** y **adjetivos calificativos**.

- Con el término **actualizador** señalamos la función que desempeñan aquellos determinativos capaces de hacer funcionar a un sustantivo como sujeto preverbal de una oración. Así, mientras que no podemos decir *mesa tiene seis patas*, sí podemos decir *la (mi, esta, alguna, una...) mesa tiene seis patas*.
  El término **actualizador** es sinónimo de lo que otros llaman **presentador**. Algunos gramáticos emplean **determinante** para estos casos, unas veces como categoría propiamente dicha (artículo, demostrativo, etc.) y otras como función.

- Por **modificador [3.2.4, 3.2.6, 3.2.7]** entendemos la función consistente en la complementación de un sustantivo, pero sin capacidad actualizadora, así como en la de un adjetivo o en la de un adverbio. Ejemplos: *la mesa grande, la gran actriz*.

- Lo que en este libro llamamos **modificador**, en otros se conoce o como **adyacente** o como **complemento del nombre, del adjetivo, del adverbio**.

- A veces no se distinguen terminológicamente las dos funciones de los determinativos con referencia al sustantivo (**actualizador** y **modificador**) y se las llama indistintamente **adjuntos, adyacentes** o **complementos** del sustantivo.

- En esta gramática se llama **artículo [2.3.2]** a lo que en otras gramáticas se conoce también como **artículo definido** o **artículo determinado**. Quienes emplean esta última terminología consideran que existen otros artículos llamados **indefinidos** o **indeterminados** (que serían *un, una, unos, unas*). En esta gramática se considera que estas formas no son artículos, sino **indefinidos [2.3.7]**.

- Para algunos gramáticos, el **artículo** es un morfema del sustantivo, como el género y el número (aunque morfema libre, pues se escribe separado del sustantivo), y no un determinativo.

| 2.3 | 1 | **LOS DETERMINATIVOS** |

2.3 1.1 Características generales

Clase cerrada Pertenecen a la clase de los determinativos (también llamados determinantes) ciertas palabras que responden a las siguientes características:

- Siempre pertenecen a una clase cerrada; es decir, constituyen un grupo al que no se puede añadir ninguna otra palabra.

  Este rasgo diferencia los determinativos de los adjetivos [**2.2.1**], pues estos pertenecen a una clase abierta; en cualquier momento puede aparecer un adjetivo nuevo, cosa que no ocurre con los determinativos: son los que son y ninguno más.

Preceden
a los adjetivos
- Los determinativos siempre preceden a los adjetivos (en el caso de que estos aparezcan en el grupo nominal [**3.2.3**], nunca pueden seguirlos. Ejemplos:

  estas hermosas casas (no **hermosas estas casas*)
  dos estupendos compañeros (no **estupendos dos compañeros*)

No se combinan
con cuantificadores
- Los determinativos, por lo general, no admiten la combinación con cuantificadores. Ejemplos:

  muy listo   *más español*

  pero no:

  *muy aquel   **más algunos*

  Solo cuando un determinativo se utiliza como adjetivo puede cuantificarse. Ejemplo:

  muy otro ('muy distinto')

  Se exceptúan los determinativos *poco* (y sus variantes), *más* y *menos,* que sí pueden cuantificarse con adverbios. Ejemplos:

  muy poca gente
  mucha más gente
  mucho menos calor

  No obstante, en los dos últimos casos es más apropiado hablar de un determinativo complejo, pues son suprimibles las palabras *más* y *menos*. Ejemplos:

  mucha gente   *mucho calor*

Actualizan
al sustantivo
- Los determinativos antepuestos a los sustantivos comunes pueden hacer que estos, en posición preverbal y en singular, puedan funcionar en la oración como sujetos. Ejemplos:

  Mi libro tiene cien páginas (no se dice: **Libro tiene cien páginas*).
  Esa virtud se llama caridad (no se dice: **Virtud se llama caridad*).

  Es decir, los determinativos antepuestos hacen que los sustantivos virtuales se actualicen en el discurso.

ATENCIÓN

● Los nombres propios de persona pueden desempeñar la función de sujeto preverbal sin necesidad de determinativos. Ejemplo:

Jorge vino a casa.

● Los sustantivos no contables, cuando van en posición posverbal y en ciertos contextos, tampoco necesitan de determinativos en su función de sujeto. Ejemplos:

Se encontró petróleo.
Fue quemada gasolina.

pero no:

*Se encontró libro.

● También cualquier sustantivo en plural (el plural tiene capacidad determinativa) puede funcionar como sujeto sin necesidad de determinativos. Ejemplos:

Se encontraron libros.
Fueron quemadas sillas.

● Desde el punto de vista significativo, los determinativos fijan la referencia del sustantivo o del grupo nominal. Ejemplo:

casa (se fija la referencia en *esa casa, mi casa, una casa, la casa,* etc.)

Delimitan el significado de los sustantivos

● En general, salvo algún caso como el de *mucho* y *poco,* los determinativos no admiten sufijos [**1.1.2.6**] ni prefijos [**1.1.2.5**] ni adverbios de grado. Ejemplos:

No admiten afijos ni adverbios de grado

*tuyísimo   **algunísimo*

frente a:

muchísimo   *poquísimo*

2.3 1.2 Clases de determinativos

Los determinativos pertenecen a las siguientes clases: artículos [**2.3.2**], demostrativos [**2.3.4**], posesivos (apocopados y plenos) [**2.3.5**], numerales (cardinales y ordinales) [**2.3.13**] y [**2.3.14**], indefinidos [**2.3.7**], distributivos [**2.3.15.2**], interrogativos y exclamativos [**2.3.15.1**].

Clases de determinativos

Algunos gramáticos no incluyen en esta clasificación los posesivos plenos ni los numerales ordinales, al carecer de la propiedad de presentar o actualizar sustantivos con función de sujeto en las oraciones.

2.3 | 2 | EL DETERMINATIVO ARTÍCULO (I)

2.3 2.1 Características

El determinativo artículo presenta las siguientes características:

Precede al sustantivo • Siempre precede al sustantivo o a la palabra o frase sustantivada. Nunca los sigue.

Es átono • Es siempre palabra átona [**4.1.14**], por lo que se apoya fónicamente en la primera palabra tónica siguiente. Así se diferencia, por ejemplo:

    el vino   de   *él vino*

• Su función es siempre la de actualizador del sustantivo. Ejemplo:

    *Libro me gusta.   *El libro me gusta.*

Formas • Las formas del artículo en español son:

    Masculino singular: *el*   Masculino plural: *los*
    Femenino singular: *la (el)*   Femenino plural: *las*
                           Neutro: *lo*

Norma Artículo y sustantivos con *a-* (*ha-*) tónica

• Los sustantivos femeninos que comienzan por *a-* o *ha-* tónica en singular (lleven o no tilde) deben combinarse con la forma del artículo *el*. Ejemplos:

    el ama   *el hacha*   *el hambre*   *el aula*

Esta forma *el* es una variante de *la*. Por tanto, es una forma femenina (históricamente proviene del latín *illam*), no masculina.

• Sin embargo, en plural se emplea la forma normal de femenino. Ejemplos:

    las almas   *las hachas*   *las hambres*   *las aulas*

• Si entre el sustantivo y el artículo se intercala otra palabra o grupo de palabras, la forma del artículo femenino debe ser *la*. Ejemplos: *el agua cristalina* → *la cristalina agua*.

• Cuando el sustantivo se usa en diminutivo o aumentativo, la *a* inicial pasa a ser átona, por lo que el artículo apropiado es *la*. Ejemplos: *la amita, la agüita, la hachaza*.

Se exceptúan los siguientes casos:

  • Delante de los nombres de las letras *hache*, *alfa* y *a* se usa siempre *la*. Ejemplos:

    la hache   *la a*   *la alfa*

  • Delante de los nombres propios de mujer que empiezan por *a* se emplea siempre *la*. Ejemplo: *La Ana que me presentaste.*

  • Delante de las siglas que empiezan por *a-* tónica y son sustantivos femeninos. Ejemplo: *la AFE* (Asociación de Futbolistas Españoles).

  • Delante de sustantivos o adjetivos sustantivos comunes en cuanto al género. Ejemplos: *la árabe, la ácrata.*

  • Delante del sustantivo *árbitra*. Ejemplo: *la árbitra.*

2.3 2.2 Significado

Desde el punto de vista significativo, los artículos masculinos y femeninos:

- Delimitan lo denotado por el sustantivo y lo identifican o individualizan dentro de una clase.

  Delimitan el significado del sustantivo

- Pueden tener valor deíctico o señalador, apuntando o señalando a una realidad designada por un sustantivo concreto. Ejemplo:

  Valor deíctico o señalador

  Ayer vino a verme un alumno. Cuando el alumno se dirigió a mí...

- Pueden tener valor generalizador, puesto que introducen sustantivos que designan conceptos conocidos por el hablante y el oyente gracias a su conocimiento del mundo o entorno cultural. Ejemplos:

  Valor generalizador

  El hombre es mortal.   *Tengo ganas de ir a la playa.*

En este segundo caso, el artículo denota que el sustantivo *playa* está considerado en general: no se refiere necesariamente a una playa concreta y consabida.

2.3 2.3 El artículo y su combinación

- El artículo siempre va delante del sustantivo, pero permite intercalar otras palabras como adjetivos, adverbios o ciertos grupos con preposición. Ejemplos:

  Precede al sustantivo

  la antigua casa   *la en otros tiempos mujer del* año

- El artículo nunca va precedido de otros determinativos excepto de *todo*, *toda*, *todos*, *todas*. Ejemplos:

  No puede ir precedido de otros determinativos (excepto todo y sus variantes)

  todos los viernes   *todo el terreno*

- En cambio, puede ir seguido de otros determinativos, como numerales cardinales, ordinales y algunos indefinidos (*muchos*, *pocos*, *varios*, *otros*, *demás* y sus variantes...). Ejemplos:

  Puede ir seguido de otros determinativos

  Numerales cardinales: *los tres bolígrafos*

  Numerales ordinales: *las segundas partes*

  Indefinidos: *los pocos alumnos*

Incluso puede combinarse con varios de ellos. Ejemplos:

  los otros tres alumnos
  los tres primeros alumnos

2.3 | 3 | EL DETERMINATIVO ARTÍCULO (y II)

2.3 3.1 La sustantivación

El artículo puede tener una función sustantivadora, es decir, puede hacer que el elemento que lo sigue, sin ser sustantivo, realice la función de tal.

Artículo lo: sustantivación de adjetivos
- El artículo neutro *lo* sustantiva adjetivos, a los que proporciona un valor abstracto. Ejemplos:

> *lo bueno*   *lo importante*
> *lo curioso*   *lo destacable*

Para algunos gramáticos también hay una función sustantivadora, además de una función deíctica, en los casos en que *lo* precede a grupos con preposición o a oraciones enteras. Ejemplos:

> Grupo preposicional: *lo de ayer*
> Oración completa: *lo que me dijiste ayer*

Sin embargo, también se puede considerar que, en estos casos, la forma *lo* es un pronombre que actúa como núcleo de un grupo nominal.

Artículo masculino y femenino: también sustantiva
- La función sustantivadora, con o sin valor deíctico, también la ejerce el artículo en sus formas masculina y femenina. Ejemplos:

> *el de ayer*   *los buenos*
> *la que me presentaste*   *las azules*

En estos casos se sobrentiende un sustantivo que se ha eliminado por haber aparecido antes en el contexto o por darse por conocido en el entorno cultural o comunicativo.

Por eso puede entenderse también que lo que sigue al artículo no está sustantivado, sino que ejerce de modificador de un sustantivo-núcleo elíptico.

Un mayor grado de sustantivación se da en los ejemplos siguientes:

> *No hagas **el ridículo**.*
> *Ya está bien de hacer **el tonto**.*
> *Me gusta **el dulce**.*

Asimismo, los adjetivos están sustantivados en casos como los de los siguientes ejemplos:

> *No te hagas la tonta.*   *Se hicieron los locos.*

2.3 3.2 El artículo con valor enfático y con valor posesivo

● **Valor enfático**

- El artículo *lo* tiene en ocasiones la función de realzar el adjetivo al que acompaña. En estos casos, el adjetivo en cuestión puede aparecer en cualquier género y número. Ejemplos: Valor enfático

    ¡Lo grande que es esta casa!
    ¡Lo listas que son estas niñas!
    ¡Lo simpática que es esta mujer!

- Asimismo, el artículo *lo* puede realzar adverbios. Ejemplos:

    ¡Lo lejos que está!   *¡Lo bien que canta!*

- El artículo *lo* también posee valor enfático en estructuras formadas con los verbos *ser* o *estar* seguidos de la preposición *de* y un adjetivo en grado comparativo (superlativo relativo). Ejemplos:

    ¡Es de lo más tonto!   *¡Está de lo más insoportable!*

- Pero esa función enfática no es solo exclusiva de *lo*. También presentan ese valor las demás formas del artículo. Ejemplos:

    ¡Hay que ver el calor que hace! → *Hace mucho calor.*
    No te imaginas la gente que había. → *Había mucha gente.*

- Por elisión del sustantivo *cantidad*, el artículo *la* forma con la preposición *de* una especie de locución [**3.2.2**] cuantitativa enfática, propia del coloquio. Ejemplo:

    ¡La de agua que cayó!

● **Valor posesivo**

En ocasiones, el artículo tiene un valor posesivo que se desprende del contexto, de la situación o del entorno cultural. Ejemplos: Valor posesivo

    Cerró los ojos (sus ojos).
    La mujer a la que se le murió el marido (su marido).

● **Equivalencia con interrogativos**

Otras veces, el artículo acompaña a un sustantivo con el valor de los interrogativos *cuánto* o *qué*. Se trata de un uso propio del coloquio. Ejemplos: Valor equivalente a *cuánto* o *qué*

    Dime el dinero que llevas. → *... cuánto dinero llevas.*
    No sé la chaqueta que me he puesto. → *... qué chaqueta me he puesto.*

2.3 | 4 DETERMINATIVOS DEMOSTRATIVOS

2.3 4.1 Características

Los demostrativos presentan las siguientes características:

Tres formas de género ● Como el artículo, constituyen un sistema de tres elementos referidos al género, pero solo las formas masculinas y femeninas son determinativos; las formas neutras son siempre **pronombres**:

Masculino: *este, ese, aquel, estos, esos, aquellos*
Femenino: *esta, esa, aquella, estas, esas, aquellas*
Neutro: *esto, eso, aquello* (pronombres)

Elementos deícticos ● Los demostrativos son **elementos deícticos** o señaladores, porque se usan para señalar o mostrar los seres en el espacio, en el tiempo o en el contexto. Ejemplos:

Espacio: *ese lápiz*
Tiempo: *aquellos años*
Contexto: *Me gusta esa palabra:* alborada.

Relación con las personas del acto comunicativo ● Los tres demostrativos (*este, ese, aquel* y sus variantes) se relacionan con las personas del acto comunicativo (hablante y oyente) de manera diferente.

● *Este* (y sus variantes) → señala algo (o a alguien) que está próximo al hablante, bien en el espacio, bien en el tiempo. Ejemplo: *Esta casa es cómoda.*

● *Ese* (y sus variantes) → muestra algo (o a alguien) que está próximo al oyente tanto en el espacio como en el tiempo, o que está en una distancia intermedia entre *este* y *aquel*. Ejemplo: *Esa casa es cómoda.*

● *Aquel* (y sus variantes) → se usa para mostrar algo (o a alguien) que está alejado del hablante y del oyente tanto en el tiempo como en el espacio. Ejemplo: *Aquellos años son inolvidables.*

Valor de las formas neutras ● Por otra parte, las formas neutras *esto, eso* y *aquello* pueden presentar:

● Valor anafórico → referencia a algo dicho anteriormente en el contexto. Ejemplo: *«Tú no trabajas nada»: eso fue lo que dijo.*

● Valor catafórico → referencia a algo que se dice después en el contexto. Ejemplo: *Quiero esto: que vengas a verme.*

2.3 4.2 Funciones de los demostrativos

Los demostrativos pueden presentar las siguientes funciones:

Delante del sustantivo: actualizadores ● Delante del sustantivo son **actualizadores** [3.2.3], como el artículo. Cualquier sustantivo puede funcionar como sujeto preverbal con ellos. Ejemplo:

Esta casa fue de mi abuela (no se dice: **Casa fue de mi abuela*).

DETERMINATIVOS DEMOSTRATIVOS | 2.3 | 4

- Detrás del sustantivo son **modificadores** [**3.2.4**]. En estos casos, el actualizador es el artículo. Ejemplo:

  La canción esa me encantó.

- Cuando no acompañan a ningún sustantivo, se convierten en pronombres y desempeñan las mismas funciones que un sustantivo: sujeto, complemento directo, etc. Ejemplo:

  Ese no me gusta (sujeto).

2.3 4.3 Combinatoria de los demostrativos

- Los demostrativos, cuando preceden a un sustantivo, no se combinan nunca con el artículo. Sin embargo, cuando lo siguen, necesitan del artículo. Ejemplos:

  *estos los niños   *la chica esa*

- Los demostrativos se pueden combinar con posesivos, con numerales y con algunos indefinidos como *poco*, *otro*, *mucho*, pero siempre precediéndolos. Solo el indefinido *todo* (y sus variantes) precede a los demostrativos. Ejemplos:

  esos tus ojos   *esos tres amigos*   *todos esos niños*

2.3 4.4 El demostrativo *tal, tales*

La forma *tal* y su plural *tales* son determinativos demostrativos cuando preceden a un sustantivo, con el que concuerdan en número, y presentan valor deíctico o señalador. Ejemplos:

  en tal ocasión → *en esa ocasión*   *en tal caso* → *en ese caso*

Realizan la función de actualizadores del sustantivo al que acompañan, y no se combinan con otros determinativos, salvo con el artículo y con otro demostrativo. En estos casos suelen aportar un valor despectivo. Ejemplos:

  el tal Andrés   *esa tal Rosario*

Norma — Demostrativos y sustantivos con *a-* (*ha-*) tónica

Los demostrativos con función actualizadora, delante de sustantivos femeninos que empiezan por *a-* o *ha-* tónica, presentan la forma normal del femenino. Ejemplos:

  esa aula (no **ese aula*)   *esta hambre* (no **este hambre*)
  aquella agua (no **aquel agua*)   *esta área* (no **este área*)

2.3 | 5 | LOS DETERMINATIVOS POSESIVOS (I)

2.3 5.1 Características

Los determinativos posesivos presentan varias formas.

● Unas son apocopadas y otras son plenas.

Formas apocopadas
● **Formas apocopadas:**

Singular: *mi, tu, su*
Plural: *mis, tus, sus*

Las formas *mi* y *tu* se refieren a un solo poseedor, tanto en singular como en plural. Ejemplos:

tu libro   *tus libros*

En cambio, las formas *su* y *sus* pueden referirse a un poseedor o a varios. Ejemplo:

su libro (el libro de él o de ella, de ellos o de ellas, de usted o de ustedes)

Formas apocopadas: son átonas
Por otra parte, las formas apocopadas son átonas, como el artículo, por lo que necesitan apoyarse fónicamente en otra palabra. Solo en momentos de énfasis, de expresividad, estas formas pueden hacerse tónicas. Ejemplos:

*Esta es **mi** casa.*   *¡**Mi** madre!*

Estas formas posesivas permiten intercalar adjetivos, adverbios y grupos con preposición entre ellas y el sustantivo. Ejemplos:

mi pequeña hija   *mi entonces marido*

ATENCIÓN

Hay que distinguir entre las formas determinativas posesivas *mi* y *tu* y las formas de los pronombres personales de primera y segunda persona, respectivamente. Las formas de los pronombres son siempre tónicas y llevan tilde. Ejemplos:

*Siempre hablan mal de **mi** hijo* (determinativo posesivo).
*Siempre hablan mal de **mí**, hijo* (pronombre personal).

Formas plenas
● **Formas plenas:**

Masculino singular: *mío, tuyo, suyo, nuestro, vuestro*
Femenino singular: *mía, tuya, suya, nuestra, vuestra*
Masculino plural: *míos, tuyos, suyos, nuestros, vuestros*
Femenino plural: *mías, tuyas, suyas, nuestras, vuestras*

Formas plenas: variación de género
Las formas plenas presentan no solo diferencia de número, sino también de género:

— *Mío, mía, tuyo, tuya, míos, mías, tuyos, tuyas* se refieren a un solo poseedor.

— *Suyo*, *suya*, *suyos*, *suyas* pueden referirse a un poseedor o a varios. Ejemplo:

el libro suyo (de él o de ella, de ellos o de ellas, de usted o de ustedes)

— Las demás formas (*nuestro, nuestra, nuestros, nuestras* y *vuestro, vuestra, vuestros, vuestras*) se refieren siempre a más de un poseedor.

Las formas plenas *mío, tuyo* y *suyo* (y sus variantes) siempre son tónicas y siguen al sustantivo, que, cuando está en singular, debe ir actualizado por otro determinativo. Ejemplos:

> Formas plenas: son tónicas

El libro mío se perdió.   *Dos libros míos se perdieron.*

Las formas apocopadas no son compatibles con ningún otro determinativo antepuesto excepto con el demostrativo, con los indefinidos *otro* y *mucho* (y sus variantes) y los numerales. Ejemplos:

esos tus ojos (hoy, arcaísmo)   *mis otros dos hijos*

Además, pueden seguir al indefinido *todo* (y variantes). Ejemplo:

todo mi esfuerzo

Norma Combinación de artículos y posesivos

La combinación del artículo seguido de un posesivo apocopado es un fenómeno dialectal o regional del noroeste español, pero no pertenece a la norma culta. Ejemplos:

*la mi pelota   **la su casa*

• Los posesivos, junto con los pronombres personales, presentan el rasgo de persona gramatical:

> Formas plenas: variación de persona gramatical

1.ª persona: *mi, mis, mío, mía, míos, mías, nuestro, nuestra, nuestros, nuestras*

2.ª persona: *tu, tus, tuyo, tuya, tuyos, tuyas, vuestro, vuestra, vuestros, vuestras*

3.ª persona: *su, sus, suyo, suya, suyos, suyas*

• Los posesivos constituyen un sistema de dos elementos en lo que al género se refiere (masculino y femenino) y no de tres, como es el caso del artículo y los demostrativos (masculino, femenino y neutro).

> No hay posesivos neutros

• Los posesivos tónicos (nunca los átonos) pueden sustantivarse [**2.3.3**], como cualquier adjetivo, mediante el artículo, pero nunca ejercen el papel de pronombres, si bien comparten con estos el rasgo de sustitución (*el libro de Juan: su libro*). Ejemplos:

> No hay pronombres posesivos

la mía   *los tuyos*   *las nuestras*   *lo mío*

2.3 6.1 Funciones de los posesivos

Formas apocopadas: siempre actualizadores
- Los posesivos apocopados son siempre **actualizadores [3.2.3]** del sustantivo, pues permiten que este funcione en singular como sujeto preverbal. Ejemplo:

  Mi coche es azul (no se dice: *Coche es azul).

Formas plenas: modificadores
- Los posesivos plenos *mío, tuyo, suyo* (y sus variantes) son siempre **modificadores [3.2.4]** del sustantivo, como cualquier adjetivo. Ejemplos:

  el libro blanco → *el libro* **tuyo**   *esta casa vieja* → *esta casa* **tuya**

  Pero las formas *nuestro* y *vuestro* (y sus variantes) pueden funcionar como actualizadores o como modificadores. Ejemplos:

  Actualizadores: *nuestra casa, vuestros hijos*
  Modificadores: *la casa nuestra, los hijos vuestros*

Otras funciones
- Además, las formas tónicas (las plenas) pueden también funcionar como atributo en un predicado. Ejemplos:

  La casa es **mía**.   *Los hijos son* **nuestros**.

  En estos casos, el posesivo puede aparecer sin artículo como en los ejemplos mencionados, o con artículo (sustantivado) y, en ese caso, su carácter es identificador. Ejemplos:

  Esa casa es **la nuestra**.   *Ese libro es* **el suyo**.

  En la función de atributo, los posesivos tónicos (o plenos) pueden acompañarse de adverbios cuantificadores. Ejemplos:

  Esa casa es **más** *mía que tuya.*   *Ese gesto es* **muy** *mío.*

- Las formas neutras sustantivas *lo mío, lo tuyo, lo suyo, lo nuestro* y *lo vuestro* tienen a veces con ciertos verbos un valor enfático de carácter cuantitativo. Ejemplo:

  Ese hombre sufre lo suyo. → *... sufre mucho.*

Norma | Adverbios con posesivos

- Los posesivos no acompañan nunca a adverbios (**delante mío/mía*, **cerca nuestro/ nuestra*, **detrás tuyo/tuya*). Es excepción el adverbio *alrededor*, pues admite *a mi* (*tu, su...*) *alrededor* y *alrededor mío* (*tuyo, suyo...*) al haberse formado con el sustantivo antiguo *rededor* (como *al lado mío/a mi lado*).

  Estas combinaciones son, sin embargo, frecuentes en Hispanoamérica y en zonas meridionales de la Península, así como en Canarias.

- Los adverbios deben complementarse con grupos con la preposición *de* seguida del pronombre tónico correspondiente. Ejemplos:

  delante de mí   *cerca de vosotros*   *detrás de ti*

2.3 6.2 **El posesivo relativo *cuyo* (y sus variantes)**

Las formas *cuyo, cuya, cuyos, cuyas* presentan las siguientes características:

- Son formas átonas que actúan siempre como actualizadoras del sustantivo (son, por tanto, determinativos), al que siempre preceden y con el cual concuerdan en género y número. Ejemplos:

  cuyo padre　　*cuyos hijos*　　*cuya madre*　　*cuyas hijas*

Formas átonas

- No son compatibles con los determinativos demostrativos ni con el indefinido *todo* (y sus variantes), pero sí con los numerales. Ejemplos:

  *estos cuyos hijos　　*cuyo segundo hijo*

No son compatibles con demostrativos

Posesivo relativo

- Estas formas añaden a su significado posesivo un valor gramatical relativo, pues se relacionan siempre en el contexto con otro sustantivo llamado antecedente, con el que no concuerdan. Ejemplo:

  aquel hombre cuyos hijos

Se trata de formas determinativas relativas con significado posesivo. Se pueden referir a un solo poseedor o a varios.

Norma　Uso de *cuyo* (y sus variantes)

- La forma *cuyo* (y sus variantes) no debe sustituirse por el pronombre relativo *que* y el posesivo *su, sus* o el artículo con valor posesivo. Así, no son correctas oraciones como esta:

  *Devolví ese libro que sus páginas estaban en blanco (se dice: ... *cuyas páginas*...).

- No es correcto el uso de *cuyo* (y sus variantes) sin significado posesivo, como en estos casos:

  *Vino a verme un señor a mi casa, cuyo señor me dijo... (se dice: ... *quien me dijo*...).

- Hay algunas construcciones en que el relativo *cuyo* presenta un valor demostrativo, no posesivo, y que han sido censuradas a veces por los gramáticos. Ejemplos:

  en cuyo caso　　*con cuyo objeto*　　*a cuyo fin*

  Es preferible sustituirlas por estas: *en ese (tal) caso, con ese (tal) objeto, a tal fin.*

- Delante de los sustantivos femeninos que empiezan por *a-* o *ha-* tónica, el determinativo *cuyo* presenta su forma normal femenina. Ejemplos:

  cuya agua (no **cuyo agua*)　　*cuya área* (no **cuyo área*)

2.3 | **7** | **LOS DETERMINATIVOS INDEFINIDOS**

2.3 7.1 Características

Estas son las características más importantes de los determinativos indefinidos:

● **Significado**

Cantidad imprecisa

Desde el punto de vista de la significación, estos determinativos aluden a conceptos como el de cantidad, pero, por lo general, de manera imprecisa e indeterminada. Se oponen así a los numerales, que delimitan de forma precisa o exacta las realidades a las que nos referimos. No presentan valor deíctico o señalador.

● **Función**

Actualizadores y pronombres

La mayoría de los indefinidos funcionan como actualizadores [**3.2.3**] de un sustantivo, pero también pueden actuar de pronombres. Ejemplos:

Actualizador: *algunos libros*, *muchos chicos*, *toda razón*
Pronombre: *No he visto ninguno. Tengo pocas.*

Son incompatibles con sustantivos no contables en plural, a no ser que nos refiramos a clases, modalidades, etc. Ejemplos:

*muchas aguas   **algunas platas*

2.3 7.2 Relación de determinativos indefinidos

Indefinidos

Estos son los determinativos indefinidos:

un, una, unos, unas [**2.3.7**]
algún, alguno, alguna, algunos, algunas [**2.3.7**]
ningún, ninguno, ninguna [**2.3.7**]
cualquier, cualquiera, cualesquiera [**2.3.8**]
quienquiera, quienesquiera [**2.3.7**]
demás [**2.3.8**]
otro, otra, otros, otras [**2.3.8**]
varios, varias [**2.3.9**]
mucho, mucha, muchos, muchas [**2.3.9**]
poco, poca, pocos, pocas [**2.3.9**]
cierto, cierta, ciertos, ciertas [**2.3.10**]
más y *menos* [**2.3.10**]
bastante, bastantes [**2.3.9**]
todo, toda, todos, todas [**2.3.12**]
cada [**2.3.15**]

2.3 7.3 Los indefinidos *un, algún* y *ningún* (y sus variantes)

Formas apocopadas

● Las formas *un, algún* y *ningún* son apocopadas y aparecen siempre delante de sustantivos masculinos funcionando como actualizadores de ellos. Ejemplos:

un papel   *algún chico*   *ningún problema*

ATENCIÓN

Para diferenciar el indefinido *un*, *una* del numeral cardinal correspondiente, ver [**2.3.13**]. Las formas del plural *unos*, *unas* solo pueden ser determinativos indefinidos.

- Las formas *alguno* y *ninguno* siempre aparecen detrás del sustantivo, y *algunos*, *alguna*, *algunas* y *ninguna*, delante o detrás. Con el adverbio *no*, ambos indefinidos son equivalentes. Ejemplos: *(En oraciones negativas)*

    No tengo miedo alguno.   *No tengo miedo ninguno.*

- No son compatibles ni con el artículo ni con los demostrativos ni con los posesivos, pero sí permiten ir seguidos del indefinido *otro* (y sus variantes). Ejemplos: *(Combinación con otro (y sus variantes))*

    algún otro día   *alguna otra idea*

- Estos indefinidos pueden actuar también como pronombres, lo que ocurre cuando no está explícito el sustantivo. Ejemplos: *(Función pronominal)*

    No quiero ninguno.   *Me interesa alguna.*

    Incluso pueden ir complementados por otros elementos o grupos con preposición y oraciones de relativo, actuando ellos como núcleos del grupo nominal correspondiente. Ejemplos:

    alguno de vosotros   *algunos que quieren trabajar*

- Como otros indefinidos, estas formas tienen capacidad sustantivadora [**2.3.3**]. Ejemplos: *(Sustantivación)*

    algún listo   *ningún imbécil*

ATENCIÓN

Los indefinidos *algo*, *nada*, *nadie*, *alguien* y *quienquiera* no son determinativos, sino verdaderos pronombres, pues nunca acompañan a sustantivos ni como actualizadores ni como modificadores.

No se admiten, sin embargo, estructuras partitivas con *alguien* o *nadie*. Ejemplos: **alguien de ustedes* (correcto: *algunos(as) de ustedes*), **nadie de vosotros* (correcto: *ninguno(a) de vosotros(as)*). Sí es correcto el uso del complemento si no hay valor partitivo. Ejemplos: *alguien de la familia, nadie del partido.*

Norma   Indefinidos y sustantivos con *a-* (*ha-*) tónica

Los sustantivos femeninos que comienzan por *a-* o *ha-* tónica pueden ser introducidos indistintamente por las formas *algún*, *alguna*, *ningún*, *ninguna*, pero son más frecuentes las formas apocopadas. Ejemplo: *ningún alma → ninguna alma.*

| 2.3 | 8 | **OTRAS FORMAS DE LOS INDEFINIDOS** |

2.3 8.1 El indefinido *cualquiera* (y sus variantes)

Las formas *cualquiera* y *cualesquiera* pueden ser tanto actualizadoras del sustantivo como modificadoras:

Cualquier: siempre actualizador

- La forma apocopada *cualquier* solo puede funcionar como actualizadora [**3.2.3**] de sustantivos masculinos o femeninos. Ejemplos:

  cualquier libro   *cualquier mujer*

  En esta posición, solo es compatible con el determinativo *otro, otra*. Ejemplos:

  cualquier otra mujer   *cualquier otro juguete*

Cualquiera: modificador

- La función de *cualquiera* es la de modificador [**3.2.4**] del sustantivo, y necesita que este aparezca actualizado con el indefinido *un, una*. Ejemplos:

  un hombre cualquiera   *una casa cualquiera*

Sin sustantivo: pronombre

- Cuando no acompaña a ningún sustantivo, actúa como pronombre. Ejemplos:

  Cualquiera lo puede hacer.   *Cualquiera que lo sepa...*

ATENCIÓN

Las oraciones con el pronombre *cualquiera* como sujeto, con entonación exclamativa [**4.1.16**] y con el verbo en presente o pretérito imperfecto de indicativo presentan significados de imposibilidad o negación mezclados a veces con sentimientos de miedo o precaución en el hablante. Ejemplos:

¡Cualquiera sale a estas horas! → *No me atrevo a salir a estas horas.*

Norma   Plural del indefinido *cualquiera*

- Cuando actúa de modificador del sustantivo, el plural de *cualquiera* es *cualesquiera*. Ejemplo:

  dos mujeres cualesquiera (no **cualquieras*, ni **cualquiera*)

- Cuando actúa de pronombre se puede poner en plural. Ejemplo:

  cualquiera de estas cinco mujeres y *cualesquiera de estas cinco mujeres*

- Aparece en plural en los casos en que se refiere a un sustantivo plural a través del verbo *ser*. Ejemplo:

  cualesquiera que sean las razones

ATENCIÓN

Existe el plural *cualquieras* como sustantivo. Ejemplo:

> *Son dos cualquieras.*

2.3 8.2 El indefinido *demás*

El indefinido *demás* siempre precede al sustantivo, pero por sí mismo no lo actualiza. Necesita para ello del artículo (con el que forma un actualizador complejo) y, opcionalmente, del indefinido *todo*, *toda*, *todos*, *todas*. Ejemplos:

> Con el artículo: *los demás libros*
> Con el indefinido *todos*: *todos los demás libros*

Demás: siempre con artículo

También puede sustantivarse [**2.3.3**]: *Los demás no me entienden.*

Sustantivación

Es una forma invariable en género y número, y solo aparece sin artículo en el cierre de alguna enumeración. Ejemplo:

Sin artículo

> *Vinieron mi padre, mi tío y demás familia.*

2.3 8.3 El indefinido *otro* (y sus variantes)

El indefinido *otro* (y sus variantes) es compatible con varios determinativos, que lo preceden. Ejemplos:

Combinación con otros determinativos

> *algunos otros libros*   *los otros libros*   *mis otros libros*

Admite el indefinido *todo* (y sus variantes) delante de los determinativos artículos, demostrativos y posesivos. Ejemplos:

> *todos esos otros libros*   *todos mis otros libros*

Sin embargo, los cardinales siguen al indefinido *otro* (y sus variantes), pero no lo preceden. Ejemplos:

> *otros dos libros*   *otras cuatro amigas*

Nunca sigue al sustantivo, por lo que su función es siempre la de actualizador, bien cuando va solo, bien cuando va acompañado de otros determinativos. Ejemplo:

> *mis otros libros* (*mis otros* es el actualizador compuesto)

Puede también actuar como pronombre e, incluso, sustantivarse. Ejemplos:

> Pronombre: *Quiero otro.*   Sustantivado: *El otro lo sabía.*

Norma *Otro* y sustantivos con *a-* (*ha-*) tónica

Delante de los sustantivos femeninos que comienzan por *a-* o *ha-* tónica, el indefinido *otro* adopta la forma normal de femenino. Ejemplos:

> *otra agua* (no **otro agua*)   *la otra área* (no **el otro área*)

2.3 | 9 | **OTROS INDEFINIDOS (I)**

2.3 9.1 **Características comunes**

Los indefinidos *mucho, poco, varios, bastante, demasiado, tanto* y *cuanto* (con sus variantes morfológicas) tienen en común las siguientes características:

- Son todos cuantificadores imprecisos del sustantivo.

Actualizadores • Preceden al sustantivo, actualizándolo. Salvo en casos especiales, no suelen actuar de modificadores, aunque *varios* y *bastante* admiten, a veces, la posposición. Ejemplos:

> Tenemos varias habitaciones. → Tenemos habitaciones varias.
> No hay bastantes habitaciones. → No hay habitaciones bastantes.

Función pronominal • Pueden actuar también como pronombres y llevar o no complementos o modificadores introducidos por *de* con valor partitivo. Ejemplos:

> Pronombre: *Tú tienes mucho dinero y yo **poco**.*
> Valor partitivo: ***Muchos** de vosotros lo desconocéis.*

Combinación con otros determinativos • No suelen ser compatibles con otros determinativos, aunque en situaciones especiales admiten el artículo y, en el caso de *mucho* y *poco* (y sus variantes), el posesivo. Ejemplos:

> la mucha confianza   las varias razones
> la poca confianza   mis muchos males

El indefinido *poco* es compatible también con el demostrativo. Ejemplos:

> esos pocos libros   estas pocas palabras

En estos casos, el verdadero actualizador es el artículo (o, en su caso, el posesivo o demostrativo).

Sustantivación • Algunos de ellos pueden sustantivarse [**2.3.3**]. Ejemplos:

> Lo mucho cansa y lo poco agrada.   No sé lo bastante.

Incluso, el artículo neutro *lo* en un contexto con una oración de relativo puede aportar un valor de énfasis, próximo al del exclamativo *cuánto*. Ejemplo:

> Me preocupa lo mucho (poco) que come.

- Los indefinidos *poco* y, en raras ocasiones, *mucho* se sustantivan con el indefinido *un*, adquiriendo un valor partitivo. Ejemplos:

> un poco de pan   un mucho de paciencia

Incluso *poco* permite los sufijos diminutivos. Ejemplos:

> un poquito de pan   un poquitín de paciencia

- El determinativo *mucho* como sustantivador de algunos adjetivos puede, a veces, ir en singular con valor semántico plural. Ejemplos:

  Por aquí hay mucho listillo. → *Por aquí hay muchos listillos.*
  En este colegio hay mucho sinvergüenza. → *En este colegio hay muchos sinvergüenzas.*

  Los indefinidos *mucho, poco, tanto* y *cuanto* admiten el sufijo de superlativo *-ísimo*. Ejemplos:

muchísima gente	*poquísimo pan*
tantísima pena	*¡cuantísimo dinero!*

ATENCIÓN

Deben distinguirse las formas *mucho, poco, bastante* y *demasiado* con carácter de pronombres, de las mismas formas con valor de adverbio (en este caso son palabras invariables). Ejemplos:

Pronombre: —*¿Tienes dinero? —Sí, mucho (poco, bastante, demasiado).*
Adverbio: *Juan corre mucho (poco, bastante, demasiado).*

Norma · Uso correcto de los indefinidos

- Cuando las construcciones *muchos (algunos, varios) de nosotros, muchas (algunas, varias) de nosotras, muchos (algunos, varios) de vosotros, muchas (algunas, varias) de vosotras, muchos de ellos, muchas de ellas,* etc., actúan como sujetos, la concordancia con el verbo se establece en relación con la persona del pronombre personal correspondiente. Ejemplos:

  Muchas de nosotras sabemos... (no se dice: **... saben...*).
  Muchos de vosotros sabéis... (no se dice **... saben...*).

- Delante de los sustantivos femeninos que empiezan por *a-* o *ha-* tónica se pone la forma femenina normal de estos indefinidos. Ejemplos:

  mucha, poca, demasiada, tanta, cuanta, cuánta **hambre**
  (no **mucho, poco, demasiado, tanto, cuanto, cuánto* **hambre**)
  mucha, poca, demasiada, toda, cuanta, cuánta **agua**
  (no **mucho, poco, demasiado, tanto, cuanto, cuánto* **agua**)

- Son incorrectas construcciones como **una poca de agua*, producto del cruce entre *un poco de agua* (*un poco*: está sustantivado o es una locución adverbial) y *poca agua* (*poca*: es un determinativo).

| 2.3 | 10 | **OTROS INDEFINIDOS (y II)** |

2.3 10.1 Los indefinidos *más* y *menos*

● Significado

Significado | Las palabras *más* y *menos* son determinativos indefinidos, con significado de cantidad imprecisa, solo cuando acompañan al sustantivo. Son invariables en género y número. Ejemplos:

más libros   *menos sillas*

● Función y combinatoria

Actualizadores y modificadores
● Cuando preceden al sustantivo son actualizadores [**3.2.3**] y cuando lo siguen son modificadores [**3.2.4**]. Ejemplos:

Actualizador: *No caben **más** libros.*
Modificador: *Escribe dos páginas **menos**.*

Cuando son modificadores, el sustantivo aparece actualizado por un cardinal, otro indefinido o un demostrativo, pero nunca por artículos o posesivos. Ejemplos:

dos hojas más   otra hoja más   ese libro menos (que tienes)

Precisamente con los posesivos, las formas *más* y *menos* son compatibles, pero siempre que aquellos vayan detrás del sustantivo. Ejemplos:

menos problemas suyos   más asuntos tuyos

Pronombres
● Estas formas pueden actuar también de **pronombres**. Ejemplos:

No quiero más (se refiere a *caramelos*).
Quiero menos (se refiere a *comida*).

Además, permiten la sustantivación [**2.3.3**]. Ejemplos:

Los más se quedaron rezagados.
Esos son los menos.
Lo más que me puede pasar.

ATENCIÓN

Deben distinguirse las formas *más* y *menos* con valor de pronombres, de las mismas formas con valor de adverbios. Ejemplos:

Pronombre: *Tengo más* (se refiere a *dinero*).
Cogí menos (se refiere a *dinero*).
Adverbio: *Juan es más listo.*
Pedro es menos listo.
Corro más.
Vivió menos.

2.3 10.2 El indefinido *cierto* (y sus variantes)

- Este indefinido (*cierto*, *cierto*, *ciertos*, *ciertas*) alude de forma espe-   Significado
cífica a los seres. Siempre precede al sustantivo (nunca lo sigue),
y su función es la de actualizador. Ejemplos:

  cierto señor   *ciertas señales*

ATENCIÓN

Cierto (y sus variantes), pospuesto directamente al sustantivo o a través del verbo *ser*
como atributo, no es un determinativo, sino un mero adjetivo con el significado de
'verdadero'. Ejemplos:

  una cosa cierta   *eso no es cierto*

Lo mismo ocurre en las sustantivaciones. Ejemplo:

  Lo cierto es que...

- Este indefinido nunca actúa como pronombre y tampoco puede ser   Combinación
sustantivado.

  Es incompatible con cualquier otro determinativo excepto con *un*,
una, *unos*, *unas*, a los que siempre sigue y con los que constituye
un actualizador compuesto. Ejemplos:

  un cierto miedo   *una cierta sensación de...*

2.3 | 11 | EL INDEFINIDO *UN, UNA* (Y SUS VARIANTES)

2.3 11.1 Significado

Valor de indeterminación

● Los indefinidos *un, una, unos* y *unas* adquieren valores específicos, inespecíficos y generalizadores en el contexto. Ejemplos:

> Específico: *Busco un libro que tiene veinte páginas.*
> Inespecífico: *Busco un libro que tenga veinte páginas.*
> Generalizador: *Tener un ordenador es imprescindible.*

Valor de aproximación

● En ocasiones, este indefinido en plural presenta un significado de aproximación, pero en esos casos no es actualizador de un sustantivo, sino modificador de un cardinal. Ejemplo:

> *En clase había unos cincuenta alumnos.* → *... aproximadamente cincuenta.*

La incidencia de *unos* no es sobre el sustantivo, sino sobre el cardinal *cincuenta*.

Valor enfático

● Con entonación suspendida y exclamativa, estos indefinidos se usan con valor enfático. Ejemplos:

> *¡Tiene una casa...!*   *¡Cuenta unos chistes...!*

El valor enfático aparece también cuando el indefinido acompaña a adjetivos normalmente de cualidad negativa. Ejemplos:

> *Eres un imbécil.*   *Es un tímido.*

Cuando acompaña a sustantivos intensifica tanto cualidades positivas como negativas. Ejemplos:

> *Juan es un sabio.*   *Eres un hacha.*   *Es un desastre.*

Con el indefinido *todo* (y sus variantes), el valor enfático también es claro. Ejemplos:

> *Fue todo un espectáculo.*   *Es todo un caballero.*

Asimismo, presenta valor enfático en estructuras coloquiales formadas con los verbos *ser* o *estar* seguidos de la preposición *de* en enunciados exclamativos con entonación suspendida. Ejemplo: *¡Es de un cursi...!*

Una de...: locución cuantificadora

● Por elisión del sustantivo *cantidad*, el indefinido *una* constituye con la preposición *de* una especie de locución cuantificadora o intensificadora en enunciados exclamativos con entonación suspendida. Ejemplos:

> *¡Cayó una de agua...!*   *¡Había una de gente...!*

2.3 11.2 Formas, combinatoria y función

Este indefinido presenta dos formas en masculino singular: una apocopada (*un*) y otra plena (*uno*), que siempre es pronombre [**2.4.1**].

- **Indefinido frente a numeral**

  Este indefinido, en singular, presenta la misma forma que el cardinal [**2.3.13**] homónimo. Es siempre indefinido cuando no lo oponemos a otros cardinales (*dos, tres, cuatro...*). Ejemplos: *Valor indefinido y valor numeral*

  > *En casa solo tengo un perro (no dos, ni tres...)* (cardinal).

  frente a:

  > *Tengo un perro precioso* (indefinido).

  En plural, estas formas pertenecen solo a los indefinidos.

- **Funciones**

  - Cuando precede al sustantivo, realiza la función de actualizador [**3.2.3**] del sustantivo (u otro elemento sustantivo). Es incompatible con otros determinativos, excepto con *todo* en singular, que lo precede, y *cierto* (y sus variantes), que lo sigue. Ejemplos: *Actualizador*

    > *todo un sueño   toda una serie   un cierto olor*

  - Cuando aparece sin sustantivo, actúa como un pronombre. Ejemplos: *Pronombre*

    > *He visto unas muy bonitas.   Unos son más bonitos.*

  - El indefinido *uno* (y sus variantes) puede ser correlativo de *otro* (y sus variantes) con valor distributivo. Ejemplo: *Uno... otro correlativos*

    > *Unos dicen que estoy triste, otros que soy tímido.*

  La forma plena *uno, una* actúa de pronombre, bien con el valor generalizador de *cualquiera*, bien con el valor encubridor del *yo* del hablante. Ejemplos:

  Generalizador: *Cuando **uno** se confía, puede tener problemas.*
  Encubridor: *Perdona, pero es que **una** está cansada después de tanto jaleo.*

Norma | *Un, una* y sustantivos con *a-* (*ha-*) tónica

Delante de los sustantivos femeninos que empiezan por *a-* o *ha-* tónica se utiliza la forma *un*, aunque también es válida la forma *una*. Ejemplos:

> *un (una) alma   un (una) águila*

2.3 | 12 | EL INDEFINIDO *TODO* (Y SUS VARIANTES)

2.3 12.1 Características

Este indefinido presenta las siguientes características:

● **Significado**

Valor de generalización

Cuando va precediendo directamente al sustantivo en singular, aporta un significado de generalización equivalente al de *cualquier*, *cualquiera* o al del plural *todos los*. Ejemplos:

> *Todo libro es interesante.* → *Cualquier libro, todos los libros...*

Valor de totalidad

Sin embargo, con otro determinativo y también en singular, alude a la totalidad del objeto mencionado. Ejemplos:

> *todo el libro*   *toda la mesa*

El valor generalizador es imposible en plural. Ejemplos:

> **todos libros*   **todas clases*

● **Función**

Este indefinido puede realizar estas funciones: actualizador [**3.2.3**], modificador [**3.2.4**] y actuar como pronombre [**2.4.1**].

Actualizador

● El indefinido *todo, toda, todos, todas* es un actualizador del sustantivo cuando lo precede. Ejemplo:

> *Toda persona tiene sentimientos.*

Pospuesto al sustantivo: modificador

● Pospuesto al sustantivo o a un pronombre funciona como un modificador, pero posee solo carácter literario. Ejemplos:

> *mis amigos todos*   *vosotras todas*   *los libros todos*

Una característica de este indefinido es su fácil permutación a otros lugares de la oración. Ejemplos:

> *Todos los libros tienen interés.* → *Los libros tienen todos interés.*
> *Los libros todos tienen interés.* → *Los libros tienen interés todos.*

Pronombre

● Puede actuar de pronombre y sustantivarse en ciertos contextos. Ejemplos:

> Pronombre: *Todos tendrán las mismas oportunidades.*
> Sustantivación: *El todo por el todo.*

Como pronombre neutro se correlaciona, a veces, con *cuanto*. Ejemplo:

> *Hizo todo cuanto pudo.*

Intensificador

● En ocasiones, este indefinido, en unión con el también indefinido *un, una*, es un intensificador de sustantivos. Ejemplos:

> *Corrí durante **todo** un kilómetro.*
> *Es **todo** un caballero.*
> *Estuve trabajando **toda** una semana.*

A veces, este valor intensificador lo muestra junto con el artículo. Ejemplos:

*Trabajé durante **todo** el santo día.*
*Te quiero con **toda** el alma.*

ATENCIÓN

El valor intensificador de *todo, toda* está próximo al de adverbios como *completamente,
totalmente,* etc., cuando precede a adjetivos. Ejemplos:

Estaba todo contento.   *Estaba toda feliz.*

● Posición

Puede preceder directamente al sustantivo o bien permitir la   Posición
intercalación de otros determinativos con los que es compatible.
Ejemplos:

todo individuo   *toda la cena*
todos los demás libros   *todas las otras mujeres*

No es compatible, sin embargo, con numerales ni con indefinidos   Combinación
(salvo con *demás* y *otros* precedidos de artículo).

También puede preceder a nombres propios de lugar, con vacilación, a veces, en la concordancia, y a pronombres. Ejemplos:

Nombres propios: *todo (toda) Segovia, todo (toda) Francia*
Pronombres: *todos vosotros, todas ellas*

Norma *Todo* y sustantivos con *a-* (*ha-*) tónica

Delante de los sustantivos femeninos con *a-* o *ha-* tónica, el indefinido *todo* adopta su
forma normal femenina. Ejemplos:

toda esa agua (no **todo ese agua*)   *toda aula* (no **todo aula*)

Esta forma se mantiene aunque se intercalen las formas femeninas irregulares o apocopadas *el* y *un*. Ejemplos:

toda el ansia (no **todo el ansia*)
toda un área (no **todo un área*)
toda el hambre (no **todo el hambre*)

2.3 13 **LOS DETERMINATIVOS NUMERALES (I)**

2.3 13.1 Clases de determinativos numerales

Tipos Los determinativos numerales pueden ser de varias clases: **cardinales, ordinales, partitivos, multiplicativos** y **dual.**

2.3 13.2 Determinativos numerales cardinales

Los numerales cardinales presentan estas características:

- **Significado**

Cantidad exacta Significan siempre una cantidad exacta, concreta, respecto de los seres designados por los sustantivos. Son los números conocidos como *uno, dos, tres, cuatro,* etc.

- **Función**

Función Pueden realizar función de actualizadores o actuar como pronombres:

- Si aparecen delante del sustantivo, actúan de actualizadores [**3.2.3**]. Ejemplos:

  dos caras   *catorce chicos*

- Si aparecen sin el sustantivo, adquieren valor de **pronombre** [**2.4.1**] siempre que vayan sin determinativo previo. Ejemplos:

  Solo quiero dos.   *Necesito cuatro de esos.*

  Como pronombres, pueden llevar complementos de carácter partitivo. Ejemplos:

  dos de los alumnos   *una de las mujeres*

- Si aparecen con determinativo previo, estamos ante casos de sustantivación [**2.3.3**]. Ejemplos:

  Quiero los dos.   *Quiero esos dos.*

- **Formas**

Formas Los cardinales pueden ser simples o compuestos. Ejemplos:

  Simples: *uno, dos... diez, once, doce... veinte, treinta...*
  Compuestos: *dieciséis, treinta y uno, ciento uno...*

- **Posición**

Actualizadores Siempre preceden a sustantivos contables [**2.1.3**] y funcionan como actualizadores. Ejemplos:

  dos libros   pero no: **dos petróleos*   **tres platas*

Modificadores Si aparecen detrás del sustantivo, adquieren el valor de un ordinal y exigen la presencia de otro determinativo capaz de actualizar al sustantivo en la oración. Ejemplos:

  el capítulo dos   *el artículo tres*

● **Combinatoria**

Son compatibles con el determinativo artículo, con el demostrati- Combinatoria con
vo, con los posesivos apocopados y con los plenos, con los interro- otros determinativos
gativos y con *cuyo* (y variantes). Ejemplos:

Artículo: *los tres capítulos*
Demostrativo: *esos tres capítulos*
Posesivo apocopado: *mis tres casas*
Posesivo pleno: *dos casas mías*
Interrogativo: *¿qué dos coches?*

Solo permiten la anteposición del adjetivo en los casos en que el
verdadero actualizador es otro determinativo. Ejemplo:

esos fantásticos seis ordenadores

Norma Escritura de los cardinales

● Los cardinales compuestos hasta *veintinueve* se escribían en una sola palabra. Los
que siguen a *treinta*, hasta *cien*, se escribían separados y en coordinación; ahora se
permite escribirlos también en una sola palabra. Ejemplos:

dieciséis   *diecisiete*   *veintidós*   *veintitrés*
treinta y uno (treintaiuno)   *ochenta y tres (ochentaitrés)*

● Los cardinales que siguen a *cien, ciento* y *mil* y que indican adición se escriben separados con yuxtaposición de los cientos o de los miles. Ejemplos:

ciento uno   *doscientos veinte*   *mil cuarenta*

● Los cardinales compuestos, cuyo segundo componente es de mayor cantidad que el
primero y suponen multiplicación, se escriben en una sola palabra cuando ese
segundo componente es *cientos,* y en dos cuando es *mil.* Ejemplos:

ochocientos   *seiscientos*   *ocho mil*   *diez mil*

● El cardinal *un* y los compuestos de *un* concuerdan en género con el sustantivo al que
acompañan. Ejemplos:

un libro   *veintiún libros*   *una carpeta*   *veintiuna carpetas*

Pero cuando el compuesto de *un* precede a *mil,* puede concordar con este numeral
o con el sustantivo. Ejemplos:

veintiún mil libras (o veintiuna mil libras)
cuarenta y un mil casas (o cuarenta y una mil casas)

● Se dice *el veinte por ciento, el treinta por ciento,* etc. No es correcto decir **el veinte por
cien, *el treinta por cien.* Sin embargo, se dice *el cien por cien (el ciento por ciento* y *el
cien por ciento).* La forma *ciento* presenta la forma apocopada *cien* delante de *mil,*
pero no delante de otros cardinales. Ejemplos:

cien mil libras   pero: *ciento cinco mil libras*

2.3 14.1 Determinativos numerales ordinales

Los llamados ordinales presentan las siguientes características:

Significado: orden
● Indican orden o sucesión. Ejemplos:

primero　　　　　　*segundo*　　　　　　*tercero*

Modificadores; nunca
actualizadores ni
pronombres
● Son siempre modificadores del sustantivo al que acompañan. Por eso, funcionalmente no se diferencian de los adjetivos.

● Nunca pueden ser actualizadores ni ejercer como pronombres. Pueden preceder o seguir al sustantivo. Ejemplos:

el capítulo tercero　　　*el tercer capítulo*

● Como los adjetivos, pueden sustantivarse. Ejemplos:

el primero　　　　*la sexta*

2.3 14.2 Relación de numerales ordinales

Los ordinales son los siguientes:

1.° → *primero, primer*		50.° → *quincuagésimo, quincuagésimo primero, segundo...*
2.° → *segundo*		
3.° → *tercero (o tercio), tercer*		60.° → *sexagésimo, sexagésimo primero, segundo...*
4.° → *cuarto*		
5.° → *quinto*		70.° → *septuagésimo, septuagésimo primero, segundo...*
6.° → *sexto*		
7.° → *séptimo*		80.° → *octogésimo, octogésimo primero, segundo...*
8.° → *octavo*		
9.° → *noveno (o nono)*		90.° → *nonagésimo, nonagésimo primero, segundo...*
10.° → *décimo*		
11.° → *undécimo (o decimoprimero)*		100.° → *centésimo, centésimo primero, segundo...*
12.° → *duodécimo (o decimosegundo)*		
13.° → *decimotercero (o decimotercio)*		200.° → *ducentésimo*
		300.° → *tricentésimo*
14.° → *decimocuarto*		400.° → *cuadringentésimo*
15.° → *decimoquinto*		500.° → *quingentésimo*
16.° → *decimosexto*		600.° → *sexcentésimo*
17.° → *decimoséptimo*		700.° → *septingentésimo*
18.° → *decimoctavo*		800.° → *octingentésimo*
19.° → *decimonoveno (o decimonono)*		900.° → *noningentésimo*
		1.000.° → *milésimo*
20.° → *vigésimo, vigésimo primero, segundo...*		2.000.° → *dosmilésimo*
		3.000.° → *tresmilésimo*
30.° → *trigésimo, trigésimo primero, segundo...*		4.000.° → *cuatromilésimo*
		1.000.000.° → *millonésimo*
40.° → *cuadragésimo, cuadragésimo primero, segundo...*		

Norma · Cuestiones sobre los ordinales

- Ya se admiten las formas *decimoprimero* y *decimosegundo*, aunque en el uso culto se prefieren *undécimo* y *duodécimo*, respectivamente.

- Se suelen escribir en una sola palabra (aunque también se pueden escribir en dos) los ordinales compuestos que van del *decimotercero* al *decimonoveno (decimonono)*, y en dos, a partir de *vigésimo primero* o *vigésima primera*, aunque ya se admite su escritura en una sola palabra: *trigésimotercero(a)*.

2.3 14.3 Numerales partitivos

A la subclase de los numerales pertenecen también los partitivos formados con el sufijo *-avo*. Ejemplos:

Partitivos: partes iguales en que se divide la unidad

    onceavo (u *onzavo*)   *doceavo* (o *dozavo*)   *treceavo*

Indican las partes iguales en que se divide la unidad.

Norma · Partitivos y ordinales

Los partitivos no deben usarse por los ordinales. Ejemplos:

    el capítulo duodécimo   *el duodécimo capítulo* (no *el doceavo capítulo*)

Pero los ordinales sí pueden usarse por partitivos: *la duodécima parte* o *la doceava parte*.

2.3 14.4 Numerales multiplicativos

Los multiplicativos como *doble*, *triple*, *cuádruple* (o *cuádruplo*, *cuádrupla*), *quíntuple* (o *quíntuplo*, *quíntupla*), etc., funcionan exclusivamente como modificadores del sustantivo, al igual que los adjetivos, y como estos, pueden sustantivarse. Ejemplos:

Multiplicativos: siempre modificadores del sustantivo

    un doble mérito   *el doble*   *el triple*

2.3 14.5 El numeral dual *ambos, ambas*

El numeral *ambos, ambas* es un dual que equivale a *los dos* y *las dos*. Necesita que sus referentes hayan sido mencionados antes en el contexto. Ejemplo:

Ambos: los dos o las dos

    Me entregaron un libro de lengua y otro de literatura: ambos (se refiere a *libros*) *son interesantes.*

La función de este numeral es la de actualizador [**3.2.3**] del sustantivo cuando lo acompaña, pues siempre lo precede.

Actualizador

Si no aparece el sustantivo, actúa como un pronombre, pero no se puede sustantivar. Ejemplo: *Hay que leer desde la página dos a la ocho, ambas inclusive.*

2.3 | 15 | OTROS DETERMINATIVOS

2.3 15.1 Los determinativos distributivos

El español dispone de dos determinativos con valor distributivo, que son *cada* y *sendos, sendas*.

● *Cada*

Actualizador
● El distributivo *cada* es invariable en género y número. Su función, cuando precede directamente al sustantivo, es la de actualizador [**3.2.3**]. Ejemplo:

> *Cada persona tiene sus propios problemas.*

Modificador
● Este distributivo puede preceder a un grupo nominal encabezado por un cardinal. En estos casos, el verdadero actualizador es el cardinal, y *cada* se convierte en un modificador de todo el grupo nominal. Ejemplos:

> *cada cinco años*   *cada seis semanas*

Combinatoria
● Es compatible con todos los cardinales menos con *un, una*. Ejemplos:

> **cada un año*   **cada una semana*

● Con el cardinal *uno, una* y con las palabras *cual* y *quien* forma locuciones con valor de pronombre. Ejemplos:

> *cada uno*   *cada cual*   *cada quien*

Es coloquial su uso con este valor pronominal, pero sin los elementos *uno* y *cual*. Ejemplo:

> *a tres euros cada (uno)*

● En enunciados exclamativos [**4.1.16**], el distributivo *cada* se convierte en un ponderativo. Ejemplos:

> *¡Cuenta cada chiste...! ¡Tiene cada coche...!*

Norma Uso de *cada*

El uso de *cada* sin valor distributivo en lugar del totalizador *todos, todas* es legítimo, pero no aconsejable. Ejemplos:

Yo voy a clase cada día (se prefiere: *Yo voy a clase todos los días*).
Me duele cada día la cabeza (se prefiere: *Me duele todos los días la cabeza*).

● *Sendos*

Significado
● El distributivo *sendos, sendas* significa 'uno o una para cada uno o cada una de dos o más personas o cosas'. Ejemplo:

> *Todos los alumnos presentaron sendos trabajos (cada uno, un trabajo).*

Función
● Su función es la de actualizador del sustantivo, al que siempre precede.

- Nunca actúa como pronombre ni admite sustantivación. Además, no es compatible con ningún otro determinativo. Ejemplos:

  *los sendos amigos   *sus sendas bicicletas

Norma Uso de *sendos, sendas*

La palabra *sendos, sendas* (no existe el singular) no es un numeral: no significa ni 'ambos' ni 'dos'. Tampoco significa 'descomunal', aunque así se emplea, a veces, en zonas de Hispanoamérica. No es correcto, pues, decir, por ejemplo:

 *El equipo ganó dos cero y el delantero metió sendos goles
 (se dice: ... ambos goles).

2.3 15.2 **Los determinativos interrogativos y exclamativos**

A esta subclase de los determinativos pertenecen las palabras *qué* y *cuánto, cuánta, cuántos, cuántas*.

- *Qué*

  - La palabra *qué* es determinativo solamente cuando acompaña como actualizador a un sustantivo. Ejemplos: Precede al sustantivo

    ¿Qué libro has leído?   *¡Qué invierno tan crudo!*

    Puede aparecer tanto en enunciados interrogativos [**3.1.1**] como en enunciados exclamativos.

  - El determinativo *qué* es invariable en género y número. No es compatible con ningún determinativo excepto con *otro, otra, otros, otras, poco* (y sus variantes), con cardinales y con *más*. Ejemplos: Palabra invariable

    ¿Qué otro libro tienes? *¡Qué pocos libros tienes!*

  - Sin sustantivo, actúa como pronombre. Ejemplos: Pronombre

    ¿Qué has leído?   *¿Qué te ha dicho?*

- *Cuánto, cuánta, cuántos, cuántas*

  - La palabra *cuánto* (y sus variantes) funciona también como actualizador [**3.2.3**] del sustantivo en enunciados interrogativos y exclamativos. Ejemplos: Actualizador

    ¡Cuánto calor hace! *¿Cuánto dinero ganas?*

  - Sin sustantivo, se convierte en pronombre. Ejemplos: Pronombre

    ¿Cuánto ganas? *¿Cuántos han venido a la fiesta?*

  - Además, admite el sufijo *-ísimo* del superlativo. Ejemplos:

    ¡Cuantísima gente! *¡Cuantísimos amigos!*

2.3 | 16 | LOCUCIONES DETERMINATIVAS Y CUASIDETERMINATIVOS

2.3 16.1 Locuciones determinativas

Determinativos seguidos de la preposición de: valor coloquial

Como ya se ha dicho, la unión de algunos determinativos con la preposición *de*, por la supresión del sustantivo *cantidad*, formando un todo indivisible sintácticamente, da lugar a una locucion determinativa. Ejemplos:

¡La de agua que ha caído!   *¡Ha caído una de agua...!*

Lo mismo ocurre con el interrogativo o exclamativo *qué*. Ejemplos:

¡Qué de gente había!   *¡Qué de tonterías dices!*

Se trata de usos coloquiales en enunciados exclamativos [3.1.1]. Por tanto, la locución posee valor enfático.

Otras veces, la locución determinativa no presupone dicho sustantivo. Por ejemplo, la locución *así de*, acompañada obligatoriamente por un gesto del hablante hecho con la mano, es sinónima de *mucho, mucha, muchos, muchas*. Ejemplo:

¡Había así de gente en la plaza!

En ocasiones, la locución se forma con un sustantivo (unas veces precedido de artículo o del indefinido *un, una*, y otras no) seguido de la preposición *de*. Ejemplos:

*Había **cantidad de** gente.* → *... mucha gente.*
*Había **un sinfín de** problemas.* → *... muchos problemas.*
*Llegó **la mar de** gente.* → *... mucha gente.*

Otras locuciones de este tipo son, por ejemplo:

mogollón de	*infinidad de*	*multitud de*
una barbaridad de	*un porrón de*	*un montón de*

2.3 16.2 Cuasideterminativos

Clase cerrada de significado similar al de los determinativos

Los cuasideterminativos son palabras que tienen un comportamiento sintáctico idéntico al de los adjetivos, pero pertenecen, como los determinativos, a una clase cerrada y significan de forma parecida a estos. A esta clase pertenecen palabras como:

próximo, siguiente o *último* (y sus variantes) → significado similar al de los ordinales.

cercano y *lejano* (y sus variantes) → significado similar al de los demostrativos.

sucesivo, diferente, suficiente → significado similar al de algunos indefinidos.

mismo (y sus variantes) → presentan un valor identificador (*el mismo señor*) o intensivo (*el señor mismo*) con un comportamiento parecido al de los demostrativos (*ese señor, el señor ese*).

LOCUCIONES DETERMINATIVAS Y CUASIDETERMINATIVOS | 2.3 | 16

Estas palabras no pueden ser consideradas determinativos, pues nunca desempeñan función actualizadora del sustantivo ni actúan como pronombres. Siempre son modificadores del sustantivo. Ejemplos:

No son determinativos: siempre funcionan como modificadores

> el próximo año/el año próximo
> un cercano lugar/un lugar cercano
> diferentes cuestiones/cuestiones diferentes

Las formas *mismo, misma, mismos* y *mismas* son, además, modificadores de pronombres y de algunos adverbios. Ejemplos:

> yo mismo   nosotras mismas
> ahora mismo   aquí mismo

El mismo valor identificador e intensivo lo poseen *propio, propia, propios, propias*, palabras que siempre se anteponen al sustantivo. Ejemplos:

> el propio jugador   el propio presidente

ATENCIÓN

Deben distinguirse secuencias como *el mismo*, en las que *mismo* está sustantivado por el artículo, de otras como *él mismo*, en las que *mismo* es un modificador intensivo del pronombre *él*, que es el núcleo de ese grupo.

Norma | *Mismo* y *propio*, y sustantivos con *a-* (*ha*) tónica

Delante de los sustantivos femeninos que empiezan por a- o ha- tónica, las palabras *mismo* y *propio* adoptan la forma femenina normal. Ejemplos:

> la misma área   la propia aula
> (no *el mismo área)   (no *el propio aula)

1. Señala el rasgo fundamental que diferencia los determinativos de los adjetivos.

2. ¿Qué dos funciones pueden desempeñar la mayoría de los determinativos?

3. Escribe tres enunciados en que el determinativo posesivo funcione como actualizador y otros tres en que funcione como modificador.

4. Indica la función que desempeña *lo* en estas construcciones:

- *Lo peligroso es fumar.*
- *¡Lo bueno que está este pastel!*
- *Lo de antes me interesa más.*

5. Escribe oraciones utilizando pronombres determinativos:

- Tres oraciones que contengan pronombres demostrativos.
- Tres oraciones que contengan pronombres indefinidos.
- Tres oraciones que contengan pronombres numerales.

6. Construye dos grupos nominales que contengan un demostrativo en función de modificador (no en función de actualizador).

7. Escribe dos enunciados que lleven grupos nominales con determinativos compuestos.

8. Indica la función sintáctica de los posesivos y los ordinales en las siguientes oraciones:

- *El mío es más bonito que el tuyo.*
- *El primero es más barato que el segundo.*

9. Explica la diferencia sintáctica del uso del cardinal en estas oraciones:

- *He leído tres capítulos.*
- *He leído el capítulo tres.*

10. ¿Qué función sintáctica desempeña *mucho* en estos enunciados?

- *He pedido pan y me han dado mucho.*
- *Juan se parece mucho a su padre.*
- *Hay mucho descarado por aquí.*
- *Hace mucho calor.*

11. Escribe tres grupos nominales que contengan un sustantivo que vaya introducido por tres determinativos (determinativo compuesto).

12. ¿Qué valor aporta *cada* en los siguientes enunciados?

- *¡Pasa cada disgusto...!*
- *¡Escribe cada cosa...!*

13. Construye seis enunciados en los que los sustantivos con función de sujeto vayan introducidos por locuciones determinativas.

14. Escribe tres enunciados en los que aparezca el determinativo relativo posesivo *cuyo*, *cuyos*, *cuya*, *cuyas*.

15. Indica cuál de estas dos oraciones es correcta y cuál es incorrecta. Razona tu respuesta.

- *El libro que su hijo me entregó está en mi casa.*
- *El libro que su protagonista es un perro me encantó.*

16. Pon en plural las siguientes oraciones (cambia el cardinal si es necesario):

- *Una comida cualquiera me gusta.*
- *Cualquiera que sea el motivo, pienso que no tienes razón.*

Terminología

- En esta gramática se considera que los pronombres pueden ser de dos clases: **pronombres intrínsecos** o propiamente dichos (aquellos que siempre son pronombres) y **pronombres extrínsecos** o **del discurso** (aquellos que funcionan como pronombres solo en determinados contextos: cuando se omite el sustantivo).

- En otras gramáticas se habla de **pronombres sustantivos** (aquellos que por sí mismos o en el discurso desempeñan la función de un sustantivo) y **pronombres adjetivos** (aquellos determinativos que acompañan al nombre, bien actualizándolo, bien modificándolo). Así, *este* sería pronombre sustantivo en:

  Este no me gusta.

  y pronombre adjetivo en:

  Este pastel no me gusta.

- Algunos autores consideran el **pronombre personal tónico** como una subclase de los nombres. Según esto, habría **nombres personales**.

- En esta gramática se habla de **pronombres personales átonos**. En otras gramáticas, estos pronombres se llaman **clíticos**, que pueden ser **proclíticos** si van delante del verbo (*Me lo dijo*) o **enclíticos** si van detrás (*Díjomelo*). Otros gramáticos los llaman **incrementos personales de verbo**.

2.4 | 1 | LOS PRONOMBRES

2.4 1.1 Características

Los pronombres son una clase de palabras que funcionan en la oración como los sustantivos [**2.1.1**]. Pero frente a estos, presentan las siguientes características:

● No significan de la misma manera.

Significados
gramaticales
y deícticos

Los sustantivos comunes presentan rasgos semánticos inherentes. Por ello entran a formar parte de campos semánticos concretos. Ejemplo:

> *silla:* objeto para sentarse, con respaldo, sin brazos...

Algunos pronombres, en cambio, presentan rasgos gramaticales como el de persona [**1.1.2.2**]; otros, rasgos deícticos o referenciales, y otros, significados de cantidad exacta o imprecisa.

Que algunos pronombres tienen rasgos deícticos significa que son elementos señaladores de objetos y seres en el tiempo, en el espacio, en el discurso o en el acto comunicativo. Por tanto, no significan en sí mismos, sino que apuntan a significados dependientes del contexto. Ejemplos:

> *yo, tú, vosotros:* no son palabras que posean un significado léxico determinado, sino que se refieren a personas distintas en relación con el hablante que los utiliza.
>
> *este, ese,* etc.: señalan seres concretos en un espacio o tiempo determinados, pero carecen de significado léxico.

● No son compatibles con determinativos.

Incompatibilidad con
determinativos y
modificadores afijos

En este sentido, los pronombres son autosuficientes, es decir, no necesitan ser introducidos en la oración por determinativos [**2.3.1**]. Ejemplo:

> **Las aquellas vendrán mañana.*

En cambio, los nombres o sustantivos comunes sí son compatibles con actualizadores.

● No van acompañados por modificadores.

Salvo raras excepciones, los pronombres no pueden ir acompañados por adjetivos [**2.2.1**] que realicen la función de modificador especificativo. Ejemplos:

> **yo bueno*   **quien listo*   **esto fácil*

● Son incompatibles con prefijos y sufijos.

Por lo general, los pronombres no pueden recibir prefijos [**1.1.2.5**] ni sufijos [**1.1.2.6**].

Hay alguna excepción entre los indefinidos. Ejemplos:

> *poquito*   *muchísimo*   *poquitín*

● Pertenecen a clases cerradas.

Son clases cerradas

No se pueden crear nuevos pronombres.

2.4 1.2 Clasificación de los pronombres

Hay dos clases de pronombres: intrínsecos y extrínsecos.

- **Pronombres intrínsecos**

  Los pronombres intrínsecos son palabras que siempre son pronombres, al margen del contexto en que aparezcan.

  Hay varias clases de pronombres intrínsecos:

  - Pronombres personales: *yo, tú, él, ella, nosotros,* etc.

  - Pronombres relativos: *que, quien(-es), el cual,* y sus variantes.

  - Pronombres interrogativos y exclamativos: *quién* y *quiénes.*

  - Pronombres demostrativos neutros: *esto, eso, aquello.*

  - Pronombres indefinidos: *algo, nada, alguien, nadie, uno.*

- **Pronombres extrínsecos o del discurso**

  Los pronombres extrínsecos o del discurso son palabras que solo en determinados contextos desempeñan la función de pronombres. Son, en realidad, determinativos que, al prescindir del sustantivo en el contexto, pasan a actuar como pronombres. Ejemplo:

  > *Este chico me dijo...* → ***Este** me dijo...*

  Los pronombres del discurso son:

  - Pronombres demostrativos masculinos y femeninos: *este, esta, estos, estas,* etc.

  - Pronombres numerales cardinales: *dos, tres,* etc.

  - Pronombres indefinidos (excepto los intrínsecos): *algún, alguna, algunos,* etc.

  - Pronombres interrogativo-exclamativos (salvo *quién(-es)*).

Clasificación
de los pronombres

Intrínsecos: siempre
son pronombres

Extrínsecos:
pronombres por
elipsis de sustantivo

ATENCIÓN

Tal como se concibe aquí el pronombre, no cabe hablar de pronombres posesivos ni de pronombres ordinales. Ambos pueden ser modificadores o determinativos sustantivados.

No obstante, cabe hablar de pronombres posesivos solo desde el punto de vista de su relación con los pronombres personales correspondientes, ya que poseen el rasgo de persona gramatical; además, pueden ser sustitutos de un sustantivo. Ejemplo:

> *El libro de Juan.* → *Su libro.*

Pero funcionalmente son siempre determinativos actualizadores o modificadores.

2.4 | 2 | **LOS PRONOMBRES PERSONALES**

2.4 2.1 Características

Los pronombres personales presentan una serie de características específicas que los distinguen de otros pronombres. Son las siguientes:

● Presentan el rasgo de persona gramatical.

Rasgo de persona gramatical

Los pronombres personales se corresponden con las tres personas gramaticales, con variaciones de número:

Primera persona		Segunda persona		Tercera persona	
singular	plural	singular	plural	singular	plural
yo	nosotros nosotras	tú te ti	vosotros vosotras	él, ella, ello	ellos, ellas
me mí conmigo	nos	contigo vos usted	os ustedes	le, la, lo, se sí consigo	les, las, los, se sí consigo

● Presentan formas tónicas y formas átonas.

Formas tónicas y átonas

Los pronombres personales tienen formas tónicas y formas átonas.

● Formas tónicas: *yo, tú, vos, él, ella, ello, mí, ti, sí, conmigo, contigo, consigo, nosotros, nosotras, vosotros, vosotras, ellos, ellas, usted, ustedes.*

● Formas átonas: *me, te, se, nos, os, le, la, lo, les, las, los.*

● Algunos presentan un subsistema de tres elementos.

Subsistema de tres elementos

Los pronombres personales de tercera persona de singular presentan un subsistema de tres elementos: masculino, femenino y neutro, paralelo al de otros determinativos y pronombres (artículos y demostrativos). Ejemplos:

	masculino	femenino	neutro
personales	él	ella	ello
artículos	el	la	lo
demostrativos	este	esta	esto

2.4 2.2 Algunas cuestiones más sobre los pronombres personales

Plurales no morfológicos: nosotros y vosotros

● Las formas de plural *nosotros, nosotras* y *vosotros, vosotras* no son plurales morfológicos (los cuales deberían ser **yoes* y **túes*), sino semánticos y sintácticos, por cuanto obligan al verbo, cuando son sujetos, a ir en plural.

Por otro lado, no suponen la suma de varios seres de la misma especie. El plural *nosotros*, *nosotras* no es el resultado de *yo* + *yo* + *yo*... Por el contrario, *nosotros* (o *nosotras*) es la suma de *tú* + *yo* o de *él* (*ella*, *ellos*, *ellas*) + *yo*. *Vosotros*, *vosotras*, a su vez, es la suma de *tú* + *tú* y también la de *él* (*ello*, *ellos*, *ellas*) + *tú*.

- Las formas de respeto *usted* y *ustedes* son pronombres de tercera persona desde el punto de vista sintáctico, dado que concuerdan con el verbo en tercera persona. Ejemplos:

  La forma usted: 3.ª y 2.ª persona

      Usted vino.   Ustedes vinieron.

  Sin embargo, pertenecen a la segunda persona en el acto comunicativo, pues se refieren al interlocutor.

- El pronombre átono *lo* tiene dos valores:

  La forma lo: masculina y neutra

  - Es masculino cuando su referente es un sustantivo masculino. Ejemplo:

        Toma el libro. → Tómalo.

  - Es neutro cuando se refiere a cosas imprecisas, contenidos oracionales o cuando sustituye atributos. Ejemplos:

        Te lo dije.   No lo entiendo.   Juan lo es.

- En algunas zonas de Hispanoamérica (la Argentina, zonas del Río de la Plata, etc.) se emplea el pronombre *vos* (con formas verbales arcaicas o no) en lugar de *tú*. Este fenómeno se llama voseo. Ejemplos:

  Usos de vos por tú

        Vos te marchás (por: *Tú te marchas*).
        Vos sos bueno (por: *Tú eres bueno*).

Norma Concordancia de *usted* y *ustedes*

La concordancia de *ustedes* con las formas verbales de segunda persona es incorrecta. Ejemplo:

      *Ustedes lo sabíais (se dice: *Ustedes lo sabían*).

Como este pronombre siempre es sintácticamente tercera persona, debe concordar con el reflexivo de tercera persona. Ejemplo:

      Ustedes no dan más de sí → *Ustedes no dan más de ustedes.

2.4 | 3 | FUNCIONES DE LOS PRONOMBRES PERSONALES (I)

2.4 3.1 Funciones de los pronombres personales

	Persona	Sujeto o atributo	Complemento sin preposición	Complemento con preposición
S I N G U L A R	1.ª	yo	me	mí conmigo
	2.ª	tú usted vos (voseo)	te	ti, contigo vos (voseo)
	3.ª	él ella ello	lo, le la	sí, consigo él, ella ello
P L U R A L	1.ª	nosotros nosotras	nos	nosotros nosotras
	2.ª	vosotros vosotras ustedes	os	vosotros vosotras ustedes
	3.ª	ellos ellas	los, las, les, se	sí, ellos, ellas

ATENCIÓN

- Los pronombres *lo, le, la, les, los, las* pueden tener como referente no solo seres que, por sí mismos, se comportan gramaticalmente como terceras personas, sino también el pronombre *usted* y *ustedes*. Ejemplos:

  A Juan lo vi triste.

  A usted lo consideran imprescindible.

- Las formas *conmigo, contigo* y *consigo* llevan incorporada la preposición *con*, pero son compatibles con la preposición *para*. Ejemplos:

  para conmigo   *para contigo*

Yo y tú: función de sujeto

- Las formas *yo* y *tú* sin preposición desempeñan la función de sujeto (a veces, la de atributo). Ejemplos:

  Tú estudias.   *Yo trabajo.*

  Yo no soy tú.   *Tú no eres yo.*

Pero con la preposición *entre* desempeñan la función de predicativo o la de complemento circunstancial. Ejemplos:

Predicativo: *Eso lo hicimos **entre tú y yo** (juntos).*
Complemento circunstancial: *La pelota pasó **por entre tú y yo**.*

- Las formas tónicas *nosotros, nosotras, vosotros, vosotras* y *él, ella, ello, ellos* y *ellas,* cuando no van introducidas por preposición, siempre desempeñan la función de sujeto (a veces la de atributo). Ejemplos:

Me lo dio ella (sujeto).   *Yo no soy ella* (atributo).

Funciones de otros pronombres

- Las formas tónicas *nosotros, nosotras, vosotros, vosotras, él, ello, ella, ellos, ellas,* cuando van precedidas de preposición, pueden desempeñar cualquier función excepto la de sujeto. Ejemplos:

Complemento indirecto: *Nos lo entregaron a nosotros (vosotros).*

Complemento circunstancial: *Estuvieron en casa con él (ella, ellos, ellas...).*

Formas tónicas precedidas de la preposición: cualquier función excepto la de sujeto

- Por su parte, las formas tónicas *mí, ti* y *sí* siempre van acompañadas de preposición y desempeñan cualquier función con respecto al verbo menos la de sujeto. Ejemplos:

Complemento indirecto: *A mí me regalaron un paraguas.*
Complemento circunstancial: *Lo hago por ti.*

- Las formas *conmigo, contigo* y *consigo* pueden funcionar como complemento circunstancial o complemento de régimen de un verbo, como complemento de un sustantivo y como término de preposición. Ejemplos:

Complemento de régimen: *Cuento contigo.*
Complemento circunstancial: *Yo hice el trabajo contigo.*
Complemento de un sustantivo: *Sus intenciones conmigo.*
Término de preposición: *Para consigo.*

2.4 | 4 | FUNCIONES DE LOS PRONOMBRES PERSONALES (y II)

Me, te, se, nos y *os*: función de CD y de CI
● Las formas átonas *me, te, se, nos* y *os* solo pueden desempeñar las funciones de complemento directo y de complemento indirecto y, en algunos casos, la de dativo [**3.2.14**]. Ejemplos:

Complemento directo: *Me (te, nos, os) saludaron.*
Complemento indirecto: *Me (te, nos, os) dieron el recado.*
Dativo: *Nos comimos la tarta.*

Estas formas nunca llevan preposición por ser átonas.

La, los y *las*: función de CD
● Las formas átonas *la, los* y *las* siempre desempeñan la función de complemento directo. Ejemplo:

La (las, los) vi.

Lo: función de CD o de atributo
● La forma *lo* puede desempeñar dos funciones:

● Complemento directo. Ejemplo:

Hace calor. →· *Lo hace.*

● Atributo. Ejemplo:

María es buena. →· *Lo es.*

Le y *les*: función de CI
● Las formas *le* y *les* ejercen la función de complemento indirecto. Ejemplo:

Le (les) di el regalo.

La forma *le* puede desempeñar también la función de complemento directo: es el leísmo de persona masculino. Ejemplo:

Le vi triste. →· *... (a él).*

Pronombres átonos de persona
● Los pronombres átonos *me, te, le, nos, os, les* desempeñan con algunos verbos una función próxima a la de complemento circunstancial o a la de complemento de régimen. Ejemplos:

María se acercó a su padre. →· *María se le acercó.*
Elisa se abrazó a su hermana. →· *Elisa se le abrazó.*

Pero si el complemento del verbo no es de persona, no es posible la aparición de estos pronombres. Ejemplos:

Teresa se acercó a su pueblo. →· **Teresa se le acercó.*
Elisa se abrazó a un árbol. →· **Elisa se le abrazó.*

Se: función de CI
● La forma *se*, cuando es variante complementaria de *le* o *les*, desempeña normalmente la función de complemento indirecto. Ejemplo:

Di un regalo a María. →· *Le di un regalo.* →· *Se lo di.*

Sin embargo, con el verbo *llamar* y un atributo, desempeña la función de complemento directo. Ejemplo:

Llaman lista a María. →· *Se lo llaman.*
     atr.   CD   CD atr.

Norma · Leísmo, laísmo y loísmo

Este es el sistema etimológico, el recomendado por las Academias de la Lengua Española:

	Complemento directo		Complemento indirecto
singular	lo	la	le (se)
plural	los	las	les (se)

- **Leísmo**

  Un tipo de leísmo es el que consiste en la utilización de los pronombres *le* y *les* por *lo* y *los*.

  Las Academias aceptan solo el leísmo masculino de persona en singular, pero condenan el de plural. Ejemplos:

  > *A Juan le vi al lado de Ana.* → *A Juan lo vi al lado de Ana.*
  > **A mis hijos les despidieron* (se dice: *A mis hijos los despidieron*).
  > **Al perro le mataron* (se dice: *Al perro lo mataron*).
  > **El lápiz le tiré* (se dice: *El lápiz lo tiré*).

  Estos leísmos son frecuentes en Madrid y en otras zonas del centro peninsular.

  Otro tipo de leísmo no admitido por las Academias de la Lengua Española es el de *le* o *les* por *la* o *las*. Ejemplo: **A María le llaman por teléfono* (se dice: *... la llaman*).

  Este leísmo es más frecuente en el País Vasco y otras zonas limítrofes.

  En bastantes zonas no leístas es, sin embargo, frecuente y correcto el leísmo de *le*, *les* por *lo*, *los* referido a *usted*, *ustedes*. Ejemplo:

  > *A usted le vi en Madrid.*   *Les saluda a ustedes.*

  Es el llamado **leísmo de cortesía**.

  Es también correcto el leísmo masculino en singular y plural en las oraciones impersonales con *se*. Ejemplos:

  > *Al muchacho se le vio saltando la tapia.*
  > *A los muchachos se les vio saltando la tapia.*

- **Laísmo**

  El laísmo consiste en la utilización de los pronombres *la* y *las* de complemento directo en lugar de los pronombres *le* y *les* de complemento indirecto. Este fenómeno es frecuente en el centro peninsular y aparece, incluso, entre personas cultas, aunque con vacilaciones. Sin embargo, las Academias lo consideran incorrecto. Ejemplos:

  > **A María la duele la cabeza* (se dice: *... le duele la* cabeza).
  > **A mis hijas las enviaron flores* (se dice: *... les enviaron flores*).

- **Loísmo**

  El loísmo consiste en la utilización de los pronombres *lo* y *los* en lugar de *le* y *les*.

  Este fenómeno es aún más vulgar que los anteriores. Ejemplo:

  > **A Pedro lo dieron una paliza* (se dice: *... le dieron una paliza*).

| **2.4** | 5 | **VALOR REFLEXIVO Y VALOR RECÍPROCO** |

2.45.1 **El valor reflexivo**

Reflexividad: cuando el sujeto y el pronombre tienen el mismo referente

- Los pronombres personales átonos poseen **valor reflexivo** cuando el sujeto y el pronombre con función de complemento tienen el mismo referente. Ejemplos:

    *Yo **me** lavo.*   *Tú **te** lavas.*   *Él **se** lava.*
    *Nosotros **nos** lavamos.*   *Vosotros **os** laváis.*   *Ellos **se** lavan.*

- El valor reflexivo lo puede aportar cualquier pronombre átono *(me, te, se, nos, os)*, excepto los de tercera persona *le, les, la, lo, las, los*.

- Es frecuente que el pronombre con valor reflexivo aparezca reforzado con la forma pronominal tónica correspondiente, precedida de la preposición *a* y seguida del intensivo *mismo, misma, mismos, mismas*. Ejemplos:

    Juan se lava a sí mismo.   *Yo me lavo a mí mismo.*

- Los pronombres átonos con valor reflexivo, acompañados o no de su refuerzo tónico, desempeñan las funciones de:
  - Complemento directo. Ejemplo: *Juan se lava.*
  - Complemento indirecto. Ejemplo: *Juan se lava la cara.*

La reflexividad en otras funciones sintácticas

- Pero cuando se trata de otros complementos que no son el directo o el indirecto, la reflexividad se manifiesta con los pronombres tónicos *mí, ti, sí, conmigo, contigo, consigo, nosotros, nosotras, vosotros, vosotras, usted, ustedes*:
  - Complemento de régimen. Ejemplo: *Juan habla de sí (mismo).*
  - Complemento circunstancial. Ejemplo: *Tú siempre trabajas para ti (mismo).*
  - Complemento de un adjetivo. Ejemplo: *Tú nunca estás contento contigo (mismo).*
  - Complemento agente. Ejemplo: *Ella fue rebatida por sí misma.*

- Las formas tónicas *sí* y *consigo* solo pueden usarse con valor reflexivo: son siempre formas reflexivas.

Norma   Valor reflexivo de los pronombres tónicos

No es aconsejable emplear los pronombres tónicos *él, ella, ellos, ellas* con valor reflexivo, aunque son frecuentes en la lengua actual, sobre todo en la oral, con el refuerzo del adjetivo *mismo*. Es siempre preferible utilizar las formas reflexivas auténticas *sí, consigo*. Ejemplos:

Juan siempre habla de él (mismo) (mejor: ... *de sí mismo*).
Juana nunca está contenta con ella (misma) (mejor: ... *consigo misma*).

2.4 5.2 El valor recíproco

- El valor de reciprocidad se da cuando dos o más personas realizan una acción que reciben mutuamente. Ejemplos:

  Juan y María se miraron.   *Tú y yo nos escribimos.*

  > Reciprocidad: dos o más personas o cosas realizan la acción y la reciben mutuamente

- Sintácticamente, la reciprocidad y la reflexividad son variantes de un mismo fenómeno. Las funciones que un pronombre con valor recíproco puede desempeñar son las siguientes:

  > Funciones de los pronombres recíprocos

  - Complemento directo. Ejemplo: *Juan y Pedro se insultaron.*
  - Complemento indirecto. Ejemplo: *Las dos hermanas se escriben cartas con frecuencia.*
  - Complemento circunstancial. Ejemplo: *Luis y Ana discuten entre sí.*

- El significado de reciprocidad puede deducirse no solo de un pronombre, sino también del significado de un verbo (pronominal o no), del contexto, de los adverbios *mutuamente, recíprocamente*, y de las expresiones *entre sí, entre ellos, (el) uno con (el) otro*, etc. Ejemplos:

  Antonio y Ana se enamoraron (verbo *enamorarse*).
  Antonio y Ana no simpatizan.
  El Madrid y el Betis jugaron la final.
  El dependiente y el cliente discutían el uno con el otro.

- En una oración puede producirse ambigüedad entre el significado reflexivo y el recíproco. Ejemplo: *Juan y Pedro se lavan.*

  Esta oración puede significar: *Juan se lava a sí mismo y Pedro también* (valor reflexivo).
  Juan lava a Pedro y Pedro lava a Juan (valor recíproco).

  Pero en ambos casos la función sintáctica de *se* es la misma: complemento directo.

Norma   Concordancia de los reflexivos

- Los pronombres con valor reflexivo deben concordar siempre en persona con el sujeto. Son incorrectas, por tanto, oraciones como estas:

  *Yo ya no doy más de sí.   **Tú no das más de sí.*   **Nosotros no damos más de sí.*

  Se dice:

  Yo ya no doy más de mí.   *Tú no das más de ti.*   *Nosotros no damos más de nosotros.*

  Lo mismo ocurre con el verbo *volver*. Ejemplos:

  *Cuando yo volví en sí.   **Cuando tú volviste en sí.*

  Se dice:

  Cuando yo volví en mí.   *Cuando tú volviste en ti.*

- No obstante, es correcta la oración *Vas a dar de sí el jersey*, porque en este caso *dar de sí* es una locución verbal, expresión fija, que significa 'estirar'. Además, el referente de *sí* no es el sujeto *tú*, sino el complemento directo *el jersey*.

2.4 6 **VALORES GRAMATICALES DE** *SE*

2.46.1 *Se* variante de *le, les*

Variante de *le*: cuando aparece junto a pronombres átonos de CD

Se es variante de *le* o *les* cuando aparece en una oración con el complemento directo en forma pronominal átona (*lo, la, los, las*); entonces, la lengua española obliga a cambiar *le* o *les* por *se*. Ejemplos:

> *Escribí una carta a María.* → *Le escribí una carta.* → *Se la escribí* (no se dice: **Le la escribí*).
> *Di un beso a mis hijos.* → *Les di un beso.* → *Se lo di* (no se dice: **Les lo di*).

El pronombre *se* siempre desempeña en estos casos la función de complemento indirecto, con la excepción ya vista del verbo *llamar* [**3.1.10**] y otras en que existe un predicativo ejercido por un infinitivo con un complemento directo. Ejemplo:

> *Oí a María cantar una canción.* → *La oí cantar una canción.*
> → *Se   la   oí   cantar.*
>   CD   CD   predic.
>   de oír   de cantar

2.46.2 **Valor reflexivo y recíproco**

Reflexivo y recíproco: CD o CI

● Con valor reflexivo y recíproco, el pronombre *se* desempeña funciones de complemento directo y complemento indirecto, exactamente igual que los pronombres *me, te, nos* y *os* con el mismo valor. Ejemplos:

> *Juan se entregó a la policía.* → *Yo me entregué...*
>   CD   CD
> *María se lavó la cabeza.* → *Tú te lavaste la cabeza.*
>   CI   CI

Función de dativo: pronombre reflexivo que se puede eliminar

● En ocasiones, el pronombre con valor reflexivo (*me, te, se, nos, os*) puede eliminarse sin que la oración resulte agramatical y sin que cambie el significado lógico, aunque se pierda cierta expresividad. En estos casos, el pronombre correspondiente desempeña una función que se ha llamado tradicionalmente de **dativo** [**3.2.14**]. Ejemplo:

> *Ella (se) comió toda la tarta.* → *Yo (me) comí toda la tarta.*

Dativo simpatético: valor semántico de posesión y función de CI

● Otras veces, el pronombre *se* (y los demás átonos con valor reflexivo) presenta un valor semántico de posesión. A este valor se le llama **dativo simpatético**, pero no es una función sintáctica propiamente dicha, sino una variante del complemento indirecto o del dativo. Ejemplo:

> *Elisa se dejó el paraguas en el coche.* → *Elisa dejó su paraguas en el coche.*

2.4 6.3 *Se* como componente de un verbo pronominal

● Otras veces, el pronombre con valor reflexivo *se* (y los demás átonos correspondientes) se convierte en un mero componente integrado en el verbo y forma con él lo que se llama verbo pronominal
[**2.5.17**]. Ejemplos:

Se integrado en el verbo

arrepentirse	*quejarse*	*dormirse*
irse	*marcharse*	*arrodillarse*

● Lo importante sintácticamente de un verbo pronominal es que el
pronombre no es separable del verbo ni desempeña función nominal, ya que con él constituye el núcleo del predicado.

2.4 6.4 *Se* como partícula de pasivas reflejas y de oraciones impersonales

● En algunos casos, el pronombre *se* no es más que un encubridor
de un «actor» o de un «quién». En estos casos, el pronombre da
lugar a dos tipos de oraciones:

Pasivas reflejas e impersonales: partícula encubridora del actor

• Oraciones pasivas reflejas. Ejemplo: *Se cometieron varios aten-
tados.*

• Oraciones sintácticamente impersonales. Ejemplo: *Se recibió
con alegría al embajador.*

● Se puede afirmar que, en estos casos, la forma *se*, que ya no entra
en oposición con *me, te, nos, os*, no solo no es un reflexivo ni desempeña función nominal, sino que no es ni siquiera pronombre.
Es una mera partícula encubridora de «actor».

ATENCIÓN

Hay algunos casos en que el valor de *se* es semánticamente ambiguo fuera de contexto o situación. Ejemplo:

Se lo vio. → *Juan le vio el traje a María* (no reflexivo).
→ *Juan se vio a sí mismo el dedo* (reflexivo).

En ambos casos, sin embargo, *se* funciona como complemento indirecto.

Por su parte, con los verbos *llevar* y *traer*, el *se* como reflexivo se acerca a un valor de
complemento circunstancial o incluso al de parte de un verbo pronominal. Ejemplo:

*Juan **se** llevó las llaves* → *... se llevó consigo...*

2.4 | 7 | POSICIÓN DE LOS PRONOMBRES PERSONALES

Tónicos: permiten intercalar palabras entre ellos y el verbo
- Los pronombres personales tónicos, al funcionar como entidades autónomas, permiten intercalar entre ellos y el verbo otras palabras. Ejemplos:

  A mí estas cosas no me gustan. *Ellos siempre tienen razón.*

Átonos: van siempre unidos al verbo
- Los pronombres personales átonos siempre van unidos al verbo, sin posibilidad alguna de intercalación de otro elemento que no sea un pronombre átono. Ejemplos:

  Me cogió el abrigo de las manos. *Me lo cogió de las manos.*

- Los pronombres átonos se suelen anteponer siempre al verbo salvo con gerundios [2.5.3], infinitivos [2.5.2] e imperativos [2.5.6] (tanto familiares como de respeto), a los que siempre se posponen.

Delante del verbo: se escriben separados
- Cuando preceden al verbo, se escriben como palabras separadas. Ejemplos:

  No te lo comas. *Se las pedí a Joaquín.*

Detrás del verbo: se escriben con el verbo
- Cuando siguen al verbo constituyen con él una sola palabra compuesta. Ejemplos:

  entrégamelo *entregártelo* *diciéndomelo*

No obstante, en el estilo literario se encuentran, a veces, posposiciones que hoy resultan arcaicas. Ejemplos:

  viose *díjomelo* *inspirábame*

Norma | Imperativo con pronombres personales

Tanto el imperativo familiar, o sea, el de *tuteo*, como el de respeto, es decir, el de *usted*, llevan pospuestos los pronombres átonos. Es incorrecta la anteposición en todos los casos. Ejemplos:

*Me dé un poco de dinero (se dice: *Deme...*).
*Me lo repita (se dice: *Repítamelo*).

Tónicos: precedidos de *a*, deben ir junto al átono correspondiente
- Los pronombres tónicos precedidos de la preposición *a* tanto en función de complemento directo como de complemento indirecto necesitan siempre el pronombre átono correspondiente. Ejemplo:

  A ti te lo dijeron (no se dice: **A ti lo dijeron*).

Tónico: contraposición y énfasis
- Sin embargo, el pronombre átono no necesita del tónico, salvo que se quiera contraponer su referente a otra persona o se busque un énfasis determinado. Ejemplos:

  Te lo dijeron. → *Te lo dijeron a ti, no a mí.*
  Lo llamaron. → *Lo llamaron precisamente a él.*

Duplicación del complemento
- Cuando el referente del pronombre átono de tercera persona (*le, la, lo, los, las*) precede al pronombre en la oración es obligada la presencia del pronombre átono. Ejemplo:

  A Juan lo visité (no se dice: **A Juan visité*).

Sin embargo, cuando el referente va después del pronombre átono, es opcional la presencia de este en los casos en que su función es la de complemento indirecto. Ejemplo:

(Le) di a Juan el regalo.

Pero si su función es la de complemento directo, la presencia del pronombre átono es algo forzada, aunque en algunas zonas de Hispanoamérica es frecuente cuando el referente es una persona. Ejemplo:

La encontré a la niña muy triste (mejor: *Encontré a la niña muy triste*).

- Cuando se combinan con una perífrasis verbal [**2.5.19**], los pronombres personales átonos pueden: **Con perífrasis verbales**

  - Preceder al verbo auxiliar de la perífrasis verbal. Ejemplos:

    Te lo tengo que decir.   *Lo llevo avisando mucho tiempo.*

  - Seguir al verbo auxiliado (o principal) cuando este es un infinitivo o un gerundio, con los que forman una sola palabra compuesta. Ejemplos:

    Tengo que decírtelo.   *Llevo avisándolo mucho tiempo.*

- No se admite, sin embargo, la anteposición cuando el verbo auxiliar es pronominal. Ejemplo:

  ponerse: Se puso a contarlo (no se dice: **Se lo puso a contar*).

- Ahora bien, algunas construcciones de infinitivo que no parecen perífrasis también admiten las dos posiciones de los pronombres personales átonos. Ejemplos:

  Lo sé hacer. → *Sé hacerlo.*   *Lo quise tirar.* → *Quise tirarlo.*

- No se admite la posposición del pronombre personal átono o, al menos, resulta forzada en la perífrasis verbal de *estar* + *gerundio* cuando esta tiene significado incoativo. Ejemplo:

  ¿Te estás durmiendo? (no se dice: **¿Estás durmiéndote?*).

- Tampoco parece admitirse la posposición de *se* en oraciones impersonales con perífrasis. Ejemplo: **En oraciones impersonales**

  Cuando se está trabajando (no se dice: **... está trabajándose*).

Norma | **Posición de los pronombres personales átonos**

- La construcción *haber que* + *infinitivo* no admite la anteposición de los pronombres personales átonos. Ejemplo:

  *Se lo hay que decir al profesor (se dice: *Hay que decírselo al profesor*).

- El pronombre *se* precede siempre a los demás pronombres átonos. Por tanto, es popular el orden *me se* (**Me se ha caído*), *te se* (**Te se ha caído*).

2.4 | 8 | OTRAS CARACTERÍSTICAS DE LOS PRONOMBRES PERSONALES

2.4 8.1 Pronombres personales con adjetivos y determinativos

Pronombres con *mismo* y *solo* (y sus variantes)

Se ha visto ya que los pronombres personales no admiten adjetivos ni determinativos. Se exceptúan, sin embargo, los cuasidetermina-tivos [**2.3.16**] *mismo* y *solo* (con sus variantes flexivas), que sí pueden acompañar a pronombres personales tónicos. Ejemplos:

> yo mismo   yo misma   tú solo   tú sola

Pronombres con *todo* (y sus variantes) y con numerales cardinales

Por su parte, las formas plurales de los pronombres tónicos son compatibles con el indefinido *todo* y con numerales cardinales. Ejemplos:

> todos nosotros   todas vosotras   todos ellos
> nosotros tres   vosotros seis   ellos cuatro

Incluso el indefinido *todo*, con valor intensivo, puede preceder a los pronombres tónicos *yo, tú, él*. Ejemplos:

> Toda yo estaba mojada.   Estaba mojada toda ella.

2.4 8.2 Pronombre personal *tú* con valor generalizador

Valor generalizador de *tú*: cuando se refiere a cualquier persona

El pronombre personal *tú* (y sus variantes *te, ti*) puede no referirse al interlocutor del acto comunicativo, sino a cualquier persona. En este caso, dicho pronombre posee un valor generalizador, que, en ocasiones, se convierte en un valor de encubrimiento del hablan-te. Ejemplos:

> —A veces, tú no eres consciente de los problemas y te tienes que con-vencer de que las cosas son así.
> —Estás demasiado preocupado por tus hijos, ¿no crees? —Es que si tú no te preocupas, ¿quién lo va a hacer?

En el primer ejemplo, *tú* y *te* pueden referirse a cualquier persona, en un uso similar al de *uno, una* y al de *se*. En el segundo ejemplo, las formas *te* y *tú* encubren al *yo* del hablante. Este uso de los pro-nombres es exclusivamente coloquial.

2.4 8.3 Dativo ético

Dativo ético: cuando el hablante se introduce en la acción

En ocasiones, el hablante utiliza el pronombre átono correspondiente (*me*) para introducirse como afectado positiva o negativamente en la acción ejercida por el sujeto gramatical. En estos casos se habla de **dativo ético**. Ejemplos:

> No te **me** caigas.
> La policía se **me** lo llevó.

El pronombre átono *me* de los ejemplos anteriores se puede eliminar sin que la oración deje de ser gramatical, aunque desaparece la implicación o afectación del hablante en la acción.

2.4 8.4 Pronombres familiares y pronombres de respeto

En el español peninsular se utilizan dos formas de tratamiento: la familiar y la de respeto.

- A la forma familiar corresponden las formas *tú* de singular con sus variantes (*te, ti*) y *vosotros, vosotras* (*os*) para el plural. Este tratamiento es el llamado **tuteo**.

- A la forma de respeto corresponden las formas *usted* (*Vd.*) para el singular y *ustedes* (*Vds.*) para el plural.

Sin embargo, en el español de Canarias y en toda Hispanoamérica no se usan las formas *vosotros, vosotras*, ni la forma *os*: se utiliza el plural *ustedes* (*Vds.*) como forma familiar y de respeto.

Canarias e Hispanoamérica: ustedes como forma familiar y de respeto

2.4 8.5 La llamada voz media

Cuando el pronombre con valor reflexivo no actúa de complemento directo o indirecto, pero es indicador de que algo ha ocurrido en el sujeto, se habla de **voz media**. Sin embargo, este valor es más semántico que gramatical. Ejemplos:

Voz media: valor semántico que indica que algo ha ocurrido en el sujeto

El puente se ha hundido.   *La piedra se ha movido.*

Norma Uso de los pronombres *lo, los* y *le*

En el español de algunas zonas de Hispanoamérica y de Canarias se tiende, a veces, a pluralizar el pronombre *lo* de los complementos directos cuando el complemento indirecto es *se* con referente plural, pero se desaconseja su uso. Ejemplo:

Les entregué el paquete a los invitados. → **Se los entregué* (se dice: *Se lo entregué*).

Tampoco es correcto inmovilizar el pronombre *le* en singular cuando su referente aparece después (relación catafórica) en plural. Ejemplos:

*Quiero decirle a todos ustedes que... (se dice: *Quiero decirles...*).
*Yo le digo siempre a mis hijos que... (se dice: *Yo les digo siempre...*).
*Así se le suele llamar a los buenos toreros (se dice: *... Se les suele llamar*).

2.4 9 LOS PRONOMBRES RELATIVOS

2.4 9.1 Características de los pronombres relativos

Los llamados pronombres relativos presentan las siguientes características generales:

Se refieren siempre a un antecedente

- Son palabras que se refieren a un elemento anterior en el discurso, que se llama **antecedente**. El antecedente puede estar explícito o implícito. Ejemplos:

  La casa que compré ayer (*casa* es el antecedente explícito del relativo *que*).
  El que come engorda (antecedente implícito del relativo *que*).

Siempre forman parte de una oración de relativo

- Siempre se encuentran en una oración subordinada de relativo [**3.3.8**], de la que forman parte. Ejemplo:

  El chico ***que vino*** *es mi primo* (el relativo *que* se encuentra en la oración subordinada *que vino,* y funciona en ella como sujeto).

Desempeñan una función nominal en la oración

- Siempre desempeñan una función sintáctica de carácter nominal (sujeto, complemento directo, etc.) en la oración a la que pertenecen, además de actuar como nexo. Ejemplo:

  El chico ***que*** *viste es mi primo* (complemento directo de *viste*).

2.4 9.2 Formas de los pronombres relativos

Los pronombres relativos son:

que (el que, la que, lo que, los que, las que)
el cual, la cual, lo cual, los cuales, las cuales
quien, quienes, cuanto, cuanta, cuantos, cuantas

ATENCIÓN

La forma *cuyo, cuya, cuyos* y *cuyas* no se incluye entre los pronombres relativos porque su función no es la de un sustantivo, sino la de actualizador de un sustantivo. Es, por tanto, un determinativo relativo (se relaciona también con un antecedente) con significado posesivo. Ejemplos:

Me gusta ese *libro* ***cuyo*** *protagonista es un perro* (*libro* es el antecedente del determinativo relativo *cuyo,* que funciona como actualizador de *protagonista*).

Solo podemos considerarlo pronombre por el hecho de ser sustituto de un nombre. Ejemplo:

el protagonista del ***libro*** → ***cuyo*** *protagonista*

2.4 9.3 Algunas observaciones más

- Las formas *cuanto, cuanta, cuantos, cuantas* son pronombres relativos cuando no acompañan a sustantivos y desempeñan con relación al verbo una función propia del sustantivo. Ejemplo:

  Complemento directo: *Tengo tanto dinero cuanto (dinero) me diste.*

Cuanto, cuanta, cuantos, cuantas

- La forma *que* es pronombre relativo cuando su antecedente (explícito o implícito) es un sustantivo (o pronombre) al que sustituye en su oración, desempeñando así la función que desempeñaría el sustantivo. Ejemplo:

  La gente que lee aprende (*que* funciona como sujeto de *lee*). → *La gente come* (*gente* sería el sujeto de *come*).

Que como pronombre relativo

  Sin embargo, el relativo *que* a veces tiene como antecedente un adjetivo o un adverbio. En estos casos sería más lógico hablar, respectivamente, de **proadjetivo** y **proadverbio** (es decir, de palabras que desempeñan la misma función que un adjetivo o un adverbio). Ejemplos:

  Proadjetivo: *Lo grande que es esta casa.* → *Es muy grande.*
  Proadverbio: *Lo lejos que vive Juan.* → *Juan vive muy lejos.*

  El proadjetivo y proadverbio *que* se da en construcciones ponderativas con *lo*, forma que en estos casos adquiere valor cuantificador (de hecho, la correlación *lo + que* equivale a los exclamativos *qué* y *cuán*). Ejemplos:

  ¡Qué (cuán) grande es esta casa!
  ¡Qué (cuán) lejos vive Juan!

  También el proadjetivo y el proadverbio aparecen en oraciones sin el ponderativo *lo*. Ejemplos:

  De grande que es no cabe por la puerta.
  Por tonto que sea, lo aprenderá.
  Por lejos que esté, no se olvidará de mí.

- Las formas *que* y *lo cual* son sustitutos, a veces, de contenidos oracionales; en este caso no sustituyen a un nombre, sino a una oración. Habría que llamarlos **prooraciones**. Ejemplo:

  Vino a verme, que (lo cual) no es poco.

- Los pronombres relativos pueden aparecer a veces en el ámbito de una oración, pero desempeñando su función nominal en otra oración. Ejemplos:

  Este es el libro que estoy seguro conocerás (*que* es el complemento directo de *conocerás*).

  Estoy en una ciudad que me parece que no conoces (*que* es el complemento directo de *conoces*).

2.4 | 10 | EL RELATIVO *QUE*

2.4 10.1 Características

La forma pronominal *que* presenta las siguientes peculiaridades:

Es átona e invariable · **Es palabra átona e invariable** en género y número.

Antecedente explícito · Puede llevar un **antecedente explícito**, por lo general un sustanti-
o implícito vo, pero, como se ha visto, también un adjetivo, un adverbio o una
oración.

· Cuando el **antecedente está implícito**, por ser conocido por el
hablante y el oyente, o por tener carácter genérico, siempre ha de
ir precedido del artículo masculino o femenino correspondiente,
que sustantiva la oración adjetiva completa. Ejemplo:

La mujer que viene es mi madre. → *La que viene es mi madre.*

Lo, antecedente · Cuando lo que precede al relativo *que* es la forma neutra *lo*, no se
del relativo puede pensar en un antecedente implícito, pues *lo* nunca acompaña a sustantivos. El verdadero antecedente, en estos casos, es la
misma forma *lo*, que actúa como pronombre y núcleo del grupo
nominal correspondiente:

Lo que me dijiste no tiene sentido (*lo* es el antecedente del relativo *que*
y el núcleo del grupo nominal *lo que me dijiste*).

Algunos gramáticos, no obstante, opinan que este *lo* es un artículo neutro sustantivador.

2.4 10.2 Funciones del relativo *que*

Funciones El relativo *que* puede desempeñar en la oración adjetiva las siguien-
sustantivas de *que* tes funciones nominales:

· Sujeto. Ejemplo: *La persona que me llamó era Juan.*

· Complemento directo. Ejemplo: *El libro que compré es bueno.*

· Complemento indirecto. Ejemplo: *Es la piedra a la que diste una patada.*

· Complemento circunstancial. Ejemplo: *La casa en que vivo es confor-
table.*

· Complemento de régimen. Ejemplo: *Son pocas las cosas de (las) que
me acuerdo.*

· Modificador del sustantivo. Ejemplo: *Aquella chica de la que soy novio*
(*de la que* modifica al sustantivo *novio*).

· Modificador del adjetivo. Ejemplo: *Esa carga de la que estoy libre* (*de la
que* modifica a *libre*).

· Atributo. Ejemplo: *Antonio, amigo que fue de mi padre...*

2.4 10.3 Variantes del relativo *que*

- A veces, el relativo *que* presenta las variantes *el que, la que, lo que, los que* y *las que*. Estas variantes son **relativos complejos** y aparecen en aquellos contextos en que la supresión del artículo es opcional. Ejemplos:

  La casa en la que vivo. → *La casa en que vivo.*
  Los bolígrafos con los que escribo. → *Los bolígrafos con que escribo.*

  El que, la que, lo que, los que y *las que:* relativos complejos

- Pero si entre el artículo y el relativo *que* cabe un sustantivo, no debe hablarse de un relativo complejo, sino del relativo *que* precedido de un artículo sustantivador. Ejemplo:

  El que busca halla. → *El individuo que busca halla.*

  Que precedido de un artículo sustantivador

- La secuencia *lo que* es un relativo complejo cuando es equivalente a *lo cual* o a *cuánto, cuántos*. Ejemplos:

  Juan se ha empeñado en ir a Estados Unidos, lo que no es de mi agrado.
  No sé lo que me cuesta. → *No sé cuánto me cuesta.*

  La secuencia *lo que*

Norma Uso del relativo *que*

- Cuando el antecedente del relativo en función de complemento circunstancial de tiempo es un sustantivo con significado temporal, es normal poner la preposición *en* delante del relativo *que*, pero no se considera error su supresión. Ejemplos:

  El año (en) que te conocí. El día (en) que estalló la guerra.

  Esto ocurre cuando el antecedente temporal (*año, día...*) no necesita preposición en la oración correspondiente sin relativo. Ejemplos:

  Te conocí el año pasado. Nos vimos el día de Navidad.

  Pero si el antecedente necesita de la preposición, esta es obligada delante del relativo. Ejemplo:

  El momento en que te conocí (no se dice: **El momento que te conocí*).
  → *Te conocí en aquel momento* (no se dice: **Te conocí aquel momento*).

- No es correcto suprimir la preposición delante del relativo cuando el antecedente lleva la misma preposición. Ejemplo:

  *Con la chica que salgo...

  Se dice:

  Con la chica con la que salgo...

- Cuando el antecedente con preposición se encuentra en una estructura enfática con el verbo *ser*, es preferible la preposición delante del relativo, aunque en Hispanoamérica sea frecuente y correcta su ausencia. Ejemplo:

  Fue por Juan por el que me enteré (frente a: *Fue por Juan que me enteré*).

2.4 | 11 | LOS RELATIVOS *QUIEN* Y *EL CUAL* Y SUS VARIANTES

2.4 11.1 El pronombre relativo *quien, quienes*

Palabra átona con variación de número
- Este pronombre relativo es también átono, pero presenta variación de número: *quien* (singular), *quienes* (plural).

Puede llevar antecedente explícito o implícito
- Puede llevar antecedente explícito, pero es frecuente que el antecedente se encuentre implícito. En estos casos, se piensa que la forma *quien* engloba o amalgama el antecedente. Ejemplos:

  Explícito: *Fueron mis hijos quienes me vieron.*
  Implícito: *Quien mal anda, mal acaba.*

  La referencia de este relativo, en casos como este último, es indeterminada.

Funciones nominales de *quien, quienes*
- Los relativos *quien, quienes* pueden realizar en la oración adjetiva las siguientes funciones nominales:
  - Sujeto. Ejemplo: *Fueron esos alumnos quienes me ayudaron a salir del apuro.*
  - Complemento directo. Ejemplo: *La persona a quien viste es amiga mía.*
  - Complemento indirecto. Ejemplo: *Esa chica a quien le dieron un beso se llama Luisa.*
  - Complemento circunstancial. Ejemplo: *Trabajo con quien quiero trabajar.*
  - Complemento de régimen. Ejemplo: *Es la persona de quien siempre me acuerdo.*
  - Modificador del adjetivo. Ejemplo: *Es una persona de quien no soy digno* (*de quien* modifica a *digno*).
  - Modificador del sustantivo. Ejemplo: *Es una persona de quien yo fui la víctima* (*de quien* modifica a *víctima*).

Norma | Concordancia del relativo con su antecedente

En el español actual no se considera correcto usar el relativo singular *quien* con antecedente plural. El relativo y su antecedente deben concordar. Ejemplos:

*Mis amigos Pedro y Juan a quien tanto debo (se dice: ... *a quienes...*).
*A mis hijos, a quien tanto quiero (se dice: ... *a quienes...*).

Por otro lado, el antecedente de este relativo ha de ser siempre una persona, o un animal o cosa personificados. No es correcto el antecedente de cosa:

*Fue el poste quien repelió el balón (se dice: ... *lo que/el que repelió...*).

2.4 11.2 El pronombre relativo *el cual, la cual, lo cual, los cuales* y *las cuales*

El pronombre relativo *el cual, la cual, lo cual, los cuales, las cuales* presenta las siguientes características:

- Siempre es tónico. — Palabra tónica

- Lleva el artículo incorporado (aunque se trata de dos palabras grá- — Unidad gramatical
ficas, es una sola unidad gramatical).

- Presenta no solo variación de número, sino también de género: *el* — Palabra variable
cual, la cual, lo cual, los cuales, las cuales.

- Solo en casos especiales, este relativo puede aparecer sin artículo — Uso sin artículo y
y con carácter átono. Es el caso de las construcciones con valor — como palabra átona
concesivo. Ejemplo:

   Sean cuales (las que) sean sus razones...

- Este relativo solo puede aparecer sin preposición en oraciones
adjetivas explicativas. Ejemplo:

   He vendido mi coche, el cual no podía correr más de cien kilómetros por hora.

- Aparece en oraciones adjetivas especificativas [**3.3.8**] siempre que
vaya precedido de preposición. Ejemplo:

   Con el bolígrafo con el cual escribo, logré abrir esta caja.

- Puede ir igualmente precedido del determinativo *todo, toda, todos, todas*. Ejemplo:

   todos los cuales   todas las cuales   todo lo cual

ATENCIÓN

Los relativos *que* y *el cual* no siempre son equivalentes y, por tanto, no siempre son sustituibles el uno por el otro. De ahí que no sea siempre aconsejable proceder a la sustitución de *que* por *el cual, la cual, lo cual, los cuales, las cuales* para averiguar si *que* es o no pronombre relativo. Por ejemplo, no son equivalentes en oraciones adjetivas especificativas con el relativo no precedido de preposición. Ejemplo:

   Los libros que he leído me han gustado (no se dice: **Los libros los cuales he leído me han gustado*).

Tampoco son equivalentes ambas formas cuando el relativo *el cual, la cual, lo cual*, etc., adquiere valor demostrativo o personal, ni cuando *el (la, lo...) que* encabeza oraciones. Ejemplos:

   No me avisaron, pese a lo cual llegué a tiempo.
   El que busca halla.

- Nunca puede encabezar oraciones sin antecedente expreso. Ejem- — Nunca encabeza
plo: — oraciones sin antecedente expreso

   *El cual quiera dinero, que lo pida (se dice: *El que quiera dinero...*).

2.4 | 12 | PRONOMBRES INTERROGATIVOS Y DEMOSTRATIVOS

2.4 12.1 Pronombres interrogativos

• **Pronombres interrogativos propiamente dichos**

Nunca se combinan con sustantivos

• Los pronombres interrogativos propiamente dichos son aquellos que no dependen del discurso para ser pronombres, es decir, aquellos que nunca realizan la función de determinativos porque no se combinan con sustantivos. Sus formas son:

cuál (cuáles)   *quién (quiénes)*

Siempre tónicos y con tilde

• Los pronombres interrogativos son tónicos y siempre llevan tilde. Además, son incompatibles con el determinativo *todo, toda, todos, todas* y pueden ir complementados por un pronombre o por un grupo nominal precedido de la preposición *de*. Ejemplos:

¿Cuál de los tres?   *¿Quién de vosotros?*   *¿Cuál de los libros?*

Funciones sustantivas

• Estos pronombres pueden realizar varias funciones:

— Sujeto. Ejemplo: *¿Cuál (quién) es el más tranquilo?*
— Complemento directo. Ejemplo: *¿A cuál (quién) viste ayer?*
— Complemento indirecto. Ejemplo: *¿A cuál (quién) sonreíste?*
— Complemento de régimen. Ejemplo: *¿A cuál (quién) te referías?*
— Complemento circunstancial. Ejemplo: *¿Con cuál (quién) disfrutaste más?*
— Atributo. Ejemplo: *¿Cuál es tu profesión?*
— Modificador de adjetivos y sustantivos. Ejemplo: *¿De cuál (quién) no eres amigo?*

Norma   Formas vulgares **cuálo* y **cuála*

Son vulgares (y dialectales) las formas **cuálo* y **cuála*, que a veces se utilizan en preguntas. Ejemplo:

—*Coge esa piedra.* **—¿Cuála?* (se dice: —*¿Cuál?*).

• **Pronombres interrogativos del discurso**

Cuando el sustantivo no aparece explícito

• Los pronombres interrogativos del discurso son aquellos que actúan como tales solo cuando el sustantivo no está explícito. Ejemplo:

¿Qué has hecho? — *¿Qué cosa has hecho?*
   pron.   determ.

Qué, cuánto, cuántos, cuántas

• Los pronombres interrogativos del discurso son *qué* y *cuánto, cuánta, cuántos, cuántas*. Ejemplos:

¿Cuántos sois?   *¿Cuántas habéis venido?*

• Las funciones que desempeñan son las mismas que las de los otros pronombres interrogativos.

- Los pronombres interrogativos *quién, qué* y *cuánto, cuánta, cuántos, cuántas* presentan también la variedad exclamativa, por lo que habría que llamarlos pronombres interrogativo-exclamativos. Ejemplos:

Pronombres exclamativos

    ¡Quién lo hubiera dicho!   *¡Qué le vamos a hacer!*

Incluso, son muchos los contextos en que el valor interrogativo y el exclamativo se dan al mismo tiempo. Ejemplos:

    ¡Qué haces?   *Pero... ¡quién ha venido?*

Norma | Uso de los pronombres interrogativos

- No es correcto emplear el pronombre interrogativo *qué* en lugar de un adverbio. Ejemplo:

    *¿Qué vas?, ¿al cine? (se dice: *¿[A]dónde vas?, ¿al cine?*).

- En otros casos, el error está en suprimir la preposición que le corresponde. Ejemplo:

    *¿Qué trabajas?, ¿en una oficina? (se dice: *¿En qué/dónde trabajas...?*).

Estos errores se producen solo cuando a la primera pregunta (la de *qué*) la sigue otra en la que aparece la preposición adecuada.

2.4 12.2 Pronombres demostrativos

Tradicionalmente se incluían en el grupo de los pronombres demostrativos todas las formas: *este, estos, estas, esos...* Sin embargo, también en este caso hay que distinguir los pronombres demostrativos propiamente dichos de los pronombres demostrativos del discurso:

- Los pronombres demostrativos propiamente dichos son las formas neutras *esto, eso, aquello.* Los demás demostrativos ejercen el papel de pronombre solamente cuando aparecen sin sustantivo: son pronombres del discurso. Ejemplo:

Esto, eso y aquello: pronombres propiamente dichos

    Ese no me gusta, aquella es más bonita.

- Los pronombres demostrativos pueden ir precedidos del determinativo *todo, toda, todos, todas* y llevar complementos con la preposición *de.* Ejemplos:

Combinatoria

    Todo aquello me pertenece.   *Eso de que vale no me sirve.*

También pueden complementarse con una oración de relativo. Ejemplo:

    Eso que dijiste.

2.4 | 13 | PRONOMBRES INDEFINIDOS

Entre los pronombres indefinidos deben distinguirse los **pronombres propiamente dichos** y los **pronombres del discurso.**

2.4 13.1 Pronombres indefinidos propiamente dichos

Entre los primeros se encuentran las formas *nadie, alguien, nada, algo, quienquiera* y *quienesquiera.*

Nadie y alguien: referidos a personas; *nada y algo:* referidos a cosas

- **Nadie, alguien, nada, algo** → los dos primeros (*nadie* y *alguien*) aluden siempre a personas, mientras que los otros dos se refieren siempre a cosas. De ahí su valor neutro.

Nadie y nada: con otras formas negativas

Las formas negativas *nadie* y *nada*, cuando preceden al verbo, no necesitan de otra negación. Ejemplos:

> *Nada hay tan importante.*   *Nadie quiso comer.*

Sin embargo, cuando siguen al verbo es obligada la presencia de un adverbio negativo (*no, nunca*) precediendo al verbo. Ejemplos:

> *Nunca hay nada tan importante.*   *No quiso comer nada.*

En los dos casos se mantiene el valor negativo de *nadie* y *nada*, frente al afirmativo de *alguien* y *algo.*

Locución adverbial negativa: *para nada*

Modernamente, el indefinido *nada* precedido de la preposición *para* forma con esta una especie de locución adverbial negativa. Ejemplo:

> —¿*Piensas ir hoy a la playa?*
> —*Para nada* (*para nada* equivale a *no*).

De nada: valor partitivo

La forma *nada* puede ir precedida de la preposición *de*, que es un mero índice partitivo. Ejemplos:

> *Aquí no falta de nada: ni sillas, ni mesas, ni lámparas...*
> *Aquí no hay de nada: ni comida, ni bebida...*

En estos casos, la palabra *nada* es sujeto y complemento directo, respectivamente, a pesar de la presencia de la preposición. Obsérvese que esta no se repite en las aposiciones.

Quienquiera y quienesquiera: uso poco corriente

- **Quienquiera, quienesquiera** → hoy son formas de uso poco frecuente y aparecen casi exclusivamente en construcciones del tipo *quienquiera que sea, quienesquiera que lo vean...* Siempre se refieren a personas.

Nunca se combinan con determinativos

- Los pronombres indefinidos propiamente dichos no se combinan nunca con ningún tipo de determinativo, pero pueden ir complementados con secuencias precedidas de la preposición *de*. Ejemplos:

> *nada de eso*   *algo de pan*   *nadie de la familia*

Por otro lado, las formas *algo* y *nada* son pronombres cuando ejercen función propia de un sustantivo, y son adverbios en los demás casos. Ejemplos: *Algo* y *nada*: también pueden ser adverbios

> *No tengo nada* (*nada* es un pronombre en función de complemento directo).
> *No te quiero nada* (*nada* es un adverbio en función de complemento circunstancial).

Cuando las palabras *algo* y *nada* llevan un determinativo, son verdaderos sustantivos, no pronombres. Ejemplos:

> *un algo*   *la nada*

2.4 13.2 **Pronombres indefinidos del discurso**

La clase de los pronombres indefinidos del discurso la constituyen todas aquellas palabras que se han incluido entre los determinativos indefinidos [**2.3.7**] pero que, al no llevar un sustantivo en el discurso, se convierten en pronombres. Ejemplos: Cuando aparecen sin un sustantivo

> *No tengo mucho.*   *Quiero más.*   *Ha llegado otro.*
> *Hay poco.*   *Vinieron algunos.* *No vino ninguno.*

• Las formas apocopadas *un*, *algún*, *ningún* y *cualquier* (frente a lo que ocurre con las formas plenas *uno*, *alguno*, *ninguno*, *cualquiera*), así como los indefinidos *cierto*, *cierta*, *ciertos*, *ciertas* y *demás*, nunca adquieren valor de pronombre.

• El pronombre indefinido *todo* presenta la peculiaridad de ser compatible con complementos ejercidos por pronombres personales átonos. Ejemplos: *Todo*: compatible con pronombres personales átonos

> *Lo sé todo.*   *Los vi a todos.*

Además, como ocurre con el pronombre indefinido *nada*, puede ir precedido de la preposición *de* con valor partitivo. Ejemplo:

> *Aquí hay de todo: pasteles, tortilla...*

Por otra parte, aun incidiendo sobre sustantivos o pronombres, admite posiciones varias en la oración. Ejemplo: *Todo*: posición en la oración

> *Todos ellos estaban contentos.* → *Ellos estaban todos contentos.*

ATENCIÓN

• No debe confundirse el pronombre indefinido *todo* con el adverbio homónimo. Ejemplo:

> *Lo tengo todo* (pronombre). *Él estaba todo contento* (adverbio).

• También deben considerarse pronombres indefinidos las secuencias complejas *cada uno* y *cada cual*. Ejemplos:

> *Cada uno tiene su casa.*   *Allá cada cual.*

1. Señala los pronombres existentes en los enunciados siguientes y clasifícalos en intrínsecos, extrínsecos, tónicos y átonos:

- *Aquel individuo no me dijo nada, pero nos dejó una lista grande de algunos alumnos que habían aprobado.*
- *Ese calor no es igual que este; al menos, eso es lo que a mí me parece.*
- *Quien quiera dinero debe pedírselo a ellos y no a nosotros.*

2. Convierte en pronombres los determinativos de los enunciados siguientes:

- *Ese alumno no es tan listo como ese chico, aunque algunos profesores no se lo crean.*
- *Dos gatos comieron algunas latas de sardinas.*

3. ¿Cuál es la diferencia sintáctica de la palabra *tres* en los enunciados siguientes?

- *Solo tengo tres latas.*
- *Solo tengo tres.*
- *Solo tengo las tres.*

4. ¿Cuál es el género del pronombre *lo* en las oraciones siguientes?

- *Eso no me lo dijo.*
- *Ese poema lo escribí yo.*

5. ¿En lugar de qué pronombre se usa *vos* en algunas zonas de Hispanoamérica? ¿Cómo se llama este fenómeno?

6. Construye un enunciado en el que las formas *tú* y *yo* no funcionen como sujeto.

7. Construye tres oraciones con *lo* como complemento directo y otras tres como atributo.

8. Señala los casos de leísmo, laísmo o loísmo en las oraciones siguientes:

- *A esa chica la duele la cabeza.*
- *¡Qué lo vamos a hacer!*
- *A María la obligaron a saludarla (a su amiga).*
- *A María le llaman tonta.*

9. Construye dos oraciones con *se* reflexivo o recíproco, otras dos con *se* pronombre personal no reflexivo, y otras dos con *se* como componente de verbos pronominales.

10. Construye tres oraciones con *se* con valor de partícula de pasiva refleja y otras tres en las que tenga valor de partícula de impersonalidad sintáctica.

11. Pon el reflexivo adecuado en las oraciones siguientes:

- *Nosotros no damos más de...*
- *Tú volviste en...*

12. ¿Hay una diferencia sintáctica en el uso de la forma *se* en las siguientes oraciones?

- *María y Juan se enamoraron.*
- *María y Juan se escriben a menudo.*

13. Escribe dos oraciones en que aparezcan los pronombres *tú* y *te* usados con valor generalizador.

14. ¿Qué diferencia sintáctica existe en el uso de la forma *me* de las oraciones siguientes?

- *No te me escapes.*
- *Me comió la tarta.*
- *Me han dado un diploma.*

15. Construye dos oraciones en las que el pronombre *que* sustituya a un sustantivo, otras dos en que sustituya a un adjetivo y otras dos en que sustituya a un adverbio.

16. ¿Cuál es la diferencia entre la secuencia *la que* de las dos oraciones siguientes?

- *La casa en la que vivo es grande.*
- *La que me lo dijo fue María.*

17. ¿En qué oraciones la forma *que* es relativo?

- *¡Lo tonto que es Juan!*
- *¡Lo bien que canta!*
- *El libro que compré es interesante.*
- *Es tan bueno que todos lo quieren.*

18. ¿Se justifica la forma *cuyo, cuya, cuyos, cuyas* como pronombre?

19. ¿Cuál es la diferencia sintáctica de la forma *qué* en las oraciones siguientes?

- *¿Qué libro has leído?*
- *¿Qué has leído?*

20. Escribe cinco oraciones en las que aparezca al menos un pronombre indefinido.

Terminología

- Los **tiempos [2.5.7]** y los **modos [2.5.5]** han recibido diferentes nombres en distintas gramáticas. Sin embargo, es una simple cuestión de equivalencias terminológicas. Estas son las principales:

MODO INDICATIVO:

- **Pretérito imperfecto** → copretérito
- **Pretérito indefinido** → pretérito perfecto simple → pretérito
- **Pretérito perfecto** → pretérito perfecto compuesto → antepresente
- **Pretérito pluscuamperfecto** → antecopretérito
- **Pretérito anterior** → antepretérito
- **Futuro simple** → futuro imperfecto → futuro
- **Futuro compuesto** → futuro perfecto → antefuturo
- **Condicional simple** → potencial simple → pospretérito
- **Condicional compuesto** → potencial compuesto → antepospretérito

MODO SUBJUNTIVO:

- **Pretérito perfecto** → antepresente
- **Pretérito imperfecto** → pretérito
- **Pretérito pluscuamperfecto** → antepretérito
- **Futuro simple** → futuro imperfecto → futuro
- **Futuro compuesto** → futuro perfecto → antefuturo

FORMAS NO PERSONALES:

- Las formas que llamamos **no personales [2.5.2, 2.5.3 y 2.5.4]** se denominan en otras gramáticas también **formas nominales**, **verboides** y **formas derivadas**.

- Algunos gramáticos llaman verbos **impersonales** a los que aquí se llaman **unipersonales [2.5.17]**.

- En algunos casos se llama verbos **reflexivos** y verbos **pseudorreflexivos** a los verbos que aquí se denominan **pronominales [2.5.17]**.

- Los verbos **perfectivos [2.5.17]** se llaman en otras gramáticas **desinentes**, y los **imperfectivos [2.5.17]**, **permanentes**.

- Los verbos **copulativos [2.5.18]** reciben en otras gramáticas el nombre de verbos **atributivos**.

2.5 1.1 Características generales

El verbo es una clase de palabras o categoría léxica que presenta las siguientes características:

● **Forma**

Formas
● Desde el punto de vista formal, el verbo se compone de: *raíz* (o *lexema*) + *desinencias*

Estas desinencias (también llamadas morfemas) se adhieren a la raíz y significan:

— tiempo   — persona
— modo   — número
— aspecto

Conjugación
● El conjunto de estas desinencias, que entran en oposición unas con otras, unidas a la raíz constituye la **conjugación** [**2.5.12**]. Por tanto, el verbo es la única clase de palabras que presenta conjugación.

Significado de las desinencias
● Con frecuencia, las desinencias verbales amalgaman varios significados. Ejemplo:

cantábamos: cant-á-ba-mos

— raíz *cant-* → portadora del significado léxico común a otras clases de palabras, como los sustantivos *cantor* y *cantante*.
— vocal temática *-á-* → indica primera conjugación.
— desinencia *-ba-* → amalgama los significados gramaticales de tiempo pretérito, aspecto imperfectivo y modo indicativo.
— desinencia *-mos* → aglutina los significados gramaticales de persona (1.ª) y número (plural).

De ahí que se diga que dicha forma verbal es un pretérito (tiempo **2.5.7**) imperfecto (aspecto **2.5.7**) de indicativo (modo **2.5.5**) en 1.ª persona de plural.

● En ocasiones, la amalgama de significados es tan fuerte que no es posible separarlos en significantes concretos. Ejemplo:

Soy engloba la raíz de *ser*, además de los significados de 1.ª persona de singular de presente de indicativo.

● **Función**

Función: núcleo del predicado
Desde el punto de vista funcional, el verbo es siempre el **núcleo** sintáctico del predicado [**3.1.9**] de la oración.

En relación con su naturaleza gramatical, puede llevar o no complementos. Ejemplos:

Sin complementos: *El perro murió.*
Con complementos: *El perro dio un mordisco en la pierna al cartero de mi barrio ayer por la tarde.*

2.5 1.2 Formas simples y formas compuestas

La conjugación de un verbo comprende no solo la combinación de unas desinencias con una raíz, sino también la combinación del verbo auxiliar *haber*, que lleva las desinencias señaladas, con un participio.

- Formas simples

Hablamos de formas simples del verbo cuando hay combinación de la raíz con unas desinencias. Ejemplos:

Formas simples: raíz + desinencias

    canté   *cantan*   *cantaré*

Son formas simples:

- Los presentes → *canto, cante*
- Los pretéritos imperfectos → *cantaba, cantara (-se)*
- El pretérito indefinido → *canté*
- Los futuros simples → *cantaré, cantare*
- El condicional simple → *cantaría*
- Las formas de imperativo → *canta, cantad...*
- El infinitivo simple, el gerundio simple y el participio → *cantar, cantando, cantado*

- Formas compuestas

Hablamos de formas compuestas del verbo cuando hay combinación del verbo *haber* con el participio [**2.5.4**] de otro verbo. Ejemplos:

Formas compuestas: con el verbo haber

    ha cantado   *había cantado*   *habrá cantado*

Son formas compuestas:

- Los pretéritos perfectos → *he cantado, haya cantado*
- Los pretéritos pluscuamperfectos → *había cantado, hubiera* (o *hubiese*) *cantado*
- El pretérito anterior → *hube cantado*
- Los futuros compuestos → *habré cantado, hubiere cantado*
- El condicional compuesto → *habría cantado*
- El infinitivo y el gerundio compuestos → *haber cantado* y *habiendo cantado*

Para las formas de la conjugación, ver **2.5.16**.

2.5 2 FORMAS NO PERSONALES: EL INFINITIVO

Formas no personales: ni persona, ni número, ni modo

Además de las formas conjugadas, el verbo tiene unas formas sin desinencias pero con sufijos. Estas formas se llaman **no personales** porque no poseen el significado gramatical de persona (tampoco presentan significado de número ni de modo [**2.5.5**]). Solo se oponen entre sí por el rasgo de aspecto o de tiempo.

Son el **infinitivo**, el **gerundio** y el **participio**.

2.5 2.1 El infinitivo

Forma

El infinitivo se forma con la terminación *-r*, que se adhiere a la raíz a través de la vocal temática. Dependiendo de la conjugación a la que pertenezca el verbo, esta vocal puede ser:

- *-a-* → verbos de la 1.ª conjugación. Ejemplos:

  cant-a-r   *reg-a-r*   *salud-a-r*

- *-e-* → verbos de la 2.ª conjugación. Ejemplos:

  crec-e-r   *com-e-r*   *le-e-r*

- *-i-* → verbos de la 3.ª conjugación. Ejemplos:

  part-i-r   *divid-i-r*   *sal-i-r*

Así pues, en español los verbos pertenecen a tres conjugaciones.

Simple y compuesto

- El infinitivo presenta dos formas: la de infinitivo simple y la de infinitivo compuesto. Ejemplos:

  Infinitivo simple: *cantar, comer, reír*
  Infinitivo compuesto: *haber cantado, haber comido, haber reído*

  El infinitivo compuesto siempre indica anterioridad a un momento dado. Ejemplo:

  Por haber salido tú, me he tenido que quedar en casa.

  También se usa el infinitivo compuesto con un valor apelativo de recriminación por parte del hablante al oyente por no haber hecho algo que debería haber hecho. Ejemplo:

  —Me hubiera gustado ir con vosotros.
  —¡Pues haberlo dicho!

- Los infinitivos tienen rasgos comunes con los sustantivos [**2.1.1**] y con los verbos.

Rasgos comunes con los sustantivos

- **Rasgos comunes con los sustantivos:** posibilidad de llevar determinativos y modificadores. Ejemplo:

  El dulce lamentar de dos pastores.

  Algunos de ellos llegan a convertirse en verdaderos sustantivos, con oposición de número. Ejemplos:

  el deber/los deberes   *el andar/los andares*

Los infinitivos, solos o con complementos, pueden ejercer funciones propias de los sustantivos. Ejemplos:

Sujeto: *Comer es saludable.*
Complemento directo: *No quiero comer.*
Complemento circunstancial: *Se fue sin comer.*
Complemento de régimen: *Me dedico a escribir.*
Modificador del nombre: *la razón de vivir.*
Modificador del adjetivo: *capaz de aguantar.*
Modificador del adverbio: *lejos de quejarse.*

Pueden ir precedidos de preposición. Ejemplos:

Al arrancar, el coche hizo un ruido extraño.
Por no hablar, no le dieron el regalo.
De saberlo, hubiera venido.

- **Rasgos comunes con los verbos:** puede llevar los complementos de este y, en algunos casos, un sujeto explícito. Ejemplos:

Rasgos comunes con los verbos

Con complemento directo: *Comer verdura es bueno.*
Con complemento circunstancial: *Comer bien es saludable.*
Con complemento de régimen: *Dedicarse a la escritura es interesante.*
Con complemento indirecto: *Dar comida a los necesitados es una buena obra.*
Con sujeto: *Al salir tú, se cayó la persiana.*

ATENCIÓN

Los pronombres átonos que complementan a un infinitivo siempre se posponen a este, formando con él una sola palabra gráfica aunque se trate de dos o más componentes sintácticos. Ejemplo:

(Quiero) preguntárselo (se es el complemento indirecto, y lo, el directo).

Norma | Infinitivo como verbo principal

No es correcto el uso del infinitivo como verbo principal de una oración. Ejemplos:

*Comunicar, señoras y señores, que empezaremos dentro de unos segundos (se dice: *Les comunicamos...*).
*Por último, indicarles que estamos a su entera disposición (se dice: *... les indicamos...* o *...queremos indicarles...*).

2.53.1 El gerundio

Forma   El gerundio presenta la terminación -*ndo,* que, a través de la vocal temática, se une a la raíz. Dependiendo de la conjugación a la que pertenezca el verbo, las vocales temáticas presentan las siguientes formas (con o sin diptongo):

- *-a-* → verbos de la 1.ª conjugación. Ejemplo: *cant-a-ndo*
- *-ie-* → verbos de la 2.ª conjugación. Ejemplo: *crec-ie-ndo*
- *-ie-* → verbos de la 3.ª conjugación. Ejemplo: *part-ie-ndo*

Simple y compuesto   ● El gerundio tiene dos formas, una simple y otra compuesta. Ejemplos:

     Gerundio simple: *cantando*
     Gerundio compuesto: *habiendo cantado*

● Los gerundios tienen rasgos comunes con los adverbios [**2.6.1**] y con los verbos.

Rasgos comunes con los verbos   ● **Rasgos comunes con los verbos:** el gerundio, como forma verbal que es, puede llevar complementos verbales y sujeto explícito o implícito. Ejemplos:

     Con complemento directo: *Comiendo manzanas.*
     Con complemento indirecto: *Gustándome a mí...*
     Con sujeto explícito: *Estando yo dormido, llegaron ellos.*
     Con complemento circunstancial: *Yendo por la calle.*
     Con complemento de régimen: *Acordándome de ti.*

Rasgos comunes con los adverbios   ● **Rasgos comunes con los adverbios:** la función más propia del gerundio es la que les corresponde a la mayoría de los adverbios, la de complemento circunstancial [**3.2.15**]. Ejemplos:

     Salí corriendo.   *Se marchó gritando.*

Pero también puede complementar a un sustantivo como si fuera un predicativo. Ejemplo:

     Vi una hoja cayendo del árbol.

Incluso en enunciados no oracionales [**3.1.1**], como en titulares o textos que van debajo de una ilustración, aparece la función adjetiva del gerundio. Ejemplo:

     El papa besando suelo español.

● El gerundio no puede ir precedido de preposiciones. Solo admite la preposición *en* para indicar inmediatez, pero hoy es ya un uso arcaico. Ejemplo:

     En acabando la música, salió. → *En cuanto acabó la música, salió.*

● Por otro lado, algunos gerundios admiten el diminutivo *-ito.* Ejemplos:

     callandito   *andandito*

- En ocasiones, el gerundio actúa también como un adjetivo. Ejemplos:

  Eso se hace con agua hirviendo.
  Se agarra a un clavo ardiendo.

- La significación gramatical más propia del gerundio con verbos imperfectivos es la de **duración**. Con el gerundio, vemos la acción no en su inicio ni en su término, sino en su desarrollo. Ejemplo: Significado

  Vimos una mosca volando.

  Como consecuencia de este significado aspectual, el gerundio simple indica tiempo de simultaneidad con otra acción. Ejemplo:

  Leyendo el periódico, me quedé dormido. → *Mientras leía el periódico me quedé dormido.*

Norma | Usos incorrectos del gerundio

- No se considera correcto el **gerundio de posterioridad**, pues esta forma no personal, cuando es simple, indica simultaneidad. Ejemplo:

  *El coche volcó muriendo sus tres ocupantes (se dice: *El coche volcó y, como consecuencia, murieron sus tres ocupantes*).

  Solo si la posterioridad es muy inmediata se considera correcto este gerundio. Ejemplo:

  Salió dando un portazo.

- Tampoco se considera correcto el empleo de un gerundio correspondiente a un verbo de no acción y que funciona como complemento de un sustantivo. Ejemplos:

  *Se necesita secretaria sabiendo inglés (se dice: *... que sepa inglés*).
  *Tengo un frasco conteniendo colonia (se dice: *... que contiene colonia*).
  *Se trata de una ley regulando las obligaciones fiscales (se dice: *... que regula las obligaciones fiscales*).

- Los gerundios no pueden complementar a un sustantivo en función de complemento indirecto, de complemento circunstancial o de complemento de régimen. Ejemplos:

  *Di una limosna a un hombre pidiendo en la acera (se dice: *... que pedía...*).
  *Entré con un hombre dando gritos (se dice: *... que daba...*).
  *Me encontré con un chico gritando (se dice: *... que gritaba*).

2.5 4 **FORMAS NO PERSONALES: EL PARTICIPIO**

2.54.1 El participio

Forma El participio presenta el sufijo -do, que, a través de la vocal temática, se une a la raíz. Dependiendo de la conjugación a la que pertenezca el verbo, estas vocales son:

- -a- → verbos de la 1.ª conjugación. Ejemplo: cant-a-do
- -i- → verbos de la 2.ª conjugación. Ejemplo: crec-i-do
- -i- → verbos de la 3.ª conjugación. Ejemplo: part-i-do

Algunos verbos considerados irregulares forman el participio con los sufijos -to, -cho o -so. Ejemplos:

escrito   dicho   impreso

Verbos con dos participios
- Ciertos verbos presentan dos participios: uno regular y otro irregular. Ejemplos:

atender → atendido y atento
despertar → despertado y despierto
freír → freído y frito
imprimir → imprimido e impreso
proveer → proveído y provisto
prender → prendido y preso
soltar → soltado y suelto
teñir → teñido y tinto
torcer → torcido y tuerto
elegir → elegido y electo

ATENCIÓN

En los verbos que tienen los dos tipos de participio, la forma irregular actúa solo como adjetivo y nunca como verbo, salvo en los casos de freír, proveer e imprimir, cuyos participios regulares e irregulares pueden actuar como verbos. Ejemplos:

he soltado (*he suelto)   he prendido (*he preso)

pero:

he freído/he frito
han proveído/han provisto
han imprimido/han impreso

En lo que al verbo freír se refiere, es hoy más frecuente la forma irregular; la regular se siente arcaica. Con valor adjetivo se usa solo la forma irregular de estos tres verbos. Ejemplos:

Comí patatas fritas.   Iba provisto de víveres.

Algunos de estos participios pueden usarse con valor verbal en las pasivas, pero no en los tiempos compuestos. Ejemplos:

Fue preso por la policía.   Martínez fue electo presidente.

- Los participios tienen rasgos comunes con los adjetivos [**2.2.1**] y los verbos.

  - **Rasgos comunes con los adjetivos:** el participio presenta rasgos de adjetivo, como son el de poder llevar marcas de género [**2.2.1**] y número [**2.2.1**] prestadas del sustantivo, con el que concuerda, y el de ser capaz de ir cuantificado con marcas adverbiales de grado [**2.2.2, 2.2.3**] o con el sufijo de superlativo -*ísimo*. Ejemplos:

    Concordancia: *una niña recién nacida, un libro prestado*
    Marcas de grado: *más (menos, tan) torcido, preocupadísimo*

    Los participios, usados como adjetivos, pueden llevar complementos o modificadores. Ejemplos:

      vuelto de espaldas   *fritos con aceite*

  - **Rasgos comunes con los verbos:** el participio también tiene comportamiento verbal, como se demuestra en su participación en los tiempos compuestos de la conjugación y en las oraciones pasivas [**2.5.22**], así como en otras perífrasis verbales [**2.5.19**]. Ejemplos:

      he venido   *fueron vistos*   *te tengo dicho*

    Además, puede llevar sujeto en las llamadas construcciones o cláusulas absolutas [**3.1.9**]. Ejemplo:

      Muerto el perro, se acabó la rabia.

    Cuando el participio forma parte de la conjugación en los tiempos compuestos (o en perífrasis verbales), los complementos que lleva son los propios del verbo. Ejemplos:

    Con complemento directo: *He comprado **pan.***
    Con complemento indirecto: *He dado pan **al perro** en un plato.*
    Con complemento de régimen: *Nos hemos acordado **de ti.***
    Con complemento circunstancial: *Hemos salido **hoy.***

    Cuando el participio corresponde a un verbo transitivo, puede ir modificado por un complemento agente [**3.2.18**]. Ejemplo:

      La carta fue firmada por todos.

    Los participios de verbos transitivos suelen aportar un valor pasivo (*un libro muy leído*), salvo algunas excepciones del tipo:

      un hombre muy leído → *... que ha leído mucho*
      una persona considerada con los demás → *... que se preocupa de los demás*
      un hombre entendido → *... que entiende (sabe)*

Rasgos comunes con los adjetivos

Rasgos comunes con los verbos

2.5 | **5** | **LOS MORFEMAS DE PERSONA, DE NÚMERO Y DE MODO**

2.5 5.1 La persona y el número verbal

Tres personas ● En los verbos se distinguen tres **personas**, que se corresponden con los componentes del acto comunicativo:

- 1.ª persona → relacionada con el yo del hablante.
- 2.ª persona → relacionada con el tú del oyente.
- 3.ª persona → referida a lo que no es ni el hablante ni el oyente.

● La persona suele estar amalgamada con el significado de **número** en la misma desinencia. Ejemplo:

-mos → 1.ª persona y número plural.

Desinencias para expresar la persona ● Normalmente, las personas se indican con una desinencia fija en los verbos regulares. Ejemplos:

-is → marca de 2.ª persona de plural.
-mos → marca de 1.ª persona de plural.

Persona referida al sujeto oracional ● La información de número de las desinencias verbales está siempre referida (al igual que la de persona) al sujeto oracional. El verbo siempre va en el mismo número que el sujeto correspondiente. Ejemplos:

El niño come.   *Los niños comen.*

2.5 5.2 El modo verbal

Tres modos verbales Los **modos** en el verbo español son tres: el indicativo, el subjuntivo y el imperativo. Cada uno de estos modos se muestra con sus desinencias.

Indicativo: contenidos reales u objetivos ● El **modo indicativo** es el modo del que se vale el hablante para expresar contenidos o hechos reales u objetivos vistos por él como seguros. Es el único modo en el que caben los enunciados oracionales interrogativos. Ejemplos:

¿Cantas?   *¿Cantaste?*   *¿Cantarás?*   *¿Has cantado?*

pero no:

*¿Cantes?   **¿Cantases?*   **¿Hayas cantado?*   **¿Cantad?*

Subjuntivo: deseos, posibilidades... ● El **modo subjuntivo** expresa deseos, posibilidades, irrealidades... El hablante ve los hechos como ficción. Ejemplos:

¡Ojalá llueva!   *Tal vez me case.*
Cuando llegues... (frente a: *Cuando llegas...*)

El modo en las subordinadas Pero la diferencia del indicativo con el subjuntivo no reside solo en la actitud del hablante ante los hechos.

En las oraciones subordinadas, por ejemplo, es fundamental la naturaleza del predicado del que dependen las oraciones en las que debe aparecer el indicativo o el subjuntivo. Ejemplos:

Los predicados asertivos (*creer, pensar, estar seguro...*) exigen:

→ Modo indicativo, si aparecen en forma afirmativa:

Creo que he ganado (no se dice: **Creo que haya ganado*).

→ Modo subjuntivo, si aparecen negados (se niega la aserción):

No creo que hayas ganado (no se dice: **No creo que has ganado*).

De la misma manera, los llamados verbos o predicados factivos (los que presuponen la verdad de lo que se dice en la oración subordinada), así como los verbos de deseo, ruego y mandato, exigen el verbo en subjuntivo. Ejemplos:

Lamento que hayas perdido (no se dice: **Lamento que habéis perdido*).
Es una pena que viváis así (no se dice: **Es una pena que vivís así*).
Deseo (te ruego, te pido) que vengas.

Además, la elección entre indicativo o subjuntivo puede depender también del carácter de un nexo subordinante o de la especificidad o inespecificidad del indefinido *un, una*. Así, los nexos de finalidad o la inespecificidad de *un, una* exigen siempre subjuntivo. Ejemplos:

Para que seas feliz (no se dice: **Para que serás feliz*).
Busco un libro que sea interesante.

● El **modo imperativo** pertenece exclusivamente a la función conativa o apelativa del lenguaje. Es decir, se emplea solamente para dar órdenes o pedir algo al oyente. Ejemplos:

Imperativo: órdenes y peticiones

ven   *callad*   *mira*

El modo imperativo nunca puede aparecer en oraciones subordinadas, salvo que como tales se consideren citas en estilo directo. Ejemplo:

Me dicen que estéis contentos (no se dice: **Me dicen que estad contentos*).

ATENCIÓN

Algunos gramáticos consideran modo **potencial** los condicionales simple y compuesto, por expresarse con ellos duda o posibilidad.

El modo imperativo se puede expresar en español de dos maneras: con un procedimiento morfológico y sintáctico, o con un procedimiento exclusivamente sintáctico.

● **Imperativo morfológico y sintáctico**

Imperativo mediante desinencias

En español, el imperativo morfológico se caracteriza por unas desinencias propias y se corresponde con el tratamiento familiar o de tuteo. Sintácticamente, los clíticos se posponen:

- 2.ª persona del singular → marca desinencial cero (Ø). Ejemplos:

  canta (tú)   *ven (tú)*   *déjamelo*

- 2.ª persona del plural → marca desinencial -*d*. Ejemplos:

  cantad (vosotros)   *venid (vosotros)*   *dejádmelo*

ATENCIÓN

No se justifica ni morfológica ni sintácticamente un imperativo de 3.ª persona del tipo *cante* (él)/*canten* (ellos). Además, el imperativo, como modo que es del campo apelativo, solo puede concebirse en la 2.ª persona: en el acto comunicativo, las órdenes las da un hablante a un oyente o a unos oyentes, y no a terceras personas.

Por otra parte, la 2.ª persona del plural *vosotros(as)* es exclusiva del español peninsular.

En la zona rioplatense se utilizan las formas voseantes para la segunda persona del singular del imperativo. Ejemplos:

  vení (vos)   *bailá (vos)*   *poné (vos)*

● **Imperativo exclusivamente sintáctico**

Imperativo en función de criterios sintácticos

Se puede hablar de un imperativo exclusivamente sintáctico si tenemos en cuenta que el imperativo exige que los pronombres personales [2.4.2] átonos que lo complementan vayan siempre detrás del verbo. Ejemplos:

  démelo (usted)   *dénmelo (ustedes)*

En efecto, estas formas que, morfológicamente, coinciden con las del presente de subjuntivo, se pueden considerar pertenecientes a un imperativo sintáctico, puesto que obligan a que los pronombres personales átonos vayan detrás del verbo. Este rasgo sintáctico de posposición de los pronombres personales átonos justifica, dentro del imperativo, la 1.ª persona del plural. Ejemplos:

  digámoselo   *separémonos*

De la misma manera, pertenece al imperativo sintáctico la forma con -*se* cuando esta se pospone. Ejemplo:

  Rómpase en caso de incendio.

ATENCIÓN

Los verbos *ir* e *irse* presentan dos formas del imperativo sintáctico en la 1.ª persona de plural. Ejemplos:

vayamos (nosotros) → *vayámonos (nosotros)*
vamos (nosotros) → *vámonos (nosotros)*

Norma Uso de las formas de imperativo

- No es correcto anteponer los pronombres a las formas del imperativo de respeto o imperativo sintáctico. Ejemplos:

  **Me dé una aspirina* (se dice: *Déme una aspirina*).
  **Me lo repita* (se dice: *Repítamelo*).

- Las primeras personas del plural del imperativo sintáctico pierden la *-s* final delante de los pronombres *-nos* y *-se*. Ejemplos:

  marchémonos (no **marchémosnos*)
  digámoselo (no **digámosselo*)

- En español no existe el imperativo en enunciados negativos. Por ello no es correcto decir **No hablad* (se dice: *no habléis*, con subjuntivo).

- En el lenguaje coloquial es frecuente, pero incorrecto, emplear para la 2.ª persona del plural del imperativo morfológico una forma acabada en *-r*, que coincide con el sufijo del infinitivo. Ejemplo:

  **Callar, niños* (se dice: *Callad, niños*).

- Cuando se trata de verbos pronominales o en uso reflexivo, tampoco es correcta (aunque es muy frecuente) la forma con *-r* delante del pronombre; en estos casos debe eliminarse la *-d-*. Ejemplos:

  callaos (no **callaros* ni **callados*)
  poneos (no **poneros* ni **ponedos*)

  La única forma que no pierde la *-d-* es la 2.ª persona del plural del verbo *irse: idos* (no **íos* ni **iros*).

- Es válida, no obstante, la forma del infinitivo con valor imperativo tanto cuando va precedida de la preposición *a* como cuando se usa para dar órdenes no a interlocutores concretos, sino al público en general. Ejemplos:

  Preposición *a*: *Niños, a dormir. Pedro, a comer.*
  General: *Girar a la derecha* (señal de tráfico). *No tocar, peligro de muerte.*

- Son populares las formas de imperativo **oyes* y **ves* en lugar de *oye* y *ve*. Ejemplo:

  Oye, Juan, ve por el periódico (no se dice: **Oyes, Juan, *ves...*).

2.5 7 EL ASPECTO Y EL TIEMPO VERBALES

2.5 7.1 El aspecto verbal

Aspecto: acción terminada o no terminada

Las formas verbales también denotan aspecto.

El aspecto es un significado gramatical que consiste en dar la acción como terminada (aspecto **perfectivo**) o no terminada (aspecto **imperfectivo**), al margen del tiempo en que se sitúe.

Tal significado se manifiesta en las desinencias verbales, si bien estas suelen amalgamar otros significados como el de tiempo y modo. Ejemplo:

> *cantaba* (la desinencia *-ba* indica tiempo pasado y aspecto imperfectivo, además de modo indicativo)

En realidad, todas las formas compuestas de la conjugación, además del pretérito indefinido, indican aspecto perfectivo. Las demás formas expresan aspecto imperfectivo.

Algunas perífrasis verbales también expresan aspecto [**2.5.20**].

2.5 7.2 La expresión verbal del tiempo

Momento en que se sitúa la acción

Las desinencias verbales informan también sobre la noción de tiempo. Este tiempo puede establecerse de dos formas diferentes:

● Tiempo con referencia al hablante

Tiempo con referencia al hablante

La noción temporal se puede medir tomando como referencia el momento en que se encuentra el hablante.

En este sentido, se distingue en el verbo el **presente** como zona más o menos imprecisa, en que se halla el hablante. Ejemplos:

> *En este momento escribo a mi novia.*
> *Mi hermano pasea con un amigo.*

La imprecisión de la zona en que el hablante se encuentra hace que podamos usar el presente para acciones inmediatas que aún no ocurren. Ejemplos:

> *Ahora voy.*   *Enseguida bajo.*

Cuando nos referimos a hechos ocurridos antes del momento en que está situado el hablante, usamos los **pretéritos**, y cuando nos referimos a hechos que aún no han ocurrido ni están ocurriendo, usamos los **futuros**. Ejemplos:

> *Ya pasó la tormenta* (pretérito).
> *Pronto pasará la tormenta* (futuro).

Por tanto, podemos hablar de tres tiempos fundamentales con relación al momento en que se sitúa el hablante: presente, pretérito y futuro.

● Tiempo con referencia a la acción verbal

Pero no siempre la noción temporal se mide con relación al hablante; también se tiene en cuenta a veces como referencia otra acción
verbal.

Tiempo con
referencia a la acción
verbal

En este sentido se distinguen también las nociones de simultaneidad, anterioridad y posterioridad. Ejemplos:

Simultaneidad: *Ha llegado Juan cuando yo dormía.*
Posterioridad y anterioridad: *Cuando tú llegaste* (posterioridad), *yo
ya había hecho la comida* (anterioridad).

Las nociones de tiempo aparecen tanto en el modo indicativo
como en el modo subjuntivo, aunque en este último modo aparecen de forma más confusa e imprecisa.

2.5 7.3 Tiempos y modos

Al **modo indicativo** pertenecen:

Tiempos de indicativo

- Un presente: *escribo*
- Un pretérito perfecto: *he escrito*
- Un pretérito imperfecto: *escribía*
- Un pretérito pluscuamperfecto: *había escrito*
- Un pretérito indefinido: *escribí*
- Un pretérito anterior: *hube escrito*
- Un futuro simple: *escribiré*
- Un futuro compuesto: *habré escrito*
- Un condicional simple: *escribiría*
- Un condicional compuesto: *habría escrito*

En el **modo subjuntivo** hay:

Tiempos de
subjuntivo

- Un presente: *escriba*
- Un pretérito perfecto: *haya escrito*
- Un pretérito imperfecto: *escribiera* o *escribiese*
- Un pretérito pluscuamperfecto: *hubiera* o *hubiese escrito*
- Un futuro simple: *escribiere*
- Un futuro compuesto: *hubiere escrito*

2.58.1 El presente de indicativo: usos y valores

Significado Este tiempo sitúa los hechos en el momento en que se encuentra el hablante, en su ahora. Ejemplo:

Pedro mueve los brazos.

Presente inmediato • No obstante, la zona temporal del hablante, como se ha dicho, no es un punto concreto, sino un segmento más o menos amplio que permite expresar hechos inmediatos. Se habla, en este caso, de **presente inmediato**. Ejemplos:

Ahora mismo subo.   *Acabo pronto.*

Presente habitual • Con el presente se pueden exponer también hechos o acciones que se producen reiteradamente pero que abarcan la zona temporal en que está situado el hablante. Se conoce este uso como **presente habitual**. Ejemplo:

Todos los días voy al colegio.

Presente gnómico • El presente se utiliza con valor intemporal para expresar sentencias o verdades universales, o que se consideran así. Ejemplos:

Dos por cuatro son ocho.   *La ballena es un mamífero.*

Este presente se llama **gnómico**.

Presente histórico • Se conoce como **presente histórico** aquel que presenta como actuales hechos ocurridos en el pasado. Es un uso retórico muy frecuente en el campo de la narrativa literaria, pero también se usa en la narrativa del coloquio. Ejemplo:

El otro día me ve por la calle y el muy tonto no me saluda...

Presente por futuro • Se usa también el presente en lugar del futuro como recurso estilístico consistente en ver los hechos venideros como más cercanos al hablante o como más seguros. En este caso se habla de **presente por futuro**. Ejemplo:

El próximo año voy a Madrid a estudiar.

Presente con valor imperativo • En ocasiones, el presente se utiliza con valor imperativo, acompañado de una entonación exclamativa. Ejemplo:

¡Ahora mismo te vas de aquí! → *Vete de aquí.*

2.58.2 El pretérito imperfecto de indicativo: usos y valores

Significado Esta forma verbal expresa hechos o acciones que ocurren en un tiempo anterior a aquel en que se encuentra el hablante, si bien son vistos en su trascurrir y no en su terminación (frente al pretérito indefinido). Cuando empleamos esta forma verbal, no nos interesa el final de la acción. Ejemplo:

En esta casa vivían unos amigos míos.

- En ocasiones, lo que se destaca es un valor reiterativo apoyado en algún elemento contextual como *siempre, a veces, todos los días*, etc. Ejemplo:

  Yo siempre iba a la casa de mis abuelos.

  Valor reiterativo

- Esta forma verbal sirve también para expresar valor de conato o disposición. Ejemplo:

  Ya me levantaba cuando oí la explosión. → *Ya me disponía a levantarme...*

  Valor de conato

- Otra característica, propia del lenguaje coloquial, de esta forma verbal es la de ser variante del condicional simple en la apódosis de un enunciado condicional [**3.3.20**]. Ejemplo:

  Si me tocara la lotería, me compraba una casa → *... compraría...*

  En las oraciones condicionales

- Con algunos verbos como *querer, poder*, el pretérito imperfecto se usa para expresar cortesía o atenuación. Ejemplos:

  Quería pedirle un favor. → *Quiero pedirle un favor.*
  Ya podías tocar un poco el piano. → *Toca un poco el piano.*

  Valor de cortesía

  Pero este valor no se reduce exclusivamente a tales verbos; también se expresa en otros contextos. Ejemplo:

  Venía a pedirle un favor. → *Vengo a pedirle un favor.*

- En el lenguaje infantil se usa esta forma verbal como elemento de fantasía en los juegos de los niños. Ejemplo:

  Yo era un príncipe y tú un dragón, ¿de acuerdo?

  Valor de fantasía

- En la lengua literaria es frecuente el uso del pretérito imperfecto como forma de cierre en una narración. Ejemplos:

  A los cuatro días, el barco llegaba a puerto. → *... llegó...*
  A los tres años, el general moría de una forma misteriosa. → *... murió...*

  Valor de cierre

  Este uso es más frecuente con verbos perfectivos como *llegar, morir*, etc.

- Se usa también el pretérito imperfecto para referirse a algo que se dijo u ocurrió en un tiempo pasado pero que estaba previsto para el futuro. Ejemplo:

  ¿No era el partido mañana? → *¿No dijiste que el partido era mañana?*

  Futuro en el pasado

2.5 | 9 OTROS PRETÉRITOS DE INDICATIVO

2.5 9.1 El pretérito indefinido: usos y valores

Significado Esta forma verbal expresa hechos acaecidos en una zona temporal anterior a aquella en que se encuentra el hablante, y los ofrece como ya terminados.

Diferencia con el pretérito imperfecto La consideración del término de la acción es lo que diferencia esta forma de la del pretérito imperfecto. Ejemplos:

> *Juan estaba ayer en Ávila.*
> *Juan estuvo ayer en Ávila.*

En el primer caso no se considera el término del hecho de *estar*, sino su simple realidad; en el segundo, se nos da el hecho como terminado.

Uso en la narración Esta forma verbal, precisamente por indicar hechos pasados y terminados, es la más apropiada, junto con los presentes históricos, para las narraciones. Ejemplo:

> *Ayer me levanté a las ocho, desayuné, salí a la calle y cogí un taxi...*

2.5 9.2 El pretérito perfecto: usos y valores

Significado Con esta forma verbal nos referimos también a hechos pasados pero que tienen relación con la zona temporal en la que se encuentra el hablante.

Diferencia con el pretérito indefinido La diferencia, pues, con el pretérito indefinido es que los hechos expresados por este último están fuera de la zona temporal del hablante. Ejemplos:

> *Este año lo hemos pasado mal* (la acción de *pasarlo mal* está en una zona de tiempo en la que aún se sitúa el hablante: *este año*).
> *El año pasado lo pasamos mal* (el hablante se encuentra fuera de la zona de tiempo de la acción: *el año pasado*).

Ahora bien, la relación con el ahora del hablante puede ser puramente psicológica. Ejemplos:

> *Hace tres años que ha muerto mi padre* (la muerte del padre perdura de alguna forma en la afectividad del hablante).

Frente a:

> *Hace tres años que murió mi padre.*

La relación con el presente del hablante explica que, cuando las consecuencias de una acción se mantienen en ese presente, usemos también el pretérito perfecto. Ejemplos:

> *¡Qué mal lo hemos pasado!*
> *La tormenta nos ha hecho mucho daño.*

Uso por futuro Esta misma relación con el presente del hablante explica también el uso del pretérito perfecto por un futuro. Ejemplo:

> *En un minuto he acabado.*

Esta distinción entre el pretérito indefinido y el pretérito perfecto no es uniforme en todas las zonas de habla hispana. Por ejemplo, en Galicia, Asturias, Canarias y gran parte de Hispanoamérica la forma del pretérito perfecto apenas se usa, aunque no es infrecuente su utilización ultracorrecta en lugar del pretérito indefinido.

Distribución geográfica

2.5 9.3 El pretérito pluscuamperfecto: usos y valores

Esta forma verbal siempre necesita de otra acción o referencia temporal, respecto de la cual indica anterioridad. Ejemplos:

Significado

> *Cuando tú llegaste, yo ya había salido.*
> *Ayer, a estas horas, ya había comido.*

2.5 9.4 El pretérito anterior: usos y valores

Esta forma verbal siempre indica anterioridad, en un tiempo pasado, a otra acción verbal, pero con el valor añadido de inmediatez. Ejemplo:

Significado

> *En cuanto lo hubo dicho, se marchó.* →* Nada más decirlo, se marchó.*

Esta forma verbal se emplea casi de forma exclusiva con elementos contextuales del tipo:

Contexto

en cuanto	después que	luego que	así que
no bien	cuando	tan pronto como	

En cualquier caso, hoy es poco frecuente su uso y empieza a sentirse como forma arcaica. En su lugar se utilizan el pretérito indefinido o el pretérito pluscuamperfecto.

2.5 | 10 | **LOS FUTUROS Y LOS CONDICIONALES**

2.5 10.1 Futuro simple de indicativo: usos y valores

Significado Esta forma verbal se usa para expresar hechos venideros. Ejemplos:

Mañana iré a tu casa.   *Pronto te lo diré.*

Valor de probabilidad Sin embargo, no siempre indica tiempo. Puede expresar una modalidad potencial o de probabilidad. Ejemplos:

Ahora serán las cinco. → *Posiblemente sean las cinco.*
En este momento, mi padre estará en casa. → *En este momento, mi padre está probablemente en casa.*

Valor imperativo En ciertos enunciados (negativos o no) y en ciertas situaciones se usa, a veces, con valor imperativo. Ejemplos:

No matarás.   *No volverás más a esta casa.*

Valor intensificador En enunciados exclamativos [**3.1.1**] y con entonación suspendida, el futuro simple se convierte, a veces, en un intensificador de una cualidad negativa como el insulto. Ejemplos:

¡Será sinvergüenza...!   *¡Tendrá cara...!*   *¡Seré tonto...!*

2.5 10.2 El futuro compuesto de indicativo: usos y valores

Significado Esta forma verbal expresa tiempo futuro con relación al momento en que está situado el hablante y, además, indica anterioridad a otra acción. Ejemplos:

Cuando tú vengas, yo ya habré limpiado la casa.
Mañana, a estas horas, yo ya me habré examinado.

Valor de probabilidad Como el futuro simple, también expresa modalidad potencial o de probabilidad, mezclada o no con la noción temporal de anterioridad. Ejemplos:

Si el suelo está mojado, habrá llovido.
Este cuadro lo habrá pintado algún aficionado.

2.5 10.3 El condicional simple: usos y valores

Significado Con esta forma verbal se expresa normalmente una acción posterior a otra acción. Ejemplos:

Si viniera a casa, le daría el regalo.
Aunque estuvieras enfermo, no me separaría de ti.

Valor de probabilidad Pero también expresa modalidad potencial. Ejemplos:

Serían las cinco cuando llegó. → *Probablemente eran las cinco...*
Sería muy inteligente, pero lo suspendieron.

En ocasiones, el condicional simple se emplea por un presente como forma de cortesía. Ejemplos:

Valor de cortesía

> *¿Le importaría darme fuego?*   *Deberías ayudarle.*

2.5 10.4 El condicional compuesto: usos y valores

Con esta forma verbal se indica una acción posterior a otra acción.

Significado

Esta forma es compatible en el discurso con pretéritos pluscuamperfectos de subjuntivo o infinitivos compuestos, frente al condicional simple, que se relaciona con pretéritos imperfectos de subjuntivo. Ejemplos:

Uso en condicionales

> *Si hubieras venido, te lo habría dado.*
> *En el caso de haberlo sabido, te lo habría dicho.*

Norma El condicional en algunas subordinadas

- En el componente subordinado de una oración condicional [**3.3.20**], también llamado prótasis, o en el de una oración concesiva, no es correcto usar el tiempo condicional. Ejemplos:

  > **Si vendrías, te lo diría* (se dice: *Si vinieras...*).
  > **Aunque lo habría sabido, no te lo hubiera dicho* (se dice: *Aunque lo hubiera sabido...*).

- Tampoco es correcto su uso por pretéritos imperfectos de subjuntivo en oraciones subordinadas con *que*. Ejemplos:

  > **Me pidieron que tendría paciencia* (se dice: *Me pidieron que tuviera paciencia*).
  > **Me dieron dinero para que me lo gastaría* (se dice: *... para que me lo gastara*).

Se trata de usos relativamente frecuentes en la lengua popular española del País Vasco y zonas limítrofes.

2.5 11.1 El tiempo en el modo subjuntivo

Significado: menos precisión

La noción de tiempo en el modo subjuntivo es menos precisa que en el indicativo.

Por ejemplo, el presente puede significar, con relación al momento del hablante, tiempo presente y tiempo futuro. Ejemplos:

Presente: *Tal vez esté mi padre en casa.*
Futuro: *Tal vez venga mi padre.*

Y el pretérito imperfecto puede indicar tiempo pasado, tiempo presente o tiempo futuro. Ejemplos:

Pasado: *Tal vez estuvieras ayer en casa a estas horas.*
Presente: *¡Ojalá estuvieran ahora mis amigos en el bar!*
Futuro: *¡Ojalá nevara mañana!*

Como se ve, la noción temporal de presente, pasado o futuro no depende de la forma verbal como tal, sino del contexto o de la situación en que aparece.

2.5 11.2 El subjuntivo en la subordinación

Subjuntivo en oraciones subordinadas

Como el modo subjuntivo —salvo en los casos de modalidad potencial y desiderativa— siempre aparece dentro de la subordinación [**3.1.2**], lo que más destaca en sus formas verbales son los conceptos de anterioridad, simultaneidad o posterioridad con relación a la acción del verbo principal. Ejemplos:

Me dijeron que me casara (la acción de *casar* es posterior a la de *dijeron*, al margen de si se ha producido o no el casamiento).

Me gustaría que estuviera mi madre en casa en este momento (las acciones de los dos verbos son simultáneas).

Lamento que te hayan suspendido (la acción de *suspender*, además de significar pasado con relación al hablante, indica también y, sobre todo, anterioridad con relación a *lamento*).

2.5 11.3 Otros factores

Uso en condicionales

Pero el valor de las formas verbales de subjuntivo también depende de otros factores. Así, en los enunciados condicionales [**3.3.20**] y concesivos [**3.3.19**], los pretéritos pluscuamperfectos indican irrealidad y los pretéritos imperfectos pueden expresar también posibilidad. Ejemplos:

Irrealidad: *Si hubieras aprobado, te hubiera (habría) comprado la moto.*
Posibilidad: *Si aprobaras, te compraría la moto.*

- Los futuros de subjuntivo son formas arcaicas. Se usan en refranes o en el lenguaje jurídico–administrativo. Ejemplo:

  Adonde fueres, haz lo que vieres.

  Futuro de subjuntivo: formas arcaicas

  En la actualidad sus valores se expresan:

  - En el caso del futuro simple:
    — Con el presente de subjuntivo. Ejemplo: *El que tuviere... → El que tenga...*
    — Con el pretérito imperfecto de subjuntivo. Ejemplo: *Si yo tuviere... → Si yo tuviera...*
    — Con el presente de indicativo. Ejemplo: *Si alguien dijere... → Si alguien dice...*
  - En el caso del futuro compuesto:
    — Con el pretérito pluscuamperfecto. Ejemplo: *Si lo hubiere perdido... → Si lo hubiera perdido...*

ATENCIÓN

Las formas del pretérito imperfecto de subjuntivo en *-ra* y en *-se* son equivalentes siempre salvo en:

- Los casos en que la forma en *-ra* se usa con valor de pluscuamperfecto de indicativo o pretérito indefinido.
- En los usos de cortesía con los verbos *querer* y *deber,* que solo admiten la forma en *-ra* y nunca la forma en *-se*. Ejemplo:

  Quisiera (querría) pedirle un favor.

Norma Uso del imperfecto de subjuntivo

- El uso de la forma en *-ra* del pretérito imperfecto de subjuntivo como equivalente de un pretérito pluscuamperfecto de indicativo es un arcaísmo o un dialectalismo del español en zonas leonesas y gallegas. Ejemplo:

  Nunca entendí lo que me dijera aquella chica. → ... lo que me había dicho...

  Hoy es muy frecuente en el lenguaje periodístico el uso de dicha forma incluso con el valor de un pretérito indefinido. Ejemplo:

  El que fuera presidente del Gobierno, ha declarado que... → El que fue...

  Resulta rechazable la forma en *-se* con esos mismos valores:

  *El que fuese presidente del Gobierno...   *Desde que el equipo ganase...

- También es arcaico, aunque no incorrecto (se mantiene vivo en zonas de Hispanoamérica), el uso de la forma en *-ra* en la apódosis de una oración condicional en lugar del condicional simple. Ejemplo:

  Si lloviera, lo agradeciera muchísimo (hoy es más frecuente ... lo agradecería...).

2.5 12   LA CONJUGACIÓN REGULAR

2.5 12.1 Conjugaciones verbales

Conjugaciones del español   En español existen tres conjugaciones:

- La 1.ª conjugación: verbos cuyo infinitivo acaba en -ar. Ejemplos:

  amar   *cantar*   *sacar*

- La 2.ª conjugación: verbos cuyo infinitivo acaba en -er. Ejemplos:

  temer   *ceder*   *absorber*

- La 3.ª conjugación: verbos cuyo infinitivo acaba en -ir. Ejemplos:

  partir   *recibir*   *vivir*

2.5 12.2 Conjugaciones regulares: modelo

Para la conjugación regular de los verbos modelos, ver el apartado **2.5.16**.

Un verbo se considera irregular si muestra alguna variación fónica en su raíz o en sus desinencias respecto de los verbos modelo propuestos en las conjugaciones.

Norma Sobre la conjugación

- La segunda persona del singular del pretérito indefinido tiene como desinencia -*ste* y no -*stes*. Ejemplos:

  dijistes (se dice: *dijiste*)   *vinistes* (se dice: *viniste*)

- Las formas *supon, *dijon o *vinon (en lugar de *supieron, dijeron o vinieron*, respectivamente) son dialectales y populares; no pertenecen a la norma culta castellana.

- También es popular el uso de las formas *cantemos y *acabemos por las correspondientes *cantamos* y *acabamos* de los pretéritos indefinidos. Ejemplo:

  Ayer acabemos pronto de trabajar (se dice: *Ayer acabamos...*).

2.5 13.1 Irregularidades en la raíz

Las irregularidades en la raíz pueden ser de varios tipos:

● Por diptongación de -e-, -i- tónicas en -ie-, y de -o-, -u- tónicas en   Diptongación
-ue-. Ejemplos:

> pensar → *pienso, piense...*   soltar → *suelto, suelte...*
> adquirir → *adquiero, adquiera...*   jugar → *juego, juegue...*

● Por cierre de timbre vocálico, es decir, la -e- pasa a -i-, la -o- pasa   Cierre de timbre
a -u- y la -a- pasa a -e-. Ejemplos: vocálico

> pedir → *pido, pida...*
> dormir → *durmamos, durmáis...*
> caber → *quepo, quepa...*

● Por cambio de consonante. Ejemplos: Cambio de
consonante

> hacer → *hago*   saber → *supe*

● Por adición de consonante. Ejemplos: Adición de
consonante

> conocer → *conozco*   traer → *traigo*

ATENCIÓN

En los casos de *conozco, merezco,* etc., la consonante añadida es *c*, que representa el fonema /k/, y no *z*, que no es más que una variante gráfica del fonema interdental /θ/.

● Por adición de vocal y de consonante. Ejemplos: Adición de vocal y
consonante

> andar → *anduve, anduviera*
> estar → *estuve, estuviera*

● Por supresión de algún elemento. Ejemplos: Supresión de un
elemento

> hacer → *ha(ce)ré*   poner → *pon(e)*

● Por supresión de elemento vocálico y adición de elemento conso-   Supresión de vocal y
nántico. Ejemplos: adición de
consonante

> poner → *pon(e)dré*   valer → *val(e)dré*

● Por presentar varias raíces: verbo *ir* (raíces: *i-, v-, fu-*) y verbo *ser*   Varias raíces
(raíces: *s-, e- fu-, er-*).

2.5 | 14 | **IRREGULARIDADES VERBALES (y II)**

2.5 14.1 Irregularidades en las desinencias

Perfectos fuertes
● La irregularidad más destacable en las desinencias se da en los llamados perfectos fuertes, que son pretéritos indefinidos cuya vocal final de 1.ª y 3.ª persona de singular es átona y siempre -e, -o. Ejemplos:

poder → pude, pudo (no *podí)   hacer → hice, hizo

Adición de -y
● Algunos verbos añaden una -y a la desinencia de 1.ª persona de singular del presente de indicativo y a la 3.ª del verbo haber. Ejemplos:

doy   soy   estoy   voy   hay

Participios irregulares
● Algunos participios adoptan las terminaciones -to, -cho o -so en lugar de la regular -do. Ejemplos:

escrito   roto   dicho   hecho   impreso

ATENCIÓN

● No se consideran irregularidades los cambios gráficos que no comportan cambio fónico. Ejemplos:

vencer → venzo   regar → regué

● La -i- existente entre la raíz y la terminación, cuando queda entre vocales, se hace consonante y. Ejemplos:

leer → *leió → leyó   creer → *creió → creyó

● Hay también irregularidades relacionadas con la acentuación. Así, frente a formas como auxilio, auxilias, auxilia; concilio, concilias, concilia (regulares), hay otras irregulares como ansío, ansías, ansía; o chirrío, chirrías, chirría; rocío, rocías, rocía..., y otras que como repatriar admiten las formas con diptongo y con hiato: repatria y repatría.

Norma Algunas formas verbales irregulares

● El verbo satisfacer se conjuga igual que hacer. Son incorrectas las formas:

*satisfací (se dice: satisfice)   *satisfaciera (se dice: satisficiera)

● El verbo prever se conjuga igual que ver. Son incorrectas las formas:

* preveer (se dice: prever)   *preveyó (se dice: previó)

● Los verbos bendecir y maldecir se conjugan como decir excepto en el futuro, el condicional, el imperativo y el participio, que son regulares. Ejemplos:

bendeciré   bendeciría   bendice (tú)   bendecido
maldeciré   maldeciría   maldice (tú)   maldecido

Norma | Formas populares de verbos irregulares

- Son populares las formas *apreto, *apretas, *frego, *aprete y *fregue en lugar de *aprieto, aprietas, friego, apriete* y *friegue...* Sin embargo, son ya correctas las formas *desmembro* (al lado de *desmiembro*), *engroso* (junto a *engrueso*), *cimento* (al lado de *cimiento*), *emparento* (al lado de *empariento*), *asolo* (de *suelo*) (junto a *asuelo*).

- El gerundio del verbo *ir* es *yendo.* Es popular la forma *iendo.

- Son también muy populares las formas *quedré y *quedría en lugar de *querré* y *querría.*

2.5 14.2 **Tablas de conjugación de verbos irregulares**

Ofrecemos a continuación las tablas de los modelos de conjugación de verbos irregulares. Van precedidos de una lista con los verbos irregulares más usuales en la lengua actual. El número que los sigue remite a la tabla en que se conjuga el verbo que presenta idéntica irregularidad. Asimismo se presentan después los verbos *amar* (1.ª), *temer* (2.ª) y *partir* (3.ª) como modelos de conjugación regular.

- Advertencias

  - Los verbos acabados en *-uar* (se pronuncie con diptongo o con hiato el infinitivo) forman hiato cuando la *-u-* es tónica, por lo que esta aparece con tilde: *acentúo, acentúas, acentúa, acentúan, acentúe, acentúes, acentúen; conceptúo, conceptúas, conceptúa, conceptúan; perpetúo, perpetúas, perpetúa, perpetúan,* etc.

  - Se exceptúan de esta última regla los verbos acabados en *-guar,* que se construyen siempre con diptongo: *averiguo, averiguas, averigua, averiguan, averigüe...* Los verbos en *-cuar,* que antes se conjugaban como los en *-guar,* ahora admiten las conjugaciones con diptongo y con hiato: *adecua* o *adecúa, licua* o *licúa, evacua* o *evacúa.*

  - Existen verbos con dos participios verbales (*imprimido, impreso; proveído, provisto;* etc.), y así aparecen en la lista; pero otros muchos verbos presentan dos participios, de los que solo uno es verbal (aparece en los tiempos compuestos), mientras que el otro solamente actúa como adjetivo. Estos no se han tenido en cuenta: *suelto, despierto,* etc.

  - Aunque los verbos *agredir* y *transgredir* se trataban como defectivos, en el uso general, incluso el culto, las Academias de la Lengua Española ya los registran como verbos completos (*agreden, transgredo,* etc.). Lo mismo hacen con los verbos *abolir* (*abolo, aboles...*) y *blandir* (*blando, blandes...*).

cimentar, 11
cinematografiar, 54
circunceñir, 8
circunferir, 25
circunscribir (part. irregular: *circunscrito*), 5
clarecer (defectivo unipersonal: solo tiene la tercera
   persona del singular y las formas no personales), 34
cocer, 19
cohibir, 24
colar, 27
colegir, 23
colgar, 27
comedir, 6
comenzar, 11
compadecer, 34
comparecer, 34
competir, 6
complacer, 34
componer, 20
comprobar, 27
concebir, 6
concernir (defectivo: solo tiene las terceras personas
   de singular y plural y las formas no personales), 13
concertar, 11
concluir, 44
concordar, 27
condescender, 14
condolecerse, 34
condoler, 19
conducir, 38
conferir, 25
confesar, 11
confiar, 54
confluir, 44
conmover, 19
conocer, 34
conseguir, 6
consentir, 25
consolar, 27
constituir, 44
constreñir, 8
construir, 44
contar, 27
contender, 14
contener, 17
contradecir (se usa más la forma regular en el futuro
   simple de indicativo), 47
contraer, 52
contraponer, 20
contrariar, 54
contravenir, 21
contribuir, 44
controvertir, 25
convalecer, 34
convenir, 21
convertir, 25
coproducir, 38
coreografiar, 54
corregir, 23
corroer, 35
costar, 27
crecer, 34
creer, 55

criar, 54
cubrir (part. irregular: *cubierto*), 5

D

dar, 36
decaer, 50
decir, 47
decrecer, 34
deducir, 38
defender, 14
degollar, 27
demoler, 19
demostrar, 27
denegar, 11
denostar, 27
dentar, 11
deponer, 20
derretir, 6
derruir, 44
desafiar, 54
desalentar, 11
desaparecer, 34
desaprobar, 27
desasosegar, 11
desatender, 14
descafeinar, 51
descarriar, 54
descender, 14
descolgar, 27
descomponer, 20
desconcertar, 11
desconfiar, 54
desconocer, 34
desconsolar, 27
describir (part. irregular: *descrito*), 5
descubrir (part. irregular: *descubierto*), 5
desdecir, 47
desdentar, 11
desempedrar, 11
desentenderse, 14
desenterrar, 11
desentumecer, 34
desenvolver, 19
desfallecer, 34
desfavorecer, 34
deshacer, 32
deshelar, 11
desliar, 54
deslucir, 37
desmembrar, 11
desmentir, 25
desmerecer, 34
desobedecer, 34
desoír, 45
desollar, 27
desosar, 27
despedir, 6
despertar, 11
desplegar, 11
despoblar, 27
desposeer, 55

desproveer (dos part.: *desprovisto, desproveído*), 55
desteñir, 8
desterrar, 11
destituir, 44
destruir, 44
desvanecer, 34
desvariar, 54
desvergonzarse, 27
desvestir, 6
desviar, 54
detener, 17
devenir, 21
devolver, 19
diferir, 25
difundir (dos part.: *difuso, difundido*), 5
digerir, 25
diluir, 44
diluviar (defectivo unipersonal), 3
discernir, 13
discordar, 27
disentir, 25
disminuir, 44
disolver, 19
disonar, 27
disponer, 20
distender, 14
distraer, 52
distribuir, 44
divertir, 25
doler, 19
dormir, 28

E

elegir, 23
embebecer, 34
embellecer, 34
emblandecer, 34
emblanquecer, 34
embobecer, 34
embravecer, 34
embrutecer, 34
empecer, 34
empedrar, 11
empequeñecer, 34
empezar, 11
empobrecer, 34
enaltecer, 34
enardecer, 34
encallecer, 34
encarecer, 34
encender, 14
encerrar, 11
encomendar, 11
encontrar, 27
encordar, 27
encubrir (part. irregular: *encubierto*), 5
endurecer, 34
enfervorecer, 34
enflaquecer, 34
enfriar, 54
enfurecer, 30

engrandecer, 34
engreír, 10
enloquecer, 34
enmendar, 11
enmohecer, 34
enmudecer, 34
ennegrecer, 34
ennoblecer, 34
enorgullecer, 34
enrarecer, 34
enriquecer, 34
enrojecer, 34
ensangrentar, 11
ensombrecer, 34
ensordecer, 34
entender, 14
enternecer, 34
enterrar, 11
entorpecer, 34
entretener, 17
entrever, 56
entristecer, 34
entumecer, 34
envanecer, 34
envejecer, 34
enviar, 54
envilecer, 34
envolver (part. irregular: *envuelto*), 19
equivaler, 42
erguir, 26
errar, 12
escabullirse, 9
escampar (defectivo unipersonal: solo tiene la tercera persona del singular y las formas no personales), 3
escarchar (defectivo unipersonal: solo tiene la tercera persona del singular y las formas no personales), 3
escarmentar, 11
escarnecer, 34
esclarecer, 34
escocer, 19
esforzar, 27
espiar, 54
esquiar, 54
establecer, 34
estar, 57
estremecer, 34
estriar, 54
excluir, 44
expatriar, 54
exponer, 20
extasiarse, 54
extender, 14
extraer, 52
extraviar, 54

F

fallecer, 34
favorecer, 34
fenecer, 34
fiar, 54
florecer, 34

fluir, 44
fortalecer, 34
fosforescer, 34
fotografiar, 54
fregar, 11
freír (dos part.: *frito, freído*), 10

G

gemir, 6
gloriar, 54
gobernar, 11
granizar (defectivo unipersonal: solo tiene la tercera
    persona del singular y las formas no personales), 3
guarecer, 34
guarnecer, 34
guiar, 54

H

haber, 1
hacendar, 11
hacer, 32
hastiar, 54
heder, 14
helar, 11
hendir, 13
herir, 25
herrar, 11
hervir, 25
holgar, 27
huir, 44
humedecer, 34

I

imbuir, 44
impedir, 6
imponer, 20
imprimir (dos part.: *impreso, imprimido*), 5
incensar, 11
incluir, 44
incumbir (defectivo), 5
indisponer, 20
inducir, 38
inferir, 25
influir, 44
ingerir, 25
injerir, 25
inmiscuir, 44
inquirir, 29
inscribir (part. irregular: *inscrito*), 5
instituir, 44
instruir, 44
interferir, 25
interponer, 20
intervenir, 21
introducir, 38
intuir, 44
inventariar, 54

invertir, 25
investir, 6
ir, 18

J

jipiar, 54
jugar, 30

L

languidecer, 34
leer, 55
liar, 54
litografiar, 54
lividecer, 34
llover (defectivo), 19
lloviznar (defectivo unipersonal: solo tiene la tercera
    persona del singular y las formas no personales), 3
lucir, 37

M

malcriar, 54
maldecir (su participio es *maldecido;* se usa más la for-
    ma regular en el futuro simple de indicativo), 47
malentender, 14
malherir, 25
malquerer, 15
maltraer, 52
manifestar, 11
mantener, 17
manuscribir (part. irregular: *manuscrito*), 5
mecanografiar, 54
medir, 6
mentar, 11
mentir, 25
merecer, 34
merendar, 11
moler, 19
morder, 19
morir (part. irregular: *muerto*), 28
mostrar, 27
mover, 19
mullir, 9

N

nacer, 34
negar, 11
nevar (defectivo unipersonal: solo tiene la tercera per-
    sona del singular y las formas no personales), 11
neviscar (defectivo unipersonal: solo tiene la tercera
    persona del singular y las formas no personales), 3

O

obedecer, 34
obscurecer, 34

obstruir, 44
obtener, 17
ofrecer, 34
oír, 45
oler, 19
oponer, 20
oscurecer, 34

P

pacer, 34
padecer, 34
palidecer, 34
parecer, 34
pedir, 6
pensar, 11
perder, 14
perecer, 34
permanecer, 34
perseguir, 6
pertenecer, 34
pervertir, 25
piar, 54
pipiar, 54
placer, 39
plañir, 9
plegar, 11
poblar, 27
poder, 22
podrir (ver *pudrir*)
poner, 20
porfiar, 54
poseer, 55
posponer, 20
preconcebir, 6
predecir (se usa más la forma regular en el futuro simple de indicativo), 47
predisponer, 20
preferir, 25
prescribir (part. irregular: *prescrito*), 5
presentir, 25
presuponer, 20
preterir, 46
prevalecer, 34
prevenir, 21
prever, 56
probar, 27
producir, 38
proferir, 25
prohibir, 24
promover, 19
proponer, 20
proseguir, 6
prostituir, 44
proveer (dos part.: *provisto, proveído*), 55
provenir, 21
pudrir (part, irregular: *podrido;* se admite *podrir* en el infinitivo), 5

Q

quebrar, 11
querer, 15

R

radiografiar, 54
raer, 53
reaparecer, 34
reblandecer, 34
recaer, 50
recluir, 44
recomendar, 11
recomponer, 20
reconducir, 38
reconocer, 34
reconstituir, 44
reconstruir, 44
reconvertir, 25
recordar, 27
recostar, 27
recrudecer, 34
recubrir (part. irregular: *recubierto*), 5
reducir, 38
referir, 25
reforzar, 27
regar, 11
regir, 23
rehacer, 32
rehuir, 44
reír, 10
rejuvenecer, 34
relampaguear (defectivo unipersonal: solo tiene la tercera persona del singular y las formas no personales), 3
relucir, 37
remendar, 11
remover, 19
renegar, 11
renovar, 27
reñir, 8
repatriar, 54 (también regular)
repetir, 6
replegar, 11
repoblar, 27
reponer, 20
reprobar, 27
reproducir, 38
requerir, 25
resentirse, 25
resonar, 27
resplandecer, 34
restituir, 44
restregar, 11
retener, 17
retentar, 11
retorcer, 19

retraer, 52
retribuir, 44
retrotraer, 52
reunir, 16
revenir, 21
reventar, 11
reverdecer, 34
revertir, 25
revestir, 6
revolcar, 27
revolver (part. irregular: *revuelto*), 19
robustecer, 34
rociar, 54
rodar, 27
roer, 35
rogar, 27
romper (part. irregular: *roto*), 4

S

saber, 49
salir, 41
salpimentar, 11
sarpullir, 9
satisfacer, 33
seducir, 38
segar, 11
seguir, 6
sembrar, 11
sentar, 11
sentir, 25
ser, 2
serigrafiar, 54
serrar, 11
servir, 6
sobrentender, 14
sobreponer, 20
sobresalir, 41
sobrevenir, 21
sobrevolar, 27
sofreír (dos part.: *sofrito, sofreído*), 10
soldar, 27
soler (defectivo: se usan solo las formas de los presentes, de los pretéritos indefinido, imperfecto y perfecto, además de las formas no personales simples), 19
soltar, 27
sonar, 27
sonreír, 10
soñar, 27
sosegar, 11
sostener, 17
soterrar, 11
subvertir, 25
subyacer, 31
sugerir, 25
superponer, 20
suponer, 20
suscribir (part. irregular: *suscrito*), 5

sustituir, 44
sustraer, 52

T

tañer, 7
taquigrafiar, 54
telegrafiar, 54
temblar, 11
tender, 14
tener, 17
tentar, 11
teñir, 8
tipografiar, 54
torcer, 19
tostar, 27
traducir, 38
traer, 52
trascribir (part. irregular: *transcrito*), 5
trasferir, 25
trascender, 14
traslucirse, 37
trasponer, 20
travestir, 6
trocar, 27
tronar (defectivo unipersonal), 27
tropezar, 11
tullir, 9

V

vaciar, 54
valer, 42
variar, 54
venir, 21
ver, 56
verdecer, 34
verter, 14
volar, 27
volcar, 27
volver (part. irregular: *vuelto*), 19

X

xerografiar, 54

Y

yacer, 31
yuxtaponer, 20

Z

zaherir, 25
zambullir, 9

2.5 | 16 | **TABLAS DE CONJUGACIÓN**

A continuación aparecen conjugados los modelos de verbos regulares (3, 4, 5) y los modelos de verbos irregulares (6-57). En estos últimos, solo aparecen los tiempos que contienen alguna forma irregular.

En las **formas compuestas** del verbo solo se usan las terceras personas del singular; en indicativo: *ha habido, había habido, hubo habido, habrá habido, habría habido*; en subjuntivo: *haya habido, hubiera* o *hubiese habido, hubiere habido*.

1. HABER

INDICATIVO

presente

yo[1]	he
tú/vos[2]	has
él	ha[3]
nosotros	hemos
vosotros/ustedes	habéis/han
ellos	han

pretérito imperfecto

yo	había
tú	habías
él	había
nosotros	habíamos
vosotros/ustedes	habíais/habían
ellos	habían

pretérito perfecto simple

yo	hube
tú	hubiste
él	hubo
nosotros	hubimos
vosotros/ustedes	hubisteis/hubieron
ellos	hubieron

futuro simple

yo	habré
tú	habrás
él	habrá
nosotros	habremos
vosotros/ustedes	habréis/habrán
ellos	habrán

condicional simple

yo	habría
tú	habrías
él	habría
nosotros	habríamos
vosotros/ustedes	habríais/habrían
ellos	habrían

SUBJUNTIVO

presente

haya
hayas
haya
hayamos
hayáis/hayan
hayan

pretérito imperfecto

hubiera, -ese
hubieras, -eses
hubiera, -ese
hubiéramos, -ésemos
hubierais, -eseis/hubieran, -esen
hubieran, -esen

futuro simple

hubiere
hubieres
hubiere
hubiéremos
hubiereis/hubieren
hubieren

IMPERATIVO

he (tú)[4]	hayamos (nosotros)
he (vos)	habed (vosotros)
haya (usted)	hayan (ustedes)

FORMAS NO PERSONALES

infinitivo	gerundio
haber	habiendo

participio

habido

[1] En los cinco primeros modelos, en cambio, aparece todo el paradigma de tiempos verbales y las distintas variantes relacionadas con los pronombres de la 1.ª, 2.ª y 3.ª persona que en el siguiente cuadro se detallan:

	1.ª persona	2.ª persona	3.ª persona
singular	yo	tú/vos	él, ella
plural	nosotros, nosotras	vosotros, vosotras/ustedes	ellos, ellas

[2] Es importante tener en cuenta en todas las tablas verbales que las formas voseantes afectan únicamente al presente de indicativo y al imperativo.

[3] Como impersonal: *hay.*

[4] El imperativo es hipotético; no se usa nunca.

2. SER

INDICATIVO

	presente	pretérito perfecto compuesto	
yo	soy	he	sido
tú/vos	eres/sos	has	sido
él	es	ha	sido
nosotros	somos	hemos	sido
vosotros/	sois/	habéis/	sido/
ustedes	son	han	sido
ellos	son	han	sido

	pretérito imperfecto	pretérito pluscuamperfecto	
yo	era	había	sido
tú	eras	habías	sido
él	era	había	sido
nosotros	éramos	habíamos	sido
vosotros/	érais/	habíais/	sido/
ustedes	eran	habían	sido
ellos	eran	habían	sido

	pretérito perfecto simple	pretérito anterior	
yo	fui	hube	sido
tú	fuiste	hubiste	sido
él	fue	hubo	sido
nosotros	fuimos	hubimos	sido
vosotros/	fuisteis/	hubisteis/	sido/
ustedes	fueron	hubieron	sido
ellos	fueron	hubieron	sido

	futuro simple	futuro compuesto	
yo	seré	habré	sido
tú	serás	habrás	sido
él	será	habrá	sido
nosotros	seremos	habremos	sido
vosotros/	seréis/	habréis/	sido/
ustedes	serán	habrán	sido
ellos	serán	habrán	sido

	condicional simple	condicional compuesto	
yo	sería	habría	sido
tú	serías	habrías	sido
él	sería	habría	sido
nosotros	seríamos	habríamos	sido
vosotros/	seríais/	habríais/	sido/
ustedes	serían	habrían	sido
ellos	serían	habrían	sido

SUBJUNTIVO

	presente	pretérito perfecto compuesto	
sea		haya	sido
seas		hayas	sido
sea		haya	sido
seamos		hayamos	sido
seáis/		hayáis/	sido/
sean		hayan	sido
sean		hayan	sido

	pretérito imperfecto	pretérito pluscuamperfecto	
fuera, -ese		hubiera, -ese	sido
fueras, -eses		hubieras, -eses	sido
fuera, -ese		hubiera, -ese	sido
fuéramos, -ésemos		hubiéramos, -ésemos	sido
fuerais, -eseis/		hubierais, -eseis/	sido/
fueran, -esen		hubieran, -esen	sido
fueran, -esen		hubieran, -esen	sido

	futuro simple	futuro compuesto	
fuere		hubiere	sido
fueres		hubieres	sido
fuere		hubiere	sido
fuéremos		hubiéremos	sido
fuereis/		hubiereis/	sido/
fueren		hubieren	sido
fueren		hubieren	sido

IMPERATIVO

sé (tú)	seamos (nosotros)
sé (vos)	sed (vosotros)
sea (usted)	sean (ustedes)

FORMAS NO PERSONALES

infinitivo	infinitivo compuesto
ser	haber sido

gerundio	gerundio compuesto
siendo	habiendo sido

participio
sido

3. AMAR

INDICATIVO

	presente	pretérito perfecto compuesto	
yo	amo	he	amado
tú/vos	amas/amás	has	amado
él	ama	ha	amado
nosotros	amamos	hemos	amado
vosotros/	amáis/	habéis/	amado/
ustedes	aman	han	amado
ellos	aman	han	amado

	pretérito imperfecto	pretérito pluscuamperfecto	
yo	amaba	había	amado
tú	amabas	habías	amado
él	amaba	había	amado
nosotros	amábamos	habíamos	amado
vosotros/	amabais/	habíais/	amado/
ustedes	amaban	habían	amado
ellos	amaban	habían	amado

	pretérito perfecto simple	pretérito anterior	
yo	amé	hube	amado
tú	amaste	hubiste	amado
él	amó	hubo	amado
nosotros	amamos	hubimos	amado
vosotros/	amasteis/	hubisteis/	amado/
ustedes	amaron	hubieron	amado
ellos	amaron	hubieron	amado

	futuro simple	futuro compuesto	
yo	amaré	habré	amado
tú	amarás	habrás	amado
él	amará	habrá	amado
nosotros	amaremos	habremos	amado
vosotros/	amaréis/	habréis/	amado/
ustedes	amarán	habrán	amado
ellos	amarán	habrán	amado

	condicional simple	condicional perfecto	
yo	amaría	habría	amado
tú	amarías	habrías	amado
él	amaría	habría	amado
nosotros	amaríamos	habríamos	amado
vosotros/	amaríais/	habríais/	amado/
ustedes	amarían	habrían	amado
ellos	amarían	habrían	amado

SUBJUNTIVO

	presente	pretérito perfecto compuesto	
ame	haya	amado
ames	hayas	amado
ame	haya	amado
amemos	hayamos	amado
améis/	hayáis/	amado/
amen	hayan	amado
amen	hayan	amado

	pretérito imperfecto	pretérito pluscuamperfecto	
amara, -ase	hubiera, -ese	amado
amaras, -ases	hubieras, -eses	amado
amara, -ase	hubiera, -ese	amado
amáramos, -ásemos	hubiéramos, -ésemos	amado
amarais, -aseis/	hubierais, -eseis	amado/
amaran, -asen	hubieran, -esen	amado
amaran, -asen	hubieran, -esen	amado

	futuro simple	futuro compuesto	
amare	hubiere	amado
amares	hubieres	amado
amare	hubiere	amado
amáremos	hubiéremos	amado
amareis/	hubiereis/	amado/
amaren	hubieren	amado
amaren	hubieren	amado

IMPERATIVO

ama (tú)	amemos (nosotros)
amá (vos)	amad (vosotros)
ame (usted)	amen (ustedes)

FORMAS NO PERSONALES

infinitivo	infinitivo compuesto
amar	haber amado

gerundio	gerundio compuesto
amando	habiendo amado

participio
amado

4. TEMER

INDICATIVO

	presente	pretérito perfecto compuesto	
yo	temo	he	temido
tú/vos	temes/temés	has	temido
él	teme	ha	temido
nosotros	tememos	hemos	temido
vosotros/	teméis/	habéis/	temido/
ustedes	temen	han	temido
ellos	temen	han	temido

	pretérito imperfecto	pretérito pluscuamperfecto	
yo	temía	había	temido
tú	temías	habías	temido
él	temía	había	temido
nosotros	temíamos	habíamos	temido
vosotros/	temíais/	habíais/	temido/
ustedes	temían	habían	temido
ellos	temían	habían	temido

	pretérito perfecto simple	pretérito anterior	
yo	temí	hube	temido
tú	temiste	hubiste	temido
él	temió	hubo	temido
nosotros	temimos	hubimos	temido
vosotros/	temisteis/	hubisteis/	temido/
ustedes	temieron	hubieron	temido
ellos	temieron	hubieron	temido

	futuro simple	futuro compuesto	
yo	temeré	habré	temido
tú	temerás	habrás	temido
él	temerá	habrá	temido
nosotros	temeremos	habremos	temido
vosotros/	temeréis/	habréis/	temido/
ustedes	temerán	habrán	temido
ellos	temerán	habrán	temido

	condicional simple	condicional perfecto	
yo	temería	habría	temido
tú	temerías	habrías	temido
él	temería	habría	temido
nosotros	temeríamos	habríamos	temido
vosotros/	temeríais/	habríais/	temido/
ustedes	temerían	habrían	temido
ellos	temerían	habrían	temido

SUBJUNTIVO

	presente	pretérito perfecto compuesto	
yo	tema	haya	temido
tú/vos	temas	hayas	temido
él	tema	haya	temido
nosotros	temamos	hayamos	temido
vosotros/	temáis/	hayáis/	temido/
ustedes	teman	hayan	temido
ellos	teman	hayan	temido

	pretérito imperfecto	pretérito pluscuamperfecto	
yo	temiera, -ese	hubiera, -ese	temido
tú	temieras, -eses	hubieras, -eses	temido
él	temiera, -ese	hubiera, -ese	temido
nosotros	temiéramos, -ésemos	hubiéramos, -ésemos	temido
vosotros/	temierais, -esein/	hubierais, -eseis/	temido/
ustedes	temieran, -esen	hubieran, -esen	temido
ellos	temieran, -esen	hubieran, -esen	temido

	futuro simple	futuro compuesto	
yo	temiere	hubiere	temido
tú	temieres	hubieres	temido
él	temiere	hubiere	temido
nosotros	temiéremos	hubiéremos	temido
vosotros/	temiereis/	hubiereis/	temido/
ustedes	temieren	hubieren	temido
ellos	temieren	hubieren	temido

IMPERATIVO

teme (tú)	temamos (nosotros)
temé (vos)	temed (vosotros)
tema (usted)	teman (ustedes)

FORMAS NO PERSONALES

infinitivo	infinitivo compuesto
temer	haber temido

gerundio	gerundio compuesto
temiendo	habiendo temido

participio
temido

5. PARTIR

INDICATIVO

	presente	pretérito perfecto compuesto	
yo	parto	he	partido
tú/vos	partes/partís	has	partido
él	parte	ha	partido
nosotros	partimos	hemos	partido
vosotros/ ustedes	partís/ parten	habéis/ han	partido/ partido
ellos	parten	han	partido

	pretérito imperfecto	pretérito pluscuamperfecto	
yo	partía	había	partido
tú	partías	habías	partido
él	partía	había	partido
nosotros	partíamos	habíamos	partido
vosotros/ ustedes	partíais/ partían	habíais/ habían	partido/ partido
ellos	partían	habían	partido

	pretérito perfecto simple	pretérito anterior	
yo	partí	hube	partido
tú	partiste	hubiste	partido
él	partió	hubo	partido
nosotros	partimos	hubimos	partido
vosotros/ ustedes	partisteis/ partieron	hubisteis/ hubieron	partido/ partido
ellos	partieron	hubieron	partido

	futuro simple	futuro compuesto	
yo	partiré	habré	partido
tú	partirás	habrás	partido
él	partirá	habrá	partido
nosotros	partiremos	habremos	partido
vosotros/ ustedes	partiréis/ partirán	habréis/ habrán	partido/ partido
ellos	partirán	habrán	partido

	condicional simple	condicional perfecto	
yo	partiría	habría	partido
tú	partirías	habrías	partido
él	partiría	habría	partido
nosotros	partiríamos	habríamos	partido
vosotros/ ustedes	partiríais/ partirían	habríais/ habrían	partido/ partido
ellos	partirían	habrían	partido

SUBJUNTIVO

	presente	pretérito perfecto compuesto	
	parta	haya	partido
	partas	hayas	partido
	parta	haya	partido
	partamos	hayamos	partido
	partáis/ partan	hayáis/ hayan	partido/ partido
	partan	hayan	partido

	pretérito imperfecto	pretérito pluscuamperfecto	
	partiera, -ese	hubiera, -ese	partido
	partieras, -eses	hubieras, -eses	partido
	partiera, -ese	hubiera, -ese	partido
	partiéramos, -ésemos	hubiéramos, -ésemos	partido
	partierais, -eseis/	hubierais, -eseis/	partido/
	partieran -esen	hubieran, -esen	partido
	partieran, -esen	hubieran, -esen	partido

	futuro simple	futuro compuesto	
	partiere	hubiere	partido
	partieres	hubieres	partido
	partiere	hubiere	partido
	partiéremos	hubiéremos	partido
	partiereis/	hubiereis/	partido/
	partieren	hubieren	partido
	partieren	hubieren	partido

IMPERATIVO

parte (tú)   partamos (nosotros)
partí (vos)   partid (vosotros)
parta (usted)   partan (ustedes)

FORMAS NO PERSONALES

infinitivo	infinitivo compuesto
partir	haber partido

gerundio	gerundio compuesto
partiendo	habiendo partido

participio
partido

6. PEDIR

INDICATIVO		SUBJUNTIVO		
presente	pretérito indefinido	presente	pretérito imperfecto	futuro simple
pido	pedí	pida	pidiera o pidiese	pidiere
pides/pedís	pediste	pidas	pidieras o pidieses	pidieres
pide	pidió	pida	pidiera o pidiese	pidiere
pedimos	pedimos	pidamos	pidiéramos o pidiésemos	pidiéremos
pedís/	pedisteis/	pidáis	pidierais o pidieseis/	pidiereis/
piden	pidieron	/pidan	pidieran o pidiesen	pidieren
piden	pidieron	pidan	pidieran o pidiesen	pidieren

IMPERATIVO		FORMAS NO PERSONALES
pide	(tú)	**gerundio simple**
pedí	(vos)	pidiendo
pida	(usted)	
pidamos	(nosotros)	
pedid	(vosotros)	
pidan	(ustedes)	

7. TAÑER

INDICATIVO	SUBJUNTIVO	FORMAS NO PERSONALES
pretérito indefinido	**pretérito imperfecto**	**gerundio simple**
tañí	tañera o tañese	tañendo
tañiste	tañeras o tañeses	
tañó	tañera o tañese	
tañimos	tañéramos o tañésemos	
tañisteis/	tañerais o tañeseis/	
tañeron	tañeran o tañesen	
tañeron	tañeran o tañesen	

8. TEÑIR

INDICATIVO		SUBJUNTIVO		
presente	pretérito indefinido	presente	pretérito imperfecto	futuro simple
tiño	teñí	tiña	tiñera o tiñese	tiñere
tiñes/teñís	teñiste	tiñas	tiñeras o tiñeses	tiñeres
tiñe	tiñó	tiña	tiñera o tiñese	tiñere
teñimos	teñimos	tiñamos	tiñéramos o tiñésemos	tiñéremos
teñís/	teñisteis/	tiñáis	tiñerais o tiñeseis/	tiñereis/
tiñen	tiñeron	tiñan	tiñeran o tiñesen	tiñeren
tiñen	tiñeron	tiñan	tiñeran o tiñesen	tiñeren

IMPERATIVO		FORMAS NO PERSONALES
tiñe	(tú)	**gerundio simple**
teñí	(vos)	tiñendo
tiña	(usted)	
tiñamos	(nosotros)	
teñid	(vosotros)	
tiñan	(ustedes)	

9. BRUÑIR

INDICATIVO	SUBJUNTIVO	FORMAS NO PERSONALES
pretérito indefinido	pretérito imperfecto	gerundio simple
bruñí	bruñera o bruñese	bruñendo
bruñiste	bruñeras o bruñeses	
bruñó	bruñera o bruñese	
bruñimos	bruñéramos o bruñésemos	
bruñisteis/	bruñerais o bruñeseis/	
bruñeron	bruñeran o bruñesen	
bruñeron	bruñeran o bruñesen	

10. REÍR

INDICATIVO		SUBJUNTIVO		
presente	pretérito indefinido	presente	pretérito imperfecto	futuro simple
río	reí	ría	riera o riese	riere
ríes/reís	reíste	rías	rieras o rieses	rieres
ríe	rió	ría	riera o riese	riere
reímos	reímos	riamos	riéramos o riésemos	riéremos
reís/	reísteis/	riais/	rierais o rieseis/	riereis/
ríen	rieron	rían	rieran o riesen	rieren
ríen	rieron	rían	rieran o riesen	rieren

IMPERATIVO		FORMAS NO PERSONALES
ríe	(tú)	gerundio simple
reí	(vos)	riendo
ría	(usted)	
riamos	(nosotros)	
reíd	(vosotros)	
rían	(ustedes)	

11. ACERTAR

INDICATIVO	SUBJUNTIVO	IMPERATIVO	
presente	presente		
acierto	acierte	acierta	(tú)
aciertas/acertás	aciertes	acertá	(vos)
acierta	acierte	acierte	(usted)
acertamos	acertemos	acertemos	(nosotros)
acertáis/aciertan	acertéis/acierten	acertad	(vosotros)
aciertan	acierten	acierten	(ustedes)

12. ERRAR

INDICATIVO	SUBJUNTIVO	IMPERATIVO	
presente	presente		
yerro	yerre	yerra	(tú)
yerras/errás	yerres	errá	(vos)
yerra	yerre	yerre	(usted)
erramos	erremos	erremos	(nosotros)
erráis/yerran	erréis/yerren	errad	(vosotros)
yerran	yerren	yerren	(ustedes)

13. DISCERNIR

INDICATIVO	SUBJUNTIVO	IMPERATIVO	
presente	**presente**		
discierno	discierna	discierne	(tú)
disciernes/discernís	disciernas	discerní	(vos)
discierne	discierna	discierna	(usted)
discernimos	discernamos	discernamos	(nosotros)
discernís/disciernen	discernáis/disciernan	discernid	(vosotros)
disciernen	disciernan	disciernan	(ustedes)

14. TENDER

INDICATIVO	SUBJUNTIVO	IMPERATIVO	
presente	**presente**		
tiendo	tienda	tiende	(tú)
tiendes/tendés	tiendas	tendé	(vos)
tiende	tienda	tienda	(usted)
tendemos	tendamos	tendamos	(nosotros)
tendéis/tienden	tendáis/tiendan	tended	(vosotros)
tienden	tiendan	tiendan	(ustedes)

15. QUERER

INDICATIVO		SUBJUNTIVO	
presente	**pretérito indefinido**	**presente**	**pretérito imperfecto**
quiero	quise	quiera	quisiera o quisiese
quieres/querés	quisiste	quieras	quisieras o quisieses
quiere	quiso	quiera	quisiera o quisiese
queremos	quisimos	queramos	quisiéramos o quisiésemos
queréis/	quisisteis/	queráis/	quisierais o quisieseis/
quieren	quisieron	quieran	quisieran o quisiesen
quieren	quisieron	quieran	quisieran o quisiesen

futuro simple	**condicional simple**	**futuro simple**	**IMPERATIVO**	
querré	querría	quisiere	quiere	(tú)
querrás	querrías	quisieres	queré	(vos)
querrá	querría	quisiere	quiera	(usted)
querremos	querríamos	quisiéremos	queramos	(nosotros)
querréis/querrán	querríais/querrían	quisiereis/quisieren	quered	(vosotros)
querrán	querrían	quisieren	quieran	(ustedes)

16. REUNIR

INDICATIVO	SUBJUNTIVO	IMPERATIVO	
presente	**presente**		
reúno	reúna	reúne	(tú)
reúnes/reunís	reúnas	reuní	(vos)
reúne	reúna	reúna	(usted)
reunimos	reunamos	reunamos	(nosotros)
reunís/reúnen	reunáis/reúnan	reunid	(vosotros)
reúnen	reúnan	reúnan	(ustedes)

17. TENER

INDICATIVO		SUBJUNTIVO	
presente	**pretérito indefinido**	**presente**	**pretérito imperfecto**
tengo	tuve	tenga	tuviera o tuviese
tienes/tenés	tuviste	tengas	tuvieras o tuvieses
tiene	tuvo	tenga	tuviera o tuviese
tenemos	tuvimos	tengamos	tuviéramos o tuviésemos
tenéis/	tuvisteis/	tengáis/	tuvierais o tuvieseis/
tienen	tuvieron	tengan	tuvieran o tuviesen
tienen	tuvieron	tengan	tuvieran o tuviesen

futuro simple	**condicional simple**	**futuro simple**	**IMPERATIVO**	
tendré	tendría	tuviere	ten	(tú)
tendrás	tendrías	tuvieres	tené	(vos)
tendrá	tendría	tuviere	tenga	(usted)
tendremos	tendríamos	tuviéremos	tengamos	(nosotros)
tendréis/tendrán	tendríais/tendrían	tuviereis/tuvieren	tened	(vosotros)
tendrán	tendrían	tuvieren	tengan	(ustedes)

18. IR

INDICATIVO			SUBJUNTIVO		
presente	**pretérito imperfecto**	**pretérito indefinido**	**presente**	**pretérito imperfecto**	**futuro imperfecto**
voy	iba	fui	vaya	fuera o fuese	fuere
vas	ibas	fuiste	vayas	fueras o fueses	fueres
va	iba	fue	vaya	fuera o fuese	fuere
vamos	íbamos	fuimos	vayamos	fuéramos o fuésemos	fuéremos
vais/	ibais/	fuisteis/	vayáis/	fuerais o fueseis/	fuereis/
van	iban	fueron	vayan	fueran o fuesen	fueren
van	iban	fueron	vayan	fueran o fuesen	fueren

IMPERATIVO		FORMAS NO PERSONALES
ve	(tú)	**gerundio simple**
andá	(vos)	yendo
vaya	(usted)	
vayamos o vamos	(nosotros)	
id	(vosotros)	
vayan	(ustedes)	

19. MOVER

INDICATIVO	SUBJUNTIVO	IMPERATIVO	
presente	**presente**		
muevo	mueva	mueve	(tú)
mueves/movés	muevas	mové	(vos)
mueve	mueva	mueva	(usted)
movemos	movamos	movamos	(nosotros)
movéis/mueven	mováis/muevan	moved	(vosotros)
mueven	muevan	muevan	(ustedes)

20. PONER

INDICATIVO

presente	pretérito indefinido
pongo	puse
pones/ponés	pusiste
pone	puso
ponemos	pusimos
ponéis/	pusisteis/
ponen	pusieron
ponen	pusieron

futuro simple	condicional simple
pondré	pondría
pondrás	pondrías
pondrá	pondría
pondremos	pondríamos
pondréis/pondrán	pondríais/pondrían
pondrán	pondrían

SUBJUNTIVO

presente	pretérito imperfecto
ponga	pusiera o pusiese
pongas	pusieras o pusieses
ponga	pusiera o pusiese
pongamos	pusiéramos o pusiésemos
pongáis/	pusierais o pusieseis/
pongan	pusieran o pusiesen
pongan	pusieran o pusiesen

futuro simple
pusiere
pusieres
pusiere
pusiéremos
pusiereis/pusieren
pusieren

IMPERATIVO

pon	(tú)
poné	(vos)
ponga	(usted)
pongamos	(nosotros)
poned	(vosotros)
pongan	(ustedes)

FORMAS NO PERSONALES

participio
puesto

21. VENIR

INDICATIVO

presente	pretérito indefinido
vengo	vine
vienes/venís	viniste
viene	vino
venimos	vinimos
venís/	vinisteis/
vienen	vinieron
vienen	vinieron

futuro simple	condicional simple
vendré	vendría
vendrás	vendrías
vendrá	vendría
vendremos	vendríamos
vendréis/vendrán	vendríais/vendrían
vendrán	vendrían

SUBJUNTIVO

presente	pretérito imperfecto
venga	viniera o viniese
vengas	vinieras o vinieses
venga	viniera o viniese
vengamos	viniéramos o viniésemos
vengáis/	vinierais o vinieseis/
vengan	vinieran o viniesen
vengan	vinieran o viniesen

futuro simple
viniere
vinieres
viniere
viniéremos
viniereis/vinieren
vinieren

IMPERATIVO

ven	(tú)
vení	(vos)
venga	(usted)
vengamos	(nosotros)
venid	(vosotros)
vengan	(ustedes)

FORMAS NO PERSONALES

gerundio simple
viniendo

22. PODER

INDICATIVO		SUBJUNTIVO	
presente	**pretérito indefinido**	**presente**	**pretérito imperfecto**
puedo	pude	pueda	pudiera o pudiese
puedes/podés	pudiste	puedas	pudieras o pudieses
puede	pudo	pueda	pudiera o pudiese
podemos	pudimos	podamos	pudiéramos o pudiésemos
podéis/	pudisteis/	podáis/	pudierais o pudieseis/
pueden	pudieron	puedan	pudieran o pudiesen
pueden	pudieron	puedan	pudieran o pudiesen

futuro simple	**condicional simple**	**futuro simple**	IMPERATIVO	
podré	podría	pudiere	puede	(tú)
podrás	podrías	pudieres	podé	(vos)
podrá	podría	pudiere	pueda	(usted)
podremos	podríamos	pudiéremos	podamos	(nosotros)
podréis/podrán	podríais/podrían	pudiereis/pudieren	poded	(vosotros)
podrán	podrían	pudieren	puedan	(ustedes)

FORMAS NO PERSONALES
gerundio simple
pudiendo

23. REGIR

INDICATIVO		SUBJUNTIVO		
presente	**pretérito indefinido**	**presente**	**pretérito imperfecto**	**futuro simple**
rijo	regí	rija	rigiera o rigiese	rigiere
riges/regís	registe	rijas	rigieras o rigieses	rigieres
rige	rigió	rija	rigiera o rigiese	rigiere
regimos	regimos	rijamos	rigiéramos o rigiésemos	rigiéremos
regís	registeis/	rijáis/	rigierais o rigieseis/	rigiereis/
/rigen	rigieron	rijan	rigieran o rigiesen	rigieren
rigen	rigieron	rijan	rigieran o rigiesen	rigieren

IMPERATIVO		FORMAS NO PERSONALES
rige	(tú)	**gerundio simple**
regí	(vos)	rigiendo
rija	(usted)	
rijamos	(nosotros)	
regid	(vosotros)	
rijan	(ustedes)	

24. PROHIBIR

INDICATIVO	SUBJUNTIVO	IMPERATIVO	
presente	**presente**		
prohíbo	prohíba	prohíbe	(tú)
prohíbes/prohibís	prohíbas	prohibí	(vos)
prohíbe	prohíba	prohíba	(usted)
prohibimos	prohibamos	prohibamos	(nosotros)
prohibís/prohíben	prohibáis/prohíban	prohibid	(vosotros)
prohíben	prohíban	prohíban	(ustedes)

25. SENTIR

INDICATIVO		SUBJUNTIVO	
presente	**pretérito indefinido**	**presente**	**pretérito imperfecto**
siento	sentí	sienta	sintiera o sintiese
sientes/sentís	sentiste	sientas	sintieras o sintieses
siente	sintió	sienta	sintiera o sintiese
sentimos	sentimos	sintamos	sintiéramos o sintiésemos
sentís/	sentisteis/	sintáis/	sintierais o sintieseis/
sienten	sintieron	sientan	sintieran o sintiesen
sienten	sintieron	sientan	sintieran o sintiesen

FORMAS NO PERSONALES	**futuro simple**	IMPERATIVO	
gerundio simple	sintiere	siente	(tú)
sintiendo	sintieres	sentí	(vos)
	sintiere	sienta	(usted)
	sintiéremos	sintamos	(nosotros)
	sintiereis/sintieren	sentid	(vosotros)
	sintieren	sientan	(ustedes)

26. ERGUIR

INDICATIVO		SUBJUNTIVO	
presente	**pretérito indefinido**	**presente**	**pretérito imperfecto**
yergo o irgo	erguí	yerga o irga	irguiera o irguiese
yergues o irgues/erguís	erguiste	yergas o irgas	irguieras o irguieses
yergue o irgue	irguió	yerga o irga	irguiera o irguiese
erguimos	erguimos	yergamos o irgamos	irguiéramos o irguiésemos
erguís/yerguen	erguisteis/	yergáis o irgáis/	irguierais o irguieseis/
o irguen	irguieron	yergan o irgan	irguieran o irguiesen
yerguen o irguen	irguieron	yergan o irgan	irguieran o irguiesen

FORMAS NO PERSONALES	**futuro simple**	IMPERATIVO	
gerundio simple	irguiere	yergue o irgue	(tú)
irguiendo	irguieres	erguí	(vos)
	irguiere	yerga o irga	(usted)
	irguiéremos	yergamos o irgamos	(nosotros)
	irguiereis/irguieren	erguid	(vosotros)
	irguieren	yergan o irgan	(ustedes)

27. SONAR

INDICATIVO	SUBJUNTIVO	IMPERATIVO	
presente	**presente**		
sueno	suene	suena	(tú)
suenas/sonás	suenes	soná	(vos)
suena	suene	suene	(usted)
sonamos	sonemos	sonemos	(nosotros)
sonáis/suenan	sonéis/suenen	sonad	(vosotros)
suenan	suenen	suenen	(ustedes)

28. DORMIR

INDICATIVO		SUBJUNTIVO	
presente	pretérito indefinido	presente	pretérito imperfecto
duermo	dormí	duerma	durmiera o durmiese
duermes/dormís	dormiste	duermas	durmieras o durmieses
duerme	durmió	duerma	durmiera o durmiese
dormimos	dormimos	durmamos	durmiéramos o durmiésemos
dormís/	dormisteis/	durmáis/	durmierais o durmieseis/
duermen	durmieron	duerman	durmieran o durmiesen
duermen	durmieron	duerman	durmieran o durmiesen

FORMAS NO PERSONALES	futuro simple	IMPERATIVO	
gerundio simple	durmiere	duerme	(tú)
durmiendo	durmieres	dormí	(vos)
	durmiere	duerma	(usted)
	durmiéremos	durmamos	(nosotros)
	durmiereis/durmieren	dormid	(vosotros)
	durmieren	duerman	(ustedes)

29. ADQUIRIR

INDICATIVO	SUBJUNTIVO	IMPERATIVO	
presente	presente		
adquiero	adquiera	adquiere	(tú)
adquieres/adquirís	adquieras	adquirí	(vos)
adquiere	adquiera	adquiera	(usted)
adquirimos	adquiramos	adquiramos	(nosotros)
adquirís/adquieren	adquiráis/adquieran	adquirid	(vosotros)
adquieren	adquieran	adquieran	(ustedes)

30. JUGAR

INDICATIVO	SUBJUNTIVO	IMPERATIVO	
presente	presente		
juego	juegue	juega	(tú)
juegas/jugás	juegues	jugá	(vos)
juega	juegue	juegue	(usted)
jugamos	juguemos	juguemos	(nosotros)
jugáis/juegan	juguéis/jueguen	jugad	(vosotros)
juegan	jueguen	jueguen	(ustedes)

31. YACER

INDICATIVO	SUBJUNTIVO	IMPERATIVO	
presente	presente		
yazco, yazgo o yago	yazca, yazgo o yago	yace o yaz	(tú)
yaces/yacés	yazcas, yazgas o yagas	yacé	(vos)
yace	yazca, yazga o yaga	yazca, yazga o yaga	(usted)
yacemos	yazcamos, yazgamos o yagamos	yazcamos, yazgamos	
yacéis/	yazcáis, yazgáis o yagáis/	o yagamos	(nosotros)
yacen	yazcan o yazgan	yaced	(vosotros)
yacen	yazcan, yazgan o yagan	yazcan, yazgan o yagan	(ustedes)

32. HACER

INDICATIVO

presente	pretérito indefinido
hago	hice
haces/hacés	hiciste
hace	hizo
hacemos	hicimos
hacéis/	hicisteis/
hacen	hicieron
hacen	hicieron

futuro simple	condicional simple
haré	haría
harás	harías
hará	haría
haremos	haríamos
haréis/harán	haríais/harían
harán	harían

SUBJUNTIVO

presente	pretérito imperfecto
haga	hiciera o hiciese
hagas	hicieras o hicieses
haga	hiciera o hiciese
hagamos	hiciéramos o hiciésemos
hagáis/	hicierais o hicieseis/
hagan	hicieran o hiciesen
hagan	hicieran o hiciesen

futuro simple
hiciere
hicieres
hiciere
hiciéremos
hiciereis/hicieren
hicieren

IMPERATIVO

haz	(tú)
hacé	(vos)
haga	(usted)
hagamos	(nosotros)
haced	(vosotros)
hagan	(ustedes)

FORMAS NO PERSONALES

participio
hecho

33. SATISFACER

INDICATIVO

presente	pretérito indefinido
satisfago	satisfice
satisfaces/satisfacés	satisficiste
satisface	satisfizo
satisfacemos	satisficimos
satisfacéis/	satisficisteis/
satisfacen	satisficieron
satisfacen	satisficieron

futuro simple	condicional simple
satisfaré	satisfaría
satisfarás	satisfarías
satisfará	satisfaría
satisfaremos	satisfaríamos
satisfaréis/	satisfaríais/
satisfarán	satisfarían
satisfarán	satisfarían

SUBJUNTIVO

presente	pretérito imperfecto
satisfaga	satisficiera o satisficiese
satisfagas	satisficieras o satisficieses
satisfaga	satisficiera o satisficiese
satisfagamos	satisficiéramos o satisficiésemos
satisfagáis/	satisficierais o satisficieseis/
satisfagan	satisficieran o satisficiesen
satisfagan	satisficieran o satisficiesen

futuro simple
satisficiere
satisficieres
satisficiere
satisficiéremos
satisficiereis/
satisficieren
satisficieren

IMPERATIVO

satisfaz o satisface	(tú)
satisfacé	(vos)
satisfaga	(usted)
satisfagamos	(nosotros)
satisfaced	(vosotros)
satisfagan	(ustedes)

FORMAS NO PERSONALES

participio
satisfecho

34. PARECER

INDICATIVO	SUBJUNTIVO
presente	**presente**
parezco	parezca
pareces/parecés	parezcas
parece	parezca
parecemos	parezcamos
parecéis/parecen	parezcáis/parezcan
parecen	parezcan

35. ROER

INDICATIVO		SUBJUNTIVO		
presente	**pretérito indefinido**	**presente**	**pretérito imperfecto**	**futuro imperfecto**
roo, roigo o royo	roí	roa, roiga o roya	royera o royese	royere
roes/roés	roíste	roas, roigas o royas	royeras o royeses	royeres
roe	royó	roa, roiga o roya	royera o royese	royere
roemos	roímos	roamos, roigamos o royamos	royéramos o royésemos	royéremos
roéis/ roen	roísteis/ royeron	roáis, roigáis o royáis/ roan o roigan	royerais o royeseis/ royeran o royesen	royereis/ royeren
roen	royeron	roan, roigan o royan	royeran o royesen	royeren

IMPERATIVO		FORMAS NO PERSONALES
roe	(tú)	**gerundio simple**
roé	(vos)	royendo
roa, roiga o roya	(usted)	
roamos, roigamos o royamos	(nosotros)	
roed	(vosotros)	
roan, roigan o royan	(ustedes)	

36. DAR

INDICATIVO		SUBJUNTIVO	
presente	**pretérito indefinido**	**presente**	**pretérito imperfecto**
doy	di	dé	diera o diese
das	diste	des	dieras o dieses
da	dio	dé	diera o diese
damos	dimos	demos	diéramos o diésemos
dais/ dan	disteis/ dieron	deis/ den	dierais o dieseis/ dieran o diesen
dan	dieron	den	dieran o diesen

		futuro simple	**IMPERATIVO**
		diere	da (tú)
		dieres	da (vos)
		diere	dé (usted)
		diéremos	demos (nosotros)
		diereis/dieren	dad (vosotros)
		dieren	den (ustedes)

37. LUCIR

INDICATIVO	SUBJUNTIVO	IMPERATIVO	
presente	**presente**		
luzco	luzca	luce	(tú)
luces/lucís	luzcas	lucí	(vos)
luce	luzca	luzca	(usted)
lucimos	luzcamos	luzcamos	(nosotros)
lucís/lucen	luzcáis/luzcan	lucid	(vosotros)
lucen	luzcan	luzcan	(ustedes)

38. CONDUCIR

INDICATIVO		SUBJUNTIVO	
presente	**pretérito indefinido**	**presente**	**pretérito imperfecto**
conduzco	conduje	conduzca	condujera o condujese
conduces/conducís	condujiste	conduzcas	condujeras o condujeses
conduce	condujo	conduzca	condujera o condujese
conducimos	condujimos	conduzcamos	condujéramos o condujésemos
conducís/	condujisteis/	conduzcáis/	condujerais o condujeseis/
conducen	condujeron	conduzcan	condujeran o condujesen
conducen	condujeron	conduzcan	condujeran o condujesen

futuro simple	IMPERATIVO	
condujere	conduce	(tú)
condujeres	conducí	(vos)
condujere	conduzca	(usted)
condujéremos	conduzcamos	(nosotros)
condujereis/condujeren	conducid	(vosotros)
condujeren	conduzcan	(ustedes)

39. PLACER

INDICATIVO	SUBJUNTIVO	IMPERATIVO	
presente	**presente**		
plazco	plazca	place	(tú)
places/placés	plazcas	placé	(vos)
place	plazca	plazca	(usted)
placemos	plazcamos	plazcamos	(nosotros)
placéis/placen	plazcáis/plazcan	placed	(vosotros)
placen	plazcan	plazcan	(ustedes)

Las formas *plugo* y *pluguieron* (pretérito indefinido), así como *plegue* (presente de subjuntivo), *pluguiera, pluguie-se, pluguieras, pluguieses...* (pretérito imperfecto de subjuntivo), *pluguiere, pluguieres...* (futuro simple de subjuntivo), comienzan a ser arcaicas.

40. ASIR

INDICATIVO	SUBJUNTIVO	IMPERATIVO	
presente	presente		
asgo	asga	ase	(tú)
ases/asís	asgas	así	(vos)
ase	asga	asga	(usted)
asimos	asgamos	asgamos	(nosotros)
asís/asen	asgáis/asgan	asid	(vosotros)
asen	asgan	asgan	(ustedes)

41. SALIR

INDICATIVO			SUBJUNTIVO	IMPERATIVO	
presente	futuro simple	condicional simple	presente		
salgo	saldré	saldría	salga	sal	(tú)
sales/salís	saldrás	saldrías	salgas	salí	(vos)
sale	saldrá	saldría	salga	salga	(usted)
salimos	saldremos	saldríamos	salgamos	salgamos	(nosotros)
salís/salen	saldréis/saldrán	saldríais/saldrían	salgáis/salgan	salid	(vosotros)
salen	saldrán	saldrían	salgan	salgan	(ustedes)

42. VALER

INDICATIVO			SUBJUNTIVO	IMPERATIVO	
presente	futuro simple	condicional simple	presente		
valgo	valdré	valdría	valga	vale	(tú)
vales/valés	valdrás	valdrías	valgas	valé	(vos)
vale	valdrá	valdría	valga	valga	(usted)
valemos	valdremos	valdríamos	valgamos	valgamos	(nosotros)
valéis/valen	valdréis/valdrán	valdríais/valdrían	valgáis/valgan	valed	(vosotros)
valen	valdrán	valdrían	valgan	valgan	(ustedes)

43. ANDAR

INDICATIVO	SUBJUNTIVO	
pretérito indefinido	pretérito imperfecto	futuro simple
anduve	anduviera o anduviese	anduviere
anduviste	anduvieras o anduvieses	anduvieres
anduvo	anduviera o anduviese	anduviere
anduvimos	anduviéramos o anduviésemos	anduviéremos
anduvisteis/	anduvierais o anduvieseis/	anduviereis/
anduvieron	anduvieran o anduviesen	anduvieren
anduvieron	anduvieran o anduviesen	anduvieren

44. HUIR

INDICATIVO		SUBJUNTIVO	
presente	**pretérito indefinido**	**presente**	**pretérito imperfecto**
huyo	hui	huya	huyera o huyese
huyes/huis	huiste	huyas	huyeras o huyeses
huye	huyó	huya	huyera o huyese
huimos	huimos	huyamos	huyéramos o huyésemos
huis/	huisteis/	huyáis/	huyerais o huyeseis/
huyen	huyeron	huyan	huyeran o huyesen
huyen	huyeron	huyan	huyeran o huyesen

FORMAS NO PERSONALES	**futuro simple**	IMPERATIVO	
gerundio simple	huyere	huye	(tú)
huyendo	huyeres	hui	(vos)
	huyere	huya	(usted)
	huyéremos	huyamos	(nosotros)
	huyereis/huyeren	huid	(vosotros)
	huyeren	huyan	(ustedes)

45. OÍR

INDICATIVO		SUBJUNTIVO	
presente	**pretérito indefinido**	**presente**	**pretérito imperfecto**
oigo	oí	oiga	oyera u oyese
oyes/oís	oíste	oigas	oyeras u oyeses
oye	oyó	oiga	oyera u oyese
oímos	oímos	oigamos	oyéramos u oyésemos
oís/	oísteis/	oigáis/	oyerais u oyeseis/
oyen	oyeron	oigan	oyeran u oyesen
oyen	oyeron	oigan	oyeran u oyesen

FORMAS NO PERSONALES	**futuro simple**	IMPERATIVO	
gerundio	oyere	oye	(tú)
oyendo	oyeres	oí	(vos)
	oyere	oiga	(usted)
	oyéremos	oigamos	(nosotros)
	oyereis/oyeren	oíd	(vosotros)
	oyeren	oigan	(ustedes)

46. ATERIR

INDICATIVO	IMPERATIVO
presente	
(no existe)	(no existe)
(no existe)	atén (vos)
(no existe)	(no existe)
aterimos	(no existe)
aterís	aterid (vosotros)
(no existe)	(no existe)

47. DECIR

INDICATIVO		SUBJUNTIVO	
presente	**pretérito indefinido**	**presente**	**pretérito imperfecto**
digo	dije	diga	dijera o dijese
dices/decís	dijiste	digas	dijeras o dijeses
dice	dijo	diga	dijera o dijese
decimos	dijimos	digamos	dijéramos o dijésemos
decís/	dijisteis/	digáis/	dijerais o dijeseis/
dicen	dijeron	digan	dijeran o dijesen
dicen	dijeron	digan	dijeran o dijesen

futuro simple	**condicional simple**	**futuro simple**	**IMPERATIVO**	
diré	diría	dijere	di	(tú)
dirás	dirías	dijeres	decí	(vos)
dirá	diría	dijere	diga	(usted)
diremos	diríamos	dijéremos	digamos	(nosotros)
diréis/dirán	diríais/dirían	dijereis/dijeren	decid	(vosotros)
dirán	dirían	dijeren	digan	(ustedes)

FORMAS NO PERSONALES	
participio	**gerundio simple**
dicho	diciendo

48. CABER

INDICATIVO		SUBJUNTIVO	
presente	**pretérito indefinido**	**presente**	**pretérito imperfecto**
quepo	cupe	quepa	cupiera o cupiese
cabes/cabés	cupiste	quepas	cupieras o cupieses
cabe	cupo	quepa	cupiera o cupiese
cabemos	cupimos	quepamos	cupiéramos o cupiésemos
cabéis/	cupisteis/	quepáis/	cupierais o cupieseis/
caben	cupieron	quepan	cupieran o cupiesen
caben	cupieron	quepan	cupieran o cupiesen
futuro simple	**condicional simple**	**futuro simple**	
cabré	cabría	cupiere	
cabrás	cabrías	cupieres	
cabrá	cabría	cupiere	
cabremos	cabríamos	cupiéremos	
cabréis/cabrán	cabríais/cabrían	cupiereis/cupieren	
cabrán	cabrían	cupieren	

49. SABER

INDICATIVO		SUBJUNTIVO	
presente	**pretérito indefinido**	**presente**	**pretérito imperfecto**
sé	supe	sepa	supiera o supiese
sabes/sabés	supiste	sepas	supieras o supieses
sabe	supo	sepa	supiera o supiese
sabemos	supimos	sepamos	supiéramos o supiésemos
sabéis/	supisteis/	sepáis/	supierais o supieseis/
saben	supieron	sepan	supieran o supiesen
saben	supieron	sepan	supieran o supiesen

futuro simple	**condicional simple**	**futuro simple**	IMPERATIVO	
sabré	sabría	supiere	sabe	(tú)
sabrás	sabrías	supieres	sabé	(vos)
sabrá	sabría	supiere	sepa	(usted)
sabremos	sabríamos	supiéremos	sepamos	(nosotros)
sabréis/sabrán	sabríais/sabrían	supiereis/supieren	sabed	(vosotros)
sabrán	sabrían	supieren	sepan	(ustedes)

50. CAER

INDICATIVO		SUBJUNTIVO		
presente	**pretérito indefinido**	**presente**	**pretérito imperfecto**	**futuro simple**
caigo	caí	caiga	cayera o cayese	cayere
caes/caés	caíste	caigas	cayeras o cayeses	cayeres
cae	cayó	caiga	cayera o cayese	cayere
caemos	caímos	caigamos	cayéramos o cayésemos	cayéremos
caéis/	caísteis/	caigáis/	cayerais o cayeseis/	cayereis/
caen	cayeron	caigan	cayeran o cayesen	cayeren
caen	cayeron	caigan	cayeran o cayesen	cayeren

IMPERATIVO		FORMAS NO PERSONALES
cae	(tú)	**gerundio simple**
caé	(vos)	cayendo
caiga	(usted)	
caigamos	(nosotros)	
caed	(vosotros)	
caigan	(ustedes)	

51. AISLAR

INDICATIVO	SUBJUNTIVO	IMPERATIVO	
presente	**presente**		
aíslo	aísle	aísla	(tú)
aíslas/aislás	aísles	aislá	(vos)
aísla	aísle	aísle	(usted)
aislamos	aislemos	aislemos	(nosotros)
aisláis/aíslan	aisléis/aíslen	aislad	(vosotros)
aíslan	aíslen	aíslen	(ustedes)

52. TRAER

INDICATIVO		SUBJUNTIVO		
presente	pretérito indefinido	presente	pretérito imperfecto	futuro simple
traigo	traje	traiga	trajera o trajese	trajere
traes/traés	trajiste	traigas	trajeras o trajeses	trajeres
trae	trajo	traiga	trajera o trajese	trajere
traernos	trajimos	traigamos	trajéramos o trajésemos	trajéremos
traéis/	trajisteis/	traigáis/	trajerais o trajeseis/	trajereis/
traen	trajeron	traigan	trajeran o trajesen	trajeren
traen	trajeron	traigan	trajeran o trajesen	trajeren

IMPERATIVO		FORMAS NO PERSONALES
trae	(tú)	**gerundio simple**
traé	(vos)	trayendo
traiga	(usted)	
traigamos	(nosotros)	
traed	(vosotros)	
traigan	(ustedes)	

53. RAER

INDICATIVO		SUBJUNTIVO		
presente	pretérito indefinido	presente	pretérito imperfecto	futuro imperfecto
rao, raigo o rayo	raí	raiga o raya	rayera o rayese	rayere
raes/raés	raíste	raigas o rayas	rayeras o rayeses	rayeres
rae	rayó	raiga o raya	rayera o rayese	rayere
raemos	raímos	raigamos o rayamos	rayéramos o rayésemos	rayéremos
raéis/	raísteis/	raigáis o rayáis/	rayerais o rayeseis/	rayereis/
raen	rayeron	raigan o rayan	rayeran o rayesen	rayeren
raen	rayeron	raigan o rayan	rayeran o rayesen	rayeren

IMPERATIVO		FORMAS NO PERSONALES
rae	(tú)	**gerundio simple**
raé	(vos)	rayendo
raiga o raya	(usted)	
raigamos o rayamos	(nosotros)	
raed	(vosotros)	
raigan o rayan	(ustedes)	

54. GUIAR

INDICATIVO	SUBJUNTIVO	IMPERATIVO	
presente	presente		
guío	guíe	guía	(tú)
guías/guias	guíes	guia	(vos)
guía	guíe	guíe	(usted)
guiamos	guiemos	guiemos	(nosotros)
guiais/guían	guieis/guíen	guiad	(vosotros)
guían	guíen	guíen	(ustedes)

55. LEER

INDICATIVO	SUBJUNTIVO		FORMAS NO PERSONALES
pretérito indefinido	pretérito imperfecto	futuro simple	
leí	leyera o leyese	leyere	gerundio simple
leíste	leyeras o leyeses	leyeres	
leyó	leyera o leyese	leyere	leyendo
leímos	leyéramos o leyésemos	leyéremos	
leísteis/	leyerais o leyeseis/	leyereis/	
leyeron	leyeran o leyesen	leyeren	
leyeron	leyeran o leyesen	leyeren	

56. VER

INDICATIVO	SUBJUNTIVO		FORMAS NO PERSONALES
pretérito indefinido	pretérito imperfecto	futuro simple	
vi	viera o viese	viere	gerundio simple
viste	vieras o vieses	vieres	
vio	viera o viese	viere	viendo
vimos	viéramos o viésemos	viéremos	
visteis/	vierais o vieseis/	viereis/	
vieron	vieran o viesen	vieren	
vieron	vieran o viesen	vieren	

57. ESTAR

INDICATIVO		SUBJUNTIVO	
presente	pretérito indefinido	presente	pretérito imperfecto
estoy	estuve	esté	estuviera o estuviese
estás	estuviste	estés	estuvieras o estuvieses
está	estuvo	esté	estuviera o estuviese
estamos	estuvimos	estemos	estuviéramos o estuviésemos
estáis/	estuvisteis/	estéis/	estuvierais o estuvieseis/
están	estuvieron	estén	estuvieran o estuviesen
están	estuvieron	estén	estuvieran o estuviesen

futuro simple	IMPERATIVO	
estuviere	está(te)	(tú)
estuvieres	está	(vos)
estuviere	esté	(usted)
estuviéremos	estemos	(nosotros)
estuviereis/estuvieren	estad	(vosotros)
estuvieren	estén	(ustedes)

2.5 **17**   CLASES DE VERBOS (I)

2.5 17.1 Verbos perfectivos e imperfectivos

Por su manera de significar, los verbos pueden ser perfectivos o imperfectivos:

Perfectivos: expresan conclusión

• Son verbos perfectivos (o desinentes) aquellos que indican la conclusión o término de lo que significan. Ejemplos:

> *morir*   *llegar*   *entrar*

Imperfectivos: expresan duración

• Son verbos imperfectivos (o permanentes) aquellos que denotan duración. Ejemplos:

> *pasear*   *cantar*   *amar*

Esta manera de significar se llama **modo de acción**.

Cuando un verbo perfectivo se usa en un tiempo de aspecto imperfectivo [**2.5.7**] pueden obtenerse significados especiales. Ejemplos:

> *Disparar*, que solo se concibe en su término o momento del disparo, adquiere un valor reiterativo en *disparaba*.
> *Llegar* o *morir* pasan a significar acción a punto de terminar en contextos como *Ya llega Juan* o *Pedro se moría sin remedio*.

ATENCIÓN

Hay que distinguir entre el **modo de acción,** que solo tiene que ver con el significado del verbo o de su raíz, y el **aspecto,** significado gramatical que procede de las desinencias verbales o de ciertas construcciones llamadas perífrasis verbales.

2.5 17.2 Verbos defectivos

Defectivos: sin conjugación completa

Son verbos defectivos aquellos que no tienen una conjugación completa. Ejemplos:

> *preterir* → solo se conjuga en las formas con *-i-* (*preterió, pretería, preteriendo...* frente a **pretero, *preteras...*).
> *soler* → no tiene futuros ni condicionales (**soleré, *solería...*).
> *balbucir* → carece de las formas con *-zc* (**balbuzco, *balbuzca...*).

Unipersonales: solo en 3.ª persona singular

• Una subclase de los verbos defectivos es la constituida por los verbos llamados unipersonales (también llamados impersonales). Estos verbos son los que solo se conjugan en la 3.ª persona de singular. Ejemplos:

> *tronar*   *nevar*   *granizar*   *relampaguear*
> *amanecer*   *atardecer*   *anochecer*   *haber*

ATENCIÓN

En sentido figurado (metáfora o metonimia), algunos de estos verbos dejan de ser unipersonales. Ejemplos:

Amanecimos en Madrid.   *Llueven las críticas.*

● Otra subclase es la de aquellos verbos que solo se conjugan en las terceras personas, la de singular y la de plural, porque su significación no es compatible con sujetos de persona. Son los verbos llamados bipersonales. Ejemplos:

Bipersonales: solo en 3.ª persona

suceder   *acontecer*   *acaecer*   *atañer*

2.5 17.3 Verbos pronominales

Los verbos **pronominales** (también llamados reflexivos o pseudorreflexivos) son aquellos que se conjugan siempre con el pronombre átono correspondiente, el cual no desempeña función nominal alguna. Este pronombre es un mero componente del verbo, o sea, de todo el núcleo del predicado.

El pronombre átono es un mero componente del verbo

Hay verbos que solo funcionan con el pronombre y otros que presentan también la forma sin pronombre, aunque entre ambas se establecen algunas diferencias sintáctico-semánticas. Ejemplos:

Solo con pronombre: *arrepentirse, quejarse, vanagloriarse...*
Con pronombre y sin él: *dormirse/dormir, marcharse/marchar...*

La diferencia de significado puede verse en estas oraciones:

Se está durmiendo. → *Está empezando a dormir* (significado incoativo).
Está durmiendo. → *Duerme* (significado durativo).

Norma Errores con verbos pronominales

● Es frecuente el error de utilizar verbos pronominales como no pronominales. Ejemplos:

*En esta competición solo clasifican los tres primeros (se dice: *... se clasifican...*).
*El jugador recupera bien de su lesión (se dice: *El jugador se recupera...*).
*Bueno, marcho, hasta mañana (se dice: *... me marcho...*). (Este uso es regional).

● También es frecuente el error contrario: verbos no pronominales que se usan como pronominales en contra de lo que dicta la norma culta. Ejemplo:

*No me recuerdo bien de lo que pasó (se dice: *No recuerdo bien lo que pasó*).

2.5 18 **CLASES DE VERBOS (y II)**

2.5 18.1 Verbos transitivos e intransitivos

Desde el punto de vista sintáctico, los verbos se clasifican en transitivos e intransitivos.

Transitivos: con complemento directo
- Son verbos transitivos los que se construyen con complemento directo [**3.2.9**]. Las oraciones con verbos transitivos se llaman oraciones transitivas. Ejemplos:

  Tiré la pelota al jardín.   *Saqué agua del pozo.*

Intransitivos: sin complemento directo
- Son verbos intransitivos los que no se construyen con complemento directo. Las oraciones con verbos intransitivos se llaman oraciones intransitivas. Ejemplos:

  Vivieron en París.   *Ocurrieron cosas horribles.*

Sin embargo, ciertos verbos, normalmente transitivos, pueden pasar a usarse como intransitivos y viceversa. Ejemplo:

  Comí patatas. → *Comí a las tres.*

De ahí que algunos gramáticos prefieran hablar mejor de predicados transitivos y predicados intransitivos o de usos transitivos y usos intransitivos.

Norma Verbos intransitivos utilizados como transitivos

Hay verbos intransitivos que a veces se usan incorrectamente como transitivos.

- Los verbos *cesar* y *dimitir* no son transitivos, pero el uso transitivo del primero es ya frecuente en ciertos sectores cultos, como el de la prensa. Ejemplo:
  *Cesaron al director de TVE (se dice: *Destituyeron al director...*).

- No es correcto, aunque la Academia deja constancia de la extensión del fenómeno, el uso como transitivo de los verbos intransitivos *estallar* y *explotar* en el campo semántico de los explosivos. En su lugar deben usarse o bien las construcciones factitivas *hacer + infinitivo* y *hacer que + subjuntivo*, o el verbo *explosionar*, que se usa como transitivo y como intransitivo. Ejemplo:
  *Estallaron (explotaron) una bomba (se dice: *Hicieron estallar [explotar] una bomba* o *explosionaron una bomba*).

- Según la norma académica, ya son válidos los usos transitivos de los verbos *quedarse* (con algo), *incautarse* (de algo) y *urgir*. Ejemplos:
  Quédate con ello. / Quédatelo.
  La policía se incautó de un arsenal de armas. / La policía (se) incautó un arsenal de armas.
  Urgieron a los obreros a abandonar la empresa.

Norma	Verbos transitivos utilizados como intransitivos

También hay verbos transitivos que pasan a ser intransitivos de forma indebida.

* No es correcto el uso intransitivo del verbo *rechazar.* Ejemplo:

  El balón rechazó en el poste (se dice:... *dio en el poste*).

* Es incorrecto el uso intransitivo del verbo *suspender.* Ejemplo:

  He suspendido en Matemáticas (se dice: *Me han suspendido...*).

Las Academias de la Lengua Española ya consideran válido el uso intransitivo del verbo *entrenar.* Ejemplo:

  Los jugadores entrenaron por la mañana.

2.5 18.2 **Verbos copulativos**

También desde el punto de vista sintáctico se habla de verbos copulativos (o atributivos), que son aquellos que, además de desempeñar la función de núcleo de un predicado, unen un sujeto con un atributo [**3.1.10**]. Son los verbos *ser, estar* y *parecer* (además de otros como *ponerse, quedarse,* etc.). Ejemplos:

Copulativos: unen el sujeto con el atributo

  La casa es grande.   *La casa está sucia.*   *La casa parece alta.*

ATENCIÓN

Los verbos *ser* y *estar* no parecen copulativos cuando se construyen con complementos de tiempo o de lugar, aunque algunos gramáticos sí los consideran así. Ejemplos:

  El accidente fue ayer.   *Juan está en Madrid.*

2.5 18.3 **Verbos auxiliares**

Verbos auxiliares son aquellos que sirven para formar los tiempos compuestos de la conjugación (verbo *haber*) o las perífrasis verbales. Estos verbos contienen las desinencias verbales.

Auxiliares: forman los tiempos compuestos

Los verbos auxiliares se caracterizan sintácticamente porque no seleccionan ni sujetos ni complementos.

ATENCIÓN

Un mismo verbo puede funcionar como auxiliar o como verbo pleno. Ejemplo:

  haber: es auxiliar en *había venido* y en *ha de llover* (perífrasis verbal), y es verbo pleno en *había poca gente.*

2.5 19 PERÍFRASIS VERBALES (I)

2.5 19.1 Características generales

Perífrasis: definición
● Las perífrasis verbales son construcciones sintácticas constituidas por dos o más verbos, de los que al menos uno es auxiliar, y el último, auxiliado (o principal). Este ha de aparecer en una forma no personal (infinitivo [**2.5.2**], gerundio [**2.5.3**] o participio [**2.5.4**]). Ejemplos:

Tengo que ir.   Está viniendo.
Se lo tengo dicho.   Va a haber que ir.

● Lo importante de la perífrasis verbal es que todos sus verbos forman un solo núcleo del predicado. Ejemplos:

Deben de ser las cinco.   **Tendré que volver** a leer el libro.
Pronto **tendremos que irnos**.   Te **tengo dicho** que te calles.

Formas no personales: seleccionan sujetos
● En las perífrasis verbales son las formas no personales (infinitivo, gerundio, participio) las que seleccionan los sujetos y los complementos. Ejemplo:

El niño se puso a llorar (frente a *El tren se puso a llorar).

● Las desinencias de la conjugación van en los verbos auxiliares.

Verbos principales: no se pueden sustituir
● En las perífrasis verbales, los verbos principales (las formas no personales: infinitivos, gerundios y participios) no se pueden sustituir por otros elementos equivalentes (oracionales o no) sin que cambie el significado del llamado auxiliar. Esto sucede precisamente porque son verbos principales, o sea, no subordinados. Ejemplos:

Tengo que comprar un piso (no se dice: *Lo tengo, *Tengo eso).
Andan pensando en hacer una casa (no se dice: *Andan así).

Unión del auxiliar con el auxiliado
● La unión del verbo auxiliar con el auxiliado puede ser directa o indirecta. Cuando es indirecta, esta unión se realiza mediante preposiciones o la conjunción que. Ejemplos:

Directa: puede llover, suele ocurrir
Mediante preposiciones: empieza a llover, ha de saberse
Mediante la conjunción: tiene que llover, habrá que ir

● Las perífrasis verbales no admiten estructuras enfáticas de relativo o ecuacionales [**3.1.11**]. Ejemplo:

Tengo que ir a tu casa (no se dice: *Ir a tu casa es lo que tengo).

● En las perífrasis verbales, el verbo ser de las estructuras pasivas solo afecta al verbo principal. Ejemplo:

Pedro tuvo que lanzar la piedra.
→ La piedra tuvo que ser lanzada por Pedro.

ATENCIÓN

A veces una misma construcción puede ser perífrasis o no; el contexto lo aclara. Ejemplos:

Pedro va a trabajar todos los días al colegio (no hay perífrasis verbal, pues *va* selecciona el complemento *al colegio* y, además, el infinitivo se deja sustituir por una forma nominal: *Va a eso todos los días. ¿A qué va al colegio todos los días?*).
No grites, que Pedro va a trabajar un rato (hay perífrasis).

● En una perífrasis verbal puede haber un solo auxiliar o un conjunto de auxiliaridad. Ejemplo:

Pronto **tendremos que volver a empezar** a trabajar (conjunto de auxiliaridad).

● Las perífrasis verbales, salvo las que llevan como auxiliar un verbo pronominal (*ponerse, echarse*), permiten que los pronombres personales átonos que las complementan puedan ir delante del auxiliar o detrás del auxiliado. Ejemplos:

Se lo tengo que decir. → Tengo que decírselo.
No me lo pudo decir. → No pudo decírmelo.

pero:

Pedro se puso a insultarnos. → *Pedro se nos puso a insultar.

2.5 19.2 Clases de perífrasis verbales

Las perífrasis verbales se clasifican en:

● Perífrasis de infinitivo: llevan como verbo principal un infinitivo. De infinitivo
Ejemplos:

Ha de llover.   Debe de estar (en casa).

● Perífrasis de gerundio: llevan como verbo principal el gerundio. De gerundio
Ejemplos:

Lleva nevando (toda la tarde).   Estaba lloviendo.

● Perífrasis de participio: llevan como verbo principal el participio. De participio
Ejemplos:

Lleva leídas (tres páginas).   (Te lo) tengo dicho.

2.5 20.1 Clases de perífrasis verbales por el significado

Las perífrasis verbales siempre contienen dos significados: el del verbo principal y el aportado por el verbo auxiliar o por la propia perífrasis. Según este último, las perífrasis se clasifican en dos grupos:

- Referidas a la acción verbal.
- Referidas a la modalidad.

2.5 20.2 Clases de perífrasis referidas a la acción verbal

- **Significado perfectivo**

Significado perfectivo: referido a la terminación de la acción

El significado perfectivo se refiere a la terminación o a la interrupción de una acción o proceso verbales.

Las perífrasis con estos valores son:

- *Acabar de + infinitivo* → puede significar el fin de un proceso o bien la inmediatez de una acción que se ha realizado hace muy poco tiempo. Ejemplos:

  Ya he acabado (terminado) de leer el libro (fin de un proceso).

  Te acaban de llamar por teléfono (inmediatez de acción pasada).

  En enunciados negativos indica, además de la negación de la terminación de la acción, indecisión en el sujeto. Ejemplos:

  No acabo de decidirme.   *No acaba de sentarse.*

- *Dejar de + infinitivo* → indica la interrupción de un proceso al margen de si la acción se da por terminada definitivamente. Ejemplos:

  He dejado de fumar.   *Deja de dar la lata.*

- *Tener + participio* → con un complemento indirecto y un complemento directo denota acción repetida en el pasado. Ejemplo:

  Te tengo dicho que te calles.

- *Llegar a + infinitivo* → indica la culminación de un proceso. Ejemplo:

  Llegó a tener tres casas.

- **Significados incoativo o ingresivo**

Incoativo: referido al principio de la acción

Los significados incoativo o ingresivo se refieren al principio de la acción o a la inminencia de este principio. Las perífrasis con estos valores son:

- *Ir a + infinitivo.* Ejemplo: *Juan va a hablar.*
- *Estar para + infinitivo.* Ejemplo: *Está para llover.*
- *Estar a punto de + infinitivo.* Ejemplo: *Está a punto de llover.*

- *Empezar a + infinitivo.* Ejemplo: *Empezó a llover a las tres.*
- *Ponerse a + infinitivo.* Ejemplo: *Se puso a llover de repente.*
- *Echarse a + infinitivo.* Ejemplo: *El niño se echó a llorar.*
- *Explotar (romper) a + infinitivo.* Ejemplo: *El niño explotó a llorar.*

ATENCIÓN

La perífrasis *ir a + infinitivo* presenta varios significados más:

- Con el auxiliar en pretérito indefinido, denota un significado de inoportunidad. Ejemplo:

    Me fueron a suspender cuando menos lo esperaba.

- En ciertos enunciados exclamativos puede indicar asombro o negación de algo que para el hablante es evidente. Ejemplos:

    ¡Quién lo iba a decir!   *¡Qué va a ser bueno!*

- Otras veces parece dominar un significado modal de probabilidad. Ejemplo:

    Juan va a haber salido, porque no contesta al teléfono.

● **Significados iterativo y frecuentativo**

El significado iterativo se refiere a la mera repetición de una acción, y el frecuentativo, a que la acción se repite con frecuencia. Las perífrasis que expresan estos significados son:

> Iterativo: referido a la repetición de la acción

- *Soler + infinitivo.* Ejemplo: *Suele llover* (frecuencia).
- *Volver a + infinitivo.* Ejemplo: *Volví a casarme* (repetición).

● **Significados durativo y progresivo**

El significado durativo muestra la acción en su transcurso, y el progresivo indica, además, una acción que se desarrolla de menos a más. Las perífrasis que expresan estos significados son:

> Durativo: referido a la acción en transcurso; progresivo: acción de menos a más

- *Estar + gerundio.* Ejemplo: *Está lloviendo desde las tres.*
- *Andar + gerundio.* Ejemplo: *Andan diciendo que voy a ser el alcalde* (duración + frecuencia).
- *Seguir (continuar) + gerundio.* Ejemplo: *Sigo estudiando.*
- *Llevar + gerundio.* Ejemplo: *Llevo pensándolo varios días.*

ATENCIÓN

No siempre la construcción *estar + gerundio* es una perífrasis: si el gerundio se deja sustituir por *lo*, es un atributo y, por tanto, *estar* es un verbo copulativo. Ejemplo:

    La sopa está ardiendo → Lo está.

2.5 21.1 Clases de perífrasis referidas a la modalidad

Las perífrasis verbales aportan también significados referidos a la modalidad o actitud del hablante. Son los siguientes:

Obligación • **Perífrasis con significados de obligación o de necesidad:**

- *Tener que + infinitivo.* Ejemplo: *Tenemos que marcharnos.*
- *Haber de + infinitivo.* Ejemplo: *Hemos de morir.*
- *Haber que + infinitivo.* Ejemplo: *Habrá que marcharse.*
- *Deber + infinitivo.* Ejemplo: *Debemos marcharnos.*

Posibilidad • **Perífrasis con significados de posibilidad o probabilidad:**

- *Poder + infinitivo.* Ejemplo: *Puede llover mañana* (posibilidad).
- *Deber de + infinitivo.* Ejemplo: *Deben de ser las tres* (probabilidad).
- *Tener que + infinitivo.* Ejemplo: *Tienen que ser cerca de las tres, porque tengo hambre* (probabilidad).
- *Querer + infinitivo.* Ejemplo: *Hoy quiere llover* (posibilidad).

Norma *Deber de + infinitivo y deber + infinitivos*

No deben confundirse las dos perífrasis siguientes:
- La perífrasis *deber + infinitivo*, que significa obligación. Ejemplo:
  Pedro debe ser buen chico. → *Tiene obligación de ser buen chico.*
- La perífrasis *deber de + infinitivo*, que significa probabilidad. Ejemplo:
  Pedro debe de ser buen chico. → *Probablemente sea buen chico.*

No obstante, las Academias de la Lengua Española ya dan por válido el uso de *deber + infinitivo* también con el significado de probabilidad.

2.5 21.2 Otras clases de perífrasis según el significado

Capacitación • **Perífrasis con significado de capacitación y permiso:**

- *Poder + infinitivo.* Ejemplo: *Ya puedo trabajar.*

Aproximación • **Perífrasis con significado de aproximación:**

- *Venir a + infinitivo.* Ejemplo: *Esto viene a costar mil euros.*
- *Venir + gerundio.* Ejemplo: *Esto viene costando mil euros.*

Futuro • **Perífrasis con significado de tiempo futuro:**

- *Haber de + infinitivo.* Ejemplo: *Conmigo lo has de pasar bien.*

2.5 21.3 Locuciones verbales frente a perífrasis verbales

● Una locución [**3.2.2**] verbal es un conjunto de palabras, de las que al menos una es un verbo, que funciona como un solo núcleo del predicado. Ejemplos:

Definición de locución verbal

caer **en la cuenta**	echar **de menos**	echar **en cara**
darse **cuenta**	tener **en cuenta**	hacer **añicos**

En estos casos, los componentes en negrita no desempeñan ninguna función respecto del verbo, sino que con él forman el conjunto nuclear del predicado.

● Hay locuciones formadas por dos verbos, el segundo de los cuales aparece en una forma no personal. Ejemplos:

echar a perder   *dar a conocer*   *dar a entender*

Pero estas locuciones no deben confundirse con las perífrasis verbales por las siguientes razones:

Diferencias entre perífrasis y locuciones

● En las locuciones no hay verbos auxiliares ni principales: es todo el conjunto el que selecciona sujetos y complementos.

● La conexión entre los dos verbos es íntima, pues la forma no personal no es sustituible por otras en el mismo conjunto. Ejemplo:

echar a perder (no **echar a ganar*)

● La locución verbal normalmente equivale a una sola idea que puede proyectarse en un solo verbo. Ejemplos:

echar a perder → *estropear*   *dar de lado* → *marginar*

● Algunas locuciones verbales son el resultado de la lexicalización de alguna perífrasis verbal. Ejemplos:

vete (tú) a saber   *vaya (usted) a saber*

● También es locución la construcción *dejar(se) + caer*, con el significado de 'tirar' o 'tirarse'. Ejemplo:

Ten cuidado, no lo dejes caer.

Norma Uso transitivo de *caer*

Es dialectal y no pertenece a la norma culta el uso transitivo del verbo *caer* en vez de la locución *dejar caer*. Ejemplo:

*Ten cuidado, no lo caigas (se dice: ... *no lo dejes caer*).

2.5 | 22 | LA CONSTRUCCIÓN *SER + PARTICIPIO*

2.5 22.1 La construcción *ser + participio*

La construcción formada con *ser + participio* recibe diferentes interpretaciones gramaticales:

Unos gramáticos: estructura unitaria
- Para algunos gramáticos se trata de una estructura unitaria; por tanto, sería una perífrasis verbal [**2.5.19**] de participio, ya que toda ella funcionaría como un solo núcleo del predicado. Ejemplo:

  Esa casa fue construida por ellos (*fue construida* es el núcleo del predicado).

Otros: construcción atributiva
- Otros gramáticos consideran que estas construcciones no se diferencian de las oraciones atributivas [**3.1.10**]. Por tanto, el núcleo del predicado sería solo el verbo *ser*. El participio (con su complemento agente, si lleva) desempeñaría la función de atributo y sería un adjetivo y no un verbo. Ejemplo:

  Esa casa fue construida por ellos (*fue* es el núcleo del predicado).

  En este caso, lo pasivo se referiría exclusivamente al contenido, pero no a la estructura. Según esto, el español no tendría oraciones pasivas desde el punto de vista sintáctico.

- Sin embargo, esta construcción tiene rasgos propios de perífrasis verbal y otros que comparte con las oraciones atributivas. Se trata, pues, de una construcción intermedia.

Rasgos de oraciones atributivas
- Entre los rasgos de las oraciones atributivas está la posibilidad de conmutar el participio por *lo* y de que el participio lleve marcas de grado [**2.2.2**, **2.2.3**] como los adjetivos. Ejemplos:

  Juan fue aplaudido. → *Lo fue.*   *Juan fue muy aplaudido.*

Rasgos de perífrasis
- Pero estos argumentos no invalidan totalmente la consideración de dicha construcción como perífrasis, por las siguientes razones:

  — En muchas construcciones de este tipo, o el participio (solo o con su complemento agente) no se deja conmutar por *lo* o la construcción resulta algo forzada. Ejemplo:

  El discurso fue leído por mí [resulta raro: *El discurso lo fue* (?)].

  — Cuando un verbo posee dos participios, uno regular y otro irregular, lo normal (salvo en algunos casos) es que el irregular funcione como adjetivo y aquel exclusivamente como verbo. Ejemplos:

  el ganado suelto (no se dice: **el ganado soltado*).
  Juan estaba despierto (no se dice: **Juan estaba despertado*).

  Pues bien, la construcción pasiva solo es posible con el participio regular. Eso quiere decir que en esta construcción el participio no es adjetivo, sino verbo. Los tiempos compuestos de la conjugación también requieren el participio regular. Ejemplo:

El ganado fue soltado por el dueño (no se dice: **El ganado fue suelto por el dueño*).

— Cuando el participio funciona solamente como adjetivo, admite conmutaciones por otros adjetivos o construcciones adjetivas. Ejemplos:

La edición fue reducida. → *La edición fue escasa, de pocos volúmenes.*

Sin embargo, cuando el participio solo posee carga verbal no son posibles esas conmutaciones. Ejemplo:

La edición fue reducida por el editor (no se dice: **... fue escasa, *... de pocos volúmenes*).

— En las oraciones atributivas con adjetivos, el adjetivo siempre es conmutable por el adverbio *cómo* y admite la estructura enfática de relativo o ecuacional [**3.1.11**]. Ello es imposible cuando el participio es verbo, es decir, cuando tenemos oraciones pasivas. Ejemplos:

Juan es listo → *¿Cómo es Juan?* → *Listo es lo que (como) es Juan.*

El discurso fue leído por el diputado. → **¿Cómo fue el discurso?* [resulta raro: *Leído por el diputado es lo que (como) fue el discurso* (?)].

— Los participios se pueden coordinar con otros participios siempre que sean verbos, pero no se coordinan nunca un adjetivo y un participio-verbo. Ejemplo:

Tu hijo fue aplaudido y premiado en Francia.
*Tu hijo fue simpático y premiado en Francia.

2.5 22.2 Oraciones activas y oraciones pasivas con *ser*

● Las oraciones formadas con la construcción perifrástica *ser + participio* se llaman *pasivas*. Constan de un sujeto (llamado *paciente* cuando lo desempeña una persona o animal), un núcleo del predicado (*ser + participio*) y un complemento agente [**3.2.18.3**], que no siempre se hace explícito. Ejemplo:

Oraciones pasivas

$$\underset{\text{suj. paciente}}{\underline{\text{Mi\quad perro}}} \quad \underset{\text{núcleo del predicado}}{\underline{\text{ha\quad sido\quad vacunado}}} \quad \underset{\text{compl. agente}}{\underline{\text{(por\quad el\quad veterinario).}}}$$

● Las oraciones pasivas se convierten en activas así: el complemento agente pasa a sujeto, el verbo aparece sin el auxiliar *ser*, pero concordando con el nuevo sujeto, y el sujeto pasa a complemento directo. Ejemplo:

Oraciones pasivas que pasan a activas

$$\underset{\text{sujeto}}{\underline{\text{El premio}}} \,\, \underset{\substack{\text{núcleo del}\\\text{predicado}}}{\underline{\text{será entregado}}} \,\, \underset{\text{compl. agente}}{\underline{\text{por el director.}}} \rightarrow \underset{\text{sujeto}}{\underline{\text{El director}}} \,\, \underset{\substack{\text{núcleo}\\\text{del predicado}}}{\underline{\text{entregará}}} \,\, \underset{\text{CD}}{\underline{\text{el premio.}}}$$

1. Señala las desinencias de las formas verbales siguientes e indica su significado:

- *cantaríamos*
- *cantaréis*
- *cantabas*
- *cantasteis*

2. Di el infinitivo compuesto y el gerundio compuesto de los verbos *prever* y *proveer.*

3. Cita tres verbos cuyos participios irregulares funcionen como adjetivos y como verbos.

4. ¿Cuál es la característica sintáctica más relevante que diferencia el modo imperativo de los otros modos?

5. ¿Se justifica sintácticamente un imperativo de respeto en el español peninsular?

6. ¿En qué se diferencia el imperativo de «tuteo» del imperativo de respeto?

7. Señala los valores semánticos de estas formas verbales:

- *El hombre **es** un animal racional.*
- ***Serían** las ocho cuando se produjo la explosión.*
- ***Quisiera** pedirle un favor.*
- *Venía a que me diera un poco de arroz.*
- *¡Tú te **callas**!*
- *Mañana **salgo** para París.*
- *¿El partido no **era** mañana?*
- *Si supieras lo que he conseguido, te **asustabas**.*

8. Explica las irregularidades que existen en las formas verbales siguientes:

- *traigamos*
- *valga*
- *haríamos*
- *puse*

9. ¿Hay irregularidad verbal en las formas *venzamos, toqué* y *regué*? Justifica la respuesta.

10. Cita diez verbos defectivos, de los que cinco sean unipersonales y dos bipersonales.

11. Escribe oraciones con tres verbos en uso transitivo y otras tres con los mismos verbos en uso intransitivo.

12. Señala en las siguientes oraciones las construcciones de infinitivo, de gerundio y de participio que sean perífrasis verbales:

- *Estos días ando preocupado por mi salud.*
- *Andan diciendo que voy a tocar mañana en el auditorio.*
- *Juan iba a trabajar todos los días a su oficina.*
- *Llevo roto el pantalón.*
- *Tengo escritas veinte páginas.*
- *Debo ir a tu casa porque deseo verte.*
- *Me gustaría saber por qué no dejas de fumar.*
- *A Juan pronto le dejaré coger el coche.*
- *Temo no poder ir a trabajar a tu oficina.*

13. Señala los significados de las perífrasis *poder + infinitivo* y *acabar de + infinitivo.*

14. ¿Cuál es la diferencia normativa entre *deber + infinitivo* y *deber de + infinitivo*?

15. Indica los valores semánticos (y, en su caso, estilísticos) de las perífrasis de estas oraciones:

- *Este coche viene costando unos veinte mil euros.*
- *Esa frase viene a significar lo que nosotros pensábamos.*
- *En mi casa tiene que haber ocurrido algo porque hay mucha gente.*
- *Ha debido de pasar algo en mi casa.*
- *Antes o después, todos hemos de morir.*
- *De pronto, se echó a reír sin motivos.*
- *Fue a llover cuando menos falta hacía.*
- *Ya estás yendo por el dinero.*

16. ¿Qué diferencia sintáctica existe entre *echar a perder* y *echarse a llorar?*

17. Escribe cinco locuciones verbales que no hayan sido citadas en esta gramática.

18. La expresión *tener dolor* equivale, en ciertos contextos, a *doler.* ¿Se puede decir que esta expresión es una locución verbal?

19. Conjuga los imperativos de «tuteo» y de respeto de los verbos *ir* e *irse.*

2.6 El adverbio

2.6 | 1 | EL ADVERBIO

2.6 1.1 Características formales del adverbio

Los adverbios constituyen una clase de palabras que se caracterizan por los siguientes rasgos:

Palabras tónicas
● Son palabras tónicas [**4.1.14**] (excepto *tan* y los relativos *donde, cuando, como* y *cuanto*, así como *cual*).

Palabras invariables
● Son palabras invariables, no tienen desinencias [**1.1.2.1**].

Significado propio
● Poseen carácter léxico pleno, es decir, poseen significado propio, definible en los diccionarios.

Norma | Adverbio *ahí*

El adverbio *ahí* es bisílabo y palabra aguda. Debe evitarse su pronunciación como palabra llana y monosílaba: *Ahí [aí] está —no *Ahi [ái] está—, Ponlo ahí [aí] —no *Ponlo ahi [ái]—.*

2.6 1.2 Funciones del adverbio

Nunca funciones nominales
● Los adverbios nunca desempeñan las funciones nominales de sujeto, complemento directo, complemento indirecto, complemento de régimen y complemento agente.

Complementos circunstanciales
● Muchos adverbios desempeñan la función de complemento circunstancial de un verbo. Ejemplos:

Vivo alegremente.   Ana llegó tarde.
Vivo aquí.   Paco come demasiado.

Complementos de un adjetivo o de otro adverbio
● Ciertos adverbios pueden desempeñar también la función de complemento o modificador de un adjetivo o de otro adverbio. Esta función es propia, sobre todo, de los adverbios cuantificadores. Ejemplos:

muy → muy guapa/muy cerca   bien → bien guapa/bien mal

● Otros adverbios pueden ser complementos de una oración completa (por ello suelen recibir el nombre de complementos oracionales). Entre ellos se encuentran los atributos oracionales [**3.1.3**], los adverbios de modalidad [**3.1.3**] y los que desempeñan una función de **tópico** [**3.1.3**], y de complemento circunstancial de la enunciación. Ejemplos:

Atributo oracional: *Afortunadamente, lo puedo contar.*
Adverbio de modalidad: *Quizá se vaya papá.*
Adverbio tópico: *Técnicamente, el equipo jugó bien.*
Adverbio c. circ. de la enunciación: *Francamente, estoy cansado.*

2.6 1.3 Adverbios con una sola función y adverbios con varias funciones

- Hay adverbios que solo desempeñan una función:

  - Los apocopados *muy, tan* y *cuán* solo complementan a adjetivos o a adverbios. Ejemplos:

    muy cercano   *tan lejano*   *cuán lejos*

  - El adverbio *medio* solo complementa a adjetivos o participios. Ejemplos:

    medio tonta   *medio muerta*   *medio dormida*

  - El adverbio *recién* en España solo complementa a participios. Ejemplos:

    recién nacido   *recién visto*   *recién llegada*

    En cambio, en zonas de Hispanoamérica complementa a verbos en forma personal. Ejemplos:

    recién salió   *llegó recién*   *recién vino*

Adverbios *muy, tan, cuán, medio* y *recién*: una sola función

- Otros adverbios pueden realizar funciones muy diversas.

  - El adverbio *casi* puede complementar a un adjetivo, a un sustantivo, a un numeral cardinal, a un indefinido o a un verbo. Ejemplos:

    Adjetivo (como cuantificador): *casi limpio, casi roto*
    Sustantivo: *casi poeta, casi niña*
    Numeral cardinal: *casi mil euros, casi mil personas*
    Indefinido: *casi todos, casi ninguno*
    Verbo: *Casi me caigo. Casi aprueba.*

Casi: varias funciones

Norma La forma *media*

Es incorrecto el uso de la forma *media* como adverbio. Ejemplo:
*María estaba media muerta (se dice: ... *medio muerta*).

Norma Adverbio *adelante*

No hay un adverbio **alante*. Esta es una forma coloquial-popular procedente de *adelante*.

2.6 2 OTRAS CUESTIONES SOBRE EL ADVERBIO

2.6 2.1 Complementos o modificadores de algunos adverbios

Los adverbios pueden tener complementos

● Muchos adverbios son el centro o núcleo de un grupo sintáctico [**3.2.1**] y pueden tener complementos o modificadores formados por una secuencia de palabras encabezada por una preposición o por una oración. Ejemplos:

> *después de la derrota*   *además de lo dicho*
> *detrás de la fuente*   *luego de haber salido*

Un caso especial es el del adverbio *así*, que puede indicar **modo** cuando aparece seguido de la construcción *de + adjetivo*. En este caso, para que el mensaje sea comprendido, el hablante debe hacer un gesto con la mano. Ejemplo:

> *Juan era así de alto.*

En cambio, como ya se ha dicho, el adverbio *así*, unido a la preposición *de* seguida de un sustantivo, se convierte en un cuantificador. También en este caso el hablante necesita hacer un gesto peculiar con la mano para indicar cantidad. Ejemplo:

> *Había así de gente en la plaza.*

Complementos en aposición

● Aunque son pocos, algunos adverbios pueden llevar un complemento en aposición, bien con otro adverbio, bien con un sustantivo (con o sin preposición) o grupo nominal. Ejemplos:

> *allá lejos*   *allí, en Francia*
> *mañana jueves*   *hoy, día de san Juan*

Adverbios que no pueden llevar complementos

● Otros adverbios, por el contrario, no presentan la posibilidad de ser complementados. Ejemplos:

> *no*   *sí*   *alegremente*
> *acaso*   *quizá(s)*   *tampoco*

2.6 2.2 Adverbialización de adjetivos

Adjetivos que funcionan como adverbios

Algunos adjetivos pueden pasar a la categoría de adverbio cuando se inmovilizan en la forma masculina y funcionan como complementos circunstanciales de un verbo. Ejemplos:

> *Hablaba muy bajo.*   *Caminaba muy lento.*
> *Marchad rápido.*   *Lo pasé fatal.*
> *Lo pasamos estupendo.*   *Jugaron muy duro.*
> *Se levanta temprano.*   *Juegan sucio.*

2.6 2.3 Los adverbios y los afijos

- Los adverbios, por lo general, no llevan afijos [**1.1.2.1**]. Sin embargo, hay algunos que se pueden combinar con sufijos: *Adverbios que pueden llevar afijos*

  - Algunos adverbios pueden llevar sufijos diminutivos [**1.1.2.8**] Ejemplos:

cerquita	*enseguidita*	*prontito*
ahorita	*despacito*	*deprisita*

  - Algunos adverbios admiten también sufijos aumentativos [**1.1.2.8**]. Ejemplos:

    arriba → arribota   *abajo → abajote*   *lejos → lejotes*

- Son varios los adverbios que admiten marcas de grado [**2.2.4**] superlativo: *Adverbios en grado superlativo*

  — Con el adverbio *muy*. Ejemplos:

muy cerca	*muy lejos*
muy bien/mal	*muy posiblemente*

  — Con el sufijo *-ísimo, -ísima*. Ejemplos:

cerquísima	*lejísimos*
malísimamente	*tardísimo*

  Los adverbios acabados en *-mente* (construidos sobre la forma femenina de un adjetivo y el sustantivo *mente*, convertido aquí en sufijo) forman el superlativo con el sufijo femenino *-ísima* incrustado entre ambos componentes. Ejemplos:

estupendísimamente	*realísimamente*
lentísimamente	*rapidísimamente*

  Esta forma femenina *-ísima* aparece incluso con adjetivos que son invariables en género. Ejemplos:

    amable → amabilísimamente   *reciente → recentísimamente*

2.6 2.4 Los adverbios como clase cerrada y abierta

Los adverbios se clasifican en clases cerradas. Sin embargo, los adverbios modales acabados en *-mente* pertenecen a una subclase abierta, pues derivan de adjetivos y estos constituyen una clase abierta. Así, si se formaron no hace mucho los adjetivos *peatonal* e *informático*, hoy podemos decir *peatonalmente* e *informáticamente*. *Adverbios: clase cerrada* *Adverbios en -mente: clase abierta*

2.6 | 3 | CLASIFICACIÓN DE LOS ADVERBIOS

2.6 3.1 Clasificación formal

Algunos adverbios se clasifican atendiendo a ciertos rasgos más o menos formales. Desde este punto de vista, podemos hablar de dos tipos de adverbios específicos:

● **Adverbios relativos**

Adverbios relativos: *donde, cuando, cuanto* y *como*

Son aquellos que se relacionan con un antecedente explícito o implícito. Son los siguientes:

Donde → *Vivo en la casa donde nací.*
Cuando → *Me acuerdo de (aquel año) cuando lo pasamos tan bien.*
Cuanto → *Hice (todo) cuanto pude.*
Como → *Lo hice (del modo) como tú querías.*

Las peculiaridades de estos adverbios son las siguientes:

• Son átonos.

• Funcionan como complementos circunstanciales de los verbos de su oración y, al mismo tiempo, como nexos subordinantes introductores de oraciones de relativo. Ejemplo:

Esa es la calle donde vivo.

● **Adverbios interrogativos**

Adverbios interrogativos: *dónde, cuándo, cómo* y *cuánto*

Son aquellos con los que preguntamos sobre las nociones de lugar, tiempo, modo o cantidad. Son *dónde, cómo, cuándo* y *cuánto*. Para algunos gramáticos son una variante de los relativos. Pueden aparecer:

• En enunciados interrogativos directos. Ejemplos:

¿Dónde has estado?   *¿Cuándo has venido?*

• En oraciones subordinadas interrogativas indirectas. Ejemplos:

No sé dónde has estado.   *Dile cuándo te vas a ir.*

2.6 3.2 Clasificación por el significado

Clasificación semántica tradicional

La clasificación más tradicional del adverbio es la que atiende al significado. Estas son las clases principales:

• **Adverbios de lugar:**

aquí	*allí*	*allá*
lejos	*(a)delante*	*atrás*
(a)dentro	*adonde*	*donde*
ahí	*cerca*	*dónde*
arriba	*encima*	*detrás*

OBSERVACIONES A LA CLASIFICACIÓN ADVERBIAL | 2.6 | 4

- *Harto* puede ser adjetivo y adverbio. Ejemplos:

  Adjetivo: *Estoy harto. Me tienes harta.*
  Adverbio: *Es harto probable.*

  Harto

- *Regular* puede ser adjetivo y adverbio. Ejemplos:

  Adjetivo: *una situación regular*
  Adverbio: *estuvimos regular*

  Regular

- Las palabras *mucho, poco, bastante, demasiado, más, menos, tanto* y *cuanto* pueden ser determinativos indefinidos o pronombres indefinidos, pero son adverbios cuando complementan a un verbo intransitivo o a un verbo transitivo que ya tiene complemento directo. Ejemplos:

  Mucho, poco, bastante...

  Determinativo: *Hay mucho (poco...) hielo.*
  Pronombre: *Dinero, tengo mucho (poco...).*
  Adverbio: *Te quiero mucho (poco...).*

- La palabra *todo* puede ser determinativo, pronombre y adverbio. Ejemplos:

  Todo

  Determinativo: *todo hombre*
  Pronombre: *Lo tengo todo.*
  Adverbio: *Estaban todo contentos.*

- Las palabras *bueno* y *seguro* son adverbios solo cuando significan afirmación. Si no, son adjetivos. Ejemplos:

  Bueno y seguro

  Adverbio de afirmación: *—¿Quieres venir? —Bueno. Mañana llueve seguro.*
  Adjetivo: *Este jarabe es bueno porque quita la tos.*
  Estoy seguro de que ha llovido.

- La palabra *según* puede ser adverbio o preposición. Ejemplos:

  Según

  Adverbio de modo: *Lo hago según me indican.*
  Preposición: *Según la ley, esto es un delito.*

- Las palabras *mejor* y *peor* son adverbios solo cuando son comparativos de los adverbios respectivos *bien* y *mal*. En los demás casos son adjetivos. Ejemplos:

  Mejor y peor

  Adverbio: *Yo canto bien, pero tú mejor.*
  Adjetivo: *Alicia se compró el mejor coche.*

2.6 5 LOCUCIONES ADVERBIALES

2.6 5.1 Concepto de locución adverbial

Conjunto indivisible que funciona como adverbio

Una locución [**3.2.2**] adverbial está formada por dos o más palabras que constituyen un conjunto sintáctico indivisible, que se comporta igual que un adverbio. Ejemplos:

a oscuras   de pronto   desde luego

2.6 5.2 Funciones de las locuciones adverbiales

Función de CC

- La mayoría de las locuciones adverbiales, al igual que los adverbios, desempeñan la función de complemento circunstancial de un verbo. Ejemplos:

Lo hice sin ton ni son.   Pasé a oscuras.

Modalidad oracional

- Pero otras locuciones inciden sobre la oración entera y se refieren a la actitud del hablante sobre los hechos, es decir, a la modalidad. Ejemplos:

a lo mejor   tal vez   puede que

Complementos

- Algunas suelen complementar a verbos como complementos circunstanciales con valor cuantificador, pero también complementan a adjetivos o a adverbios con este mismo valor. Ejemplos:

Habla de veras.   Trabaja de verdad.
Es tonto de veras.   Está lejos de verdad.

En ocasiones, una locución adverbial que complementa a un verbo puede también complementar a un sustantivo cuantificándolo. Ejemplos:

Complemento de un verbo: Lo pasé de miedo.
Complemento de un sustantivo: Tengo un sueño de miedo. → Tengo mucho sueño.

Cuantificadores

- Hay un tipo de locuciones adverbiales que incluyen la preposición de al final, y que actúan como cuantificadores de adjetivos o de adverbios. Ejemplos:

la mar de inteligente   cantidad de barato

Norma Adverbios o locuciones adverbiales

Hay formas que pueden ser adverbios o locuciones adverbiales, dado que se pueden escribir en una o en dos palabras (aunque actualmente se recomienda escribirlas en una sola palabra) [**5.3.4**]. Ejemplos:

enseguida/en seguida   deprisa/de prisa   enfrente/en frente

Los adverbios donde y dónde pueden ir precedidos, entre otras, de la preposición a. En este caso se puede escribir en una sola palabra o en dos indistintamente [**5.3.2**]. Ejemplos:

Voy a la casa adonde/a donde suelen ir mis padres.
Voy a donde/adonde tú quieras que vaya.
¿A dónde/adónde vas?

2.6 6.1 Otras características de los adverbios

• Algunos adverbios de afirmación son compatibles con la conjunción subordinante *que*, a la cual preceden. Parece que dichos adverbios tienen capacidad para introducir, como si fueran verbos, oraciones subordinadas. Ejemplo:

Adverbio de afirmación + *que*

> *Sí que lo sé.* → *Digo que lo sé.*

• Los adverbios relativos átonos *donde, cuando, como* y *cuanto*, así como el tónico *según*, presentan la peculiaridad de introducir oraciones subordinadas [**3.1.2**], por lo que actúan como nexos subordinantes. En este sentido, podrían denominarse adverbios conjuntivos.

Adverbios que funcionan como nexos subordinantes

• Algunos adverbios de lugar y de tiempo pueden seguir a un sustantivo, que adquiere un valor próximo al de una preposición. Ejemplos:

Otros rasgos

> *calle abajo*   *río arriba*   *campo atrás*

• El adverbio *no* tiene valor de prefijo cuando precede a un sustantivo introducido por el artículo. Ejemplos:

> *la no violencia*   *la no intervención*   *los no alineados*

• Los adverbios *así* y *bien* se adjetivan cuando modifican a un sustantivo. Ejemplo:

> *Una casa así gusta a cualquiera.*   *un chico bien*

• La palabra interrogativo-exclamativa *qué* es adverbio solamente cuando modifica a un adjetivo o a un adverbio. Ejemplos:

> *¡Qué feliz soy!*   *¡Qué lejos está!*

• Debe distinguirse de su uso como determinativo o como pronombre. Ejemplos:

> *¿Qué libro es ese?*   *¿Qué comes?*

• La secuencia relativa *lo que* es adverbial cuando equivale a *cuánto*. Ejemplo:

> *No sabes lo que sufro.* → *... cuánto sufro.*

• El adverbio *aún* es tónico cuando es de tiempo y es átono cuando es de inclusión. En este último caso se escribe sin tilde. Ejemplos:

> *Aún no ha llegado.*   *Me lo dijeron mis primos y aun mis padres.*

Norma *Como*, valor aproximativo

El adverbio *como* es innecesario cuando pierde su valor aproximativo. Ejemplo:
> **Es un asunto **como** bastante complicado.*
> **Lo tengo **como** muy en cuenta.*

1. Explica la función que desempeñan los adverbios en las siguientes construcciones:

- *Juan es así de alto.*
- *No lo hagas así.*
- *Ni aun ellos lo saben.*
- *Así te parta un rayo.*
- *¡Ojalá llueva!*
- *Mario es bien guapo.*
- *Alberto canta bien.*
- *Está bien lejos.*

2. ¿A qué palabra modifica el adverbio *casi* en la oración *Mide casi dos metros?*

3. Añade modificadores cuantificadores y no cuantificadores a estos adjetivos:

- *cerca*
- *lejos*
- *después*
- *antes*

4. Forma los superlativos posibles de los siguientes adverbios:

- *lejos*
- *cerca*
- *estupendamente*
- *recientemente*
- *fuertemente*

5. Busca ejemplos en los que un adverbio complemente o modifique a otro adverbio en aposición.

6. Explica la diferencia sintáctica que existe entre las palabras *alto, fenomenal, duro* y *sucio* en las siguientes oraciones:

- *El edificio es alto. / No habléis tan alto.*
- *Es una madre fenomenal. / Canta fenomenal.*
- *Es un trabajo duro. / Los jugadores entraban muy duro.*
- *un trabajo sucio / Jugáis muy sucio.*

7. Escribe oraciones en las que las palabras *donde, cuando* y *como* actúen como adverbios y lleven antecedentes.

8. Escribe dos oraciones en las que el interrogativo-exclamativo *qué* sea un adverbio.

9. ¿Qué diferencia sintáctica existe entre los adverbios *nada* y *algo* en estas construcciones?

- *Es algo tonto. / No es nada tonto.*
- *Este niño no llora nada. / Este niño llora algo.*

10. Indica la función sintáctica de las palabras *algo* y *nada* en las oraciones siguientes:

- *No me queda nada. / Me falta algo.*
- *No llora nada. / Llora algo.*

11. Señala cuál es la afirmación correcta:

- *El adverbio solo llevará tilde en caso de ambigüedad, para diferenciarlo del adjetivo.*
- *Según la nueva normativa se podrá prescindir de la tilde siempre, incluso en casos de ambigüedad.*

12. Escribe dos oraciones en las que la palabra *hasta* sea adverbio y otras dos en las que sea preposición.

2.7 Las preposiciones

2.7 1 **LAS PREPOSICIONES**

2.7 1.1 Características generales

Las preposiciones constituyen una clase cerrada de palabras. Las preposiciones españolas son: *a, ante, bajo, con, contra, de, desde, durante, en, entre, hacia, hasta, mediante, para, por, según, sin, sobre* y *tras* ([**2.7.2**] para la inclusión de *durante* y *mediante*).

Una clase cerrada de palabras átonas, invariables y sin autonomía sintáctica

Estas son sus características:

• Son palabras átonas [**4.1.14**] (excepto *según*).

• Son palabras invariables, es decir, no llevan desinencias.

• Nunca pueden actuar con autonomía sintáctica, salvo cuando aparecen en enunciados de carácter metalingüístico, en los que actúan como sustantivos, y en algunas expresiones coloquiales. Ejemplos:

De *es una preposición.*   —*Estoy enfadado. —¿Por?*

2.7 1.2 Función de las preposiciones

Enlace entre palabras

• Su función consiste en relacionar palabras con autonomía sintáctica sirviendo de enlace entre ellas.

Funciones que nunca realizan las preposiciones

• Las preposiciones no desempeñan nunca las funciones de sujeto, complemento directo, complemento indirecto, complemento circunstancial, complemento de régimen, complemento agente, complemento de sustantivos, de adjetivos o de adverbios, ni la de actualizador, ni tampoco la de complemento de oraciones.

Relaciones de dependencia

• La relación que establecen es siempre de subordinación o dependencia: la preposición se une a una palabra o grupo de palabras con los que forma un grupo (o construcción) preposicional que complementa a una palabra anterior (verbo, sustantivo, adjetivo, adverbio, pronombre). Ejemplos:

depende de tus amigos   el libro de tus hijos
ese de ahí   alguno de vosotros

Diferencia con las conjunciones

• Las preposiciones se diferencian de las conjunciones [**2.8.1**] subordinantes en que estas últimas subordinan oraciones con verbo en forma personal. Las preposiciones, en cambio, subordinan sustantivos, pronombres, grupos nominales, adjetivos, grupos adjetivales, oraciones con verbo en forma no personal, adverbios o grupos adverbiales. Ejemplos:

Necesito que seas mí amigo (conjunción).
Necesito de tu amistad (no se dice: **Necesito de seas mi amigo*).

Unión de preposiciones y conjunciones

• Una preposición por sí misma nunca subordina oraciones con verbo en forma personal. Para ello necesita unirse a las conjunciones *que* o *si*. Ejemplo:

Lo hice para que vinierais (no se dice: **Lo hice para vinierais*).

De esta forma, la preposición *por* unida a *que* terminó dando la conjunción *porque*, y la preposición *con* unida a *que* dio la conjunción *conque*.

- De la misma manera, ciertas preposiciones se unen a pronombres o adverbios relativos para introducir oraciones relativas. Ejemplos:

> *Lo he hecho para quienes me lo han pedido.*
> *Lo dejo para cuando me lo pidáis.*

Unión de preposiciones y relativos

En estos casos la preposición incide, en realidad, sobre el antecedente de los relativos, que está integrado en estos.

2.7 1.3 Significado de las preposiciones

Hay preposiciones con significado propio; otras, con significado deducido del contexto, y otras, sin significado alguno.

- Algunas preposiciones tienen un significado propio inherente, que puede ser también figurado. Ejemplos:

Preposiciones con significado propio

> *sin* indica compañía negada, falta, carencia, etc.
> *bajo* designa un lugar inferior, sumisión, etc.
> *sobre* significa 'encima de', 'acerca de', aproximación, etc.
> *tras* alude a un lugar o espacio posterior
> *ante* significa 'en presencia de', 'respecto de', etc.

- Pero, con frecuencia, una misma preposición aporta significados diferentes, que deducimos del contexto. Ejemplos:

Preposiciones con significado derivado del contexto

> *con* indica compañía: *Estoy con Juan.*
> instrumento: *Lo corté con el cuchillo.*
> modo: *Me miró con malos ojos.*

- Algunas preposiciones, en ciertos contextos, pueden ser meros índices funcionales, sin significado léxico alguno. Así, la preposición *a* de los complementos directos de persona es una mera marca de función y no constituye un grupo preposicional con la secuencia que la sigue. Ejemplos:

Preposiciones sin significado léxico

> *Vi a Pedro en Salamanca.*   *Encontré a María.*

Lo mismo ocurre con la preposición *de* en algunas estructuras. Ejemplos:

> *La calle de Alcalá.* → *La calle Alcalá.*   *El barrio de Rosales.*

2.7 2 OTRAS CONSIDERACIONES SOBRE LAS PREPOSICIONES

2.7 2.1 Preposiciones arcaicas y preposiciones nuevas

Las preposiciones arcaicas: *cabe* y *so*
• Tradicionalmente, se incluían en el paradigma preposicional las formas *cabe* y *so*. Ambas son hoy arcaísmos. *Cabe* significaba 'junto a', mientras que la forma *so* significaba 'bajo'. Ejemplos:

> *cabe la mesa* → *junto a la mesa*
> *so el árbol* → *bajo el árbol*

La preposición *so* en locuciones preposicionales
La preposición *so* permanece en la actualidad formando parte de algunas locuciones [**3.2.2**] preposicionales. Ejemplos:

> *so pena de*   *so capa de*   *so pretexto de*

ATENCIÓN

• No debe confundirse la preposición antigua *cabe* con la forma *cabe* del verbo *caber*. Ejemplos:

> *no cabe duda*   *cabe la posibilidad*

• Tampoco debe confundirse la preposición antigua *so* con la palabra *so* que aparece como refuerzo de insultos. Ejemplos:

> *so tonto*   *so boba*

Esta forma *so*, que refuerza un insulto, procede del latín *senior*, que dio en español el sustantivo (y también forma de tratamiento) *señor*. Con una fuerte evolución fonética dio también lugar a las formas de tratamiento *seor*, *sor* y *so*. Esta última es la que ha permanecido. Por tanto, decir *so tonto* es como decir *señor tonto*, pero con ironía.

• Tampoco debe confundirse la preposición *so* con la interjección *¡so!*, con la que nos dirigimos a algunos animales para que se paren. Esta es una forma de origen onomatopéyico.

Las preposiciones *durante* y *mediante*
• Al paradigma de las preposiciones pertenecen también las palabras *durante* y *mediante*, procedentes de participios latinos de presente. Su inclusión en el grupo de las preposiciones se debe a que cumplen todas las características de las preposiciones [**2.7.1**]. Ejemplos:

> *durante la guerra* → *en la guerra*
> *mediante su ayuda* → *con su ayuda*

Las preposiciones *pro* y *vía*
• El paradigma preposicional puede aumentarse con las palabras *pro* (esta, cuando se escribe separada de la que la sigue) y *vía*. La primera es un vocablo latino (un cultismo) de uso muy restringido y considerada por algunos gramáticos un prefijo más que una preposición. Ejemplos:

> *asociación pro derechos humanos*   *lucha pro mujeres maltratadas*

frente a:

> *asociación provida*   *individuo proetarra*

- La segunda pertenece generalmente al lenguaje jurídico, administrativo, institucional o político. Ejemplos:

  Eso se consigue vía sindicatos.
  Este tren va a Santander vía Medina.
  El partido se trasmite vía satélite.

- Los adverbios conjuntivos *donde, cuando* y *como* actúan como preposiciones cuando introducen sustantivos (y en el caso de *como*, también adjetivos). Ejemplos:

  Voy donde tu amigo.   *Cuando la guerra, se vivía mal.*
  Trabaja como camarero.   *Me tienen como tonto. ... por tonto.*

Adverbios conjuntivos en uso preposicional

2.7 2.2 Combinación con conjunciones

- Entre las preposiciones, hay algunas que, como se ha visto, se combinan con la conjunción [**2.8.1**] *que*. Ejemplos:

  a: Espero a que llegue.
  con: Me conformo con que apruebes.
  de: Me preocupo de que comáis.
  desde: Desde que vino, soy feliz.
  en: Confío en que no tarden.
  hasta: Estaré aquí hasta que venga.
  para: Lo hago para que me queráis.
  por: Tengo interés por que salgáis adelante.
  sin: Lo he aprendido sin que me hayan ayudado.

Preposiciones combinadas con conjunción *que*

- Hay otras preposiciones que no presentan esta característica, porque no introducen oraciones subordinadas con verbo en forma personal. Son estas:

Preposiciones que no se combinan con conjunciones

ante	*bajo*	*contra*	*hacia*
sobre	*tras*	*durante*	*mediante*

ATENCIÓN

En los pronombres personales *conmigo, contigo* y *consigo,* la preposición *con* forma una sola palabra con el resto de la secuencia. Esta está formada por los pronombres respectivos *mí, ti* y *sí,* a los que se añade el componente *-go,* que procede del latín *cum* (*mecum* > *migo, tecum* > *tigo, secum* > *sigo*). Por tanto, en estos pronombres la preposición de compañía está repetida.

| 2.7 | 3 | LAS PREPOSICIONES *SEGÚN, HASTA* Y *ENTRE* |

2.7 3.1 La preposición *según*

Según con valor no preposicional
La palabra *según* no es preposición en varios casos:

• Cuando acompaña a un verbo. Ejemplos:

   según dicen   *Mándalo según venga.*

• Cuando acompaña a los pronombres tónicos, pues parece sobrentenderse un verbo. Ejemplos:

   según tú   según él   según vosotras

Parece más claro su carácter preposicional en otras combinaciones. Ejemplos:

   según tu opinión   según lo dicho

Según con valor adverbial
El hecho de que sea una preposición tónica y de que pueda tener autonomía sintáctica hace dudar de su carácter preposicional.

   —¿Te parece caro? —Según...

De hecho, el que se combine con las formas *tú* y *yo*, y no con *ti* y *mí* como las preposiciones (excepto *entre*), es una señal de su carácter no preposicional en los casos mencionados. Ejemplos:

   Según tú, era por aquí (no se dice: **Según ti era por aquí*).

2.7 3.2 La preposición *hasta*

La preposición *hasta* posee un significado de límite en el tiempo o en el espacio. Ejemplos:

   hasta mañana   hasta Madrid

Hasta con valor no preposicional
Pero cuando adquiere el valor intensivo-inclusivo se convierte en un adverbio. Es un sinónimo de *incluso*. Ejemplos:

   Hasta Juan lo sabe.   *Hasta Luis ha venido.*

Por otro lado, *hasta* es preposición si se combina con las formas *mí* y *ti*. Ejemplos:

   Llegó hasta mí y hasta ti.   *Se acercó hasta ti.*

Y es adverbio en su combinación con *yo* y *tú*. Ejemplos:

   Hasta yo lo sé.   *Hasta tú lo sabías.*

Algunos gramáticos descartan el valor adverbial de *hasta* por carecer de autonomía sintáctica. Pero existen también otros adverbios sin esa autonomía.

No obstante, en los casos en que parece ser adverbio puede entenderse también como preposición con un valor semántico de meta que presupone una enumeración implícita. Ejemplo:

   Esto lo saben todos mis amigos... hasta Pedro.

En este caso, *Pedro* constituye el final (meta) de la enumeración implícita.

2.7 3.3 La preposición *entre*

- La preposición *entre* presenta la peculiaridad de que su término ha de tener un contenido plural. Este contenido plural puede estar expresado:

  Entre: término con contenido plural

  - Morfológicamente. Ejemplos:

    entre ellos   *entre todos*

  - Por coordinación. Ejemplos:

    entre Juan y Pedro   *entre tú y yo*

  - Por un sustantivo colectivo. Ejemplos:

    entre el rebaño   *entre una nube de jugadores*

  - Por un sustantivo no contable, que se supone colectivo al concebirse compuesto de partículas. Ejemplos:

    entre el agua   *entre la arena*

- La palabra *entre* es preposición cuando tiene el significado de interioridad, pero es discutible su valor preposicional cuando significa colaboración, ya que no es un verdadero elemento relacionante ni subordinante. Ejemplos:

  Entre con valor preposicional discutible

  Entre mi primo y yo pudimos hacerlo.
  Entre él y su jefa sacaron el proyecto adelante.

  Hay que tener en cuenta que, en contra de lo que sucede con las preposiciones, la palabra *entre* se combina con las formas tónicas *tú* y *yo*. Además, en estos casos no parece que *entre* enlace nada, y a veces se puede eliminar sin que se resientan ni la estructura ni el significado de la oración. Ejemplo:

  Este trabajo lo hemos hecho (entre) Juan y yo.

  Ahora bien, en el caso de que *entre* sea preposición con el significado de colaboración, habrá que concluir que los elementos que la siguen no funcionan como sujetos, sino como atributos (o complemento circunstancial). En este caso, el sujeto estaría elíptico. Ejemplo:

  (Ellos) lo hicieron entre los dos (juntos).
  sujeto   atributo

  Pero si se considera que la secuencia encabezada por *entre* es un sujeto, parece claro que, entonces, tal palabra es un adverbio (equivalente a *conjuntamente*), aunque sea átona y carezca de autonomía sintáctica. Ejemplo:

  Entre los dos lo escribieron.
  adv.   sujeto

2.7 | 4 | AGRUPACIONES Y LOCUCIONES PREPOSITIVAS

2.7 4.1 Agrupación de preposiciones

Preposiciones agrupadas

Algunas preposiciones pueden agruparse de modo que el conjunto forme un nexo complejo. Ejemplos:

Es bueno para con sus amigos. *Es bueno de por sí.*

ATENCIÓN

En una oración como *Hablamos hasta de ti* no existe agrupación preposicional si se entiende que *hasta*, en casos como este, es un adverbio y no una preposición.

2.7 4.2 Locuciones prepositivas

Conjuntos que funcionan como una preposición

• Las locuciones [**3.2.2**] prepositivas están constituidas por dos o más palabras que forman un conjunto sintácticamente indivisible, que funciona como una preposición. Ejemplos:

a causa de	*a fin de*	*de cara a*
de acuerdo con	*respecto de*	*en relación con*
con relación a	*junto a*	*acerca de*

Como se ve, en la locución puede haber una o dos preposiciones, pero el último elemento debe ser siempre una preposición.

Algunas de estas locuciones se usan en lugar de una preposición, pero otras, aunque no se correspondan con ella, desempeñan la misma función. Ejemplos:

a causa de la lluvia → *por la lluvia*
acerca de política → *sobre política*
junto a la ventana → no tiene correspondencia

Grupos sintácticos adverbiales que funcionan como preposición

• Algunos adverbios de lugar y de tiempo seguidos de la preposición *de* forman también unas secuencias que equivalen a una preposición, por lo que algunos gramáticos las consideran también locuciones prepositivas. Ejemplos:

encima de la mesa → *sobre la mesa*
detrás de la puerta → *tras la puerta*

Sin embargo, a pesar de la indudable equivalencia con las preposiciones, estas construcciones deben considerarse grupos sintácticos adverbiales [**3.2.7**], cuyo núcleo es el adverbio, que va seguido de un complemento. Su segmentación sintáctica es:

encima (de la mesa) *detrás (de la puerta)*

Norma · Cuestiones sobre las preposiciones

- La **agrupación preposicional** *a por*, desconocida en Hispanoamérica, es frecuente en España en todos los niveles socioculturales y en el lenguaje de la prensa. Esta agrupación fue considerada incorrecta por la RAE. Sin embargo, hoy se considera correcta y útil porque evita posibles ambigüedades. Ejemplos:

  Voy a por mi hijo (solo puede significar 'Voy a buscar a mi hijo').

  Voy por mi hijo (resultaría claramente ambigua: 'Voy a buscar a mi hijo', 'Voy en lugar de mi hijo', 'Voy porque mi hijo me lo ha pedido', etc.).

- Son **galicismos sintácticos** los complementos de un sustantivo mediante otro sustantivo con la preposición *a*. Ejemplos:

  *cocina a gas (se dice: *cocina de gas*)   **camisa a rayas* (se dice: *camisa de rayas*)

  No obstante, hoy se aceptan algunas de estas construcciones. Ejemplos:

  avión a reacción   *olla a presión*

  También son galicismos las construcciones formadas con *a + infinitivo* complementarias de un sustantivo. Hoy estas construcciones se admiten y son frecuentes en los ámbitos económicos y administrativos (*cantidad a devolver, cantidad a ingresar, cuerpo a extinguir*...). No obstante, se desaconsejan en otros ámbitos o contextos.

- La **preposición** *contra* no posee significado de cantidad. Es vulgar su uso por *cuanto*. Ejemplo:

  *Contra más estudio, más sé (se dice: *Cuanto más estudio*...).

  Tampoco pertenece a la norma culta el uso de la preposición *entre* con este significado. Ejemplo:

  *Entre más estudio, más sé (se dice: *Cuanto más estudio*...).

- Es incorrecto el empleo de la preposición *de* delante de la conjunción *que* cuando ningún elemento de la oración la exige. Este fenómeno, frecuente en Hispanoamérica y en gran parte de España, se conoce como **dequeísmo**. Es raro, no obstante, en la lengua escrita culta. Ejemplos:

  *Opino de que va a llover.   **Me consta de que ha llovido.*

  Tampoco es correcta la supresión de cualquier preposición delante de la conjunción *que* cuando algún elemento de la oración la exige. Este fenómeno se conoce como **queísmo**. Es incorrecto aunque disculpable en el coloquio. Ejemplo:

  *Estoy seguro que vamos a ganar (el adjetivo *seguro* exige *de*).

- La locución prepositiva *a nivel de* en uso figurado (*a nivel de alumnos, a nivel de profesorado*, etc.) no pertenece tampoco a la norma culta. La locución *en base a* solo se justifica en el lenguaje jurídico-administrativo.

- No se recomienda el uso de la preposición *en* con el significado de *dentro de*, aunque está ya extendido en el uso culto. Ejemplos:

  En unos segundos estamos con ustedes.   *En unos días nos vemos.*

1. Escribe diez oraciones en las que la conjunción subordinante *que* vaya precedida de preposición.

2. ¿Cuál es la diferencia semántica que existe entre las preposiciones *sobre, con, de, en, entre* y *para* en estas oraciones?

• *El libro está sobre la mesa.*
• *Hablaron sobre los problemas de la droga.*

• *Me voy con Juan al cine.*
• *Come con moderación.*
• *Hice el agujero con la taladradora.*

• *Vengo de Segovia.*
• *Trabajo de camarero.*
• *La casa de Pedro es bonita.*
• *Un poco de ambición me hace falta.*
• *Aquí hay de todo.*

• *Estoy en Madrid.*
• *Ese recorrido se hace en dos horas.*

• *El balón pasó entre el portero y el palo.*
• *Pienso entre mí si no me habré equivocado.*
• *Entre que estoy un poco sordo y entre que hay ruido, no me entero bien.*

• *He venido para tres días.*
• *Este libro es para ti.*
• *Trabajo para ganar dinero.*

3. Explica las diferencias sintácticas que existen entre las preposiciones de estas parejas de oraciones:

• *Fui con Juan al campo. / Me conformo con mil euros.*
• *Confío en vosotros. / Estaba en pijama.*
• *Me alegro de tus éxitos. / El disco de sus éxitos*
• *Vi a María en la calle. / Me obligaron a salir a la calle.*

4. ¿Qué preposición exigen estos verbos?

• *fiarse*
• *interesarse*
• *pronunciarse*
• *conformarse*
• *vengarse*
• *tardar*

5. Construye diez oraciones utilizando locuciones prepositivas distintas.

6. Añade complementos o modificadores con preposición a los adverbios *delante, detrás, debajo, encima, enfrente, antes, después* y *luego.*

7. Forma cinco oraciones. Procura que en cada una de ellas aparezca una agrupación preposicional distinta.

8. ¿Qué tienen de especial, desde el punto de vista normativo, estas construcciones?

• *los asuntos a discutir*
• *rodamientos a bolas*
• *Contra más me esmero, peor me sale la comida.*
• *Es seguro de que va a llover.*
• *Estoy convencido que vamos a ganar.*

9. Construye dos oraciones en las que las palabras *pro* y *vía* tengan valor preposicional.

10. Escribe una oración con cada uno de los adverbios *donde, cuando* y *como.* En ellas, estos adverbios tienen que ejercer una función próxima a la de preposición.

2.8 Las conjunciones

| 2.8 | 1 | **LAS CONJUNCIONES** |

2.8 1.1 Características generales

Características comunes con las preposiciones

Las conjunciones son una clase de palabras que, al igual que las preposiciones [**2.7.1**], tienen las siguientes características:

● Son siempre palabras átonas [**4.1.14**] sin autonomía sintáctica.

● No desempeñan funciones nominales: no pueden ser actualizadores, ni modificadores, ni sujetos, ni complementos directos, ni complementos indirectos, ni complementos de régimen, ni complementos circunstanciales, ni atributos, etc.

● Su papel es el de relacionar unas palabras con otras. Son, pues, palabras relacionantes.

2.8 1.2 Diferencias con las preposiciones

Características diferenciadoras frente a las preposiciones

En los rasgos anteriores coinciden con las preposiciones. Se diferencian de ellas, no obstante, en que las conjunciones pueden unir:

● Elementos del mismo nivel sintáctico, es decir, sin relación de dependencia sintáctica. Son las conjunciones coordinantes. Ejemplos:

*Elena es guapa **y** elegante.*
*No estoy llorando, **sino** que tengo catarro.*

● Una palabra (o una secuencia oracional) con una oración dependiente o subordinada. Son las conjunciones subordinantes. Ejemplos:

*Quiero **que** vengáis a casa.*
*He aprobado **aunque** he estudiado poco.*

Ya se ha dicho que las preposiciones por sí solas no subordinan oraciones con verbo en forma personal, sino palabras o grupos sintácticos [**3.2.1**].

2.8 1.3 Clases de conjunciones

Las conjunciones se clasifican en coordinantes y subordinantes.

● Conjunciones coordinantes

Conjunciones coordinantes: unen elementos del mismo nivel sintáctico

Las conjunciones coordinantes enlazan palabras, grupos sintácticos u oraciones, sin establecer ninguna relación de dependencia: sintácticamente, los elementos enlazados son del mismo nivel, o sea, son elementos equifuncionales. Ejemplos:

*Vi a Juan **y** a Pedro.*
*Pedro es simpático **pero** vago.*
*Estudio mucho, **mas** no logro aprobar.*

En el primer ejemplo, tanto *Juan* como *Pedro* están en el mismo nivel: son complementos directos; en el segundo, los dos adjetivos son atributos, y en el tercero tenemos un enunciado constituido por un conjunto oracional con dos oraciones unidas mediante la conjunción *mas,* y en el que ninguna de las oraciones es dependiente de la otra.

Las conjunciones coordinantes pueden ser **copulativas [2.8.2]**, **disyuntivas [2.8.3]**, **ilativas [2.8.3]**, **adversativas [2.8.4]** y **explicativas [2.8.4]**, y se caracterizan por que siempre aparecen entre los elementos coordinados y nunca delante del primero de ellos, salvo que se repitan después. Ejemplos:

Clasificación de las conjunciones coordinantes

> *O* viene *o* te quedas.
> *ni* Juan *ni* Pedro

Se caracterizan también por que pueden preceder a oraciones de valor imperativo. Ejemplos:

> Ven *y* siéntate.
> Ven con nosotros, *pero* no hables.

● **Conjunciones subordinantes**

Las conjunciones subordinantes unen siempre una oración subordinada a una palabra o a otra oración. Ejemplos:

Conjunciones subordinantes: unen elementos de distinto nivel sintáctico

> No me preocupa (*que* llegues tan tarde).
> Iré (*si* me invitas).
> Tengo ganas de (*que* vengáis a casa).

Las conjunciones subordinantes pueden ser **completivas, consecutivas, causales, finales, concesivas, temporales, modales, condicionales** y **comparativas**. Estas conjunciones van siempre delante de la oración subordinada; todo el conjunto (*conjunción + oración*) puede aparecer al principio del enunciado, y nunca la conjunción subordinante encabeza oraciones de valor imperativo. Ejemplos:

Clasificación de las conjunciones subordinantes

> Me preocupa *que* no mejores. → *Que* no mejores me preocupa.
> Te daré el regalo *si* me invitas. → *Si* me invitas, te daré el regalo.

2.8 | 2 | CONJUNCIONES COPULATIVAS

2.8 2.1 Conjunciones coordinantes copulativas

Significado de suma o adición

Las conjunciones coordinantes copulativas son *y*, *e* y *ni*. Su significado es el de suma o adición. En el caso de *ni*, se añade, además, un significado de negación.

● **La conjunción *y***

Valores y usos de *y*

Esta conjunción siempre es átona. Suele indicar suma o coexistencia de lo expresado por los segmentos coordinados. Solo cuando se pronuncia como tónica y aparece delante de un enunciado no oracional adquiere valor adverbial de carácter locativo. Ejemplo:

¿Y Pedro? → *¿Dónde está Pedro?*

En las enumeraciones, lo normal es poner la conjunción delante del último componente; si se pone entre cada uno de ellos, se produce un efecto más expresivo. Este fenómeno en retórica se llama polisíndeton. Ejemplo: *Me vio y me saludó y me dio un abrazo y todo.*

● **La conjunción *e***

La conjunción *e*: su uso como variante de *y*

La conjunción *e* es una variante de la conjunción *y*, que aparece cuando la palabra siguiente empieza por *i-* o *hi-*. Ejemplos:

María e Inés   *padres e hijos*

Si la palabra que sigue empieza por *hi-* como elemento de diptongo [**4.1.12**], no aparece la forma *e*. Ejemplo:

plomo y hierro (no **plomo e hierro*)

Si la palabra que sigue empieza por *i-* o *hi-*, y dicha palabra en unas zonas se pronuncia como hiato y en otras zonas como diptongo, valen *y* o *e*. Ejemplos:

Diptongos y/e hiatos.   *Moléculas y/e iones.*

● **La conjunción *ni***

Significado y usos de *ni*

La conjunción *ni* se emplea con el significado de 'y no', y une oraciones o elementos negativos del mismo nivel sintáctico.

Si la oración va encabezada por la negación *no*, la conjunción *ni* puede aparecer solo delante del último componente enlazado. Ejemplo: *No tengo perros, pájaros ni gatos.*

También puede repetirse con cada componente de la enumeración. En este caso se produce un efecto más expresivo. Es otro caso de polisíndeton. Ejemplo: *No tengo ni perro ni pájaros ni gatos.*

Ahora bien, si los elementos enlazados preceden al verbo, entonces es obligatoria la repetición de la conjunción *ni*. Ejemplo:

Ni Pedro ni María han venido (no se dice: **Pedro ni María...*).

CONJUNCIONES COPULATIVAS | 2.8 | 2

2.8 2.2 Valor enfático de las formas *y, ni*

Las conjunciones *y, ni* pueden ser meros elementos expresivos. Es frecuente este fenómeno cuando dichas conjunciones encabezan enunciados, posición en la que no es posible ningún tipo de enlace. Pero también aparecen con este valor dentro del enunciado. Ejemplos:

¡Y tú has aprobado! *No tengo ni idea.*

Las conjunciones *y* y *ni* con valor enfático

El valor enfático de *ni* es frecuente con la palabra *nada* en enunciados de entonación exclamativa, donde la negación se convierte en una afirmación con valor superlativo [**2.2.3**]. Ejemplo:

¡No es listo ni nada! → *Es muy listo.*

2.8 2.3 Otros posibles elementos con valor de coordinación copulativa

- A veces se incluye entre las conjunciones coordinantes copulativas la forma *que*. Sin embargo, esta solo aparece en cierto tipo de expresiones fijas, indivisibles sintácticamente, en que se intensifica la repetición de acciones. Ejemplos:

La conjunción *que* en expresiones fijas

Estaba llora que (te) llora.
Y él, erre que erre.
Y ella, dale que dale.

- Algunos gramáticos incluyen entre las conjunciones coordinantes copulativas la palabra *además*, que, sin embargo, solo coincide con aquellas en su contenido de adición. Sintácticamente es un adverbio. De ahí que sea compatible con las conjunciones en una misma oración. Ejemplo:

Valor de adición del adverbio *además*

Mi madre vino a verme y, además, me trajo un regalo.

- La palabra *como* adquiere valor conjuntivo coordinante en su unión con los adverbios *también* y *tampoco*. Ejemplos:

Valor de adición de *como*

No se lo dije a Juan como tampoco a su hijo. → *... y tampoco...*

ATENCIÓN

La conjunción *y* coordina en ocasiones segmentos con un significado concesivo [**2.8.7**], ilativo [**2.8.3**] o condicional [**2.8.7**]. Ejemplo:

Todo te sale bien, y estás llorando.

- También tienen valor copulativo el nexo discontinuo y correlativo *tanto ... como* y la forma *más* de la suma, la cual lleva tilde a pesar de ser átona. Ejemplo:

Me hicieron regalos tanto mi padre como mi madre.
Dos más dos son cuatro.

2.8 | 3 | CONJUNCIONES DISYUNTIVAS E ILATIVAS

2.8 3.1 Conjunciones coordinantes disyuntivas

Significado de las conjunciones disyuntivas

Las conjunciones coordinantes disyuntivas son *o* y *u*. Aportan un significado de alternancia, es decir, ofrecen la posibilidad de elegir entre dos o más realidades distintas, o entre dos variantes de una misma realidad. Ejemplos:

> No sé si ir al cine *o* quedarme en casa.
> Madrid, *o* la capital de España, es una gran ciudad.

En el primer ejemplo, la conjunción *o* presenta los dos segmentos encabezados por ella como contenidos que se excluyen. En el segundo se dan dos opciones para una misma realidad.

● La conjunción *o*

Usos de la conjunción *o*

La conjunción *o* presenta algunas peculiaridades:

● En ocasiones se repite: *o... o...* Ejemplos:

> *O* vienes *o* te quedas.
> Vendrán a casa *o* tus amigos *o* los míos.

Cuando la conjunción *o* se repite delante de cada componente de la coordinación, lo que se expresa es que la no realización del primero supone forzosamente la realización del segundo. Esta repetición es imposible en enunciados interrogativos. Ejemplo:

> **¿O vienes o te quedas?* (se dice: *¿Vienes o te quedas?*).

La conjunción *o* con valor de adición

● En ciertos contextos, la conjunción *o* adquiere el significado de adición propio de *y*. Ejemplo:

> Esto lo pueden hacer los hombres *o* las mujeres. → *... los hombres y las mujeres.*

La conjunción *o* con valor aproximativo o concesivo

● Otras veces, al significado de alternancia se añaden otros como el aproximativo y el concesivo. Ejemplos:

> cinco o seis (aproximación)   Quieras o no (quieras) (concesión).

La conjunción *o* con valor condicional

● Con el primer componente en imperativo, el valor de *o* suele ser condicional. Ejemplo:

> Siéntate o me enfado.

ATENCIÓN

Cuando la alternancia y la adición se dan conjuntamente, es frecuente ver en la escritura la forma gráfica *y/o*, que no es, en absoluto, necesaria. Ejemplo:

> Esto pueden hacerlo los hombres *y/o* las mujeres.

CONJUNCIONES DISYUNTIVAS E ILATIVAS | **2.8** | 3

● La conjunción *u*

La conjunción *u* es una variante de la conjunción *o* y se usa cuando la palabra siguiente comienza por *o-* o por *ho-* en la escritura o en la pronunciación. Ejemplos:

La conjunción *u*: su uso como una variante de *o*

siete *u* ocho   70 *u* 80   latón *u* hojalata

● La locución conjuntiva coordinante *o bien*

En ocasiones, la conjunción *o* se deja acompañar por el adverbio *bien* formando con él una locución conjuntiva [**2.8.5**] disyuntiva: *o bien*. Es frecuente que esta locución aparezca acompañada de la conjunción *o*, o de otra locución *o bien...* Ejemplos:

La locución conjuntiva *o bien*

*O comemos en mi casa, **o bien** vamos a un restaurante.*
*Esta palabra **o bien** puede intercalarse en la oración, **o bien** puede aparecer fuera de ella.*

2.8 3.2 El valor distributivo en la coordinación

El significado distributivo es una variedad del de alternancia. Para expresar tal valor, nos valemos con frecuencia de los adverbios correlativos *bien... bien..., ya... ya..., ora... ora...,* que han pasado a ejercer una labor propia de conjunciones. Ejemplo:

Significado distributivo

***Ya** seas bueno, **ya** seas malo, te querremos siempre.*

También la forma verbal *sea* correlativa de otra igual, incrementada o no con el adverbio *ya*, adquiere valor de conjunción. Ejemplo:

(Ya) sea pintando, (ya) sea cantando, siempre está haciendo algo.

Pero también los adverbios con valor conjuntivo pueden unir elementos nominales. Ejemplo:

Tomaba ora la pluma, ora la espada. → *... bien la pluma, bien la espada.*

2.8 3.3 Conjunciones y locuciones coordinantes ilativas

Estas conjunciones indican una consecuencia entre lo expresado en la primera oración y lo que se dice en la segunda. Son las siguientes:

Significado de las conjunciones ilativas

Conjunciones: *conque, luego*
Locuciones conjuntivas: *así pues, pues bien, de forma que, de manera que, así que, de modo que*

Unen siempre oraciones entre las que se intercalan, y pueden enlazar, como las demás conjunciones coordinantes, oraciones de valor imperativo. Ejemplo:

Uso

Ya has jugado, así que ponte a estudiar.

En la *NGLE* se consideran conjunciones subordinantes.

2.8 | 4 | **CONJUNCIONES ADVERSATIVAS Y EXPLICATIVAS**

2.8 4.1 Conjunciones coordinantes adversativas

Significados de las conjunciones adversativas

Son conjunciones coordinantes adversativas las palabras *pero*, *sino*, *mas* y *aunque*.

Aportan el significado de contraposición de los dos segmentos unidos:

• Las conjunciones *pero*, *aunque* y *mas* indican restricción o corrección. Ejemplo:

  *Intenté ayudarte, **pero** me equivoqué.*

• La conjunción *sino* expresa exclusión. Ejemplo:

  *No intentó ayudarte, **sino** fastidiarte.*

● **La conjunción *pero***

Usos de pero

La conjunción *pero* une normalmente oraciones, aunque también puede unir adjetivos y adverbios. Ejemplos:

  *No anduve mucho, **pero** me cansé.*
  *Es listo, **pero** antipático.*

• Cuando *pero* y *aunque* unen un adjetivo, o una secuencia con valor adjetivo, con un sustantivo, se sobrentiende un verbo, dado que una conjunción no puede unir segmentos de categorías sintácticas diferentes. Ejemplo:

  *Tengo un paraguas, **pero** roto.* → *... pero (está) roto.*

• La conjunción *pero* pierde, a veces, su valor relacionante para convertirse, bien sola, bien unida a las conjunciones *que* y *si*, en un mero elemento expresivo. Ejemplos:

  *Esa chica toca el piano **pero que** muy bien.*
  ***Pero** ¡será posible!*

● **La conjunción *aunque***

Aunque con valor coordinante

La conjunción *aunque* es coordinante adversativa solo cuando es sustituible por *pero*. Esto ocurre cuando va insertada entre los componentes que coordina, y, en el caso de que el segundo componente sea una oración, cuando el verbo va en indicativo. Normalmente exige una pausa anterior. Ejemplos:

  *Juan es listo, **aunque** vago.* → *... pero vago.*
  *Tengo una casa, **aunque** (es) pequeña.*

En los demás casos, *aunque* es conjunción subordinante. Ejemplos:

  Aunque (*pero) mete muchos goles, ese delantero es torpe.
  Juan es listo aunque (*pero) saque malas notas.

● **La conjunción *mas***

Mas: uso escrito únicamente

La conjunción *mas* es hoy exclusiva de la norma culta escrita. No aparece en el lenguaje coloquial. Une casi exclusivamente oraciones. Ejemplo:

  *Intentó salir, **mas** nadie le ayudó.*

236

CONJUNCIONES ADVERSATIVAS Y EXPLICATIVAS | 2.8 | 4

● **La conjunción** *sino*

La conjunción *sino* une palabras o grupos sintácticos, y más raramente oraciones. Para unir oraciones necesita normalmente de la
conjunción *que*, con la que forma una especie de nexo complejo.
Ejemplo:

Uso de la conjunción *sino*

> No iré a Estados Unidos, **sino que** me quedaré en Europa.

Además, la conjunción *sino* (o *sino que*) necesita siempre de una
negación en el primer segmento de la coordinación.

ATENCIÓN

Las locuciones [**3.2.2**] *sin embargo* y *no obstante* no tienen carácter conjuntivo, sino
adverbial, dado que son compatibles con las conjunciones adversativas y pueden ocupar posiciones diversas en la oración. Ejemplo:

> Pero yo creo, sin embargo, que... → Pero, sin embargo...

Cuando encabezan enunciados, estas locuciones adverbiales funcionan como conectores del discurso.

Las palabras *excepto, salvo* y *menos* presentan carácter conjuntivo
con valor adversativo, aunque frente a las auténticas conjunciones
pueden encabezar un enunciado. Ejemplos:

> Vinieron todos **excepto** Juan. → ... pero no Juan.
> **Excepto** Juan, vinieron todos.

En el último caso, la secuencia *excepto Juan* es una **cláusula absoluta** [**3.1.9**].

ATENCIÓN

Algunos gramáticos incluyen *excepto, salvo* y *menos* entre las preposiciones a pesar de
que no subordinan; otros consideran que son adverbios.

2.8 4.2 Locuciones coordinantes explicativas

Son coordinantes explicativas las locuciones *o sea, es decir, a saber*
y *esto es*. Ejemplos:

O sea, es decir, a saber y *esto es*: locuciones explicativas

> Ella se quedó en casa, **es decir**, no quiso salir.
> Estas dos palabras son sinónimas; **o sea**, tienen el mismo significado.

Algunos gramáticos consideran estas formas conectores explicativos, pero no conjunciones, ya que van entre comas.

2.8 | 5 **LOCUCIONES CONJUNTIVAS**

2.8 5.1 Concepto de locución conjuntiva

Locución conjuntiva: dos o más palabras con función de conjunción

Las locuciones [**3.2.2**] conjuntivas son secuencias constituidas por dos o más palabras indivisibles sintácticamente que desempeñan la función de una conjunción. Ya se han visto algunas de carácter coordinante como *o bien, o sea, es decir, así que*, etc. Pero la mayoría son subordinantes. Ejemplos:

una vez que	*a no ser que*	*tan pronto como*
dado que	*puesto que*	*con tal (de) que*

Construcciones formadas por preposición + que

- Algunos gramáticos consideran también locuciones conjuntivas algunas secuencias formadas por una preposición seguida de la conjunción *que*. Ejemplos:

para que	*desde que*	*hasta que*

Sin embargo, estas preposiciones (*para, hasta* y *desde*) forman parte de grupos preposicionales. Ejemplos:

para (que vengáis) (en vez de *para que [vengáis]*)
hasta (que vengáis) (en vez de *hasta que [vengáis]*)
desde (que vino) (en vez de *desde que [vino]*)

Se trata, pues, de grupos preposicionales formados por la preposición y la secuencia *conjunción + oración*.

No obstante, hay un argumento para considerar *para que, desde que* y *hasta que* locuciones: en la coordinación no se repite *que*. Ejemplo:

*Vine para que me ayudarais y que me alimentarais (se dice: ... para que ... y me alimentarais).

Construcciones formadas por adverbio + que: polémicas

- También son motivo de polémica entre los gramáticos las secuencias formadas con un adverbio y la palabra átona *que*. Ejemplos:

después que	*mientras que*	*antes que*

⟹ Para algunos, este *que* precedido de adverbio es un relativo con el adverbio como antecedente, y no una conjunción. De este modo, el adverbio siempre sería el núcleo de un grupo adverbial y la oración sería de relativo [**3.3.8**] y funcionaría como modificador del adverbio. Ejemplos:

después que lo supe	*mientras que juegas*
luego que cenó	*siempre que juegues*

⟹ Según otros, entre los que nos encontramos, el valor relativo de *que* en estos casos es poco claro. Sería más bien una conjunción; pero incluso en este caso sigue existiendo la duda a la hora del análisis en su unión con el adverbio.

— Para unos debe hablarse de grupos adverbiales dentro de los cuales se encuentra como complemento del adverbio la secuencia *conjunción + oración*. Ejemplos:

después [que lo supe] (grupo adverbial)
luego [que cenó] (grupo adverbial)

— Para otros, el adverbio seguido de *que* es una locución conjuntiva. Ejemplos:

después que	*antes (de) que*
luego que	*ya que*
siempre que	*mientras que*

— Quienes prefieren hablar de grupo adverbial argumentan que los adverbios correspondientes pueden funcionar por sí solos como complementos circunstanciales. Ejemplos:

Lo haré después (de) que llegues. → *Lo haré después.*
Lo haré antes (de) que llegues. → *Lo haré antes.*

⇒ Sin embargo, no parece que todos los adverbios mantengan siempre el mismo significado cuando aparecen solos y cuando están formando parte de toda la secuencia con la oración subordinada. Ejemplos:

Lo he hecho, ya que me lo has pedido (causal).
Lo he hecho ya (tiempo).
Así que vengas, te lo doy (tiempo).
Te lo doy así (modo).
Te lo daré siempre que te portes bien (condición).
Te lo daré siempre (tiempo).

En resumen:

• Cuando el adverbio, en su uso independiente, sigue manteniendo el mismo significado que con toda la secuencia oracional, se podría hablar de grupo adverbial [**3.2.7**].

• Cuando no mantiene el mismo significado, o no puede funcionar sin *que*, es mejor hablar de locución conjuntiva.

Por tanto, son locuciones conjuntivas:

ya que
según que
así que
siempre que (con valor condicional)
mientras que (con valor concesivo)

y es discutible que lo sean otras secuencias como:

después (de) que
antes (de) que

2.8 | 6 | **CONJUNCIONES Y LOCUCIONES SUBORDINANTES (I)**

Las conjunciones y locuciones subordinantes pueden ser de varias clases: completivas, consecutivas, causales, finales, concesivas, temporales, modales, condicionales y comparativas.

2.8 6.1 Conjunciones completivas

Hay dos **conjunciones subordinantes completivas**: *que* y *si*.

● **La conjunción** *que*

Usos de la conjunción subordinante completiva *que*

La conjunción *que* es la más frecuente entre las subordinantes. Introduce oraciones subordinadas en función:

● De sujeto. Ejemplo: *Me consta que ha venido.*
● De complemento directo. Ejemplo: *Sé que ha venido.*

Para otras funciones, necesita ir precedida de preposición. Ejemplos:

Complemento indirecto: *No di importancia a que me insultaran.*
Complemento circunstancial: *Lo hice sin que me ayudaran.*
Complemento de régimen del verbo: *Confío en que apruebes.*
Modificador del adjetivo: *Estoy seguro de que eres bueno.*
Modificador de un sustantivo: *Tengo esperanzas de que venga.*
Modificador de un adverbio: *Saldré antes de que sea tarde.*

ATENCIÓN

Con el verbo *ver*, la palabra *como* actúa en ocasiones como conjunción completiva. Ejemplo: *Ya verás como no nos lo dice.*

● **La conjunción** *si*

Usos de la conjunción subordinante *si*

La conjunción *si* introduce siempre oraciones interrogativas indirectas [**3.3.1**]. Estas oraciones pueden realizar diversas funciones, excepto la de complemento circunstancial:

● Sujeto. Ejemplo: *No me importa si ha llovido mucho o poco.*
● Complemento directo. Ejemplo: *No sé si ha venido.*
● Complemento indirecto. Ejemplo: *No doy importancia a si ha jugado bien o mal.*
● Complemento de régimen. Ejemplo: *No me acuerdo de si era mayor que yo o más pequeño.*
● Modificador del adjetivo. Ejemplo: *No estoy seguro de si ha llovido.*
● Modificador del sustantivo. Ejemplo: *No tengo la certeza de si ha llovido o no.*

La posibilidad de introducir subordinadas de infinitivo y de formas paradigma con adverbios y pronombres interrogativos ha hecho que algunos gramáticos consideren este *si* un adverbio. Ejemplo:

No sé si ir → Pero sé dónde (cómo...) ir.

ATENCIÓN

Es importante no confundir:

- *Si* conjunción subordinante de interrogativas indirectas, que aparece solo para convertir un enunciado oracional [**3.1.1**] interrogativo directo total en una oración subordinada interrogativa indirecta. Ejemplos:

  > *¿Ha venido? No sé [si (ha venido)].*
  > *No estoy seguro de [si (ha venido)].*
  > *Pregunta [si (ha venido)].*
  > *Dime [si (ha venido)].*

- *Si* conjunción subordinante condicional, que solo introduce oraciones subordinadas condicionales [**3.3.20**] o hipotéticas. Ejemplos:

  > *Si ha venido, mándalo pasar.*
  > *Te llamaré si vamos al cine.*

  Se duda, sin embargo, del carácter de conjunción subordinante del *si* interrogativo, pues se combina también con infinitivos, combinación que está vedada a las conjunciones subordinantes. Ejemplo:

  > *No sé si ir a tu casa.*

  Por eso, algún gramático lo ha considerado **adverbio**.

2.8 6.2 Conjunciones y locuciones consecutivas

Es frecuente ver incluidas en las gramáticas, entre las conjunciones y locuciones conjuntivas subordinantes consecutivas, las formas:

Formas habitualmente consideradas consecutivas

conque	*luego*
así que	*pues bien*
de modo que	*de manera que*
de forma que	*por consiguiente*
por (lo) tanto	

Sin embargo, ya se ha visto que la mayoría de la lista anterior son conjunciones o locuciones conjuntivas coordinantes ilativas.

En cuanto a las formas *por (lo) tanto*, *por consiguiente* y otras parecidas, como *en consecuencia*, hay que decir que, aunque aportan significado de consecuencia, no son conjuntivas sino adverbiales que actúan como conectores entre enunciados o párrafos. Además pueden ocupar cualquier lugar en su oración y son compatibles con las conjunciones *y*, *ni*. Ejemplos:

> *Ya me he curado; por consiguiente, ya puedo salir a la calle.*
> *Ya me he curado; ya puedo, por consiguiente, salir a la calle.*
> *Ya me he curado; ya puedo salir, por consiguiente, a la calle.*
> *He trabajado mucho y, por consiguiente, necesito un descanso.*

2.8 | 7 | CONJUNCIONES Y LOCUCIONES SUBORDINANTES (y II)

2.8 7.1 Conjunciones y locuciones conjuntivas causales

Causales: porque, como, pues, dado que, puesto que...

Las conjunciones y locuciones causales son *porque, como, pues, dado que, puesto que, ya que...* El significado que introducen es el de causa, motivo o razón. Ejemplo:

*El suelo está mojado **porque** ha llovido.*

2.8 7.2 Conjunciones y locuciones conjuntivas finales

Existe la conjunción final *que* y la locución conjuntiva *a fin de que*. Introducen el significado de finalidad. Ejemplo:

*Me callo **a fin de que** podáis oír mejor.*

Que: valor final cuando equivale a para que

• La conjunción *que* tiene significado final en los casos en que se puede sustituir por *para que*. Ejemplo:

*Vuélvete, **que** te veamos.* → *... para que te veamos.*

ATENCIÓN

• No existe la locución conjuntiva *para que*: *para* es una preposición cuyo término es una oración sustantiva con *que* [**2.8.5**]. Ejemplo:

*Trabajo para **que podáis comer**.* → *Trabajo para eso.*

• De la misma manera, las secuencias *con vistas a, con miras a* son locuciones prepositivas. No forman locuciones conjuntivas con *que*. Ejemplo:

*Me preparo con vistas a **que me den trabajo**.* → *... con vistas a eso.*

• La secuencia *con el fin de que* no se considera una locución conjuntiva, sino un grupo preposicional que contiene un grupo nominal. Este grupo nominal contiene, a su vez, una oración que complementa al sustantivo nuclear *fin*. Ejemplo:

Trabajo con [el fin [de que coman mis hijos]].

2.8 7.3 Conjunciones y locuciones conjuntivas concesivas

Concesivas: aunque, por más que, por mucho que...

Las conjunciones y locuciones concesivas son *aunque, por más que, por mucho que, si bien, aun cuando...* Aportan el significado de concesión. Ejemplo:

*No aprobarás **aunque** estudies mucho.*

2.8 7.4 Conjunciones y locuciones conjuntivas temporales

Temporales: en cuanto, tan pronto como, cada vez que...

Las locuciones conjuntivas temporales son, entre otras, *en cuanto, tan pronto como, cada vez que, una vez que...* Ejemplo:

***Tan pronto como** lo supe, se lo dije.*

ATENCIÓN

- La palabra *cuando* es adverbio relativo con valor conjuntivo.
- También *apenas* y *mientras* son adverbios conjuntivos si introducen oraciones temporales.

2.8 7.5 Conjunciones y locuciones modales

Aunque se haya venido hablando de ellas en la tradición gramatical, en realidad no existen verdaderas conjunciones modales. Las palabras *como* y *según* son adverbios relativos con valor conjuntivo. Ejemplo:

No hay verdaderas conjunciones modales

Lo hice como pude. → *Lo hice (de la forma) como pude.*

2.8 7.6 Conjunciones y locuciones conjuntivas condicionales

Son condicionales las conjunciones y locuciones siguientes: *si, como, cuando, con tal (de) que, siempre y cuando, siempre que, a no ser que.* Significan condición o hipótesis. Ejemplo:

Condicionales: *si, como, cuando, con tal, siempre y cuando...*

Iré a tu casa siempre que seas bueno.

- Las palabras *como* y *cuando* son, a veces, conjunciones subordinantes condicionales, y, por tanto, son equivalentes a *si*. La primera siempre exige subjuntivo. Ejemplos:

Como no vengas, no te doy el regalo. → *Si no vienes...*
Cuando no ha venido, por algo será. → *Si no ha venido...*

2.8 7.7 Conjunciones comparativas y consecutivas

La conjunción *que* se combina con adverbios intensivos para introducir secuencias comparativas y oraciones consecutivas [3.3.24]. Ejemplos:

Miente más que habla.
Trabajo menos que tú.
Es tan buena que todos la quieren.

La palabra *como* en su correlación con *tan* o *tanto* es una conjunción comparativa. Ejemplos:

Es tan listo como yo.   *No estudia tanto como dice.*

1. Explica en qué casos *aunque* es conjunción coordinante y en cuáles es subordinante:

- *Aunque tengo dinero, no soy gastador.*
- *Iré al partido aunque llueva.*
- *Soy trabajador aunque algo distraído.*

2. ¿Cuáles son los distintos significados de la conjunción coordinante *o* en estos enunciados?

- *O vienes o te quedas.*
- *En este cajón puedes meter sábanas o mantas.*
- *Juan Ruiz o El Arcipreste de Hita escribió el Libro de buen amor.*

3. Determina el papel que desempeñan las conjunciones *y* y *pero* en las oraciones siguientes:

- *¿Y tú me lo preguntas?*
- *Pero ¡seré despistado!*

4. La conjunción *que* en las oraciones siguientes, ¿es coordinante o subordinante?

- *Quieras que no, hay que trabajar.*
- *El niño estaba dale que dale, habla que te habla...*

5. Construye dos oraciones con las locuciones *o sea* y *es decir.* ¿Qué significado aportan estas locuciones?

6. Explica si *ni* es una verdadera conjunción en *no tengo ni un duro.* Razona tu respuesta.

7. Indica la clase a la que pertenecen estas conjunciones y locuciones conjuntivas:

- *aunque*
- *sino*
- *o sea*
- *ya que*
- *luego*
- *más*
- *sino que*
- *tan pronto como*
- *así que*
- *conque*

8. ¿Cuál es la diferencia sintáctica que presenta la conjunción *si* en estas oraciones?

- *Nunca sabré si has acertado.*
- *Nunca lo sabré si no me lo dices.*

9. ¿Qué diferencias sintácticas presenta la palabra *luego* en estas oraciones?

- *Luego me acerco a tu casa.*
- *Pienso, luego existo.*

10. Indica los distintos valores de *cuando* en los siguientes enunciados:

- *Cuando no llama es que está enfermo.*
- *Cuando no llama, nos ponemos nerviosos.*

11. Determina cuáles son los distintos valores de la secuencia *siempre que* en estas oraciones:

- *Siempre que juego, gano.*
- *Te lo contaré siempre que no se lo digas a nadie.*

12. Señala la diferencia sintáctica existente en la palabra *mientras* en estos dos enunciados:

- *Yo hago las camas; tú, mientras, preparas el desayuno.*
- *Mientras yo hago las camas, tú preparas el desayuno.*

13. ¿Significan lo mismo los dos enunciados siguientes?

- *Ella cantaba mientras yo hacía la comida.*
- *Ella cantaba, mientras que yo hacía la comida.*

2.9 Las interjecciones

2.9 1 LA INTERJECCIÓN Y LAS FRASES INTERJECTIVAS

2.9 1.1 Características de las interjecciones

Las interjecciones responden a las siguientes características:

Palabras tónicas • Son palabras tónicas [**4.1.14**] que constituyen enunciados exclamativos [**3.1.1**] por sí mismas. Ejemplos:

¡ay!   *¡vaya!*   *¡uf!*

También pueden ser grupos de palabras, aunque en este caso es preferible hablar de frases interjectivas y también de locución [**3.2.2**] interjectiva. Ejemplos:

¡Hay que ver!   *¡Qué va!*   *¡Qué barbaridad!*   *¡Venga ya!*

No realizan función en la oración • Las interjecciones no desempeñan ninguna función en la oración ni relacionan elementos de la misma. Por tanto, no realizan función ni de sujeto, ni de predicado, ni de núcleo, ni de complemento, ni son relacionantes.

Entonación exclamativa • Siempre están envueltas en una entonación exclamativa [**4.1.16**].

Significado • Se limitan a imitar ruidos de la realidad, a expresar sentimientos del hablante, a actuar sobre el receptor o los receptores. También se utilizan como fórmulas de saludo, cortesía, etc. De ahí que su significado dependa del contexto o de la situación en que aparecen.

2.9 1.2 Clases de interjecciones

Se pueden distinguir varias clases de interjecciones:

Imitativas: imitan ruidos de la realidad • **Interjecciones imitativas:** son aquellas que se han formado onomatopéyicamente, es decir, con la intención de imitar ruidos de la realidad. Ejemplos:

¡zas!   *¡pumba!*   *¡plaf!*   *¡chas!*

Expresivas: exteriorizan sentimientos • **Interjecciones expresivas:** son las que el hablante utiliza para exteriorizar algún tipo de sentimiento: dolor, admiración, sorpresa, indignación, alegría, rechazo, etc. Ejemplos:

¡ay!   *¡ah!*   *¡oh!*   *¡uf!*   *¡bah!*   *¡ajá!*

Este tipo de interjecciones pertenece únicamente a la función expresiva del lenguaje. También se incluyen aquí ciertas frases interjectivas. Ejemplos:

¡Qué va!   *¡Hay que ver!*   *¡No te joroba!*

Apelativas: actúan sobre los receptores • **Interjecciones apelativas:** son las que se usan para actuar sobre la voluntad del receptor o de los receptores. Ejemplos:

¡aúpa!   *¡eh!*   *¡ea!*   *¡psss!*

> **ATENCIÓN**
>
> La interjección *¡psss!* no es en la escritura una palabra, pues carece de vocal; pero en la pronunciación se genera una *i*.

- **Interjecciones formularias:** son las que se usan como fórmulas de saludo, despedida, cortesía, etc. Ejemplos:

  ¡adiós!   *¡hola!*   *¡gracias!*   *¡enhorabuena!*

Formularias: expresan cortesía, saludo, etc.

2.9 1.3 Palabras trasladadas a interjecciones

Ciertas palabras tónicas o grupos de palabras que por sí mismos no son interjecciones, usados aisladamente y con entonación exclamativa, pueden actuar como tales. Ejemplos:

Palabras y grupos de palabras que se pueden usar como interjecciones

  Sustantivos y grupos nominales: *¡hombre!, ¡santo cielo!, ¡cuidado!*

  Adjetivos: *¡bueno!, ¡bravo!, ¡claro!, ¡genial!*

  Formas verbales y frases: *¡vaya!, ¡anda!, ¡Hay que fastidiarse!*

  Oraciones deformadas eufemísticamente (frases interjectivas): *¡Hay que jorobarse!, ¡Mecachis en diez!*

2.9 1.4 Otras características de las interjecciones

Las interjecciones presentan también otras características:

- Algunas interjecciones se convierten en núcleo de un grupo interjectivo; es decir, pueden llevar un complemento. Ejemplos:

  ¡Ay de mí!   *¡Vaya con el niño!*

Interjecciones con complemento

- En ocasiones pueden aparecer dos interjecciones juntas. Ejemplos:

  ¡Oh, cielos!   *¡Vaya, hombre!*

- La interjección *vaya* se convierte con frecuencia en un intensificador de sustantivos y de adjetivos. Viene a ser un equivalente del exclamativo *qué*. Ejemplos:

  ¡Vaya lío!   *¡Vaya problema!*

Interjecciones intensificadoras

- Algunas interjecciones pueden intensificar oraciones unidas a las conjunciones *que* o *si*. Ejemplos:

  ¡Cuidado que es tonto!   *¡Vaya si es tonto!*

1. Clasifica estas interjecciones y explica su significado:

- ¡aúpa!
- ¡eh!
- ¡ja!
- ¡joroba!
- ¡pumba!
- ¡vale!

2. ¿De qué tipo son las siguientes frases interjectivas? Indica el significado de cada una de ellas.

- ¡Hay que ver!
- ¡No te fastidia!
- ¡Qué ha de ser!
- ¡Qué va!
- ¡Vete a saber!

3. Construye enunciados en los que estas palabras actúen como interjecciones o formen parte de frases o grupos interjectivos:

- bien
- bravo
- mira
- arrea

Oraciones y grupos

3.1 | Enunciado y oración

Terminología

- Para algunos gramáticos, la **oración compuesta** se opone a la **oración simple** y abarca lo que nosotros llamamos **oraciones compuestas complejas** y **oraciones compuestas con conjuntos oracionales**, mientras que para otros la oración compuesta abarca solo la coordinación oracional, o sea, lo que aquí se llama conjunto oracional por coordinación, y mantiene el término de **oración compleja** para todos los demás casos en que haya más de un predicado.

- Las oraciones **subordinadas** y **coordinadas** se conocen también con los términos de **proposiciones** (subordinadas o coordinadas), **cláusulas** y **suboraciones**.

- Algunos gramáticos entienden las oraciones yuxtapuestas, coordinadas y subordinadas como tres clases diferentes. Otros gramáticos consideran que la yuxtaposición es una variante no solo de la coordinación sino también de la subordinación. Según estos, habría **oraciones coordinadas con nexo** y **oraciones coordinadas yuxtapuestas** (sin nexo), y **oraciones subordinadas con nexo** y **oraciones subordinadas yuxtapuestas** (sin nexo), como el estilo directo u oraciones del tipo *te ruego me disculpes*.

- En esta gramática se entiende como **atributo** todo elemento que se predica de un nombre o de una oración mediante verbos copulativos (*ser, estar, parecer*), bien con verbos semicopulativos (*quedarse, ponerse, volverse, seguir...*), bien en estructuras con verbos plenos en los que se presupone un verbo como *ser* o *estar*: *Estudiaba con la ventana [que estaba] abierta*.

  Cuando el atributo se predica de un nombre a través de un verbo pleno o principal, lo llamamos **predicativo**.

  Otros gramáticos usan el término **atributo** solamente para los casos en que la predicación se establece con verbos copulativos; si se establece con verbos semicopulativos o plenos usan **predicativo**.

  Algunos gramáticos emplean el término **predicado nominal** como sinónimo de **atributo**, entendido este como complemento del sujeto a través de un verbo copulativo.

  Por último, hay gramáticos que utilizan el término **atributo** tanto cuando la predicación se establece con verbos copulativos y semicopulativos como cuando se da con verbos plenos. En este caso no se usa el término **predicativo**.

- Las oraciones con **atributo** se llaman también oraciones **copulativas**, siempre que por atributo se entienda la función de complemento del sujeto a través de un verbo copulativo.

- Lo que aquí se llama **sujeto cero** se conoce también como **sujeto tácito** y **sujeto nulo**, que no es lo mismo que **sujeto elíptico** (o implícito), pues este es siempre recuperable y aquel no.

3.1 **1**   **ENUNCIADO Y ORACIÓN**

3.1 1.1 **El enunciado**

Características de los enunciados

El enunciado puede estar constituido por una palabra o una secuencia de palabras, y presenta las siguientes características:

• Está delimitado por pausas mayores (por ejemplo, la del punto o el silencio).

• Tiene capacidad comunicativa por sí mismo y comunica bien dentro de un texto (el discurso), bien en una situación.

• Está envuelto por una curva de entonación determinada.

• Es sintácticamente autosuficiente.

El enunciado es la unidad mínima de comunicación, mientras que el texto es la unidad máxima.

3.1 1.2 **Clases de enunciados**

● Hay dos clases de enunciados: los no oracionales y los oracionales.

Enunciados no oracionales: sin estructura oracional

• **Enunciados no oracionales:** son enunciados constituidos por una palabra o un conjunto de palabras sin estructura oracional. Ejemplos:

¡Silencio!   ¡Fuego!   Buenos días   ¡Adiós!

Las interjecciones [**2.9.1**] y las locuciones interjectivas [**2.9.1**] constituyen enunciados por sí mismas.

Enunciados oracionales: con estructura oracional

• **Enunciados oracionales:** estos enunciados (la mayoría) presentan estructura oracional y pueden constar de una oración o agrupar a más de una oración. Ejemplos:

Guarden silencio.   Si viene Juan, me lo dices.

ATENCIÓN

Algunos enunciados pueden no tener el verbo expreso y, sin embargo, ser enunciados oracionales. Son casos de elipsis, como el de las respuestas a preguntas. Ejemplos:

—¿Dónde has estado? (enunciado 1).
—En casa (enunciado 2).

● Los enunciados también se clasifican atendiendo a la actitud del hablante ante lo enunciado:

Enuncian hechos

• **Enunciativos:** se enuncia como real un hecho afirmándolo o negándolo. Ejemplos:

Ha llovido hoy.   No ha llovido hoy.

ENUNCIADO Y ORACIÓN **3.1** 1

- **Interrogativos:** se pregunta por algo o alguien. Pueden ser totales o parciales.

  Se pregunta por algo o alguien

  — Totales: se pregunta por el contenido total del enunciado. Las respuestas son *sí, no, quizás,* etc. Ejemplos:

    —*¿Vas a ir al cine?*   —*¿No ha venido el profesor?*

  — Parciales: se pregunta solo por una parte del enunciado mediante pronombres y adverbios interrogativos o mediante grupos nominales introducidos por un determinativo interrogativo. Las respuestas no pueden ser ni *sí* ni *no.* Ejemplo:

    —*¿Qué estudias?*

    —*Matemáticas* (no se puede responder: *sí, no*).

- **Imperativos:** se dan órdenes a alguien. Los enunciados imperativos se manifiestan de diversas maneras:

  Sirven para dar órdenes

  — Con imperativos morfológicos o sintácticos. Ejemplos:

    Estáte quieto.   *Váyase de aquí.*

  — Con subjuntivo precedido de la conjunción *que* o del adverbio *no* (estos últimos son negativos). Ejemplos:

    Que os calléis.   *No salgas.*

  — Con sustantivos, gerundios o adverbios y con entonación exclamativa, y con algunas interjecciones. Ejemplos:

    ¡Silencio!   *¡Andando!*   *¡Arriba!*   *¡Aúpa!*

  — Con el modo indicativo, pero con entonación exclamativa. Ejemplos:

    ¡Tú te callas!   *¡Ya os estáis yendo!*

- **Desiderativos:** se expresa un deseo del hablante. Poseen entonación exclamativa, van introducidos por adverbios de modalidad (*ojalá, así*) o por la conjunción *que* y van en subjuntivo. Ejemplos:

  Expresan deseo del hablante

    ¡Ojalá llueva!   *¡Así te caigas!*   *¡Que llueva!*

- **Dubitativos:** se expresa una duda o posibilidad por parte del hablante. Sus recursos son los adverbios de modalidad (*quizá, tal vez...*) y el subjuntivo, o la locución *a lo mejor* y el indicativo. Ejemplos:

  Expresan duda o posibilidad del hablante

    Quizá llueva.   *A lo mejor llueve.*

ATENCIÓN

- Cualquier enunciado es exclamativo si está envuelto en una **entonación exclamativa.** Ejemplos:

    ¡Ven aquí!   *¡No te lo consiento!*

3.1 2 LA ORACIÓN (I)

3.1 2.1 Enunciados y oraciones

Es importante distinguir el enunciado de la oración.

Unidad de comunicación con sentido completo

• **Enunciado:** como ya se ha dicho, es una unidad de comunicación, o sea, una unidad pragmática. En tanto que unidad de comunicación, debe tener sentido completo dentro de la situación en que se produce.

Unidad sintáctica con estructura de sujeto y predicado

• **Oración:** es una unidad sintáctica que se corresponde con la estructura gramatical constituida básicamente por un sujeto y un predicado. No importa si esa estructura tiene sentido completo o no. Ejemplos:

nexo   oración

Juan ha venido esta mañana.   *Me dijo que no vinierais.*
oración   oración

3.1 2.2 Oraciones independientes, dependientes y coordinadas

Atendiendo a la relación que una oración puede establecer o no con otra oración o con algún elemento de otra oración, las oraciones se clasifican en:

No guardan relación con otra oración ni con ningún elemento

• **Independientes:** no guardan relación de ningún tipo con otra oración ni con elemento alguno de otra oración. Ejemplo:

El niño no ha entendido la lección.

Dependen de algún elemento de otra oración

• **Dependientes o subordinadas:** son oraciones que dependen de algún elemento de otra oración en la que se integran o bien de otra oración a la que complementan. Ejemplos:

El libro que me dejaste ya lo he leído.   *Si vienes, te lo agradezco.*
    or. subordinada   or. sub. a la   or. principal
    a *libro*   otra oración

Oraciones en el mismo nivel sintáctico

• **Coordinadas:** son oraciones que no establecen relación de dependencia sintáctica con otra u otras, sino que todas se encuentran en el mismo nivel sintáctico dentro de un único enunciado. La relación entre ellas es de carácter semántico, con los significados de adición (positiva o negativa), de alternancia o de oposición o contraste. Pueden ser:

• **Copulativas:** se unen con las conjunciones y locuciones coordinantes copulativas [**2.8.2**]. Ejemplo:

nexo

Juan vino a casa y me trajo un regalo.

• **Disyuntivas:** se unen con las conjunciones y locuciones coordinantes disyuntivas [**2.8.3**]. Ejemplo:

nexo   nexo

O vienes o te quedas.

- **Adversativas:** se unen con las conjunciones coordinantes adversativas [**2.8.4**]. Ejemplo:

  nexo
  Ana fue al cine, (mas) pero no le gustó la película.

- **Explicativas:** se unen con nexos como *o sea, es decir, esto es.* Ejemplo:

  nexo
  Pienso, es decir, dudo.

ATENCIÓN

- La **coordinación** no solo se da entre oraciones, sino también entre unidades menores (palabras o grupos). Ejemplos:

  Juan y Pedro   *Cervantes o el manco de Lepanto*
  ni simpático ni guapo   *tanto él como su hermano*

- La **yuxtaposición** es la coordinación (y la subordinación, según algunos autores), pero sin nexos (en la escritura, los componentes yuxtapuestos se separan con una coma o, a veces, con un punto y coma). Ejemplos:

  Es guapo, simpático, amable.   *Lee libros, pinta, hace deporte.*

  El segundo ejemplo es el de un enunciado con tres oraciones **yuxtapuestas.**

3.1 2.3 **Oración compuesta con conjunto oracional**

Una oración compuesta con conjunto oracional es la unión de dos o más oraciones dentro de un enunciado sin que ninguna de las oraciones sea complemento solo de una palabra de la oración principal. Puede ser de dos tipos:

> Oración compuesta con conjunto oracional: dos o más oraciones dentro de un enunciado

- **Conjunto oracional (u oración compuesta) por coordinación:** Las oraciones del enunciado son coordinadas o yuxtapuestas. Ejemplos:

  Unas veces estoy contento; otras, (estoy) triste.
  oración yuxtapuesta 1   oración yuxtapuesta 2
  conjunto oracional (enunciado) por yuxtaposición

  nexo
  Todos los días entreno, pero no jugaré el partido.
  oración coordinada 1   or. coordinada 2
  conjunto oracional (enunciado) por coordinación

- **Conjunto oracional (u oración compuesta) por subordinación:** Consta de una oración principal y otra subordinada o dependiente de toda la principal. Ejemplo:

  nexo
  Si vienes a casa, te doy el regalo.
  oración subordinada   oración principal
  conjunto oracional por subordinación

3.1 | 3 | LA ORACIÓN (y II)

3.1 3.1 Oraciones simples y compuestas complejas

Un solo predicado

● **Oraciones simples:** Son aquellas que constan de un solo predicado. Ejemplos:

Ha llegado el verano.   *Me duele la cabeza.*

Más de un predicado

● **Oraciones compuestas complejas** (junto con los conjuntos oracionales constituyen una variedad de la **oración compuesta**): Son aquellas que contienen en el interior de toda la oración (la oración principal) una oración subordinada a un elemento de esta (sustantivo, adjetivo, verbo, adverbio o pronombre). En las oraciones complejas, por tanto, alguno de los complementos o el sujeto es otra oración. Ejemplos:

nexo y CD	nexo
El libro que me traje lo perdí.	*Querría que me felicitaras.*
or. sub. al sustantivo	or. sub. al verbo
or. comp. compleja y principal	or. comp. compleja y principal

---

ATENCIÓN

Según la *NGLE*, en las oraciones complejas no debe considerarse **oración principal** el segmento que queda tras eliminar la oración subordinada correspondiente. La oración principal es toda la oración compuesta compleja, dentro de la cual se encuentra una oración subordinada. Ejemplo:

Me dijeron que permaneciera dos días más.
_____
                oración subordinada
_____
oración principal (compleja o compuesta)

3.1 3.2 Componentes internos y periféricos de la oración

Los componentes internos de una oración, los básicos, son el sujeto [**3.1.4**] y el predicado [**3.1.9**]. Pero una oración puede estar acompañada de otros elementos externos o periféricos:

Atributo oracional: se desglosa en una oración con atributo

● **Atributo oracional:** Esta función, que semánticamente manifiesta la actitud del hablante ante lo expresado en la oración, la desempeñan adverbios, locuciones adverbiales o grupos preposicionales que encierran un valor atributivo (son desglosables en una oración con atributo). Ejemplo:

Afortunadamente, (yo) aprobé. → *Aprobé, y eso fue una fortuna.*
   atributo oracional   oración

- **Tópicos:** En ocasiones, delante de la oración propiamente dicha (sujeto + predicado) aparecen ciertos componentes sin función sintáctica determinada que el hablante (o escritor) adelanta para decir algo sobre ellos. Se trata de elementos llamados **tópicos**, que desempeñan una función de carácter informativo. A veces van introducidos por una locución o expresión topicalizadora y suelen ir separados por una pausa menor. Ejemplos:

Van delante de la oración y desempeñan una función de carácter informativo

topicalizador
En cuanto a Felipe, se trata de un gran artista.
 tópico   oración

topicalizador
En relación con ese tema, tengo que decir que tienes razón.
 tópico   oración

Lingüísticamente, esa frase es agramatical.
 tópico   oración

Pero el tópico puede incidir también sobre enunciados no oracionales. Ejemplos:

Los toros, ¡qué fiesta tan dura!
 tópico enunciado no oracional

De política, ni palabra.
 tópico enunciado no oracional

- **Adverbios de modalidad:** Una oración o un enunciado pueden estar envueltos en una modalidad manifestada por ciertos adverbios o locuciones adverbiales como *no, sí, tal vez, a lo mejor, posiblemente, probablemente, seguro (seguramente), ojalá, así*, etc., y sin valor atributivo. Son elementos que apuntan también a la actitud del hablante sobre el contenido que ofrece la oración. Ejemplos:

Adverbios de modalidad: apuntan a la actitud del hablante

Probablemente *cante.*
adv. de modalidad oración
(compl. oracional)

Tal vez *esté lloviendo.*
adv. de modalidad oración
(compl. oracional)

- **Algunos circunstanciales:** Ciertos adverbios, o algunos grupos preposicionales, grupos nominales u oraciones, consideradas tradicionalmente complementos circunstanciales sin más, parecen incidir sobre una oración entera (no sobre uno de sus elementos internos), especialmente si se separan de ella mediante una pausa. Podemos llamarlos **circunstantes**. Ejemplos:

Circunstanciales: inciden sobre la oración entera

A pesar de esto, casi todos estudiábamos en Madrid.
 circunstante   oración

- **Vocativo:** Esta función es periférica y constituye un enunciado por sí mismo. Se usa para llamar a alguien y se separa con comas. Ejemplo:

Ana, ten cuidado.
vocativo oración

No te preocupes, hijo.
 oración vocativo

| 3.1 | 4 | **EL SUJETO (I)** |

3.1 4.1 Sujeto y predicado

Componentes
fundamentales de la
oración

● En toda oración hay dos componentes fundamentales. Son las funciones de sujeto y predicado. Ambos están en el mismo nivel sintáctico y dependen el uno del otro. La relación entre ellos es, pues,
de interdependencia: el sujeto es lo que es porque hay un predicado, y el predicado se justifica porque hay un sujeto, aunque este,
en ocasiones, puede ser cero o estar oculto. Ejemplo:

ATENCIÓN

Algunos gramáticos piensan que el componente esencial de la oración es el verbo, y
que el sujeto es un adyacente de ese verbo, en el mismo nivel que el complemento
directo, el complemento indirecto, el complemento de régimen. Ejemplo:

3.1 4.2 La concordancia del sujeto con el verbo

Sujeto: concuerda
con el verbo

El sujeto de una oración es todo elemento (sustantivo, pronombre,
grupo nominal, oración) que concuerda con el verbo del predicado
en número y persona. Ejemplos:

Me gusta tu camisa.
3.ª sing. suj. 3.ª sing.

Me gustan tus camisas.
3.ª pl. suj. 3.ª pl.

La pelota la tiró el niño.
3.ª sing. suj. 3.ª sing.

La pelota la tiraron los niños.
3.ª pl. suj. 3.ª pl.

● Concordancia frente a coincidencia

Concordar no es solo
coincidir

Para comprobar si un componente oracional concuerda con el verbo, hay que cambiar de número dicho componente (si está en singular, se pasa a plural, y si está en plural, a singular), y, si es
preciso, se cambia también el verbo de persona.

Si al proceder de esta manera, el verbo se ve afectado en el número y, en su caso, en la persona, es que los dos componentes concuerdan, no solo coinciden. Ejemplo:

La pelota la tiró el niño. → Las pelotas las tiró el niño.

En este caso, los grupos nominales la pelota y el niño están en
singular y en tercera persona al igual que el verbo tiró. Pero solo
el niño concuerda con el verbo:

La pelota la tiraron los niños al jardín.

Si el componente que funciona como sujeto no se puede cambiar de número porque no admite plural (por ejemplo, las oraciones), es conveniente sustituirlo por algún pronombre para poderlo convertir en plural. Si se trata de pronombres neutros (*esto, eso, aquello...*), la conversión a plural se ha de realizar con el grupo nominal equivalente *estas cosas (esas, aquellas cosas...)*. Ejemplo:

Sustitución por un pronombre

<u>nexo</u>
Me preocupa <u>que no comas</u>.   → *Me preocupa <u>eso</u>.*
        sujeto oracional   sujeto

                      → *Me preocupan <u>esas cosas</u>.*
                                 sujeto

ATENCIÓN

Una cosa es la persona de un grupo nominal, que siempre es la 3.ª, y otra la del posible determinativo, que actualiza al sustantivo. Ejemplo:

tu casa es 3.ª persona porque es sustituible por *ella* o *esa*, aunque *tu* sea 2.ª persona.

3.1 4.3 El sujeto y las preposiciones

El sujeto nunca va introducido por una preposición. (Para los casos de *entre, hasta* y *según* [**2.7.3**]).

Sujeto siempre sin preposición (excepto casos extraordinarios)

3.1 4.4 Posición del sujeto

El sujeto puede ir:

● Delante o detrás del verbo. Ejemplos:

Vinieron ayer <u>mis hijos</u>.   *<u>Mis hijos</u> vinieron ayer.*
            sujeto   sujeto

Delante o detrás indistintamente

● Con ciertos verbos o con ciertas estructuras (por ejemplo, en algunos casos de pasivas reflejas [**2.4.6**] o enunciados interrogativos totales [**4.1.16**]), lo normal es la posposición del sujeto, salvo que se quiera focalizarlo, o sea, ponerlo de relieve. Ejemplo:

Me apetece un pastel (es más normal que *un pastel me apetece*).

Por su parte, los sujetos desempeñados por pronombres interrogativos o relativos siempre encabezan la oración. Ejemplos:

¿<u>Quién</u> ha llamado?   *La hoja <u>que</u> cayó del árbol.*
  sujeto   sujeto

ATENCIÓN

El sujeto nunca se conmuta por ningún pronombre personal átono. Por tanto, las formas *me, te, se, le, les, lo, la, los, las, nos* y *os* nunca desempeñan la función de sujeto.

3.1 | 5 | EL SUJETO (II)

3.1 5.1 Categorías con función de sujeto

Categorías que pueden ser sujeto

Las categorías que pueden desempeñar la función de sujeto son:

- Sustantivos. Ejemplo: *Se encontró* **petróleo.**
- Grupos nominales. Ejemplo: *Apareció* **un jarrón de plata.**
- Pronombres personales tónicos. Ejemplo: **Yo** *no lo hice.*
- Pronombres relativos, interrogativos y exclamativos. Ejemplos: *El libro* **que** *está en la mesa es bonito* (que es el sujeto de *está*). ¿**Quién** *está ahí?* ¡**Qué** *ocurre!*
- Oraciones. Ejemplo: *Nos molesta* **que hagáis ruido.**
- Cualquier elemento sustantivado. Ejemplo: *Lo barato es caro.*

3.1 5.2 Definiciones no adecuadas de sujeto

Definición semántica de sujeto: no adecuada

- Con frecuencia se ha definido y se sigue definiendo el sujeto como 'la persona o cosa que realiza la acción del verbo'. Esta definición, que apunta más a un sujeto lógico que gramatical, no es adecuada por las razones siguientes:
  - Según esta definición, no habría sujeto en oraciones cuyo verbo no fuera de acción, como *ser, estar, parecer,* etc.
  - Con muchos verbos y también en las estructuras pasivas, el sujeto no es la persona o cosa que realiza la acción del verbo, sino la persona que la padece o sufre. Ejemplos:

    Pedro murió en accidente.   *Un ladrón fue detenido por la policía.*
    sujeto   sujeto

  - Dicha definición vale para la noción de agente, que es función semántica, frente a la noción de sujeto, que es función sintáctica.

  Por ello no es adecuado intentar detectar el sujeto de una oración preguntando al verbo solo *¿quién?*, ya que los sujetos de cosa responden a la pregunta *¿qué?* Ejemplo:

    Cayó una piedra del tejado. → *¿Qué cayó del tejado?*
    sujeto   sujeto

  Con la pregunta *¿quién?* obtenemos solo la función semántica **actor** (que cubre las nociones de agente y paciente).

Definición basada en la función informativa: no adecuada

- Por otra parte, definir el sujeto solamente como 'la persona o cosa de la cual se dice algo' puede apuntar al tópico o tema, pero no al sujeto gramatical. Con esta definición se confundiría la función sintáctica de sujeto con la función informativa de tema o tópico. En efecto, en las dos oraciones siguientes hay el mismo tema, pero distintos sujetos:

    El fútbol me aburre.   *El fútbol lo aborrezco* (sujeto: *yo*).
    suj. y tema   CD y tema

3.1 5.3 Sujeto elíptico

Se llama sujeto elíptico, implícito o tácito aquel que no aparece en la oración pero que podemos recuperar porque se deduce o bien de las desinencias del verbo o bien del contexto. Ejemplos:

Sujeto elíptico: no aparece, pero se puede recuperar

> *Mañana voy a tu casa* (sujeto elíptico: *yo*. Se deduce de la desinencia verbal: 1.ª persona singular).

> *Juan fue al cine pero no encontró entrada* (el sujeto de *encontró* es *él*, cuyo referente en el contexto es *Juan*).

ATENCIÓN

Algunos gramáticos distinguen dos tipos de sujeto:

• El **gramatical**, que se identifica con los morfemas de número y persona del verbo.
• El **léxico**, que no es más que aquella palabra o grupo de palabras que concuerdan con el verbo en número y persona. Así, *mi hijo* es el sujeto léxico de:

> *Mi hijo comió pan.*

3.1 5.4 El sujeto de oraciones con verbo en forma no personal

El sujeto de una oración cuyo verbo es una forma no personal (infinitivo, gerundio o participio) no se deduce de la concordancia, pues las formas no personales carecen de información de número y persona. En estos casos, el sujeto se deduce solo del contexto o de algunas posibles trasformaciones de equivalencia. Ejemplos:

Sujeto de formas no personales: se deduce del contexto

> *Juan quiso darme el recado* (el sujeto de *dar* es *él*, cuyo referente es *Juan*).
> *Me dejaron jugar en el patio* (el sujeto de *jugar* es *yo*. Se deduce de su relación con el pronombre *me*: *me dejaron que yo jugara en el patio*).

• Con infinitivos [**2.5.2**] y gerundios [**2.5.3**], el sujeto puede aparecer, a veces, explícito. Ejemplos:

> *Yendo yo por la calle.*   *Nos gustaría poder hacerlo nosotros.*
>   sujeto   sujeto

• Cuando el verbo está en participio [**2.5.4**], y este funciona como núcleo verbal de un predicado, el sujeto es aquel elemento que concuerda con él en género y número. Ejemplo:

> *Dichas esas cosas, se marchó.*
>   sujeto

3.1 | 6 | EL SUJETO (y III)

3.1 6.1 Cuestiones de concordancia del sujeto

Concordancia en singular o en plural

- Cuando la función de sujeto está desempeñada por un grupo nominal cuyo núcleo es un sustantivo en singular con significado colectivo, cuantificador o clasificador y va acompañado de un complemento suyo con la preposición *de*, el verbo puede ir en singular, concordando con dicho núcleo, o en plural, concordando con el sustantivo que funciona como complemento. Ejemplos:

  El resto de los muchachos se quedó en casa.

  El resto de los muchachos se quedaron en casa.

  Esta doble opción de concordancia se da con sustantivos como *mitad, decena, docena, centenar, millar, millón*, etc., que forman parte de construcciones partitivas, y otros como *clase, tipo, un grupo, un conjunto, un montón*, etc., que forman parte de construcciones pseudopartitivas. Ejemplo: *Esa clase de personas no me gusta(n).*

  La concordancia en plural en estos casos se llama **concordancia ad sensum** (concordancia según el sentido). Ejemplo: *Un grupo de jugadores se dirigieron al público.*

- Si los sustantivos de las construcciones pseudopartitivas llevan el artículo determinado, la concordancia se establece solo en singular. Ejemplo: *El grupo de jugadores se dirigió/*se dirigieron al público.*

- Resulta extraña la concordancia en singular en las oraciones con verbos copulativos. Ejemplo: *La mitad de los asistentes era española* (mejor: *La mitad de los asistentes eran españoles*).

Sustantivos gramaticalizados: concordancia con el sustantivo introducido por de

- Ahora bien, el primero de los sustantivos puede haberse gramaticalizado adquiriendo un valor cuantificador. En ese caso, la secuencia que precede al sustantivo siguiente es una locución determinativa, y el verdadero núcleo sintáctico es el sustantivo introducido por la preposición *de*. Ejemplos:

  Infinidad de problemas me agobian (no se dice: *... me agobia*).
  locución   núcleo
         sujeto

  Multitud de papeles cayeron al suelo (no se dice: *... cayó...*).
  locución   núcleo
         sujeto

3.1 6.2 Aparentes discordancias del sujeto

Concordancia con el referente

- Hay oraciones de uso frecuente en que parece haber una discordancia entre el sujeto y el verbo del predicado. Ejemplo:

  Los españoles sois muy simpáticos (discordancia entre el sujeto de 3.ª persona y el verbo de 2.ª persona del plural).

Este fenómeno se explica porque la concordancia se establece no con el grupo nominal (*los españoles*) sino con su referencia (*vosotros*).

- Si una oración está formada por un sujeto singular, por el verbo *ser* y por un atributo plural, el verbo aparece en plural. Ejemplos:

Concordancia ad sensum con atributos plurales

Eso son tonterías. sujeto	*Todo son problemas.* sujeto
Mi vida son recuerdos. sujeto	*Esta gente son vecinos míos.* sujeto

Esta casa son cuatro ladrillos y unos cuantos tabiques.
sujeto

3.1 6.3 El sujeto compuesto: la concordancia

- Cuando el sujeto está compuesto de dos o más componentes en singular y coordinados con *y* o con nexos sinónimos como *tanto... como,* el verbo va en plural (excepto cuando los elementos coordinados son oraciones, pronombres neutros o construcciones de infinitivo, pues son elementos gramaticales que carecen de número). Ejemplo:

Dos o más componentes coordinados: verbo en plural

Están mal puestas la silla y la mesa. → *... tanto la silla como la mesa.*

Pero:

Me gusta que cante y que baile (no se dice: **Me gustan...*).
Me apetece esto y aquello (no se dice: **Me apetecen...*).

- Si los componentes coordinados se conciben como una unidad semántica fuerte, el verbo puede ir en singular. Ejemplo:

Elementos coordinados con verbo en singular

Se prohíbe la entrada y salida de camiones.

- Si el sujeto está compuesto de sustantivos o grupos nominales en singular coordinados con *ni,* lo normal es que si precede al verbo, este aparezca en plural, pero si lo sigue, puede aparecer tanto en singular como en plural. Ejemplo:

Coordinados con ni: en singular o plural

Ni Juan ni tu hermano quisieron venir (no se dice: **... quiso venir*).

Pero:

No quiso (quisieron) venir ni Juan ni tu hermano.

- Cuando se coordinan en un sujeto compuesto dos o más elementos correspondientes a personas gramaticales distintas, la regla es la siguiente:

Coordinados de personas gramaticales diferentes

  - El verbo va en plural y en 1.ª persona si uno de los componentes es el pronombre personal de 1.ª persona (*yo*). Ejemplo:

Tú y yo lo haremos.

  - El verbo va en plural y en 2.ª persona si uno de los componentes es el pronombre personal de 2.ª persona (*tú*), siempre que no haya otro de 1.ª persona. Ejemplo:

Mi hijo y tú lo haréis. → *Él y tú lo haréis.*

3.1 | **7** | ORACIONES IMPERSONALES (I)

3.1 7.1 Concepto de oración impersonal

Impersonales: no tienen sujeto léxico

Las oraciones impersonales son aquellas que carecen de sujeto léxico explícito o implícito (no recuperable). Su sujeto es cero.

3.1 7.2 Oraciones impersonales con verbos unipersonales

Verbos de fenómenos naturales

Son aquellas que tienen como núcleo del predicado un verbo unipersonal cuyo significado se refiere a fenómenos meteorológicos. Ejemplos:

llover	*tronar*	*relampaguear*	*nevar*

Solo cuando alguno de estos verbos se usa metafórica o metonímicamente, las oraciones dejan de ser impersonales. Ejemplos:

El día amaneció nublado.　　*Llueven las críticas sobre los políticos.*
sujeto　　　　　　　　　　　　　　　　　　　　　　sujeto

3.1 7.3 Oraciones impersonales con *haber* y *hacer*

Son oraciones del tipo siguiente:

Había muchos alumnos (sujeto cero).
Está haciendo calor (sujeto cero).

Norma Uso de *haber* y *hacer* como impersonales

- Como el verbo *haber* usado como núcleo de predicado es un verbo unipersonal que se conjuga solamente en las terceras personas de singular, no son correctos sus usos en las terceras personas de plural. Ejemplos:

  *Habían allí muchas personas (se dice: *Había allí...*).
  *Han habido problemas (se dice: *Ha habido...*).

  En estos usos incorrectos del verbo *haber*, frecuentes, sobre todo, en Cataluña y zonas de la Comunidad Valenciana así como de Hispanoamérica, se hace concordar el complemento directo con el verbo.

- También son incorrectas las oraciones con el verbo *hacer* en las que se hace concordar el complemento directo con su verbo. Ejemplos:

  *Hacen unos días preciosos (se dice: *Hace unos días preciosos*).
  *Ayer hicieron tres años que gané el premio (se dice: *Ayer hizo tres años...*).

3.1 7.4 Oraciones impersonales con *se* frente a pasivas reflejas

Tipos de impersonales con *se*

Hay oraciones introducidas con la partícula *se* cuyo sujeto léxico es también cero (no recuperable). Existen tres tipos de oraciones de esta clase:

- Con verbos intransitivos [**2.5.18**]. Ejemplo: *Se vive bien en Madrid.*
- Con verbos copulativos [**2.5.18**]. Ejemplo: *Cuando se está enfermo se pasa mal.*
- Con verbos transitivos [**2.5.18**] y complemento directo de persona con la preposición *a.* Ejemplo: *Se aplaudió a los jugadores.*

En todos estos casos, la palabra *se* es una mera partícula que encubre al actor o al quién de la acción, estado o proceso verbales. No desempeña otra función en la oración.

No deben confundirse con las estructuras de contenido pasivo formadas también con esta misma partícula *se*, encubridora asimismo de actor, pero con sujeto léxico. Estas oraciones se llaman pasivas reflejas [**2.4.6**] y son semánticamente impersonales, pero no sintácticamente, pues llevan sujeto léxico. Ejemplos:

La ciudad se destruyó hace años.　　*Ya se saben los resultados.*
　sujeto　　　　　　　　　　　　　　　　　sujeto

Norma | Oraciones con la partícula *se*

Es incorrecto hacer concordar el verbo precedido de *se* con complemento directo de persona con la preposición *a* o con algún complemento de régimen o complemento circunstancial. Ejemplos:

*Se recibieron a los reyes con entusiasmo (se dice: *Se recibió a los reyes...*).
*Se detuvieron a unos delincuentes (se dice: *Se detuvo a unos delincuentes*).

*Se hablaron de temas importantes (se dice: *Se habló de temas importantes*).
*Ayer se llegaron a los 40 grados (se dice: *Ayer se llegó a los 40 grados*).

ATENCIÓN

En algunas zonas de Hispanoamérica se usan oraciones impersonales en ciertos contextos donde en España usamos pasivas reflejas. Ejemplo:

Los resultados se los conoció mucho antes (en España decimos: *Los resultados se conocieron...*).

3.1 8 ORACIONES IMPERSONALES (y II)

3.1 8.1 Oraciones impersonales con verbo en tercera persona plural

3.ª persona impersonal: no se relaciona con un sujeto léxico

La impersonalidad se produce también con la tercera persona del plural de los verbos. Son casos en que la tercera persona no se relaciona necesariamente con un sujeto léxico plural, pues la referencia puede ser la de un solo individuo. Ejemplos:

> *Llaman a la puerta.*   *¿Cuándo te operan?*

No hay que confundir este tipo de impersonalidad sintáctica (en que no es recuperable ningún sujeto léxico) con aquellos casos en que el sujeto en tercera persona de plural es recuperable por el contexto. Ejemplo:

> *—¿Dónde están tus padres? —Acaban de salir (**ellos** acaban de salir).*

3.1 8.2 Oraciones impersonales con los verbos *ser, estar, hacerse, parecer, bastar* y *sobrar*

Construcciones impersonales con ser, estar, hacerse, parecer, bastar y sobrar

Algunas construcciones en que aparecen estos verbos son también impersonales. Son oraciones en que el sujeto léxico es cero. Ejemplos:

> *Es de día.*   *Basta con eso.*
> *Parece que llueve.*   *Se me hace tarde.*
> *Está nublado.*   *Sobra con cinco euros.*
> *He llegado a la tienda y **estaba cerrado**.*

3.1 8.3 Oraciones impersonales con *haber que* más infinitivo

Impersonales con haber que + infinitivo

Las oraciones con *haber que + infinitivo* también son impersonales. Ejemplos:

> *Habrá que trabajar más.*   *Hay que aguantarse.*

3.1 8.4 Otras oraciones sintácticamente impersonales

Impersonales con otros verbos

A la lista de oraciones sintácticamente impersonales habría que añadir otras como las siguientes:

> *Nos dio por reír.*   *Ya no me da tiempo.*
> *Aquí huele muy bien.*   *Aquí pone que se prohíbe fumar.*
> *Me duele en este brazo.*   *Me pica en el hombro.*

3.1 8.5 Oraciones impersonales de infinitivo y gerundio

Impersonales con infinitivo y gerundio

También hay oraciones impersonales con infinitivo y gerundio. Se trata de oraciones subordinadas con sujeto cero. Ejemplos:

> *Es preciso calentar los músculos.*   *Estudiando mucho, se aprueba.*

3.1 8.6 Oraciones impersonales con el verbo *tratarse*

Las oraciones en las que el verbo pronominal *tratarse* (no *tratar*) es
el núcleo del predicado son también impersonales. Ejemplo:

Impersonales con tratarse

> El Barcelona ha fichado a un nuevo jugador; se trata de un goleador
> nato.

Norma Impersonales con el verbo *tratarse*

Son incorrectas las oraciones en que aparece un falso sujeto cuando el núcleo del
predicado es el verbo *tratarse*. Ejemplo:

> *El jugador nuevo se trata de un goleador nato (se dice: El jugador nuevo es un goleador
> nato).

3.1 8.7 Falsas oraciones impersonales

- A veces se consideran impersonales las oraciones cuyo sujeto es
el indefinido (no el numeral) *uno, una*, con valor generalizador o
encubridor. Ejemplos:

Falsas impersonales

> Uno lo pasa bien aquí.   Una se encuentra a gusto.

Sin embargo, desde el punto de vista sintáctico, estas oraciones
no pueden considerarse impersonales, pues dicho indefinido desempeña la función de sujeto.

- Tampoco son sintácticamente impersonales las oraciones en las
que la segunda persona del singular posee un valor generalizador
o encubridor (del yo del hablante). El sujeto en estos casos es el
pronombre *tú*, bien esté explícito, bien esté implícito. Ejemplo:

> Hay días en que no vives. → ... no se vive.

Una cosa es el valor semántico pragmático de *uno, una* y de *tú*, y
otra su función sintáctica.

ATENCIÓN

En la oración *parece que llueve*, la subordinada *que llueve* es un atributo y no un sujeto,
pues se conmuta por *lo*: *lo parece*.

Deben distinguirse las oraciones impersonales como *me pica en la mano* de las oraciones con sujeto como *me pica la mano*.

| 3.1 | 9 | **EL PREDICADO** |

3.1 9.1 Características

Sujeto y predicado: componentes interdependientes de una oración

Los dos componentes necesarios e interdependientes en una oración son el sujeto [**3.1.4**] y el predicado.

El predicado se caracteriza:

- Semánticamente, por ser aquello que se dice del sujeto.

- Sintácticamente, por estar constituido al menos por un verbo, cuya función es la de núcleo del predicado. Ejemplo:

  Todos juegan conmigo.
  sujeto   predicado

  Un predicado puede estar constituido por solo un verbo o por un grupo verbal (verbo + complementos). Ejemplos:

  Tu hijo aprobó.
  predicado

  Tu hijo aprobará Matemáticas con facilidad.
                predicado

  Por otra parte, en las oraciones impersonales, los predicados lo son de sujetos cero.

- Toda oración, sea simple o compleja, tiene su propio predicado; en el caso de las complejas, las oraciones subordinadas integradas también tienen el suyo. Ejemplo:

  La gente dice que el Gobierno no encuentra la solución.
  → Predicado del sujeto *la gente*: **dice que el Gobierno no encuentra la solución**
  → Predicado del sujeto *el Gobierno*: **no encuentra la solución**

  En los conjuntos oracionales, cada oración tiene también su propio predicado. Ejemplo:

  Mi hijo estudia, pero no aprueba.
  → Predicado del sujeto *mi hijo*: **estudia**
  → Predicado del sujeto elíptico *él*: **no aprueba**

3.1 9.2 Clases de predicado

Dos tipos de predicado: nominal y verbal

Se suelen distinguir dos tipos de predicado: el predicado verbal y el predicado nominal. Esta distinción es de tipo semántico y no sintáctico, pues se basa exclusivamente en el contenido semántico del verbo (contenido pleno o contenido vacío o cuasivacío).

- **Predicados nominales** son aquellos cuyos verbos son *ser, estar, parecer*, que se consideran meras cópulas entre un atributo (verdadero núcleo semántico) y un sujeto. Por ello se conocen como **verbos copulativos** [**2.5.18**].

- **Predicados verbales** son todos aquellos cuyos verbos no son copulativos, sino verbos con carga semántica plena, los cuales pueden aparecer solos o con complementos. Ejemplos:

  Pedro ha salido.   *Juan se comió el pastel.*

- Entre unos y otros se encuentran los **verbos semicopulativos** (*ponerse, quedarse, permanecer, sentirse, encontrarse*). Ejemplos:

  Pedro se puso nervioso.   *Marta se encuentra aturdida.*

3.1 9.3 Cláusulas absolutas

La cláusula (construcción) absoluta es aquella cuyo predicado es una estructura de participio, de gerundio o de infinitivo, la cual complementa a una oración principal o se interrelaciona con ella. Se suele separar de esta por una breve pausa. Cada predicado lleva su propio sujeto. Ejemplo:

Definición de cláusula absoluta

> predicado   sujeto
> *Dichas   esas   cosas,*   *Pedro   se   fue.*
> oración: cláusula absoluta   oración principal

A veces la cláusula absoluta tiene como predicado un adjetivo con valor aspectual perfectivo (*contento, lleno, vacío...*). Ejemplo:

> predicado   sujeto
> *Una vez lleno el estadio,*   *se procedió a entregar la placa al jugador.*
> oración: cláusula absoluta   oración principal

3.1 9.4 Estructuras de predicación sin verbo

Existen en la lengua ciertas estructuras sintácticas con carácter de oración pero donde no hay flexión, aunque sí una relación de predicación. Estas estructuras se suelen denominar **cláusulas** u **oraciones reducidas**. Ejemplo:

Cláusulas reducidas: estructura sin verbo que funciona como oración

> *Vi a Juan con las manos en los bolsillos.*
> estructura de predicación sin verbo

En este ejemplo, la secuencia *en los bolsillos* no es un modificador directo del sustantivo *manos,* sino que es su predicado. No hay *manos en los bolsillos* frente a otro tipo de *manos.* Lo que se dice, en realidad, es que *las manos* (sujeto) están *en los bolsillos* (predicado). Por tanto, *las manos en los bolsillos* no es un grupo nominal, sino una secuencia de carácter oracional. Otros ejemplos:

> *Marta, muy amable ella, me saludó.*   *Con la ventana abierta, hace frío.*
> estr. de pred. sin verbo   estr. de pred. sin verbo

3.1 | **10** | **LAS ORACIONES CON ATRIBUTO (I)**

3.1 10.1 El atributo

Las oraciones con atributo se llaman **atributivas** o **copulativas**.
El atributo es una función sintáctica que se caracteriza por los siguientes rasgos:

Complementa a dos elementos de la oración
- Complementa a un sustantivo, pronombre u oración, y a un verbo, a través de un verbo copulativo o semicopulativo.

No se puede eliminar
- El atributo, frente al predicativo [**3.1.11**], siempre es necesario en la oración. Su eliminación haría agramatical el resto de la secuencia, o bien el verbo de esta adquiriría un significado totalmente diferente. Ejemplos:

>*Ese individuo parece **inteligente** (*Ese individuo parece).*
>*Juan está **enfermo** (*Juan está).*
>*Juan era considerado **tonto** (Juan era considerado; tiene un significado diferente).*

Se puede conmutar por *lo*
- Hay atributos que permiten ser conmutados por el pronombre neutro *lo*: los que aparecen con los verbos *ser*, *estar* y *parecer* y con la perífrasis verbal *llegar a ser*. Ejemplos:

>*Ese individuo es (parece) **inteligente**. → Lo es (parece).*
>*El día parece (está) **nublado**. → Lo parece (está).*
>*María llegó a ser **rica**. → Lo llegó a ser.*

Con los verbos semicopulativos, los atributos no admiten dicha conmutación. Ejemplo:

>*Pedro se puso **triste**. → *Pedro se lo puso.*

ATENCIÓN

Hay oraciones con los verbos *ser* y *estar* cuyos complementos indican tiempo o lugar. Se discute si estos complementos son o no atributos. Ejemplos:

>*Aquello fue durante la guerra.*   *Juan está en su casa.*

- Los atributos pueden incidir sobre un sujeto, como en los ejemplos anteriores, o sobre un complemento directo (con el verbo *decir*, sobre un complemento indirecto). En estos casos, los atributos se consideran una variante de los predicativos. Ejemplos:

>*Llaman tonta a María. → Se lo llaman.*
>atributo   CD

>*Me han nombrado director.*
>CD   atributo

>*Le dicen tonto a Juan. → Se lo dicen.*
>CI   atributo   CI

(Obsérvese que con los verbos *llamar* y *decir* el atributo se sustituye por *lo*).

Norma	Pronombres personales átonos en función de atributo

Son incorrectos los pronombres personales átonos en función de atributo que concuerdan con su referente, pues la única forma pronominal que puede funcionar como
atributo es *lo*. Ejemplo:

> *Creo que no ha sido falta.* → **A mí no me la ha parecido* (se dice: *No me lo ha parecido*).

3.1 10.2 Categorías que funcionan como atributo

* Con los verbos *ser* y *parecer* funcionan como atributos:
  * Los sustantivos. Ejemplo: *Juan es médico.*

    Categorías con los verbos ser *y* parecer
  * Los grupos nominales. Ejemplo: *Juan parece el médico del pueblo.*
  * Los pronombres. Ejemplos: *¿Qué es Juan? Juan lo es.*
  * Los adjetivos. Ejemplo: *Ana es alta.*
  * Algunos adverbios de modo. Ejemplo: *Juan es así.*
  * Los sustantivos o grupos nominales precedidos de preposición.
    Ejemplo: *Yo parezco de Madrid.*
  * Los infinitivos. Ejemplo: *Querer es poder.*

* Con los demás verbos funcionan como atributos:
  * Los adjetivos. Ejemplo: *María se quedó triste.*

    Categorías con los demás verbos
  * Algunos adverbios de modo. Ejemplo: *Juan está bien.*
  * Alguna oración adjetiva. Ejemplos: *María está que rabia* (rabiosa).
    María se quedó que no respiraba. La vi cómo trabajaba.
  * Los sustantivos o grupos nominales precedidos de preposición.
    Ejemplo: *Luisa está sin un duro.*
  * Algún gerundio. Ejemplo: *La ropa está chorreando.*

Existen algunas construcciones con un sustantivo como atributo del
verbo *estar*, pero son sustantivos adjetivados en construcciones ya
fijadas y pertenecientes al lenguaje coloquial. Ejemplos:

> *María está pez.* *Mi padre está mosca.*

3.1 10.3 Clases de oraciones con atributo

Las oraciones con atributo y verbo *ser* se clasifican en:

Dos tipos de oraciones atributivas: ecuativas y atributivas propiamente dichas

* Ecuativas: Se identifican o igualan las referencias del sujeto y el
  atributo. Ejemplo:
  > *Juan es el médico del pueblo.* → *El médico del pueblo es Juan.*

* Atributivas propiamente dichas: El atributo designa la clase a la
  que pertenece lo denotado por el sujeto. Ejemplo:
  > *Juan es tímido.*

3.1 | 11 | LAS ORACIONES CON ATRIBUTO (y II)

3.1 11.1 Atributos de sujeto cero

Atributos que solo inciden sobre el verbo

En ciertas oraciones impersonales el atributo incide solo sobre el verbo, pues falta el sustantivo o grupo nominal que ejerza la función de sujeto léxico. Ejemplo:

Cuando se es simpático, se tienen más posibilidades de triunfar.
     atributo

3.1 11.2 Concordancia de los atributos

Concuerda en género y número con el sustantivo

Cuando la función de atributo la ejerce un adjetivo o un sustantivo con flexión, estos deben concordar en género y número con el sustantivo (o elemento sustantivado [2.3.3]) sobre el que inciden. Ejemplos:

Mi hija es médica.   *Marta está de jefa de personal.*

Juan se queda de camarero en esta cafetería.

Norma Concordancia del atributo con varios sustantivos

Cuando el atributo es un adjetivo e incide sobre sustantivos coordinados de distinto género, la concordancia con ellos se da siempre en masculino y en plural. Ejemplo:

*Su abrigo y su corbata eran **negros**.*

3.1 11.3 Las estructuras ecuacionales

Estructuras ecuacionales: realzan algún componente de la oración

Se llaman estructuras u oraciones ecuacionales (también llamadas oraciones enfáticas de relativo y perífrasis de relativo) las que reúnen las siguientes características:

- Tienen como verbo nuclear el verbo *ser*.

- Uno de sus componentes es siempre una oración de relativo con pronombre o adverbio relativo.

- Poseen carácter enfático y proceden de oraciones no enfáticas sin oración de relativo. Se pone de relieve (se focaliza) algún componente de la oración o la oración entera. Ejemplos:

Trabajo los lunes. → ***Los lunes** es cuando trabajo.*
Juan es un cobarde. → ***Un cobarde** es lo que es Juan.*
→ *Es **Juan** el que es un cobarde.*

Estas oraciones no son ni atributivas [3.1.10] ni ecuativas [3.1.10], pues ningún complemento se conmuta por *lo*.

Norma · Errores en las estructuras ecuacionales

- En las estructuras u oraciones ecuacionales, cuando el componente que no es la oración de relativo lleva preposición, esta conviene mantenerla en el componente u oración de relativo, al menos según la norma culta del español de España. Ejemplo:

    Fue por Juan que me enteré de lo sucedido (mejor: *Fue por Juan por el que (quien) me enteré...*).

- Tampoco se recomiendan las oraciones ecuacionales formadas con adverbios interrogativos y un relativo *que*. Sin embargo, son relativamente frecuentes en Hispanoamérica. Ejemplos:

    ¿Cuándo fue que viniste? (en España se dice: *¿Cuándo viniste?*).
    ¿Cómo fue que lo hiciste? (en España se dice: *¿Cómo lo hiciste?*).

- Tampoco pertenecen a la norma culta del español de España las estructuras ecuacionales en que aparece un *que* en vez de un adverbio. Ejemplo:

    Ayer fue que vino (en España se dice: *Ayer fue cuando vino*).

3.1 11.4 El predicativo

El predicativo coincide con el atributo [**3.1.10**] en que complementa a la vez a un sustantivo, pronombre o grupo nominal, con el que concuerda a través de un verbo. Pero se diferencia de él en que el verbo es principal o pleno, no copulativo o semicopulativo. En realidad, el predicativo hoy se viene considerando una variedad del atributo.

Predicativo: el verbo es principal o pleno

- Hay predicativos de sustantivos o pronombres en función de sujeto y en función de complemento directo. Ejemplos:

    Del sujeto: *Los corredores llegaron* **exhaustos** *a la meta.*
    Del complemento directo: *Me trajeron* **frío** *el pescado.*

- La función de predicativo la suelen desempeñar adjetivos, participios, adverbios modales y gerundios, los cuales responden a la pregunta *¿cómo?* Ejemplo:

    Vi la casa **ardiendo**. → *¿Cómo viste la casa?*

- Sin embargo, también pueden considerarse predicativos algunos sustantivos precedidos de preposición. En este caso, su sustituto es el pronombre *qué*. Ejemplo:

    Mi hija trabaja **de cocinera** *en un restaurante.* → *¿De qué trabaja tu hija?*

- A veces, en lugar de una preposición aparece el adverbio *como*, que adquiere valor preposicional. Ejemplo:

    Mi hija trabaja **como cocinera** *en un restaurante.*

1. Escribe diez enunciados oracionales: dos que coincidan con oraciones simples, tres con oraciones compuestas complejas y cinco con oraciones compuestas con conjuntos oracionales.

2. Escribe diez enunciados no oracionales.

3. Clasifica las siguientes oraciones coordinadas:

- *Ni fui al teatro ni me quedé en casa.*
- *O vienes o te quedas, pero di algo.*
- *No fui al teatro sino que preferí ir al cine.*

4. ¿Cuál es la diferencia sintáctica entre una oración compuesta compleja y otra con conjunto oracional por subordinación?

5. ¿Cuál es la diferencia sintáctica entre los conjuntos oracionales (oraciones compuestas) por coordinación y los conjuntos oracionales (oraciones compuestas) por subordinación?

6. Construye dos oraciones compuestas complejas dentro de las cuales haya, al menos, otra oración compuesta compleja.

7. Escribe un conjunto oracional (oración compuesta) por coordinación cuyos componentes coordinados sean oraciones compuestas complejas.

8. Construye un conjunto oracional (oración compuesta) por subordinación cuyas oraciones sean compuestas complejas.

9. Convierte en oraciones compuestas complejas las siguientes oraciones simples:

- *El niño comilón puede enfermar.*
- *Deseo tu llegada con verdadero interés.*
- *Me preocupa tu comportamiento tan extraño.*

10. Trasforma en oraciones simples las siguientes oraciones compuestas complejas:

- *Atacaron a una persona que no tenía armas.*
- *Te agradecería muchísimo que participaras con nosotros.*

11. Señala cuál es el sujeto de las siguientes oraciones simples:

- *Me da miedo la guerra.*
- *No me extraña su actitud.*
- *Se vive bien en este país.*
- *Se premió a los mejores.*
- *Se pronunciaron discursos interesantes.*
- *Cantidad de alumnos se quedaron sin profesor.*

12. Construye tres oraciones impersonales con complementos directos de persona con *a*.

13. Construye tres oraciones impersonales con verbo intransitivo y la partícula *se*.

14. Construye tres oraciones impersonales en las que no aparezca la partícula *se* ni los verbos tengan significado meteorológico.

15. ¿Cuál es la diferencia sintáctica entre las siguientes oraciones con el verbo *ser*?

- *Juan es médico.*
- *Médico es lo que es Juan.*

16. Escribe oraciones ecuacionales correspondientes a estas otras oraciones:

- *Ayer vi a tu hijo en el colegio.*
- *Yo siempre trabajo los lunes en mi oficina.*

17. Escribe tres estructuras de predicación pero sin verbo.

EJERCICIOS DE ENUNCIADO Y ORACIÓN

18. Escribe tres oraciones en las que haya un atributo del sujeto y otras tres en las que haya un atributo del complemento directo.

19. Construye tres oraciones en las que haya un predicativo del sujeto y otras tres en las que haya un predicativo del complemento directo.

20. Escribe dos oraciones en las que el atributo o el predicativo sea un sustantivo o grupo nominal y otras dos en que sea una oración.

21. Escribe dos oraciones en las que haya un atributo de un sujeto cero.

22. Escribe tres oraciones con tópicos y otras tres con atributos oracionales.

Terminología

- Los **grupos sintácticos** se conocen también como **sintagmas**, entendidos estos como combinaciones de palabras que forman una unidad con capacidad para desempeñar funciones sintácticas. Así, se habla de **sintagma nominal, sintagma verbal, sintagma adjetivo** (o adjetival) y **sintagma adverbial**, correspondientes, respectivamente, a **grupo nominal, grupo verbal, grupo adjetivo** (o adjetival) y **grupo adverbial**.

- No obstante, algunos gramáticos consideran que el **sintagma** no es necesariamente una combinación (o grupo) de palabras. Puede serlo una sola palabra, siempre que esta posea autonomía sintáctica y desempeñe una función. Así, en *Yo como* habría dos sintagmas: *yo* (sujeto) y *como* (predicado).

- Nosotros distinguiremos palabras (nombre, adjetivo, verbo, etc.) de grupos (dos o más palabras que desempeñan una función). Para algunos gramáticos las combinaciones de varias palabras capaces de desempeñar como un todo una función sintáctica serían **grupos sintagmáticos**.

- También algunos gramáticos hablan de **sintagma preposicional** cuando se unen una preposición semánticamente llena y una palabra (o grupo). Así, en *Voy a Madrid*, la secuencia *a Madrid* sería un sintagma preposicional. Pero si la preposición es un elemento vacío de significado, o sea, una simple marca de función, no constituye sintagma con la palabra o grupo que la sigue. Es el caso de *Busco a María*, donde *a* es un mero índice de función de complemento directo.

- Algunos gramáticos emplean la siguiente terminología:
  - Complemento directo: implemento.
  - Complemento indirecto: complemento.
  - Complemento circunstancial: aditamento.
  - Complemento de régimen o regido: suplemento, complemento preposicional y objeto preposicional.

  Los complementos directo e indirecto también son conocidos como **objeto directo** y **objeto indirecto**, respectivamente.

- Las **perífrasis verbales** se conocen también con el nombre de **frases verbales**.

| 3.2 | 1 | GRUPOS SINTÁCTICOS (I) |

3.2 1.1 Características generales

Definición de grupo sintáctico

Los grupos sintácticos son conjuntos de palabras capaces de desempeñar como un todo una función sintáctica dentro de la oración. Ejemplo:

> Los alumnos de quinto curso recogerán sus notas de Matemáticas.
> _____ _____ _____ _____
>   grupo   grupo   grupo   grupo
> _____ _____
>   grupo   grupo

Relaciones entre los componentes de un grupo sintáctico

Los componentes de un grupo sintáctico contraen a su vez una serie de relaciones entre sí. Cada grupo sintáctico está integrado por componentes que realizan diferentes funciones: núcleo, actualizador, modificador...

Para que una secuencia de palabras pueda ser considerada grupo sintáctico debe desempeñar alguna función sintáctica y estar compuesta de elementos que se relacionan sintácticamente entre sí.

Por tanto, cualquier secuencia de palabras no es un grupo sintáctico. Ejemplo:

> A los árboles se les caen las hojas en el otoño.

→ Son grupos sintácticos las secuencias:
> las hojas: función de sujeto
> A los árboles se les caen en el otoño: función de predicado
> a los árboles: función de complemento indirecto
> en el otoño: función de complemento circunstancial

→ Nunca constituyen grupo sintáctico secuencias de palabras como:
> a los árboles se les
> caen las hojas en
> hojas en el otoño
> a los
> se les

En un grupo sintáctico pueden integrarse otro u otros grupos más pequeños. Ejemplo:

> el libro de tu hijo Juan
> _____ _____
> grupo   grupo
> _____
>   grupo

3.2 1.2 Categorías sintácticas

Una oración, por tanto, puede estar formada por solo palabras o por grupos sintácticos. Ejemplos:

Por palabras: _Yo/como._
Por grupos sintácticos: _Tu amigo Juan/come caviar._

Por consiguiente, en la sintaxis hay que tener en cuenta dos tipos de categorías:

- La categoría **palabra** (incluye las locuciones [**3.2.2**] que, aunque se compongan de más de una palabra gráfica, actúan como una sola palabra sintáctica). Esta categoría abarca las clases de palabras o partes de la oración que suelen definirse por rasgos sintácticos (combinatoria con otras palabras) y, cuando ha lugar, por rasgos morfológicos (flexión, variabilidad o invariabilidad). Ejemplo:

  mesas es una categoría sintáctica (desempeña una función en *Hay mesas:* la de complemento directo)

- La categoría **grupo**. Esta categoría se define exclusivamente por su estructura sintáctica interna (**grupo nominal** si su núcleo es un sustantivo; **grupo verbal** si su núcleo es un verbo, etc.). Ejemplo:

  mesas llenas de papeles es también una categoría sintáctica (desempeña la función de complemento directo en *Hay mesas llenas de papeles*)

Dentro de la categoría grupo se pueden distinguir:

- El grupo nominal.
- El grupo adverbial.
- El grupo verbal.
- El grupo adjetival.

ATENCIÓN

Aunque de naturaleza sintáctica diferente, también cabría hablar de **grupo con preposición** (o grupo preposicional) (*preposición + x*) y **grupo con conjunción** (o grupo conjuntivo) (*conjunción + x*). Ejemplos:

Grupo con preposición: *para mis hijos* (en *Esto es para mis hijos*).
Grupo con conjunción: *que vengáis* (en *Quiero que vengáis*).

En el caso de los grupos preposicionales, el núcleo (o elemento rector) es la preposición; lo que la sigue es el término de la preposición.

También la perífrasis verbal es un grupo sintáctico con características propias [**2.5.19**].

3.2 | 2 | **GRUPOS SINTÁCTICOS (y II)**

3.2 2.1 La categoría locución

Locución: conjunto de palabras sintácticamente insegmentables

Se llama locución a un conjunto de palabras gráficas que funciona como una sola palabra sintáctica. En el capítulo «Clases de palabras» se han ido viendo todos los tipos de locuciones, que ahora presentamos resumidos:

Tipos de locuciones

- **Locución adverbial:** Actúa como un adverbio [**2.6.1**]. Ejemplos:

  a las mil maravillas   *de repente*   *a lo mejor*

- **Locución preposicional:** Actúa como una preposición [**2.7.1**]. Ejemplos:

  junto a   *acerca de*   *con respecto a*

- **Locución conjuntiva:** Actúa como una conjunción [**2.8.1**]. Ejemplos:

  a no ser que   *a menos que*   *sino que*

- **Locución verbal:** Actúa como un verbo [**2.5.1**]. Ejemplos:

  dar de lado   *caer en la cuenta*   *echar de menos*

- **Locución actualizadora o modificadora:** Actúa como un determinativo [**2.3.1**] actualizador o como modificador de cantidad. Ejemplos:

  cantidad de   *qué de*   *infinidad de*

3.2 2.2 Las funciones sintácticas

Función sintáctica: el papel que desempeña una categoría en un grupo sintáctico

- Las funciones sintácticas son los papeles sintácticos que las categorías desempeñan en una secuencia oracional o en un grupo sintáctico, es decir, las relaciones que contraen unas categorías con respecto a otras.

  Es importante no confundir las funciones sintácticas con las categorías, ya sean estas palabras (sustantivo, adjetivo, verbo, pronombre...) o grupos (nominal, verbal...).

- Existen varias clases de funciones sintácticas:

  - Las que configuran una oración: el sujeto y el predicado.
  - Las integradas en un grupo sintáctico no oracional. Son el núcleo, el actualizador, el modificador, el término, el complemento directo, el complemento indirecto, el complemento circunstancial, el complemento agente y el complemento de régimen.
  - Las que complementan al mismo tiempo a dos categorías distintas (al verbo y al sustantivo). Son el atributo y el predicativo.
  - Las que actúan de enlace coordinador o subordinante dentro de un grupo o de un enunciado. Son los nexos (preposiciones y conjunciones).

GRUPOS SINTÁCTICOS (y II) | **3.2** | 2

- Las periféricas, las cuales inciden sobre una oración. Son los atributos oracionales [**3.1.3**], los tópicos [**3.1.3**], la modalidad (adverbios de modalidad).

- Las que sirven de nexo entre enunciados o párrafos y que se conocen como **conectores** (con significados varios de consecuencia, de causa, explicativos, de adición, de corrección, etc.). Son palabras o locuciones como *por tanto, por consiguiente, sin embargo, es que, bueno, así que, en consecuencia, en realidad, en una palabra*, etc. Siempre que, como se ha dicho, su misión sea la de conectar enunciados o párrafos y contribuyan a la cohesión de un texto.

- Hay categorías que desempeñan siempre la misma función y otras que pueden desempeñar funciones distintas según el contexto en que aparezcan. Ejemplos:

Funciones de las categorías

Artículo: siempre es un actualizador (y en ocasiones, un sustantivador).
Grupo verbal: siempre desempeña la función de predicado.
Sustantivo: el sustantivo *Juan* es sujeto en *Juan me lo dijo;* es complemento directo en *Busco a Juan;* es complemento indirecto en *Di a Juan un recado...*

ATENCIÓN

No deben confundirse las funciones sintácticas con las semánticas como *agente, paciente, beneficiario, experimentador, instrumental, objeto, compañía*, etc.

Así, el sustantivo *Juan* puede ser:

- Sujeto y agente. Ejemplo: *Juan tiró agua.*
- Sujeto y paciente. Ejemplo: *Juan sufrió un accidente.*
- Complemento agente (función sintáctica) y agente (función semántica). Ejemplo: *La piedra fue tirada por Juan.*
- Complemento indirecto y beneficiario. Ejemplo: *Dieron la enhorabuena a Juan.*

De la misma manera, un grupo nominal como *ese cuchillo* es un instrumental en las dos oraciones siguientes, pero desempeña en ellas distintas funciones sintácticas:

Complemento circunstancial: *Corte el jamón con ese cuchillo.*
Sujeto: *Ese cuchillo corta bien el jamón.*

3.2 | 3   EL GRUPO NOMINAL: NÚCLEO Y ACTUALIZADORES

3.2 3.1 Estructura del grupo nominal

Componentes del grupo sintáctico nominal

El grupo sintáctico nominal está constituido por un núcleo, que es obligado, y unos actualizadores y modificadores [**3.2.4**], que son, en muchos casos, optativos. Ejemplos:

mesas	redondas
núcleo	modificador

dos	mesas	redondas
act.	núcleo	modificador

3.2 3.2 El núcleo del grupo nominal

Clases de palabras que pueden ser núcleo del grupo nominal

El núcleo del grupo sintáctico nominal es siempre un sustantivo [**2.1.1**], un pronombre [**2.4.1**] o un elemento sustantivado [**2.3.3**]. Ejemplos:

Sustantivo: *chicas* altas
Pronombre: *alguno* de ellos
Elemento sustantivado: el *ridículo* más espantoso

• El núcleo es siempre el centro del grupo sintáctico: hacia él convergen los demás componentes (actualizadores y modificadores), hasta el punto de tomar prestada de él, cuando la categoría lo permite, la información de género y número.

Por este motivo, los determinativos y los adjetivos concuerdan [**2.2.1**] siempre con el sustantivo en género y número. Ejemplos:

esa mesa redonda → *esas mesas redondas*
ese árbol frutal → *esos árboles frutales*

No obstante, algunos determinativos actualizadores como *un*, *el*, *este*…, cuando se unen a ciertos sustantivos valorativos no concuerdan con estos, sino con su referente. Ejemplos:

Juan es un bestia (fiera, rata, chapuzas, manitas, manazas…).
El bestia (el fiera, el rata…) de tu hermano.

En estos casos, tales sustantivos están adjetivados pues admiten el cuantificador *muy* (*el muy bestia…*) y las estructuras atributivas del tipo *el bestia de Juan*.

Este tipo de concordancia se establece también en casos de metonimia. Ejemplos:

el (jugador) defensa   *el (individuo) reventa*

El núcleo selecciona sus adyacentes

• Además, el núcleo confiere a todo el grupo sus propiedades categoriales (núcleo - nombre → grupo nominal, etc.) y tiene capacidad para seleccionar sus adyacentes (o complementos o modificadores) tanto en lo sintáctico como en lo semántico. Ejemplos:

*un libro comilón   **dos caridades*

Los ejemplos anteriores no son posibles porque el sustantivo *libro* no selecciona adjetivos aplicables solo a personas, y porque *caridad,* como no contable, no admite cardinales.

ATENCIÓN

Para aquellos gramáticos para quienes el artículo es un morfema del sustantivo, el núcleo estaría constituido por *artículo + sustantivo*.

3.2 3.3 Los actualizadores

La función actualizadora la desempeñan los determinativos o deter-minantes, siempre que aparezcan delante del núcleo [**2.1.4**].

Los determinativos: función actualizadora

Los nombres propios contienen el valor del artículo, por lo que no necesitan un actualizador de forma expresa. Solo cuando se oculta un sustantivo común, el artículo puede acompañar al nombre propio. Ejemplos:

Casos en los que el sustantivo no lleva actualizador

el *(río) Duero*   la *(calle de la) Castellana*   los *(montes) Alpes*

Los actualizadores inciden no solo sobre el sustantivo, sino también, cuando es el caso, sobre el resto del grupo sintáctico nominal, pues fijan la referencia de este. Por tanto, estos determinativos se encuentran en un estrato superior al de los modificadores en la seg-mentación sintáctica. Ejemplo:

esos → *bonitos coches*

3.2 3.4 Clases de actualizadores

Hay actualizadores simples, complejos y compuestos.

Actualizadores simples, complejos y compuestos

* El actualizador simple es una palabra determinativa. Ejemplos:

   tu hijo   *el* árbol   *algunos* niños

* El actualizador complejo es siempre una locución determinativa. Ejemplo:

   ¡*qué de* niños!   *cantidad de* niños   *así de* gente

* El actualizador es compuesto cuando son dos o más determinati-vos los que inciden sobre el sustantivo en su función actualizado-ra. Ejemplos:

   todos los demás niños   *muchas otras* niñas

287

| 3.2 | 4 | **EL GRUPO NOMINAL: MODIFICADORES (I)** |

3.2 4.1 Modificadores del grupo nominal

Categorías que desempeñan la función de modificador del núcleo

En un grupo sintáctico nominal, el núcleo puede ir modificado por elementos de diversa naturaleza categorial:

- Por adjetivos (o grupos adjetivales). Ejemplo: *la verde pradera.*
- Por sustantivos (o grupos nominales). Ejemplo: *su hijo el cura.*
- Por determinativos pospuestos. Ejemplo: *la casa nuestra.*
- Por oraciones de relativo. Ejemplo: *la mesa que compré.*
- Por grupos con preposición. Ejemplo: *la llegada al hotel.*
- Por algún adverbio. Ejemplo: *un niño así.*

Estas categorías desempeñan dentro del grupo sintáctico la función de **modificadores** del núcleo.

3.2 4.2 Modificadores especificativos y explicativos

Dos tipos de modificadores: especificativos y explicativos

Los modificadores pueden afectar al núcleo al que complementan de dos formas diferentes:

- **Modificadores especificativos:** restringen la extensión significativa de las realidades a las que se refiere el sustantivo-núcleo. Ejemplo:

    una corbata roja (no negra, ni azul, ni...)

- **Modificadores explicativos:** aportan o añaden algún dato sobre la realidad significativa a que se refiere el sustantivo-núcleo. Pueden ir separados por coma o no. Ejemplos:

    El niño, triste, se quedó en casa.   *blanca nieve*

3.2 4.3 La aposición

Definición de aposición

Dos sustantivos están en aposición cuando el modificador del sustantivo-núcleo de un grupo nominal es otro sustantivo u otro grupo nominal que se une a aquel directamente, sin preposición. Ejemplos:

    su hija la abogada   *el rey Juan Carlos*   *Juan, el hermano mayor*

Clases de aposición

Las aposiciones pueden ser también de dos clases:

- Unimembres o especificativas. Ejemplo: *su amigo el tendero.*
- Bimembres o explicativas, que aparecen en la escritura separadas por comas. Ejemplo: *París, la capital de Francia.*

Por otra parte, ciertas construcciones con una preposición, la cual no añade nada ni sintáctica ni semánticamente, se consideran también aposiciones. Ejemplos:

    la calle (de) Alcalá   *la ciudad de Madrid*

ATENCIÓN

En un grupo nominal, el núcleo puede ir modificado por varios modificadores correspondientes a distintas categorías. Ejemplo:

El *bonito* cuadro *de Andrés el pintor* *que estaba en la pared*.
mod. 1 núcleo   mod. 2   mod. 3

A veces, un sustantivo está complementado a través de una preposición por otro sustantivo sin actualizador. En estos casos se prefiere hablar de **núcleo complejo**, pues entre ambos sustantivos es imposible intercalar otro elemento. Ejemplo:

esa *caja de madera* de mis padres → *esa caja de mis padres de madera*
núcleo complejo

3.2 4.4 **Modificadores de un pronombre**

Los modificadores de un pronombre-núcleo pueden ser:

Modificadores de un pronombre con función de núcleo en un grupo nominal

• Adjetivos. Ejemplos:

nosotros mismos   *tú solo*
núcleo   mod.   ncl. mod.

• Sustantivos o pronombre en aposición. Ejemplos:

yo, el profesor   *nosotros dos*
ncl. modificador   núcleo mod.

• Palabras o grupos con preposición. Ejemplos:

ese de ahí   *¿quién de los dos?*
ncl. mod.   ncl. modificador

• Oraciones de relativo explicativas o especificativas. Ejemplos:

Tú, que has estudiado mucho...
ncl.   modificador

Norma Concordancia del verbo con los pronombres

Cuando el modificador de un pronombre es un grupo con preposición formado por los pronombres tónicos *nosotros, nosotras, vosotros, vosotras* y la preposición *de*, y el núcleo pronominal va en plural, la concordancia del verbo se establece con el pronombre modificador y no con el núcleo. Ejemplos:

¿Quiénes de vosotros conocéis el informe?
Algunos de nosotros estamos enterados.

Sin embargo, cuando el núcleo pronominal aparece en singular, la concordancia del verbo se establece con él y no con el modificador. Ejemplo:

¿Quién de vosotros conoce el informe? (no se dice: *... conocéis...*).

3.2 | 5 | **EL GRUPO NOMINAL: MODIFICADORES (y II)**

3.2 5.1 Complementos del nombre

Complementos del nombre: lo complementan a través de una preposición

Aunque todos los modificadores del sustantivo son en realidad complementos o adyacentes suyos, se suele reservar la denominación de complementos del nombre a aquellos modificadores que lo complementan mediante una preposición. Ejemplos:

el perro **de esa casa**   el ataque **del enemigo**

Dos tipos de complementos del nombre: argumentos y adjuntos

Hay dos clases de complementos del nombre:

• Argumentos: son complementos exigidos o seleccionados por la naturaleza léxica del sustantivo-núcleo. Ejemplos:

la entrega **de la ciudad** (el sustantivo entrega selecciona un complemento similar al complemento directo del verbo entregar).
la llegada **al colegio** (el sustantivo llegada selecciona un complemento de «meta», igual que el verbo llegar).

En general, los sustantivos derivados de verbos (matanza, carencia, ataque, subida, compra...) y de adjetivos (inteligencia, velocidad...) seleccionan argumentos.

También seleccionan argumentos los sustantivos de relación (padre, hijo, amigo, cara...) y los de representación (foto, retrato...). Ejemplos:

el amigo **de Juan**   la foto **de mi hijo**

• Adjuntos: son complementos que no están exigidos por la naturaleza léxica del sustantivo-núcleo. Así, sustantivos como mesa, silla o libro pueden llevar complementos, pero estos no están seleccionados por las propiedades léxicas de aquellos. Ejemplos:

la mesa **del despacho**   el libro **de Juan**

3.2 5.2 Otras observaciones sobre los complementos del nombre

Algunos se pueden sustituir por un determinativo posesivo

• Los complementos del nombre que denotan posesión y otros que modifican a un sustantivo derivado de un verbo transitivo y de acción permiten la sustitución por un determinativo posesivo. Ejemplos:

el libro de Juan → su libro
la destrucción de esa casa → su destrucción

pero:

la casa de la esquina → *su casa

• En algunos casos es el sustantivo modificador y no el núcleo el que impone la selección semántica correspondiente. Ejemplo:

Me bebí una copa de vino (es el sustantivo vino y no copa el que selecciona el verbo beber).

EL GRUPO NOMINAL: MODIFICADORES (y II) | **3.2** | 5

- En grupos nominales como *la lista de tu hermana*, es el sustantivo *hermana* el que tiene capacidad de selección. Entre otras cosas, impone la concordancia con el adjetivo. Ejemplos:

    la lista de tu hermana   *el tonto de tu hermano*

    Por tanto, podría pensarse que el verdadero núcleo (en este caso, sintáctico) es *hermana* y *hermano*, respectivamente.

    De todas formas, la relación que se establece entre ambos componentes de la construcción es atributiva [**3.1.10**]. Se trata de un caso más de estructuras de predicación sin verbo. Equivalen a oraciones como *tu hermana es lista* y *tu hermano es tonto*; pero aquellas son más expresivas.

- Otros grupos nominales atributivos, y con carácter enfático, son aquellos en que el núcleo sintáctico no es más que un sustantivo valorativo con valor atributivo. Ejemplos:

    Grupos nominales con valor atributivo

    una maravilla de mujer → *una mujer (que es) maravillosa*
    un portento de niño → *un niño (que es) un portento*

    frente a:

    *una profesora de mujer (*profesora* no es sustantivo valorativo)

- También hay modificadores del sustantivo llamados complementos agentes, por lo que estos no son exclusivos, como a veces se cree, de los participios pasivos. Ejemplos:

    Los complementos agentes como modificadores del sustantivo

    la persecución de los gamberros <u>por la policía</u>
                           mod.: c. agente

    la entrega de las llaves de la ciudad <u>por el alcalde</u>
                                 mod.: c. agente

- Son construcciones partitivas aquellas cuyo núcleo es un pronombre que designa cantidad precisa o indefinida y va modificado por un grupo nominal con la preposición *de*. Ejemplos:

    Los que complementan a las construcciones partitivas

    dos de los chicos   *algunos de mis amigos*   *muchos de vosotros*
    ncl. modificador   núcleo modificador   núcleo modificador

---

Norma | Partitivos con *alguien* y *nadie*

No es correcto el uso de complementos partitivos de *alguien* y *nadie*. Ejemplos:

    * *Nadie de sus hijos...* (se dice: *Ninguno de sus hijos...*).
    * *Alguien de ustedes...* (se dice: *Alguno(s)/alguna(s) de ustedes*)

3.2 | 6 | EL GRUPO ADJETIVAL

3.2 6.1 Características

Definición El grupo adjetival es una secuencia de palabras que tiene como elemento central un adjetivo [2.2.1]. Los demás componentes del grupo convergen hacia él.

El elemento central constituye la función núcleo, que es obligada. Los componentes que convergen hacia él son los modificadores. Ejemplos:

muy	seguro	de sí mismo		más	dispuesto	a trabajar
mod.	núcleo	modificador		mod.	núcleo	modificador
	grupo adjetival				grupo adjetival	

3.2 6.2 Los modificadores cuantificadores

Cuantificadores del adjetivo: los adverbios de cantidad La función de modificador cuantificador de un adjetivo la ejercen algunos adverbios [2.6.1] y algunas locuciones adverbiales [2.6.5] de cantidad. Ejemplos:

muy alto	**más** grande	**menos** limpio
bastante ruidoso	**demasiado** bueno	**algo** fácil
nada malo	**enormemente** contento	**cuán** largo
la mar de listo	**la tira de** caro	**cantidad de** barato
un poco loco	**un tanto** feo	**una barbaridad de** caro

Algunas de estas locuciones cuantificadoras pertenecen al lenguaje coloquial.

Son también coloquiales otras locuciones cuantificadoras que, al contrario que las anteriores, siguen al adjetivo. Ejemplos:

feo **con avaricia** → muy feo   tonto **de remate** → muy tonto
cuantificador   cuantificador

ATENCIÓN

No significa lo mismo el cuantificador *poco* que la locución *un poco*. Esta última se suele aplicar a adjetivos o adverbios de cualidades negativas, y aquel a los de cualidades positivas o negativas. Ejemplos:

un poco tonto (*un poco listo)
poco simpático (poco antipático)

Otros cuantificadores del adjetivo • También son modificadores cuantificadores enfáticos las formas *lo*, *qué* y *cuán*. Ejemplos:

¡Lo bueno que es!   ¡Qué (cuán) bueno (es)!

• Los modificadores cuantificadores pueden ser compuestos. Ejemplos:

bastante más satisfecho   **mucho menos** alto   **un poco más** lento

En ocasiones, ciertos grupos nominales con valor de cantidad pueden ser modificadores del modificador cuantificador. Ejemplos:

Además, estos grupos nominales pueden ser a su vez modificados por otros adverbios. Ejemplos:

3.2 6.3 Otros modificadores del adjetivo

- En el grupo adjetival, el núcleo (el adjetivo) puede ir modificado por otras palabras. Normalmente son grupos nominales u oraciones precedidos de preposición los que actúan de modificadores (o complementos) del adjetivo. Ejemplos:

Hay dos clases de modificadores del adjetivo:

- Argumentos: son complementos exigidos por la naturaleza léxica del adjetivo. Ejemplos:

carente de emoción   *perteneciente a una asociación*
ávido de noticias   *exento de la multa*

En ocasiones, el modificador puede elidirse, pero está igualmente exigido por el adjetivo. Ejemplos:

El estadio estaba lleno (de gente).
El vaso está vacío (de líquido).

- Adjuntos: son complementos opcionales, no exigidos por la naturaleza léxica del adjetivo. Ejemplos:

Es habilidoso (con el balón).   *Es guapo (de cara).*

- Los adjetivos del campo semántico del color tienen la propiedad de poder ser modificados por otro adjetivo o por un sustantivo adjetivado. Ejemplos:

azul marino   *verde esmeralda*   *marrón oscuro*   *rojo vivo*

Se trata de grupos adjetivales que actúan como una palabra compuesta, aunque sus componentes no estén soldados gráficamente. Son núcleos complejos.

Dos tipos de modificadores del adjetivo: argumentos y adjuntos

3.2 | **7** | **EL GRUPO ADVERBIAL**

3.2 7.1 Estructura

Definición El grupo adverbial consiste en una secuencia de palabras en la que el elemento central es un adverbio [**2.6.1**]. Este funciona como núcleo. Ejemplo:

muy   *lejos*   *de aquí*
mod.   núcleo   modificador

3.2 7.2 Modificadores cuantificadores

Cuantificadores del adverbio: otros adverbios
Al igual que muchos adjetivos, algunos adverbios pueden ir acompañados de un cuantificador, que es, a su vez, otro adverbio o una locución adverbial. Siempre preceden al núcleo. Ejemplos:

muy lejos	**más** cerca	**menos** deprisa
cuán bien	**bastante** poco	**algo** mal
poco bien	**mucho** antes	**poco** después
la tira de lejos	**un poco** lejos	**la mar de** bien

Existen ciertas locuciones cuantificadoras que aparecen detrás del núcleo. Ejemplos:

lejos *de* *narices* → *muy lejos*   *cerca* *de* *veras* → *muy cerca*
núcleo   cuantificador   núcleo   cuantificador

También son cuantificadores de adverbios los exclamativos *qué* y *cuán* y el intensificador *lo*. Ejemplos:

¡*Lo lejos que está!*   ¡*Qué (cuán) bien canta!*

Cuantificadores compuestos del adverbio
● Al igual que ocurre en el grupo adjetival, los cuantificadores del adverbio pueden ser compuestos. Ejemplos:

un poco más lejos   *bastante más allá*

Estos cuantificadores pueden, a su vez, estar modificados por un grupo nominal de cantidad (precedido o no de otros adverbios modificadores como *casi, solo...*). Ejemplos:

(casi) cinco pisos más arriba

(solo) varios metros más allá

3.2 7.3 Otros modificadores del adverbio

Grupos con preposición que complementan a adverbios
● Algunos adverbios pueden ir complementados por otras palabras o grupos de palabras precedidos de preposición que normalmente aparecen pospuestos. Ejemplos:

delante de la mesa   *cerca de aquí*
núcleo   modificador   núcleo   mod.

fuera de aquí   *detrás de la cama*
núcleo   mod.   núcleo   modificador

- Ciertos adverbios pueden llevar como modificador una oración precedida o no de la preposición *de*. Ejemplos:

<u>aquí</u> <u>donde me ves</u>
ncl.   mod. (oración)

<u>ahora</u> <u>que lo recuerdo</u>
núcleo   mod. (oración)

<u>antes</u> <u>de que lo supieras</u>
núcleo   mod. (oración)

<u>luego</u> <u>de que cenamos</u>
núcleo   mod. (oración)

- En otros casos, el modificador de un adverbio nuclear es otro adverbio o sustantivo en aposición (sin preposición). Ejemplos:

Adverbio en aposición de otro adverbio

<u>aquí</u>   <u>cerca</u>
núcleo   mod.

<u>ayer</u>   <u>tarde</u>
núcleo   mod.

Incluso en algunos casos, los dos adverbios forman una unidad léxica insegmentable. Ejemplos:

más o menos (aproximadamente)   *más bien*

- Hay adverbios nucleares formados con varias palabras gráficas. Ejemplos:

Adverbios formados por varias palabras

pasado mañana   *antes de ayer (anteayer)*

- Hay veces en que el modificador aparece delante del adverbio nuclear. Ejemplos:

El modificador puede ir antes del adverbio nuclear

<u>exactamente</u> <u>así</u>
modificador   ncl.

<u>exclusivamente</u> <u>así</u>
modificador   ncl.

<u>varios años</u> <u>antes</u>
modificador   núcleo

<u>días</u> <u>después</u>
mod.   núcleo

Obsérvese que, en los dos últimos casos, es un sustantivo o grupo nominal el que ejerce el papel de modificador.

- Los adverbios *sí* y *no* pueden ir precedidos de modificadores de modalidad. Ejemplos:

Sí y *no* con otros modificadores

probablemente sí   *seguramente no*
claramente sí   *evidentemente no*

Norma | Uso del relativo *que* en oraciones exclamativas

Es coloquial el uso del relativo *que* en oraciones exclamativas encabezadas por *qué*. Ejemplos:

¡Qué listo que es! (mejor: ¡Qué listo es!).
¡Qué lejos que está! (mejor: ¡Qué lejos está!).

Norma | Uso de adverbios con posesivos

No pertenece a la norma culta la unión de posesivos con ciertos adverbios. Ejemplos:

*detrás mío   **delante tuya*   **cerca mía*

3.2 | 8 | EL GRUPO VERBAL

3.2 8.1 Estructura

Definición | El grupo verbal se caracteriza por tener como núcleo un verbo [**2.5.1**]. Este puede ir, además, acompañado por una serie de complementos:

- El complemento directo [**3.2.9**]
- El complemento indirecto [**3.2.11**]
- El dativo [**3.2.14**]
- El complemento circunstancial [**3.2.15**]
- El complemento de régimen o complemento regido [**3.2.17**]
- El complemento agente [**3.2.18**]

Para el predicativo y el atributo, ver **3.1.11**, **3.1.10**.

La función del grupo verbal es siempre la de **predicado**.

3.2 8.2 El núcleo verbal

Formas verbales que desempeñan la función de núcleo verbal | La función de núcleo de un grupo verbal la puede desempeñar:

- Una forma simple del verbo. Ejemplo:

  Salió para su casa a las tres.
  núcleo complemento complemento
  grupo verbal

- Una forma compuesta del verbo. Ejemplo:

  Pedro ha salido para su casa a las tres.
  núcleo compl. compl.
  grupo verbal

- Una locución verbal [**2.5.21**]. Ejemplo:

  Yo eché de menos a tu padre el otro día.
  núcleo: loc. verbal compl. compl.
  grupo verbal

- Una perífrasis verbal [**2.5.19**]. Ejemplo:

  Él debe de haber salido para su casa a las tres.
  núcleo: perífrasis verbal compl. compl.
  grupo verbal

En ocasiones, el sujeto se incrusta entre los complementos del verbo o entre el núcleo verbal y algún complemento. En estos casos, el grupo verbal es toda la secuencia excluido el sujeto. Ejemplo:

Me impresionó mucho la película el otro día.
compl. núcleo compl. sujeto compl.
grupo ....verbal

3.2 8.3 Los complementos del verbo

Al igual que el sustantivo y el adjetivo, también el verbo tiene dos tipos básicos de complementos:

* Argumentos: son complementos necesarios para el verbo; es decir, el verbo los rige o exige. Sin ellos, o la oración es agramatical o el verbo presenta otro significado.

Dos tipos de complementos del verbo: argumentos y adjuntos

Entre los argumentos se encuentran los complementos directos, los complementos de régimen o regidos, algunos complementos indirectos y otros complementos adverbiales, que la gramática tradicional trataba entre los complementos circunstanciales, así como los atributos. Ejemplos:

Tengo <u>frío</u> en el despacho (no se dice: *Tengo en el despacho).
     arg. (CD)

Confío siempre <u>en mi familia</u> (no se dice: *Confío siempre).
           arg. (CR)

He dado <u>un libro</u> <u>a María</u> (no se dice: *He dado un libro
    arg. (CD) arg. (CI)

o *He dado a María).

Esa casa cuesta <u>mucho</u> (no se dice: *Esa casa cuesta).
       arg. (C. adv.)

María reside <u>en Madrid</u> (no se dice: *María reside).
     arg. (C. adv.)

El niño se quedó <u>triste</u> (cambia de significado: El niño se quedó).
       arg. (atrib.)

* Adjuntos: son complementos no exigidos por el verbo; sin ellos, la oración es gramatical y el verbo no cambia de significado. Entre ellos se encuentran los complementos circunstanciales propiamente dichos, algunos complementos indirectos, los dativos y algunos predicativos. Ejemplos:

<u>Ayer</u> vi a Juan <u>en el parque</u> → Vi a Juan.
adj. (CC)   adj. (CC)

Pinté un cuadro <u>a mi madre</u> → Pinté un cuadro.
          adj. (CI)

Trajeron <u>limpia</u> la ropa → Trajeron la ropa.
   adj. (predic.)

3.2 9 EL COMPLEMENTO DIRECTO (I)

3.2 9.1 Caracterización semántica

Delimita la extensión significativa del verbo

- El complemento directo se caracteriza semánticamente por restringir o delimitar la extensión significativa del verbo.

- La gramática tradicional definía el complemento directo como la persona o cosa que recibe directamente la acción del verbo.

  Pero esta definición, además de resultar vaga, no ayuda a distinguir complementos directos de complementos indirectos en muchos casos. Ejemplos:

  Golpearon *a mi primo*.   Dieron golpes *a mi primo*.
  CD   CI

Necesidad de criterios formales para reconocerlo

En los dos casos, el grupo nominal *mi primo* recibe la acción, pero desempeña distinta función en uno y otro ejemplo. Por otro lado, existen verbos que no significan acción y llevan complemento directo. Ejemplos:

  Había *alumnos*.   Tengo *fiebre*.   Hace *frío*.

3.2 9.2 Caracterización formal

El **complemento directo** es el primer argumento interno seleccionado por el verbo, y presenta las características formales siguientes:

Sustitución por los pronombres átonos

- La palabra, grupo sintáctico u oración que desempeñan la función de complemento directo se sustituyen, cuando están determinados, por los pronombres personales [**2.4.2**] átonos *lo, la, los* y *las*. Estos pronombres adoptan siempre el género y el número de sus referentes. Ejemplos:

  Busco *el lápiz*. → *Lo* busco.   Busco *la goma*. → *La* busco.
  Busco *los lápices*. → *Los* busco.   Busco *las gomas*. → *Las* busco.

  Asimismo, todo elemento que se constituye en **tópico** (o **tema**) y deja junto al verbo los clíticos *lo, la, los, las* es un complemento directo. Ejemplo:

  El lápiz lo encontré en el cajón.
  CD (tóp.) CD

Complemento directo: sujeto en voz pasiva

- Es complemento directo en una oración activa toda palabra, grupo u oración que en una construcción pasiva pasan a la función de sujeto. Ejemplo:

  Lanzaron *una piedra* al lago. → *Una piedra* fue lanzada al lago.
  CD   sujeto

  Sin embargo, es preciso tener en cuenta que hay verbos con complemento directo que no admiten la pasiva. Ejemplos:

  Hace *frío*.   Hay *alumnos*.   Tengo *la sal*.

En estos casos debe acudirse al procedimiento de la sustitución por los pronombres átonos. Ejemplos:

Lo hace.   *Los* hay.   *La* tengo.

3.2 9.3 El complemento directo con la preposición *a*

La única preposición que puede aparecer delante de un complemento directo es *a*. Y ello ocurre en los siguientes casos:

Preposición *a*: puede acompañar al CD

- Delante de sustantivos comunes (o pronombres) que designan persona o animal consabidos al menos por el hablante, o sea, individualizados. Sin preposición, se trataría de significados genéricos. Ejemplo:

Casos

    Busco al policía (se sabe qué policía es).

  Frente a:

    Busco ayudante. → *Busco un ayudante.*

- Los nombres propios de persona o animal llevan también la preposición *a*, pues son nombres consabidos. Ejemplos:

    Encontré a María.   *Vi a Pepe.*

- De la misma manera, se construyen con *a* los complementos directos desempeñados por pronombres tónicos referidos a personas. Ejemplos:

    Me miró a mí.   *¿A quién buscáis?*   *No espero a nadie.*

- También llevan *a* los complementos directos de sustantivos personificados. Ejemplos:

    Temo a la muerte.   *Amo a la vida.*

- Se usa la preposición *a* para evitar ambigüedades. Ejemplo:

    Honra el trabajo la persona.   → *Honra el trabajo a la persona.*
                                     → *Honra al trabajo la persona.*

Sin embargo, y también para evitar una posible ambigüedad, a veces se suprime la preposición *a* del complemento directo por entrar en conflicto con otro complemento que también exige *a*. Ejemplo:

    Presenté a mi novia a mis padres
                    → *Presenté mi novia a mis padres.*
                    → *Presenté mis padres a mi novia.*

3.2 | 10 | EL COMPLEMENTO DIRECTO (y II)

3.2 10.1 Complemento directo con verbos de medida, peso, duración y precio

Estructuras sintácticas de los verbos medir y pesar

● Los verbos *medir* y *pesar* admiten dos estructuras diferentes:

● Como verbos de acción: en estos casos, el complemento directo admite tanto la sustitución pronominal como la conversión a pasiva. Ejemplos:

> *María midió el jardín.* → *Lo midió.*
> → *El jardín fue medido por María.*
> *María pesó la compra.* → *La pesó.*
> → *La compra fue pesada por María.*

● Como verbos de no acción: su complemento admite la pronominalización del complemento directo, pero no la pasiva. Ejemplos:

> *María mide un metro.* → *Lo mide.*
> → **Un metro es medido por María.*
> *María pesa treinta kilos.* → *Los pesa.*
> → **Treinta kilos son pesados por María.*

Estructuras de verbos de duración y precio

Este segundo comportamiento lo presentan también los complementos de los verbos *costar* y *valer*: tienen solo un rasgo de complemento directo: la pronominalización. Se trata, pues, de unos argumentos intermedios entre los complementos directos y los complementos adverbiales.

3.2 10.2 Pronombre personal tónico como complemento directo

Cuando el complemento directo está desempeñado por un pronombre personal tónico, que debe ir precedido de *a*, debe repetirse con la forma pronominal átona correspondiente al margen de la posición que aquel adopte. Ejemplos:

> *A mí me golpearon* (no se dice: **A mí golpearon*).
> *Me golpearon a mí* (no se dice: **Golpearon a mí*).

Sin embargo, el pronombre personal átono no exige la aparición de la forma tónica. Esta puede aparecer bien por necesidades expresivas, bien porque se quiera establecer una oposición con otra persona diferente. Ejemplos:

> *Tú (a mí) no me insultas.*   *Me insultaron (a mí [no a ti]).*

3.2 10.3 Categorías que funcionan como complemento directo

Categorías que funcionan como CD

La función de complemento directo la pueden desempeñar las siguientes categorías:

● Un sustantivo. Ejemplos: *Quiero pan. Busco a Juan.*

- Un grupo nominal. Ejemplos: *Quiero el pan de ayer. Busco a la hija de Juan.*

- Un pronombre. Ejemplos: *Me atendieron bien. Juan se miró en el espejo. Juan y Pedro se empujaron. Me buscan a mí. Os buscan a vosotros. ¿Qué buscan? ¿A quién buscan? Buscan esto. No veo a nadie. El libro que compré...*

- Una oración. Ejemplos: *Prefiero que vengáis a casa. No sé si han venido a casa.*

3.2 10.4 Posición del complemento directo

- Normalmente, el complemento directo va detrás del verbo, aunque no necesariamente contiguo a él: puede haber entre el verbo y el complemento directo otros complementos. Ejemplos: Normalmente detrás del verbo

    *Di **un beso** a mi hijo.* → *Di a mi hijo **un beso.***

- Ahora bien, por razones expresivas o informativas puede colocarse el complemento directo delante del verbo. En estos casos es obligado repetirlo con el pronombre personal átono correspondiente siempre que se refiera a personas o cosas determinadas o consabidas, pero no en los demás casos. Ejemplos: Otras posiciones

    *A **Juan lo** vi en la plaza* (no se dice: **A Juan vi en la plaza*).
    *Esa **piedra la** tiré al estanque* (no se dice: **Esa piedra tiré al estanque*).

    pero:

    ***Sueño** no tengo* (no se dice: **Sueño no lo tengo*).
    ***Secretaria** busco, no traductora* (no se dice: **Secretaria la busco, no traductora*).

- Cuando la función de complemento directo la desempeña un pronombre relativo o interrogativo [**2.4.9**], [**2.4.12**], estos han de encabezar la oración. Ejemplos:

*el libro **que** he leído*	*la casa **que** he comprado*
*¿**Qué** has leído?*	*Ya sé **qué** has leído.*

Norma Pluralización del pronombre complemento directo

En el español de algunas zonas de Hispanoamérica y de Canarias se tiende, a veces, a pluralizar el pronombre *lo* de los complementos directos cuando el complemento indirecto del mismo verbo es *se* con referente plural. Ejemplo:

   *Les entregué **el paquete** a ustedes.* → *Se **los** entregué* (mejor: *Se **lo** entregué*).

Para el fenómeno del leísmo, ver [**2.4.4**].

3.2 | 11 | EL COMPLEMENTO INDIRECTO (I)

3.2 11.1 Caracterización semántica

Invalidación de los criterios semánticos para caracterizar el complemento indirecto

• El complemento indirecto se definía tradicionalmente como la persona o cosa que recibe indirectamente la acción del verbo. Pero esta definición solo vale para los casos en que también aparece un complemento directo: la acción incide directamente sobre el complemento directo e indirectamente sobre el complemento indirecto; pero no vale para los complementos indirectos que no se apoyan en un complemento directo. Ejemplos:

<u>A Juan</u> <u>le</u> duele <u>la mano</u>.   <u>A nosotros</u> <u>nos</u> preocupa <u>la situación</u>.
 CI   CI   sujeto   CI   CI   sujeto

Además, esta definición es demasiado vaga, pues no se sabe muy bien qué significa recibir indirectamente la acción del verbo.

• También se ha definido el complemento indirecto como la persona o cosa que recibe el daño o provecho. Pero esta es una noción semántica y no sintáctica. Un sustantivo puede recibir el provecho tanto cuando realiza función de complemento directo como cuando realiza función de complemento indirecto. Ejemplos:

<u>Besaron a Juan</u>.   Dieron un beso <u>a Juan</u>.
   CD   CI

Esta definición vale para la función semántica de beneficiario, pero no para la función sintáctica de complemento indirecto.

• Tampoco es exacto decir que el complemento indirecto designa en la realidad al destinatario de la noción evocada por el verbo. Esta definición apunta a una función semántica, que no coincide siempre con la función sintáctica del complemento indirecto. Ejemplo:

He compuesto una canción <u>para la juventud</u>.
                        (destinatario) CC

3.2 11.2 Caracterización formal

El complemento indirecto presenta los rasgos siguientes:

Siempre con a

• Siempre va precedido de la preposición *a* (salvo cuando se trata de pronombres átonos) y solo de esta preposición, y no cambia de función en la trasformación a pasiva de la oración activa. Ejemplo:

Entregaron el piano *a tu tía*. → *El piano fue entregado a tu tía*.

Sustitución por los pronombres átonos le, les y se

• Se deja sustituir solo por *le* y *les*, y, cuando el complemento directo aparece pronominalizado como *lo, la, los, las*, por el pronombre personal *se*. Ejemplo:

Entregó el piano *a mi tía*. → *Le entregó el piano*. → *Se lo entregó*.

- El complemento indirecto siempre admite la duplicación con los pronombres átonos *le, les* en la misma oración, unas veces de forma obligada y otras de manera opcional. Ejemplo:

    Le compré un libro a María. → *Compré un libro a María* (opcional).

    A María le compré un libro (duplicación obligada). → **A María compré un libro.*

Admite la duplicación con *le* o *les*

ATENCIÓN

No hay complementos indirectos con la preposición *para*, como muestran los siguientes argumentos:

- Un complemento con *para* es compatible con un complemento indirecto con *a*; pero no puede haber dos complementos indirectos para un solo verbo (salvo que estén yuxtapuestos o coordinados). Ejemplo:

    Compré un libro a Juan para mi alumno.
                  CI   CC

- Además, los complementos con *para* no permiten la referencia anafórica o catafórica con *le* o *les*. Ejemplo:

    Canté una canción para los niños (no se dice: **Les canté una canción para los niños*).

    Con la preposición *a* sí es posible dicha referencia. Ejemplo:

    Les canté una canción a los niños.

    Los complementos con *para* son siempre complementos circunstanciales o complementos de régimen.

3.2 11.3 Clasificación del complemento indirecto

Hay dos clases de complemento indirecto:

- El que complementa al verbo a través de un complemento directo (de hecho, el complemento indirecto de este tipo parece complementar, más que al verbo, al grupo que forman el verbo y el complemento directo). Ejemplo:

    Di un beso al niño. → *Le di un beso.* (→ *Besé [dar besos] al niño*).

Dos tipos de complemento indirecto

- El que complementa directamente al verbo sin que haya complemento directo. Ejemplos:

    A Juan le duele la cabeza.   *A María le sirve el vestido.*

En estos casos, el complemento indirecto parece incidir sobre el conjunto *verbo + sujeto*.

| **3.2** | 12 | **EL COMPLEMENTO INDIRECTO (II)** |

3.2 12.1 Posición del complemento indirecto

Generalmente detrás del verbo si se apoya en un CD

• Generalmente, los complementos indirectos que se apoyan en un complemento directo aparecen detrás de este, pero no es infrecuente que se intercalen entre el verbo y el complemento directo. Ejemplo:

Entregué la carta al director. → *Entregué al director la carta.*

• Si el complemento indirecto se antepone al verbo (por énfasis o topicalización), lo normal es repetir esta función con el pronombre personal átono correspondiente. Ejemplo:

A Jaime le di un beso.

• Cuando el complemento indirecto va después del verbo, su repetición con el pronombre átono correspondiente es opcional. Ejemplo:

Le di un beso a Jaime. → *Di un beso a Jaime.*

• Cuando la función de complemento indirecto la ejerce un pronombre personal tónico, es siempre obligada la presencia del pronombre personal átono correspondiente. Ejemplo:

A ti te dieron el premio (no se dice: **A ti dieron el premio*).

• El pronombre personal átono, en cambio, no necesita del tónico; si este aparece es por necesidad expresiva o porque se quiere mostrar oposición con otra persona. Ejemplo:

Me dieron el premio (a mí) (no a ti).

Generalmente delante del verbo si no se apoya en un CD

• Cuando se trata de complementos indirectos que aparecen sin apoyo de un complemento directo, es frecuente que aparezcan delante del verbo. Ejemplo:

A los árboles ya se les ha caído la hoja.

Pero también pueden aparecer detrás del verbo, aunque en ciertos casos esta posición resulta más violenta que en otros. Ejemplo:

Las hojas ya se les han caído a los árboles.

Tanto con la anteposición como con la posposición, es necesaria en estos casos la presencia del pronombre personal átono (*le, les*) correspondiente.

3.2 12.2 Categorías que pueden ser complemento indirecto

Categorías que pueden funcionar como CI

Las categorías que pueden desempeñar la función de complemento indirecto son las siguientes (siempre con la preposición *a* delante, excepto cuando se trata de pronombres personales átonos):

• Sustantivos y grupos nominales. Ejemplos: *Dale una patada a esa piedra. Échale agua al vino.*

- Los pronombres personales átonos. Ejemplos: *Me dieron el recado. Os contaron todos los detalles.*

- Los pronombres personales tónicos (siempre en unión del pronombre átono). Ejemplo: *A mí no me preocupa eso.*

- Otros pronombres. Ejemplos: *¿A quién (le) disteis el dinero? La niña a la que doy clase... A ese hay que darle la razón. No se lo di a nadie.*

- Oraciones. Ejemplo: *Le han dado importancia a que no acudiéramos a la reunión.*

3.2 12.3 Casos especiales de complementos indirectos

Con ciertos verbos pronominales cabe la sustitución de algunas palabras o grupos de palabras por *le* o *les*, pero no la duplicación, que parece relevante sintácticamente. Ejemplo:

> *Te adelantaste a tu adversario.* → *Te le adelantaste* (no se dice: **Te le adelantaste a tu adversario*).

CI próximos a los CR

De todas formas, con otros verbos la duplicación parece normal y, sin embargo, se siguen sintiendo los complementos mencionados más como complementos de régimen o complementos adverbiales que como complementos indirectos. Ejemplo:

> *Una mujer se le acercó a Juan.*

Hay algunos complementos de este tipo que se dejan sustituir por *le*, *les* cuando poseen el rasgo animado o humano, pero no cuando carecen de este rasgo. Ejemplos:

> *El niño se abrazó a su madre.* → *El niño se le abrazó.*
> *El niño se abrazó a un árbol* (no se dice: **El niño se le abrazó*).

En el último caso, ya no hay ningún rasgo del complemento indirecto.

ATENCIÓN

No todos los complementos indirectos son argumentos, o sea, no todos están exigidos por el verbo. Ejemplos:

Pinté un cuadro a María.	*Di un cuadro a María.*
adjunto	argumento

| 3.2 | 13 | **EL COMPLEMENTO INDIRECTO (y III)** |

3.2 13.1 Laísmo y loísmo

- Los pronombres personales átonos de 3.ª persona propios del complemento indirecto son siempre *le* y *les* (y *se* en los casos de la existencia de un complemento directo con *lo, la, los, las*).

Laísmo: *la* como CI; loísmo: *lo, los* como CI

El empleo de los pronombres *la, las* y *lo, los* propios del complemento directo como complementos indirectos constituye respectivamente, como ya se dijo, los fenómenos de laísmo [**2.4.4**] y loísmo [**2.4.4**]. Ejemplos:

> **Yo la escribo todas las semanas.*
> **A mi hijo lo han pegado.*
> **Ábrela a mamá.*

Las oraciones *A mi hijo lo han pegado* y *Ábrela a mamá* son correctas si en el primer caso el verbo *pegar* significa 'adherir', y en el segundo, 'operar', pues entonces tanto *mi hijo* (*lo*) como *mamá* (*la*) son complementos directos.

Norma Laísmo y loísmo

Tanto el **laísmo** (frecuente en zonas del centro peninsular, incluso entre personas de cultura media y alta) como el **loísmo** (más popular) son considerados fenómenos incorrectos. Ejemplos:

Laísmo: **A Ana la duele la cabeza* (se dice: ... *le duele*...).
*Pronto la entregaré el coche (se dice: ... *le entregaré [a ella]*...).

Loísmo: **¡Qué lo vamos a hacer!* (se dice: *¡Qué le vamos a hacer!*).
*No lo hagas caso (se dice: *No le hagas caso*).

Existen algunos verbos que llevan complemento directo o complemento indirecto en relación con su sujeto. Si el sujeto no es animado, entonces el complemento se suele percibir como indirecto, aunque vale también el directo; por tanto, le corresponden las formas *le* o *les* (o *lo, los, la, las*); si, por el contrario, es animado, el complemento es siempre directo. Ejemplos:

Mario asustó a su madre. → *La asustó.*
sujeto   CD   CD

A María le asusta la vida.
CI   CI   sujeto

Los alumnos molestaron a la profesora. → *La molestaron.*
CD   CD

A la profesora le molesta que cantéis.
CI   CI   sujeto

A Manolo no le sirven esos pantalones.
CI   CI   sujeto

Manolo sirve a su patria. → *La sirve.*
CD   CD

ATENCIÓN

Las formas pronominales *lo*, *la*, *los*, *las* para complemento directo y *le*, *les* para complemento indirecto responden a un intento de diferenciación funcional en la gramática. Las primeras son las formas derivadas del acusativo latino (caso en que se manifestaba el complemento directo):

illum > *lo*	*illam* > *la*	*illud* > *lo*
illos > *los*	*illas* > *las*	

Las segundas proceden del dativo latino (caso propio del complemento indirecto):

illi > *le*	*illis* > *les*

Por tanto, el sistema recomendado por las Academias de la Lengua Española es claramente etimológico y diferencia complementos directos de complementos indirectos.

Sin embargo, el leísmo, el laísmo y el loísmo no tienen en cuenta la función gramatical ,sino la diferencia de sexos, por un lado, y la de persona y cosa, por otro.

Así, en personas leístas y laístas:

- *Le* se suele referir a un varón (o macho), al margen de si la función es de complemento directo o de complemento indirecto.

- *La* se suele referir a una mujer (o hembra) o a una cosa, al margen de si se trata de un complemento directo o de un complemento indirecto.

- *Lo* se suele referir a cosas masculinas, frente a *la* que se refiere a cosas femeninas. No obstante, también se detectan en zonas leístas leísmos de cosa.

Norma Concordancia del pronombre *le*

No es correcta la inmovilización en número del pronombre *le* cuando su referente aparece en plural y después del verbo. Ejemplos:

> **Quiero decirle a todos ustedes que...* (se dice: *Quiero decirles a todos ustedes que...*).
> **Yo le digo siempre a mis hijos* (se dice: *Yo les digo siempre a mis hijos...*).

Los pronombres átonos *le* y *les* siempre concuerdan en número con su antecedente o consecuente (elemento al que se refiere el pronombre que aparece después de él).

3.2 | 14 | **EL DATIVO**

3.2 14.1 El dativo como función sintáctica

Características del dativo

La función de dativo, diferente para algunos gramáticos de la de complemento indirecto, y una variante de este complemento para otros, se caracteriza por los rasgos siguientes:

- Siempre está desempeñada por un pronombre átono (*me, te, se, nos, os*). Nunca por *le, les*, ni por sustantivos o grupos nominales.

- Nunca se duplican con el pronombre personal tónico correspondiente ni con sustantivo alguno.

- Dichos pronombres no son componentes de un verbo pronominal [**2.5.17**].

- Esos pronombres con función de dativo ni se sustituyen por *le, les, lo, la, los, las* ni se acompañan de ellos.

- No es argumento del verbo.

3.2 14.2 Clases de dativo

Sintácticamente hay dos clases de dativo:

- Dativo concordado

Dativo concordado: referido al sujeto de la oración

Este tipo de dativo siempre lo desempeñan los pronombres átonos *me, te, se, nos, os*, y siempre se refieren al sujeto de la oración, por lo que poseen un valor semántico de reflexividad [**2.4.5**]. En este dativo no caben los pronombres *le, les* ni como sustitutos ni como acompañantes en el contexto. Ejemplos:

> *Se lo está pensando* (no se dice: **Se lo está pensando a sí mismo*).
> *Me gano la vida así* (no se dice: **Me gano a mí la vida...* ni **Le gano la vida...*).
> *Se jugó el dinero a la lotería* (no se dice: **Se jugó a sí mismo el dinero a la lotería*, ni **Le jugó...*).

Este tipo de dativo puede eliminarse en algunos contextos, pero no en otros. Ejemplos:

> *Lo está pensando.*
> **Gano la vida así.*
> *Jugó todo el dinero a la lotería.*

Por tanto, no es verdad que estos dativos sean siempre superfluos o pleonásticos.

Algunos gramáticos llaman a estos **dativos de interés**. Otros los llaman **dativos éticos**, denominación que dan también a los dativos que aparecen a continuación.

● Dativo no concordado

Este tipo de dativo no se refiere al sujeto de la oración, sino al hablante del acto comunicativo, quien participa, por verse afectado de alguna manera, de la acción realizada por el sujeto.

> Dativo no concordado: referido al hablante del acto comunicativo

Por eso, esta función la suelen desempeñar los pronombres personales átonos de primera persona *me* y *nos*.

Este dativo sí es eliminable; por tanto, puede decirse que es pleonástico, y presenta carácter coloquial. Ejemplos:

> No te **nos** manches (no se dice: *No te nos manches a nosotros, ni *No te les manches). → No te manches.
> No te **me** despistes (no se dice: *No te me despistes a mí, ni *No te le despistes). → No te despistes.

Este tipo de dativos son más frecuentes en oraciones con valor imperativo.

ATENCIÓN

No están claros los límites entre algunos tipos de dativos y el complemento indirecto. Así, en una oración como *Ciérrenme la puerta, que hay corriente* se dice lo mismo que con la oración *Cierren la puerta*, pero se pone de relieve el hecho de que el hablante se ve afectado. Además, no es posible la duplicación: *Ciérrenme a mí la puerta* (esta oración significaría otra cosa).

Sin embargo, en otra oración aparentemente igual pero con el pronombre en tercera persona es posible la duplicación: *Ciérrenle a él la puerta*. Pero en este caso el significado puede ser el de 'no lo dejen entrar'. Por tanto, los pronombres respectivos *me* y *le* no siempre son en estos casos equifuncionales, aunque pudiera parecerlo.

● Dativo simpatético

Algunos gramáticos llaman dativo **simpatético** o **posesivo** a aquel pronombre átono que tiene valor de posesión. Pero se trata de un valor exclusivamente semántico. Ejemplos:

> Dativo simpatético: pronombre átono con valor de posesión

> Se **me** ha roto el vestido. → Se ha roto **mi** vestido.
> Se **le** iluminaron los ojos. → Se iluminaron **sus** ojos.

Sintácticamente, son complementos indirectos.

ATENCIÓN

Para algunos gramáticos, el **dativo** sería una clase funcional más amplia, a la que pertenecería el complemento indirecto como una subclase.

| 3.2 | 15 | **EL COMPLEMENTO CIRCUNSTANCIAL (I)** |

3.2 15.1 Caracterización semántica

Definición semántica tradicional insuficiente — Se suele definir el complemento circunstancial como aquel adyacente del verbo que aporta significados de lugar, tiempo, modo, cantidad, instrumento, causa, finalidad, etc. Pero esta definición, claramente semántica, es insuficiente por cuanto no distingue la función de segmentos como *este cuchillo* en oraciones del tipo:

> *Corté el jamón con este cuchillo.*
> *Este cuchillo no corta bien el jamón.*

En las dos oraciones hay un **instrumento** (función semántica): *este cuchillo*. Sin embargo, este mismo segmento actúa de complemento circunstancial en el primer ejemplo y de sujeto en el segundo.

3.2 15.2 Caracterización formal

Rasgos formales — Más apropiado resulta definir esta función sintáctica desde el punto de vista formal. Estos son sus rasgos:

• El complemento circunstancial nunca se deja sustituir por pronombres átonos, por lo que no puede confundirse ni con el complemento directo ni con el complemento indirecto. Ejemplo:

> *Encontré a Juan **en la plaza**.* → **La encontré a Juan.*

• Nunca concuerda con el verbo, por lo que no puede confundirse con el sujeto. Ejemplo:

> *Volveré **los lunes*** (frente a: *Volverán los niños*).

• Puede llevar cualquier preposición, que es lo más frecuente, o no llevar ninguna. El sujeto no lleva preposición, el complemento directo lleva *a* solo en ciertos casos, y el complemento indirecto solo lleva *a*.

• Muchos complementos circunstanciales son sustituibles por adverbios. Ejemplos:

> *Caminaban **con alegría**.* → *... alegremente, así.*
> *Iré **dentro de tres días**.* → *... entonces.*

Sin embargo, no todos pueden sustituirse por adverbios, ya que no hay adverbios que signifiquen, por ejemplo, causa, instrumento, finalidad, compañía, etc.

• Un verbo puede ir acompañado de varios complementos circunstanciales, mientras que solo se permiten (fuera de la coordinación [**3.1.2**] o la yuxtaposición [**3.1.2**]) un sujeto, un complemento directo, un complemento indirecto y un complemento de régimen. Ejemplo:

> *Voy todos los días con mis hijos al colegio.*
>   CC   CC   CC

- El complemento circunstancial propiamente dicho se puede eliminar sin que se resienta la gramaticalidad de la oración, aunque se pierda información. Recuérdese que se trata de un complemento no argumental del verbo. Ejemplo:

  Aquel día caminaba yo alegremente por el campo con mis alumnos.

  Esta oración se puede quedar en *Caminaba yo.*

- Los complementos circunstanciales suelen permitir una movilidad en la oración mayor que la de otros complementos. Ejemplo:

  En casa todos leemos el periódico. → *Todos leemos en casa el periódico.*
  → *Todos en casa leemos el periódico.* → *Todos leemos el periódico en casa.*

  Ahora bien, no todos los complementos circunstanciales presentan las mismas posibilidades de movilidad. Ejemplo:

  Yo trabajo con alegría. → *Yo con alegría trabajo. (?)*

- Cuando el complemento circunstancial aparece encabezando la oración, y se separa de ella mediante pausa, parece incidir más sobre esta que sobre el verbo. Ejemplo:

  En Madrid, todos son simpáticos.

ATENCIÓN

- No hay que confundir un complemento circunstancial, que siempre funciona complementando a un verbo (a veces, a una oración), con un complemento o modificador del nombre. Ejemplos:

  Modificador: *Quiero un café con leche.*
  Complemento circunstancial: *Mezclé café con leche.* → *Mezclé con leche el café.*

- Tampoco deben confundirse los complementos circunstanciales con los complementos agentes, pues estos siempre son complementos de participios pasivos o de algunos sustantivos deverbales (derivados de verbos). Ejemplos:

  Complemento agente: *Juan fue multado por un policía.*
  Complemento circunstancial: *Juan fue multado por exceso de velocidad.*

- Además, el complemento circunstancial se diferencia de los atributos y de los complementos predicativos en que estos complementan a un sustantivo a través de un verbo, y aquel solo complementa al verbo. Ejemplos:

  Predicativo: *Juan salió contento de la reunión.*
  Complemento circunstancial: *Juan salió alegremente de la reunión.*

3.2 | 16 | EL COMPLEMENTO CIRCUNSTANCIAL (y II)

3.2 16.1 Clasificación semántica

Clasificación que atiende al significado

Se suelen clasificar los complementos circunstanciales por el significado que aportan:

- De tiempo. Ejemplos: *Ayer llovió. Ya es tarde. Saldremos al amanecer. Te espero el próximo lunes.*

- De lugar. Ejemplos: *Lo encontré allí. Vi a Juan en Madrid. Tu hija tocó el piano en el Auditorio.*

- De compañía. Ejemplos: *Me quedé en casa con mi hija. Trabajo con buenos compañeros.*

- De modo. Ejemplos: *Salió silbando. Corre a trompicones. Trabaja constantemente. Habla con rabia.*

- De instrumento. Ejemplos: *Rompí el cristal con una piedra. Corté el jamón con un cuchillo.*

- De causa. Ejemplo: *No he podido salir por la lluvia.*

- De finalidad. Ejemplo: *Ahorro para tener un buen coche.*

- De destinatario. Ejemplo: *Le envié el paquete para su hermano.*

- De cantidad. Ejemplos: *No comas más. ¡Cuánto trabaja!*

Pero hay otros complementos circunstanciales con otros significados (concesivos [**3.3.19**], condicionales [**3.3.20**]...) que no entran en esta lista tradicional. Ejemplos:

Salí al campo a pesar de la lluvia.　　*Trabajo con una condición.*

3.2 16.2 Categorías que pueden funcionar como complemento circunstancial

Categorías

Desempeñan la función de complemento circunstancial las categorías siguientes:

- Sustantivos o grupos nominales sin preposición. Ejemplo: *Libro todos los lunes.*

- Sustantivos o grupos nominales con preposición (grupos preposicionales). Ejemplos: *Salí con Pedro. Toca el piano con entusiasmo. Salió al amanecer.*

- Adverbios, locuciones adverbiales o grupos adverbiales. Ejemplos: *Trabajo mucho. Andaban a oscuras. Hazlo lo antes posible. Construyó una casa muy lejos de aquí.*

- Pronombres personales tónicos (nunca los átonos) precedidos de preposición. Ejemplos: *Se lo di para ti. La pelota pasó entre tú y yo. Llegó hasta nosotros.*

- Otros pronombres precedidos de preposición. Ejemplos: *No trabajo para nadie. El bolígrafo con (el) que escribo. ¿Con quién sales?*

- Oraciones precedidas o no de preposición. Ejemplos: *No salgo porque estoy cansado. Te llamaré si me encuentro bien.*

3.2 16.3 Observaciones sobre algunos complementos circunstanciales de cantidad y de cualidad

- Los verbos, al igual que otras palabras, pueden cuantificarse. Los cuantificadores del verbo son una variedad del complemento circunstancial. Algunos (muy pocos) preceden siempre al verbo. Ejemplos:

Los verbos se cuantifican a través de CC

> **Casi** me caigo.   **Por poco** no salgo de aquí.

La gran mayoría siguen al verbo. Si lo preceden es únicamente por razones expresivas.

- Al lado de los cuantificadores adverbiales existen también, sobre todo en el lenguaje coloquial, sustantivos o grupos nominales que ejercen el papel de complemento circunstancial cuantificador. Ejemplos:

Otros cuantificadores del verbo

> *Eso cuesta **una pasta**.* → *Eso cuesta mucho.*
> *Trabaja **una barbaridad (una burrada...)**.* → *Trabaja mucho.*
> *Ese sabe **cantidad (un montón, la tira...)**.* → *Ese sabe mucho.*

- También se cuantifica el verbo con locuciones y con estructuras comparativas que se han lexicalizado y han quedado como meros cuantificadores de un verbo. Ejemplos:

> *Costó **Dios y ayuda** convencerlo.*   *Lloraba **a lágrima viva**.*
> *Llora **como una Magdalena**.*   *Dormía **como un lirón**.*
> *Suda **como un pollo**.*   *Corre **como un galgo**.*

En estos casos, las estructuras comparativas son complementos circunstanciales que equivalen a *mucho*, pero no deben segmentarse sintácticamente porque son ya unidades fijas.

Hay también complementos circunstanciales desempeñados por una oración, con un significado intensivo de la cualidad. Ejemplos:

> *Canta **que da gusto** (oírle) (muy bien).*
> *Baila **que es un primor** (muy bien).*

3.2 16.4 Complementos circunstanciales de la enunciación

Algunos adverbios y construcciones adverbiales son complementos circunstanciales, a veces no del verbo de la oración expresa, sino de otro verbo o predicado oculto. Son complementos de la enunciación (no del enunciado). Ejemplo:

Adverbios y construcciones adverbiales

> **Sinceramente**, <u>creo que estás equivocado</u>. → *Te lo digo sinceramente.*
> C.C. de la enunc.   oración

3.2 | 17 **EL COMPLEMENTO DE RÉGIMEN**

3.2 17.1 Exigencia del verbo

CR: complemento
exigido por el verbo

Los complementos de régimen son adyacentes exigidos por el verbo; por tanto, sin ellos, ciertos verbos no podrían funcionar, pues la oración resultaría agramatical. Son, pues, argumentos [**3.2.8**] del verbo. Ejemplos:

> La conferencia versó sobre política (no se dice: *La conferencia versó).
> El maestro influyó en mi vida (no se dice: *El maestro influyó).

Algunos verbos pueden presentarse en el enunciado sin el complemento de régimen, pero este se deduce del contexto o de la situación. Ejemplos:

> Creo que Juan vive aquí, pero ya no me acuerdo (**de eso**).
> Dicen que es buen chico, pero yo no me fío (**de él** o **de eso**).

Este rasgo de exigencia o régimen con relación al verbo diferencia este tipo de complemento de los complementos circunstanciales, y lo acerca al complemento directo. Pero se distingue de este por las características que se señalan a continuación.

3.2 17.2 Otras características del complemento de régimen

Rasgos formales

- Los complementos de régimen siempre van introducidos por una preposición que selecciona el verbo y con el que guarda una íntima relación. Ejemplos:

versar sobre	influir en	dedicarse a	confiar en
fiarse de	aspirar a	ocuparse de	acordarse de

- Nunca son sustituibles por pronombres personales átonos. De ahí que sea fácil diferenciar un complemento de régimen con la preposición a de un complemento directo con la misma preposición o de un complemento indirecto. Ejemplo:

> Aspiro al rectorado (no se dice: *Lo [le] aspiro).

- Siempre se sustituyen por pronombres tónicos y nunca por adverbios. Ejemplos:

> Versó sobre eso.   Confió en mí.   Se fía de ti.   Se dedica a ello.

En cuanto a los complementos que se sustituyen por adverbios, o son complementos circunstanciales, o son argumentos adverbiales. Ejemplos:

> Resido en París.   Compré el coche en París.
> arg. adv.   CC

Como no se sustituye por adverbios, el complemento de régimen nunca responde a preguntas adverbiales, sino a la pregunta qué, ni tampoco establece relación con el adverbio como y sí con los relativos *lo que, el que* en las estructuras ecuacionales. Ejemplo:

> *Confío en vuestra ayuda. ¿En qué confío?* (no se dice: **¿Cómo confío?*)
> *En vuestra ayuda es en lo que confío* (no se dice: **En vuestra ayuda es como confío*).

- Los complementos de régimen y los complementos circunstanciales pueden ser compatibles con un mismo verbo, pero no pueden coordinarse entre sí, lo que demuestra que son dos tipos de complemento diferentes. Ejemplos:

> *Me fío de la gente siempre.* *Confío mucho en la gente.*
>   CR   CC   CC   CR

> **Me fío de la gente y siempre.*

- Por otro lado, mientras que un verbo puede ir complementado por varios complementos circunstanciales, solo puede llevar un complemento de régimen (salvo en los casos de yuxtaposición [**3.1.2**] o coordinación [**3.1.2**]). Ejemplo:

> **Me fío de ti de la gente.*

3.2 17.3 **Compatibilidad entre el complemento de régimen y el complemento directo**

- El complemento de régimen y el complemento directo coinciden en que son igualmente regidos por el verbo. De ahí que haya verbos que funcionan solo con complemento de régimen y otros solo con complemento directo. Ejemplos:

Verbos que exigen CD o CR

> *acordarse de algo* y *recordar algo*
> *percatarse de algo* y *percibir algo*

- Pero también hay casos en que ambos tipos de complemento son compatibles con un mismo verbo. Ejemplos:

Verbos en que son compatibles el CD y el CR

> *Informar a alguien de algo.* *Separar algo de algo.*
>   CD   CR   CD   CR

> *Confundir algo con algo.* *Anteponer algo a algo.*
>   CD   CR   CD   CR

- También existen verbos que presentan significados distintos según se acompañen de complemento directo o de complemento de régimen. Ejemplos:

Verbos con distinto significado según lleven CD o CR

> *Informé **del asunto**. / Informé favorablemente **tu solicitud**.*
> *Me aseguré **de lo que hacía**. / Me aseguré **un buen sueldo**.*
> *He cumplido **con mi horario**. / Ya he cumplido **los cuarenta**.*

3.2 | 18 | **EL COMPLEMENTO DE RÉGIMEN Y EL AGENTE**

3.2 18.1 **Casos fronterizos entre el complemento de régimen y el circunstancial: los argumentos adverbiales**

Argumentos adverbiales: comparten rasgos de CR y de CC

Hay algunos casos en que los complementos del verbo participan a la vez de rasgos del complemento de régimen y de rasgos del complemento circunstancial. Como los complementos de régimen, son necesarios para el significado del verbo; por tanto, son argumentos [**3.2.8**] del verbo. Pero, como muchos de los complementos circunstanciales, son sustituibles o pueden estar desempeñados por adverbios. Ejemplos:

> Juan se dirige **a Madrid** en estos momentos (no se dice: *Juan se dirige en estos momentos). → Juan se dirige allí.
> Mi hermana reside últimamente **en París** (no se dice: *Mi hermana reside últimamente). → Mi hermana reside allí.

Incluso un mismo complemento permite, a veces, sustituciones por adverbios y por pronombres. Ejemplos:

> El problema reside **en la situación que estamos viviendo**. → Reside allí (en ella o en eso).
> Dirigíos **a mi despacho**. → Dirigíos allí (a él).
> Esa cultura proviene **de los romanos**. → Proviene **de allí (de ellos)**.

Además, ciertos verbos que exigen un complemento directo exigen también otro complemento sustituible por adverbios. Ejemplos:

> Pon <u>el vaso</u> <u>en la mesa</u>.   Saqué <u>el libro</u> <u>del cajón</u>.
>   CD   arg. adv.   CD   arg. adv.

En estos casos, la supresión del segundo complemento convierte la oración en agramatical salvo que dicho complemento se sobrentienda. A estos complementos fronterizos los llamamos **argumentos adverbiales** o **complementos adverbiales**.

3.2 18.2 **Categorías que desempeñan la función de complemento de régimen**

Categorías

Pueden desempeñar la función de complemento de régimen las siguientes categorías (siempre precedidas de preposición):

- Sustantivos y grupos nominales. Ejemplos: *Carece de valor. Me acuerdo de mis padres.*

- Pronombres personales tónicos (nunca los átonos). Ejemplos: *Me acuerdo de ti. Me fío de vosotros.*

- Otros pronombres. Ejemplos: *¿De quién te fías? La persona en la que (en quien) confío.*

- Oraciones. Ejemplo: *Confío en que vengáis. Insistió en que fuéramos.*

Norma — Queísmo y dequeísmo

Las oraciones que desempeñan la función de complemento de régimen nunca deben aparecer sin preposición delante de la conjunción subordinante *que*. Este fenómeno es una clase de **queísmo**. Ejemplos:

> *Confío que tengas suerte* (se dice: *Confío en que tengas suerte*).
> *Insistió que fuéramos* (se dice: *Insistió en que fuéramos*).
> *Nos informaron que había un atraco* (se dice: *Nos informaron de que había un atraco*).

No debe ponerse la preposición *de* en lugar de otra preposición seleccionada por el verbo. Se incurriría en un tipo de **dequeísmo**. Ejemplos:

> *Insistió de que teníamos que ir* (se dice: *... en que...*).
> *Confío de que tenga razón* (se dice: *... en que...*).

3.2 18.3 El complemento agente

El complemento agente presenta las siguientes características:

- Puede ser el complemento de un participio pasivo o de un nombre. Ejemplos:

> *Fui multado **por (parte de) la policía**.*
> *La destrucción de la ciudad **por (parte de) los invasores**.*

- Siempre va introducido por la preposición *por* como en los casos anteriores, o, en raras ocasiones, y solo con algunos participios, por *de*. Ejemplos:

> *Soy temido **de todos**.*   *Es sabido **de todos**.*

- En oraciones pasivas [**2.5.22**] siempre se corresponde con el sujeto de la oración activa correspondiente. Ejemplos:

> *Fui castigado <u>por mis padres</u>. → <u>Mis padres</u> me castigaron.*
>   CA   sujeto

Norma — El CA en pasivas reflejas y en impersonales

Las oraciones de pasiva refleja [**2.4.6**] y las sintácticamente impersonales [**3.1.7**] suelen aparecer sin complemento agente, pues la partícula *se* de tales oraciones tiene la misión de encubrirlo. Ejemplos:

> *Se convocarán dos plazas por el ministerio* (mejor: *Serán convocadas dos plazas por el ministerio*).
> *Se recibió a los jugadores por (parte de) el alcalde* (mejor: *Los jugadores fueron recibidos por el alcalde*).

317

1. Segmenta las oraciones siguientes y señala todos los grupos sintácticos que hay en ellas:

- *Todos aquellos niños que cantaban en el coro serán premiados por la Asociación de Padres.*
- *Me preocupa enormemente la situación tan complicada en que se encuentran mis padres.*
- *Nos dijeron que había ocurrido un accidente muy grave cerca de nuestra casa.*

2. Construye un grupo nominal en el que haya un actualizador compuesto de tres determinativos y dos modificadores que pertenezcan a categorías distintas.

3. Construye tres grupos nominales con un actualizador complejo.

4. Construye un grupo nominal con un actualizador compuesto y un modificador en aposición.

5. Construye dos grupos nominales cuyo núcleo sea un pronombre personal que vaya modificado por un determinativo cardinal.

6. Construye dos grupos nominales cuyo núcleo sea un pronombre interrogativo o indefinido con un modificador introducido por la preposición *de*.

7. Construye un grupo adjetival con un modificador cuantificador y otro introducido por una preposición.

8. Segmenta los grupos adjetivales siguientes, indicando las categorías y las funciones:

- *dos centímetros más alto*
- *varias veces más caro*
- *casi tres veces más barato*

9. Construye un grupo adverbial con un modificador cuantificador y otro precedido de preposición.

10. Construye tres grupos verbales cuyos núcleos sean perífrasis verbales de infinitivo y que vayan complementados por un complemento directo y un complemento indirecto.

11. Construye tres grupos verbales cuyos núcleos sean sendas locuciones verbales seguidas de un complemento directo.

12. Construye dos grupos verbales cuyos núcleos exijan dos argumentos.

13. Construye dos grupos verbales cuyos núcleos exijan un argumento complemento directo y un complemento indirecto no argumental.

14. Escribe un grupo verbal con un complemento directo desempeñado por el relativo *que* y otro por el interrogativo *quién*.

15. Construye dos grupos verbales en los que haya sendos complementos indirectos desempeñados por pronombres átonos.

16. Indica la diferencia sintáctica funcional que hay en el grupo nominal *la víctima* en las oraciones siguientes:

- *Golpearon a la víctima.*
- *Pegaron a la víctima.*
- *Escribieron a la víctima.*
- *Nadie se acuerda de la víctima.*
- *Estuvimos con la víctima.*

17. Construye dos grupos verbales con complemento directo y complemento indirecto y otros dos con solo el complemento indirecto.

3.3 Oración y conjuntos

Terminología

- **Oración adverbial.** La gramática tradicional incluye las oraciones causales, finales, condicionales, concesivas, comparativas y consecutivas entre las **adverbiales** porque parte del concepto de función: desempeñan la función de **complemento circunstancial** y se piensa que esta función es exclusiva de la categoría **adverbio**.

  En esta gramática, sin embargo, no se establece una correspondencia exacta entre la categoría **adverbio** y la función **complemento circunstancial**, ya que esta función puede estar desempeñada también por grupos preposicionales o por grupos nominales sin preposición. Ejemplos:

  Escribí la carta <u>con un bolígrafo</u>.
  grupo preposicional

  <u>El año pasado</u> tuvimos más suerte.
  grupo nominal

  En consecuencia, las oraciones con función de complemento circunstancial se pueden considerar adverbiales cuando se sustituyen por adverbios, son sustantivas cuando se sustituyen por sustantivos o pronombres, y no son ni adverbiales ni sustantivas cuando no se sustituyen por ninguna de esas categorías (condicionales, concesivas...).

- **Oración compuesta.** Se suele llamar oración compuesta a todo enunciado con más de un verbo. En esta gramática, sin embargo, distinguimos entre las **oraciones compuestas complejas** (oraciones con más de un predicado en los que se integra una oración que complementa a un elemento de toda la oración: **la principal**) y la oración compuesta con **conjuntos oracionales** (enunciados con más de un predicado correspondiente a distintas oraciones). Las oraciones de estos enunciados pueden contraer una relación de coordinación entre ellos (**conjunto oracional por coordinación**) o de subordinación de uno con respecto de otro (**conjunto oracional por subordinación**). Ejemplos:

  Tengo ganas <u>de que me visites</u>. (oración compuesta compleja)
  or. subordinada:
  complementa a *ganas*

  <u>Aunque tiene frío</u>, no se pone el abrigo. (oración compuesta con conjunto
  or. 1 subordinada   or. 2: principal   oracional por subordinación)

  Tengo frío pero no me pongo el abrigo. (oración compuesta con conjunto
  or. 1: coord.   or. 2: coord.   oracional por coordinación)

3.3 | 1 | ORACIONES SUSTANTIVAS

3.3 1.1 Características generales

● Concepto

Oración sustantiva: funciona como un sustantivo

Una oración sustantiva es aquella que funciona igual que un sustantivo, un grupo nominal o un pronombre, dentro de una oración compuesta compleja.

En tanto que sustantivas, estas oraciones siempre deben poderse sustituir por un pronombre. Ejemplo:

Quiero que vengas. → Quiero eso.

● Nexos

Nexos

Las oraciones sustantivas pueden ir marcadas como tales por los nexos siguientes [**5.4.3**]:

• Las conjunciones *que* y *si* (o el conjunto *que si*). Ejemplos:

Me gusta que estéis contentos.
No sé si estáis contentos.
Me dijeron que si ibais a ir a la fiesta.

Las oraciones sustantivas encabezadas por *si* o *que si* son interrogativas indirectas. Se corresponden con los enunciados interrogativos totales [**4.1.16**]. Ejemplo:

¿Ha venido Juan? → No sé si ha venido Juan.

ATENCIÓN

Deben distinguirse las oraciones sustantivas con *si* (se sustituyen por pronombres) de las condicionales [**3.3.20**] con *si* (no se sustituyen por pronombres). Ejemplos:

No dijo si era bueno. → No lo dijo.
Me lo dirá si soy bueno. → Me lo dirá en ese caso.

• Un pronombre o adverbio interrogativo, que desempeña, además, una función dentro de su oración. Ejemplo:

No quiso decirme cómo lo había averiguado (*cómo* es complemento circunstancial de *había averiguado*).

Las oraciones introducidas por un pronombre o adverbio interrogativo son también interrogativas indirectas. Se corresponden con enunciados interrogativos parciales [**4.1.16**]. Ejemplo:

¿Cómo lo has hecho? → No sé cómo lo has hecho.

• La conjunción *como* cuando la subordinada depende de verbos de percepción como *ver*. Ejemplo:

Vas a ver como no le gusta. → Lo vas a ver.

Sin nexo ● Pueden también aparecer sin nexo. Ejemplos:

No quiso decírnoslo.   Te ruego me envíes más papel.

3.3 1.2 Funciones de las oraciones sustantivas

Las oraciones sustantivas pueden realizar las mismas funciones que un sustantivo, esto es: la de sujeto [**3.1.4**], complemento directo [**3.2.9**], complemento indirecto [**3.2.11**], complemento de régimen [**3.2.17**], complemento circunstancial [**3.2.16**], complemento del sustantivo [**3.2.4**], complemento del adjetivo [**3.2.6**], complemento del adverbio [**3.2.7**].

Oraciones sustantivas: mismas funciones que un sustantivo

3.3 1.3 Oraciones sustantivas en función de sujeto

● Se habla de oraciones sustantivas de sujeto cuando esta función en una oración compuesta compleja la desempeña otra oración.

● Las oraciones sustantivas de sujeto inciden sobre el predicado de la oración compuesta compleja y no sobre otra oración llamada tradicionalmente principal. La oración principal es la oración completa, no la parte que queda una vez eliminada la oración subordinada.

Inciden sobre el predicado de la oración compuesta compleja

Se trata de oraciones compuestas complejas [**3.1.3**] en cuyo seno hay una oración sustantiva, que viene a ser un subconjunto dentro de un conjunto mayor.

● Para comprobar que la oración sustantiva es de sujeto, conviene trasformarla en un pronombre como *eso*, y sustituir este pronombre por el grupo nominal plural *esas cosas.* Si, al proceder de esta manera, el verbo de la oración cambia de número, es que tanto el pronombre *eso* y el grupo nominal *esas cosas* como la oración a la que sustituyen son sujetos. Ejemplo:

Sustitución por pronombres

$$\underset{\text{sujeto}}{\text{Me preocupa } \underset{\text{nexo}}{\underline{que \ llueva \ mañana}}.} \ \rightarrow \ \text{Me preocupa } \underset{\text{sujeto}}{\underline{eso}}.$$

$$\rightarrow \ \text{Me preocupan } \underset{\text{sujeto}}{\underline{esas \ cosas}}.$$

Frente a:

$$\text{Deseo } \underset{\text{CD}}{\underline{que \ llueva \ mañana}}. \ \rightarrow \ \text{Deseo } \underset{\text{CD}}{\underline{eso}}. \ \rightarrow \ \text{Deseo } \underset{\text{CD}}{\underline{esas \ cosas}}.$$

En el segundo caso, el verbo no ha cambiado, luego la oración sustantiva no es de sujeto.

| **3.3** | **2** | **ORACIONES SUSTANTIVAS EN FUNCIÓN DE SUJETO** |

3.3 2.1 Nexos que introducen las oraciones sustantivas de sujeto

• Las conjunciones *que* y *si*

Nexos   Las oraciones sustantivas de sujeto se subordinan al predicado de la oración compuesta compleja [**3.1.3**] mediante las conjunciones [**2.8.1**] *que* y *si* (la segunda en interrogativas indirectas). Ejemplos:

> nexo
> *Me preocupa que no ganemos.*
> predicado   sujeto

> nexo
> *No está claro si lo ha hecho Marta o Ana.*
> predicado   sujeto (oración int. ind.)

La oración sustantiva puede ir encabezada por el artículo *el* (delante de *que*), el cual potencia el carácter sustantivo de la oración. Ejemplos:

> *El que haya tanta gente me molesta.*
> sujeto   predicado

> *Me enorgullece el que hayan premiado a mi hijo.*
> predicado   sujeto

ATENCIÓN

Algunos gramáticos consideran que la conjunción y lo que la sigue es un grupo conjuntivo; este constaría, pues, de una conjunción y de una oración. Por tanto, la conjunción estaría fuera de la oración.

• Los pronombres y adverbios interrogativos

También los pronombres y los adverbios interrogativos actúan como nexos que encabezan las subordinadas sustantivas de sujeto e interrogativas indirectas. Ejemplos:

> nexo y suj.
> *No está claro qué ha ocurrido.*
> predicado   sujeto (or. int. ind.)

> nexo y CC
> *No me interesa dónde has estado.*
> predicado   sujeto (or. int. ind.)

• Sustantivas sin nexo

Si la oración sustantiva es de infinitivo, no se introduce con ningún nexo. Ejemplo:

> *Me gusta bailar.*
> or. sust. de suj.

oración compuesta compleja

3.3 2.2 Colocación de las oraciones sustantivas de sujeto

Las oraciones sustantivas de sujeto suelen posponerse al predicado. Es obligada la posposición con verbos de suceso (*suceder, ocurrir, acaecer...*). Ejemplo:

> Sucedió **que no había nadie** (no se dice: *Que no había nadie sucedió*).

Pospuestas al predicado

Con otros verbos, como los de afección psíquica, la oración sustantiva de sujeto puede posponerse o anteponerse al predicado. Con la anteposición se pone más de relieve el contenido de la oración sustantiva. Ejemplos:

Antepuestas al predicado: se pone de relieve su contenido

> Le avergüenza <u>que lo vean</u>. → <u>Que lo vean</u> le avergüenza.
>   sujeto   sujeto

Sin embargo, con unos pocos verbos como *significar, suponer, equivaler*, etc., la anteposición es obligada. Ejemplo:

Anteposición obligatoria

> <u>Que te haya aprobado</u> no significa que ya no tengas que venir a clase.
>   sujeto

Cuando el predicado principal está constituido por el verbo *ser + atributo*, la oración sustantiva suele posponerse; la anteposición es rara y, si se da, obedece a una tendencia enfática o focalizadora. Ejemplos:

Con *ser + atributo*

> Es evidente <u>que tienes razón</u>. → <u>Que tienes razón</u> es evidente. (?)
>   sujeto   sujeto

> Es importante <u>que llueva</u>. → <u>Que llueva</u> es importante. (?)
>   sujeto   sujeto

3.3 2.3 Otras oraciones sustantivas de sujeto

En algunos casos, la oración sustantiva en función de sujeto se relaciona con un predicado cuyo verbo posible no aparece en la oración. Ejemplos:

Referidas a un verbo que no aparece en la oración

>   nexo   nexo
> ¡(Es) <u>Lástima</u> <u>que no hayas ganado</u>!   ¡Qué <u>pena</u> (es) <u>que no vengas</u>!
>   predicado   or. sust. de suj.   predicado   or. sust. de suj.
>   or. comp. compleja y principal   or. comp. compleja y principal

---

Norma | Dequeísmo en oraciones sustantivas

Como el sujeto se construye siempre sin preposición, son incorrectas las oraciones sustantivas de sujeto que van precedidas de la preposición *de*. Se trata de algunos casos de **dequeísmo**. Ejemplos:

> *Me consta de que había más gente* (se dice: *Me consta que había más gente*).
> *Resulta de que nadie lo sabía* (se dice: *Resulta que nadie lo sabía*).
> *Es fácil de que llueva* (se dice: *Es fácil que llueva*).

3.3 | 3 | ORACIONES SUSTANTIVAS EN FUNCIÓN DE CD (I)

3.3 3.1 Cuestiones generales

Subordinadas del verbo del predicado

● Las oraciones sustantivas en función de complemento directo dependen siempre del verbo de una oración compuesta compleja [**3.1.3**] y pertenecen, por tanto, al grupo verbal. Son, pues, oraciones subordinadas al verbo del predicado. Siempre se sustituyen por *lo* (aunque no deben confundirse con las subordinadas en función de atributo [**3.1.10**]). Ejemplo:

Te aseguro que no es cierto. → *Te lo aseguro.*

3.3 3.2 Nexos que introducen las oraciones sustantivas de complemento directo

Nexos

● Estas oraciones se unen al verbo principal de las siguientes maneras:

● En oraciones que no son interrogativas indirectas, con la conjunción *que.* Ejemplo:

nexo
Prefiero que te quedes conmigo. → *Prefiero eso.* → *Lo prefiero.*
oración sustantiva de CD
or. comp. compleja y principal

● En oraciones que son interrogativas indirectas, con la conjunción *si.* Ejemplo:

nexo
No sé si me ha contagiado. → *No sé eso.* → *No lo sé.*
oración sustantiva de CD
or. comp. compleja y principal

ATENCIÓN

Con los verbos *preguntar* y *decir* (este último, con el significado de 'preguntar') puede aparecer como elemento introductorio el nexo complejo *que + si.* Ejemplo:

nexo
Me preguntaron (dijeron) que si quería ir con ellos.

● Con pronombres o adverbios interrogativos. Ejemplos:

nexo
(suj.)   predicado
Sé quién ha venido. → *Lo sé.*
or. sust. de CD
or. comp. compleja
y principal

ORACIONES SUSTANTIVAS EN FUNCIÓN DE CD (I) | 3.3 | 3

```
                  CC
                 nexo
Pregunta cuándo viene. → Pregúntalo.
         or. sust. de CD
     or. comp. compleja
         y principal
```

ATENCIÓN

No deben confundirse las oraciones con el adverbio conjuntivo átono *cuando*, que introduce oraciones subordinadas de relativo [**3.3.9**], con las que llevan el interrogativo
tónico *cuándo*, que introduce oraciones sustantivas (lo mismo vale para *donde* y *como*
frente a *dónde* y *cómo*). Ejemplos:

> Interrogativa indirecta: *Dime **cuándo has llegado**.*
> Oración (temporal) de relativo: *Te lo diré **cuando llegues**.*

ATENCIÓN

Con los verbos *preguntar* y *decir* (este último, con el significado de 'preguntar') es posible la conjunción *que* delante de los interrogativos. Ejemplos:

> *Me preguntaron **que dónde había estado**.*
> *Me dijeron **que por qué me había enfadado**.*

● Oraciones sustantivas de complemento directo sin nexo

Si la oración sustantiva es de infinitivo, no se introduce con ningún
nexo. Ejemplo:

Sin nexo cuando tienen un infinitivo como núcleo verbal

```
Me permitían tocar el piano. → Me lo permitían.
         or. sust. de CD
   or. comp. compleja y principal
```

Solo si es interrogativa indirecta admite el nexo *si* y los pronombres o adverbios interrogativos. Ejemplos:

```
        nexo                           CD
No sé si ir a casa. → No lo sé.        nexo
     or. sust. de CD       No sé qué decir. → No lo sé.
   or. comp. compleja          or. sust. de CD
       y principal           or. comp. compleja
                                 y principal
```

Con algunos verbos de ruego, opinión y sentimiento se suprime a
veces la conjunción *que*. Ejemplos:

Te ruego me disculpes.   *Siento no hayáis recibido el paquete.*

| 3.3 | 4 | **ORACIONES SUSTANTIVAS EN FUNCIÓN DE CD (y II)** |

3.3 4.1 Casos especiales de oraciones sustantivas

Sin verbo principal explícito

- En el coloquio son frecuentes las oraciones con la conjunción subordinante *que* sin verbo principal explícito. Son casos en que este se supone. Se trata de enunciados exclamativos con valores ilocutorios de orden, de afirmación, de deseo, de petición, etc. Con frecuencia se consideran de complemento directo porque se piensa en verbos elípticos como *ordenar, decir, pedir...*; pero también podrían ser de sujeto si presupusiéramos otros predicados. Por ello, es preferible considerar a las secuencias oracionales de este tipo con *que* oraciones independientes. Ejemplos:

> *¡Que te calles!* → *Te ordeno (es bueno)* **que te calles.**
> *¡Que no puedo!* → *Te digo (es claro)* **que no puedo.**
> *¡Que cante Juan!* → *Pido (es un deseo)* **que cante Juan.**

- En los casos en que al adverbio afirmativo *sí* le sigue la conjunción *que* es preferible no considerar la oración como sustantiva; se debe pensar que dicha conjunción es ya un mero refuerzo del adverbio, pues puede eliminarse. Ejemplo:

> *Sí* **que lo sé.** → *Sí lo sé.*

3.3 4.2 Oraciones en estilo directo y en estilo indirecto

- Estilo directo

Estilo directo: reproducción de las palabras textuales de alguien

Cuando una oración depende de un verbo de decir o de pensar y reproduce las palabras textuales de alguien, se encuentra en estilo directo. Ejemplo:

> *El presidente dijo*: «*Hoy hemos tenido algunos problemas*».
> oración en estilo directo: sust. de CD
> or. comp. compleja

ATENCIÓN

En la escritura, las oraciones en estilo directo van enmarcadas entre comillas y detrás de dos puntos. Sin embargo, en los diálogos literarios (novelas y cuentos) suelen aparecer delante del verbo de decir con una raya delante de este último, o bien permitiendo la intercalación de dicho verbo (o de su secuencia) entre los componentes de la oración en estilo directo. Ejemplo:

> —*No quiero volver a verte* —*dijo Juan.*
> oración en estilo directo
> or. comp. compleja

ORACIONES SUSTANTIVAS EN FUNCIÓN DE CD (y II) $\boxed{3.3}$ $\boxed{4}$

● **Estilo indirecto**

Si la oración que sigue al verbo de decir o de pensar reproduce la idea de alguien pero no sus palabras textuales, se encuentra en estilo indirecto.

Estilo indirecto: reproduce con diferentes palabras la idea de alguien

La conversión del estilo directo al indirecto obliga, en ocasiones, a ciertos cambios en las formas verbales (la concordancia entre los tiempos correspondientes —*consecutio temporum*—), en los pronombres y otros elementos deícticos. Además es necesario añadir la conjunción subordinante *que*. Ejemplo:

> El presidente dijo que ayer (ellos) habían tenido algunos problemas.
> ────────────────── oración en estilo indirecto: sust. de CD
> or. comp. compleja

● Algunos gramáticos opinan que las oraciones en estilo directo no son subordinadas sustantivas sino yuxtapuestas [**3.1.2**] o, incluso, en aposición, pues no llevan nexo subordinante.

● En el registro coloquial es frecuente repetir la conjunción *que* si hay un inciso oracional. Ejemplo:

> El profesor dijo *que*, si queríamos, *(que) nos podíamos ir.*

Norma Uso de la conjunción *que*

● Son incompatibles la conjunción subordinante *que* y el estilo directo, a pesar de que ello es relativamente frecuente en el lenguaje periodístico. Ejemplo:

> *El presidente dijo que «hoy hemos tenido problemas»* (se dice: ... dijo: «Hoy hemos tenido...», o bien: ... dijo que ayer habían tenido problemas).

● Como el complemento directo de cosa y, por tanto, el oracional, se construye siempre sin preposición, es incorrecta la presencia de la preposición *de* delante de la conjunción subordinante *que*. Es un caso de **dequeísmo** [**3.3.2**]. Ejemplos:

> *Me aconsejaron de que no me acercara* (se dice: Me aconsejaron que...).
> *Todos pensamos de que el diputado no tenía razón* (se dice: Todos pensamos que...).

3.3 | 5 | **ORACIONES SUSTANTIVAS EN FUNCIÓN DE CI Y DE CR**

3.3 5.1 Oraciones sustantivas de complemento indirecto

Oraciones sustantivas de CI: dependientes del verbo de la oración compuesta compleja

Las oraciones sustantivas con función de complemento indirecto de un verbo dentro de una oración compuesta compleja son también subordinadas de ese verbo y no de otra oración. Son muy pocas las oraciones de este tipo y van introducidas por las conjunciones *que* o *si* (esta última, en interrogativas indirectas). Ejemplos:

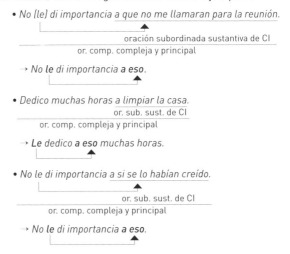

* No (le) di importancia a que no me llamaran para la reunión.

oración subordinada sustantiva de CI
or. comp. compleja y principal

→ No **le** di importancia **a eso**.

* Dedico muchas horas a limpiar la casa.

or. sub. sust. de CI
or. comp. compleja y principal

→ **Le** dedico **a eso** muchas horas.

* No le di importancia a si se lo habían creído.

or. sub. sust. de CI
or. comp. compleja y principal

→ No **le** di importancia **a eso**.

La prueba de que las oraciones subordinadas de estos ejemplos son sustantivas y de complemento indirecto es que pueden ser sustitui-das (o acompañadas en el contexto) por el pronombre átono *le*.

3.3 5.2 Oraciones sustantivas de complemento de régimen

Oraciones de CR: siempre sustantivas

El complemento de régimen [**3.2.17**] o complemento regido de un verbo puede estar desempeñado por una oración. Esta siempre es sustantiva (se sustituye por sustantivos o pronombres) y subordina-da de un verbo, y siempre va precedida de preposición. Las conjun-ciones introductoras son *que* y *si* (esta, en interrogativas indirectas). Ejemplos:

Me alegro de que hayáis venido. → Me alegro **de eso**.

oración sust. de CR
or. comp. compleja y principal

Insistió en que teníamos que volver. → Insistió **en eso**.

oración sust. de CR
or. comp. compleja y principal

También pueden aparecer estas oraciones en infinitivo. Ejemplo:

Me alegro <u>de haber hecho el examen.</u> → Me alegro **de eso**.
oración sust. de CR
or. comp. compleja y principal

En ocasiones, con verbos como *dudar* puede aparecer la oración de infinitivo precedida de la conjunción *si*. Ejemplo:

A veces dudo <u>de si ir o no a la empresa.</u> → A veces dudo **de eso**.
oración sust. de CR
or. compuesta compleja y principal

En realidad, estas funciones las desempeñan los grupos con preposición (grupos o construcciones preposicionales) antes que las oraciones.

Norma — La preposición y el complemento de régimen

Dado que el complemento de régimen siempre va precedido de preposición, es un error eliminarla. Se trataría de otra variante del fenómeno llamado **queísmo [3.3.7]**. Ejemplos:

> **Me alegro que hayáis venido* (se dice: ... *de que hayáis venido*).
> **Me acuerdo que era tarde* (se dice: ... *de que era tarde*).
> **Insistió que teníamos que ir* (se dice: ... *en que teníamos que ir*).
> **Confío que me echéis una mano* (se dice: ... *en que me echéis una mano*).

También es error confundir la preposición regida por el verbo, y que precede a la conjunción *que,* con la preposición *de,* cuando esta no es la exigida por ese verbo. Es otra variedad más del fenómeno llamado **dequeísmo [3.3.2]**. Ejemplos:

> **Confío de que vengáis pronto* (se dice: ... *en que vengáis pronto*).
> **Me fijé de que tenía una mancha en la solapa* (se dice: ... *en que tenía una mancha...*).
> **Insistió de que fuéramos a su casa* (se dice: ... *en que fuéramos a su casa*).

ATENCIÓN

El verbo *fijarse* en imperativo adquiere un valor cercano al de la interjección, por lo que lo normal es eliminar su preposición *en*. Ejemplos:

> *Fíjate si será listo que...* → *Fíjate en si será listo que...* (?)
> *¡Fijaos qué cosas dice!* → *¡Fijaos en qué cosas dice!* (?)

3.3 | 6 | SUSTANTIVAS DE CC Y DE MODIFICADOR (I)

3.3 6.1 Oraciones subordinadas sustantivas de complemento circunstancial

- La mayoría de las oraciones que funcionan como complemento circunstancial son adverbiales: se dejan sustituir por adverbios o expresiones adverbiales.

Precedidas de preposición excepto cuando son oraciones de infinitivo

Pero también son sustantivas de complemento circunstancial algunas que se dejan sustituir por sustantivos, grupos nominales o pronombres. Estas oraciones van introducidas por la conjunción subordinante *que* siempre precedida de preposición, salvo cuando se trata de oraciones de infinitivo, en cuyo caso aparecen sin nexo conjuntivo alguno. Ejemplos:

- *Se aprobó sin* <u>*que nadie protestara.*</u> → ... **sin la protesta** *de nadie.*

  <u>or. sub. sust. de CC</u>

  or. compuesta compleja y principal

  (Aporta significado de **modo**).

- *He venido para* <u>*que me informéis.*</u> → *He venido* **para eso.**

  <u>or. sub. sust. de CC</u>

  or. comp. compleja y principal

  (Aporta significado de **finalidad**).

- *He venido* <u>*porque me lo habéis pedido.*</u> → *He venido* **por eso.**

  <u>or. sub. sust. de CC</u>

  or. comp. compleja y principal

  (Aporta significado de **causa**).

- *He llegado a pesar de* <u>*que llovía.*</u> → *He llegado* **a pesar de eso.**

  <u>or. sub. sust. de CC</u>

  or. comp. compleja y principal

  (Aporta significado de **concesión**).

Para estas oraciones con significado final, causal y concesivo, [**3.3.11**].

ATENCIÓN

Algunas oraciones subordinadas de complemento circunstancial pueden ser al mismo tiempo sustantivas y adverbiales, pues pueden sustituirse por un sustantivo o categoría sustantiva o por un adverbio. Ejemplo:

Lo hice **sin que nadie me ayudara.** → *Lo hice* **sin ayuda.** → *Lo hice* **así.**

- También funcionan igual algunas oraciones de infinitivo. Ejemplos:

  Ha entrado **sin hacer ruido.**
  Ha venido **para ayudar a estos chicos.**
  Logró aprobar **a pesar de no haber estudiado.**

3.3 6.2 Oraciones subordinadas sustantivas de modificador del sustantivo

En los grupos nominales puede haber incluidas oraciones sustantivas cuya función sea la de complementar o modificar al núcleo del grupo, o sea, al nombre o sustantivo. Ejemplos:

* *Tengo esperanzas de que me aprueben.* → *Tengo esperanzas **de eso.***

           or. sust. mod. del nombre
     grupo nominal en función de CD
   or. comp. compleja y principal

* *Tuve la impresión de que iba a nevar.* → *Tuve la impresión **de eso.***

           or. sust. mod. del nombre
     grupo nominal en función de CD
   or. comp. compleja y principal

En oraciones como estas, la oración subordinada se une al sustantivo con la conjunción *que* siempre precedida de una preposición. Pero también puede estar introducida con la conjunción *si* de interrogativas indirectas. Ejemplo:

Introducidas por la conjunción que *o* si

> *Tengo la duda de si habrán conseguido llegar.* → *Tengo la duda **de eso.***

           or. sust. mod. del nombre
     grupo nominal en función de CD
   or. comp. compleja y principal

En otros casos, las oraciones de este tipo aparecen con el verbo en infinitivo y sin nexo. Ejemplo:

Con verbo en infinitivo y sin nexo

> *Tengo ganas de decírselo a todo el mundo.* → *Tengo ganas **de eso.***

           or. sust. mod. del nombre
     grupo nominal en función de CD
   or. comp. compleja y principal

ATENCIÓN

Como se ve, en todos estos ejemplos las oraciones subordinadas sustantivas de complemento o modificador del nombre son en un estrato anterior oraciones que funcionan como término de una preposición en un grupo preposicional. Ejemplo:

nexo
(prep.)
 de   que   me   aprueben
     oración subordinada
     término de prep.
   grupo preposicional

| 3.3 | 7 | SUSTANTIVAS DE CC Y DE MODIFICADOR (y II) |

3.3 7.1 Oraciones sustantivas de modificador del adjetivo

Complementan al núcleo de un grupo adjetival

En los grupos adjetivales puede haber oraciones sustantivas que complementen al núcleo del grupo, o sea, al adjetivo [**2.2.1**]. Son, pues, oraciones subordinadas sustantivas modificadoras del adjetivo dentro de una oración compuesta compleja.

Los nexos pueden ser las conjunciones *que* o *si* (en este segundo caso, las oraciones son interrogativas indirectas). Si las oraciones son de infinitivo, no aparece nexo alguno. Ejemplos:

- *Estoy seguro de que no os habéis enfadado.* → *Estoy seguro de eso.*

  nexo

  or. sust. de mod. del adj.

  grupo adjetival en función de atributo

  or. comp. compleja y principal

- *Es reacia a aparecer en televisión.* → *Es reacia a eso.*

  or. sust. de mod. del adj.

  gr. adjetival en función de atrib.

  or. comp. compleja y principal

ATENCIÓN

Deben distinguirse oraciones como *Estoy seguro de que no os habéis enfadado* de otras como *Es seguro que no os habéis enfadado.* En el primer caso se trata de una oración sustantiva en función de modificador de un adjetivo. En el segundo, de una sustantiva en función de sujeto.

Norma Supresión incorrecta de la preposición

La supresión de la preposición delante de la conjunción *que* de las oraciones subordinadas sustantivas de modificador del sustantivo y de modificador del adjetivo es una incorrección: es un caso de **queísmo** [**3.3.5**]. Ejemplos:

*Estoy seguro que no os habéis enfadado (se dice:... *de que no os habéis enfadado*).

*Tengo la seguridad que me van a premiar (se dice: ... *de que me van a premiar*).

3.3 7.2 Oraciones sustantivas de modificador del adverbio

Complementan al núcleo de un grupo adverbial

También algunos adverbios, dentro de un grupo adverbial, pueden ser complementados o modificados por una oración subordinada sustantiva.

Este tipo de oraciones se une al adverbio con la conjunción *que*, y también directamente (sin nexo conjuntivo) cuando su verbo está en

infinitivo, pero siempre con una preposición en todos los casos.
Ejemplos:

> nexo
> Salimos después de <u>que habíamos comido</u>. → Salimos después **de eso**.
> or. sust. de mod. del adv.
> grupo adverbial en función de CC
> or. comp. compleja y principal

Una vez más, la función de modificador la ejerce el grupo preposicional correspondiente, antes que la oración, que es el término de la preposición.

3.3 7.3 Otras oraciones sustantivas

● Pueden considerarse como sustantivas oraciones que complementan a pronombres como *lo, esto, aquello, eso...*, dentro de grupos nominales cuyos núcleos son precisamente esos pronombres. En estos casos, dichas oraciones no pueden sustituirse por pronombres, pero equivalen a sustantivos [**2.3.3**]. Ejemplo:

Las que modifican a pronombres

> nexo
> Lo de <u>que me aburrí</u> no te lo crees tú. → Lo de **mi aburrimiento**...
> núcleo   or. sust. de mod.   CD
> del pronombre
> gr. nom. en función de CD
> or. comp. compleja y principal

● También hay oraciones de este tipo con la conjunción *si* (interrogativas indirectas) o con infinitivos. Ejemplo:

> nexo
> Lo de <u>si he aprobado</u> solo me interesa a mí. → Lo de **mi aprobado**...
> núcleo   or. sust. de mod.
> del pronombre
> gr. nom. en función de sujeto
> or. comp. compleja y principal

● Son también subordinadas sustantivas las oraciones que modifican en aposición (sin preposición) a un sustantivo o pronombre. Ejemplo:

Las que modifican a un sustantivo o pronombre en aposición

> nexo
> Me dijeron una mentira: <u>que les habían robado</u>.
> or. sub. sust. en aposición
> or. comp. compleja y principal

3.3 | 8 | ORACIONES ADJETIVAS (I)

3.3 8.1 Características generales

Desempeñan la función de un adjetivo

Las oraciones subordinadas adjetivas son aquellas que desempeñan en la oración compuesta compleja el papel de un adjetivo [**2.2.1**], es decir, el de modificador de un sustantivo, pero sin preposición.

Las oraciones adjetivas, salvo que estén sustantivadas [**2.3.3**], se encuentran siempre dentro de un grupo nominal. Ejemplos:

*El individuo **que come mucho**... → El individuo **comilón**...*
*Las personas **que tienen dinero**... → Las personas **adineradas**...*

En la mayoría de los casos la lengua no tiene un adjetivo sinónimo de la oración adjetiva (frente a lo que ocurre en los ejemplos citados), pero eso no quiere decir que la oración adjetiva no equivalga a un adjetivo.

Van introducidas por un pronombre o adverbio relativo

• Las oraciones adjetivas (salvo algunos casos [**3.3.10**]) son siempre oraciones encabezadas por un pronombre o adverbio relativo. Sin embargo, hay algunas oraciones de relativo que no son adjetivas.

ATENCIÓN

Aunque tradicionalmente se han identificado las oraciones adjetivas y las de relativo, no siempre coinciden.

Los pronombres o adverbios relativos que encabezan una oración adjetiva son bifuncionales: por un lado desempeñan la función introductora o subordinante propia de las conjunciones subordinantes, y por otro, dada su naturaleza pronominal o adverbial, desempeñan en su oración funciones propias de los sustantivos o de los adverbios. Ejemplos:

nexo CD	nexo CCL
El libro que he leído es bueno.	*La casa donde vivo es muy alegre.*
or. adjetiva	or. adjetiva
or. comp. compleja y principal	or. comp. compleja y principal

Tienen antecedente explícito o implícito

• Las oraciones adjetivas pueden tener un **antecedente**: la palabra a que se refiere el relativo que se sitúa delante de él en el contexto. En algunos casos este antecedente puede estar implícito [**2.4.11**].

3.3 8.2 Oraciones adjetivas con antecedente explícito

Las oraciones adjetivas con antecedente explícito se dividen en especificativas y explicativas.

ORACIÓN Y CONJUNTOS

ORACIONES ADJETIVAS (I) **3.3** 8

● Oraciones adjetivas especificativas

Desde el punto de vista semántico, se caracterizan por restringir o delimitar la extensión significativa o referencial del sustantivo.

Delimitan la extensión referencial del sustantivo

Las oraciones especificativas forman un solo grupo fónico con el sustantivo-antecedente (sin pausas entre el sustantivo y la oración). Ejemplo:

nexo
CD
La emisora *que escucho todos los días* me distrae (no otra emisora).
oración adjetiva
grupo nominal: función sujeto
or. comp. compleja y principal

• Las oraciones adjetivas de relativo especificativas no solo se construyen con su verbo en forma personal. También pueden aparecer con su verbo en infinitivo. Ejemplos:

Oraciones adjetivas especificativas de infinitivo

nexo   nexo
CD   CD
No hay nada *que hacer*.   Hay cosas *que mejorar*.
oración adj.   oración adj.
grupo nominal en   grupo nominal en
función de CD   función de CD
or. comp. compleja   or. comp. compleja
y principal   y principal

Con algunos verbos como *haber* y *tener* se puede suprimir el antecedente y, entonces, el relativo tiende a hacerse tónico [**2.4.12, 2.6.3**]. Ejemplos:

No tenemos sitio **donde ir**. → No tenemos **dónde/donde ir**.
No hay nada **que comer**. → No hay **qué comer**.

● Oraciones adjetivas explicativas

Las oraciones adjetivas explicativas se limitan a explicar lo referido por el sustantivo-antecedente sin que modifiquen su extensión significativa, por lo que pueden eliminarse sin que se resienta el significado o la referencia total de este.

Explican lo referido por el antecedente

Siempre van separadas del antecedente por una pausa breve (comas en la escritura), pues actúan en forma de inciso, y se suelen pronunciar con un tono de voz más bajo. Ejemplos:

nexo
sujeto
Esa chica, *que se llama Ana*, fue la primera del curso.
oración adjetiva

nexo
CCT
Aquellos años, *cuando aún éramos pobres*, no se me olvidarán.
oración adjetiva

3.3 | 9 | **ORACIONES ADJETIVAS (y II)**

3.3 9.1 Oraciones de relativo sin antecedente

Oraciones de relativo sin antecedente: oraciones adjetivas sustantivadas

Las oraciones de relativo pueden aparecer en una oración sin antecedente expreso (es decir, sin sustantivo al que complementar). Estas oraciones van introducidas por el artículo seguido del relativo *que* o por los relativos *quien, quienes* y *cuanto* (y sus variantes), que presuponen o integran el artículo. Estas oraciones de relativo son adjetivas sustantivadas [**2.3.3**]. Las oraciones con los relativos *cuyo* y *el cual* nunca se sustantivan.

● Funciones de las oraciones de relativo sin antecedente

Funciones: las mismas que un adjetivo sustantivado

Las funciones que pueden desempeñar estas oraciones adjetivas sustantivadas son las mismas que ejerce cualquier adjetivo sustantivado, es decir, las funciones propias de los sustantivos: sujeto, complemento directo, complemento indirecto, complemento de régimen, complemento circunstancial, atributo, complemento o modificador del sustantivo, del adjetivo o del adverbio. Ejemplos:

El que busca halla... → Quien busca... (sujeto).
Estate pendiente de quien entre por la puerta. → ... del (de la) que entre... (complemento o modificador del adjetivo).

Algunos gramáticos consideran que las oraciones que aquí llamamos adjetivas sustantivadas son componentes de un grupo nominal, cuyo núcleo estaría constituido por las formas *el, la, lo, los, las,* que serían pronombres. Ejemplos:

Lo que yo quiero...	*El que quiera dinero...*
ncl. modificador:	ncl. modificador:
oración adjetiva	oración adjetiva
grupo nominal	grupo nominal

También puede entenderse que, en estos grupos nominales, el artículo es un determinativo (englobado en los pronombres *quien* y *quienes*), y la oración de relativo, el núcleo. Incluso puede pensarse que el núcleo es un sustantivo elíptico. Ejemplo:

El (individuo) que come engorda.

ATENCIÓN

En oraciones adjetivas sustantivadas de complemento directo como:

Todavía no te he dicho de lo que he hablado. → ... no te lo he dicho.
Quiero demostraros de lo que soy capaz. → ... quiero demostrároslo...

La preposición *de* incide sobre el relativo *lo que* (o, si se quiere, sobre *lo*), como complemento de régimen de *he hablado* y como complemento de *capaz*, respectivamente, y no sobre la oración de relativo que ejerce la función de complemento directo.

• Las oraciones introducidas por un adverbio relativo (*cuando, donde, como, cuanto*) y sin antecedente son adjetivas para algunos gramáticos; otros las consideran adverbiales, pues pueden sustituirse por adverbios [**2.6.1**] Ejemplos:

> *Me lo dijo cuando me vio.*
> *Se vive mejor donde hay espacios.*

Introducidas por adverbio relativo y sin antecedente.

3.3 9.2 Otras observaciones

• Los relativos *quien, quienes* y *el cual* (y sus variantes) aparecen siempre en oraciones explicativas [**3.3.8**], salvo cuando van precedidos de preposición. En este caso, también aparecen en oraciones especificativas [**3.3.8**]. Ejemplos:

> *Me vendieron un coche, **el cual tenía más de 100 000 km.***
> *Saludé a tu padre, **quien me recibió con simpatía.***
> *Esta es la chica **con quien (la cual) salgo.***

Quien, quienes y el cual

• Cuando el sustantivo–antecedente es un nombre propio [**2.1.2**] o un pronombre personal tónico, solo son posibles las oraciones explicativas. Ejemplos:

> *Ana, **que es una alumna ejemplar**, será premiada.*
> *Vosotros, **que estáis cansados**, sentaos aquí.*

Con nombre propio o pronombre: oraciones explicativas

• Solo las oraciones explicativas con el relativo *el cual* (y sus variantes) permiten intercalar otras palabras entre el relativo y su antecedente. Ejemplo:

> *Aquellos niños se echaron a llorar, **los cuales**, más tarde, se marcharon.*

• Las oraciones adjetivas con el relativo *cuyo* (y sus variantes) pueden ser especificativas o explicativas. Ejemplos:

> Especificativa: *Vino a verme una mujer **cuyo marido me conocía.***
> Explicativa: *La hija de Juan, **cuya casa está próxima a la mía**, salió para París.*

Cuyo (y sus variantes) introduce oraciones adjetivas especificativas o explicativas

• Los relativos *el cual* y *cuyo* (y sus variantes) aparecen separados de su antecedente si forman parte de estructuras partitivas (con indefinidos o cardinales). Ejemplos:

> *Tengo tres alumnos, **ninguno de los cuales es mujer.***
> *Me han regalado un libro, **dos de cuyas hojas son ilegibles.***

3.3 | 10 | ORACIONES DE RELATIVO Y ORACIONES ADJETIVAS

3.3 10.1 Oraciones de relativo no adjetivas

Oraciones de relativo que complementan a adjetivos o adverbios: no son adjetivas

- Cuando una oración de relativo complementa a un adjetivo, no puede hablarse de oración adjetiva, pues no desempeña la función de un adjetivo, ya que este no puede ser modificado por otro adjetivo. Ejemplos:

nexo
atributo
De bueno que es, todo el mundo abusa.
or. de relativo
or. comp. compleja y principal

nexo
atributo
¡Lo lista que es esa chica!
or. de relativo
grupo adjetival

Lo mismo ocurre cuando la oración de relativo complementa a un adverbio que actúa como antecedente, pues los adjetivos generalmente no complementan a los adverbios. Ejemplos:

nexo
CC
Ahora que no hay nadie, puedes hablarme.
or. de relativo
or. comp. compleja y principal

nexo
CC
No me dijeron lo lejos que estaba.
or. de relativo
or. comp. compleja y principal

Además, en estos casos el relativo *que* no tiene valor de pronombre sino de algo que podríamos llamar *proadjetivo*, como en los dos primeros casos, o de *proadverbio*, como en los dos últimos ejemplos, pues sustituye a adjetivos y adverbios.

No son adjetivas las que tienen una oración entera como antecedente

- No son adjetivas, pero sí de relativo, las oraciones que tienen como antecedente una oración entera, pues los adjetivos solo modifican a sustantivos y no a oraciones. Ejemplos:

nexo
suj.
Mi hijo ha aprobado, lo que me hace muy feliz.
oración 1   oración 2 (de relativo)

nexo
suj.
Todos los días me ducho, que es lo más higiénico.
oración 1   oración 2 (de relativo)

En estos dos ejemplos tenemos sendas oraciones compuestas, que son conjuntos oracionales [**3.1.2**] por subordinación, muy próximos a la coordinación, que constituyen enunciados. (En el primer caso, el relativo es el conjunto *lo que,* y no solo *que*).

3.3 10.2 Oraciones adjetivas, pero no de relativo

- Con algunos verbos, hay oraciones que funcionan como atributo de un sujeto exactamente igual que lo haría un adjetivo. Ejemplos:

  > *Pedro está **que rabia**.* → *Pedro está **rabioso**.*
  > *La cosa está **que arde**.* → *La cosa está **complicada**.*
  > *Juan se quedó **que daba pena**.* → *Juan se quedó **triste**.*

  Oraciones adjetivas que funcionan como atributo

  Estas oraciones están próximas a las subordinadas consecutivas [**3.3.24**].

- También son adjetivas, pero no de relativo, ciertas oraciones de gerundio [**2.5.3**], de infinitivo [**2.5.2**] y de participio [**2.5.4**]. Ejemplos:

  > *María siempre aparece en público **sonriendo**.* → *... sonriente.*
  > *Tengo una cámara **de hacer fotos**.* → *... que hace fotos.*
  > *Vi un hombre **dormido debajo de un árbol**.* → *... que dormía.*

  Oraciones de gerundio, de infinitivo y de participio

ATENCIÓN

Cuando el relativo introductor de una oración adjetiva de relativo va precedido de una preposición, esta no es el enlace entre el sustantivo–antecedente y la oración, sino que marca la función del relativo dentro de la oración. Ejemplo:

CC
El lápiz con (el) que escribo tiene poca punta.
oración adjetiva

3.3 | **11** | **ORACIONES ADVERBIALES**

3.3 11.1 Características generales

Oraciones adverbiales: realizan la función de un adverbio

Las oraciones adverbiales según algunos gramáticos son aquellas que realizan la misma función que los adverbios [**2.6.1**] y, por tanto, se dejan sustituir por ellos. Ejemplos:

Fui donde estaba tu hijo. → Fui allí.
He pintado la casa como me dijisteis. → He pintado la casa así.
Iré a la universidad cuando sea mayor. → Iré a la universidad entonces.

ATENCIÓN

Según otros gramáticos, las oraciones de *donde*, *cuando* y *como* son siempre adjetivas, lleven antecedente expreso o implícito.

Subordinadas del verbo principal de la oración

Las oraciones de este tipo desempeñan la función más característica del adverbio, la de complemento circunstancial [**3.2.15**], y son subordinadas del verbo principal de la oración.

Tipos de oraciones de CC

Ahora bien, no todas las oraciones que desempeñan la función de complemento circunstancial se dejan sustituir por adverbios, bien porque no exista esa determinada clase de adverbios (por ejemplo, no hay adverbios que indiquen concesión, hipótesis, condición, causa, etc.), bien porque se sustituyan por sustantivos o pronombres, como ciertas causales y finales; en este caso son sustantivas [**3.3.6**], pero con función de complemento circunstancial.

Por tanto, las oraciones que funcionan como complemento circunstancial:

• Se sustituyen por adverbios (las locativas, modales, temporales y cuantitativas).

• Se sustituyen por categorías nominales (sustantivos o pronombres), como algunas causales y las finales.

• No se sustituyen ni por categorías nominales ni por adverbios, como las condicionales y las concesivas.

ATENCIÓN

Tradicionalmente, todas las oraciones que no eran sustantivas ni adjetivas se consideraban adverbiales. Esto suponía que se podían sustituir por un adverbio. Pero hay oraciones que no admiten su sustitución por un adverbio. Por eso se hablaba de circunstanciales.

Sin embargo, esta es una clasificación basada en la función que realizan; hay que tener en cuenta que esa función pueden realizarla categorías sustantivas, adverbiales e incluso otras categorías no sustituibles por sustantivos o adverbios.

3.3 11.2 Clases de oraciones que funcionan como complemento circunstancial

Las oraciones que funcionan como complemento circunstancial pueden ser:

Clases

- De lugar [**3.3.11**].
- De modo [**3.3.12**].
- De tiempo [**3.3.13**].
- Causales [**3.3.16**].

- Finales [**3.3.18**].
- Condicionales [**3.3.20**].
- Concesivas [**3.3.19**].
- Algunas consecutivas [**3.3.24**].

3.3 11.3 Oraciones subordinadas adverbiales o adjetivas de lugar

Las oraciones relativas de lugar funcionan como complementos circunstanciales [**3.2.15**] del verbo principal de una oración compuesta compleja. Semánticamente indican lugar. Por ello pueden sustituirse por adverbios locativos.

Función característica: CC Se sustituyen por adverbios locativos

Siempre llevan como elemento introductorio el adverbio relativo *donde*, solo o acompañado de preposición. Ejemplo:

<pre>
          nexo
Fui donde estaba tu hijo. → Fui allí.
   oración adverbial: CC
</pre>

También pueden considerarse adverbiales oraciones con *según* del tipo siguiente. Ejemplo:

Adverbiales con según

La cafetería está **según sales** a mano izquierda.

Si entendemos que en estas oraciones de *donde* hay un antecedente implícito (lugar, sitio...), podemos considerarlas adjetivas.

ATENCIÓN

- No deben confundirse estas oraciones que complementan a un verbo con las adjetivas con *donde*. Estas, como ya se ha visto, siempre llevan un sustantivo antecedente del adverbio relativo al que complementan. Ejemplo:

<pre>
              ant.
Esta es la casa donde vivo.
           oración adjetiva
</pre>

- También deben distinguirse las oraciones adverbiales de lugar de las interrogativas indirectas [**3.3.1**] con *dónde* (*adónde*), que son una clase de sustantivas. Ejemplo:

<pre>
Ignoro por dónde caminan. → Lo ignoro. → Ignoro eso.
   oración sustantiva de CD
</pre>

El adverbio relativo *donde* es a su vez un nexo y complemento circunstancial del verbo de su oración.

3.3 | 12 | ORACIONES SUBORDINADAS MODALES

● **Concepto**

Se dejan sustituir por un adverbio e indican modo

Las oraciones de relativo modales que funcionan como complementos circunstanciales del verbo principal de la oración compuesta compleja [**3.1.3**] solo son adverbiales cuando se pueden sustituir por un adverbio.

Semánticamente, indican modo, forma o manera. Pueden sustituirse por adverbios modales. Ejemplo:

nexo

He pintado la casa <u>*como me dijisteis.*</u> → *La he pintado* ***así.***

oración adv. de CC

or. comp. compleja y principal

● **Nexo**

Nexo: *como* o *como si*

El elemento introductorio más frecuente de estas oraciones es el adverbio relativo *como*, que, en ocasiones, se une a la conjunción *si* formando con ella un solo nexo complejo. Ejemplo:

nexo

Encontré a Juan <u>*como si estuviera enfermo.*</u> → *Lo encontré* ***así.***

oración adverbial de CC

or. comp. compleja y principal

También son nexos introductorios de este tipo de oraciones el adverbio *según,* que, en estos casos, no es preposición, así como el adverbio (o adjetivo adverbializado) *conforme*, y la locución *tal y como*. Ejemplos:

nexo

Rellenamos las actas <u>*según dicen las normas.*</u> → *Las rellenamos* ***así.***

oración adv. de CC

or. comp. compleja y principal

nexo

Hemos actuado <u>*conforme dicen los estatutos.*</u> → *Hemos actuado* ***así.***

oración adv. de CC

or. comp. compleja y principal

nexo

Lo hice <u>*tal y como me dijeron.*</u> → *Lo hice* ***así.***

oración adv. de CC

or. comp. compleja y principal

Con estas oraciones es frecuente la supresión del verbo de la subordinada, pero siempre es recuperable. Ejemplos:

según las normas   *conforme los estatutos*

Si entendemos que en estas oraciones hay un antecedente implícito (*manera, modo, forma*), las podemos considerar adjetivas.

ATENCIÓN

- Deben distinguirse estas oraciones que complementan a un verbo de aquellas en que el adverbio relativo *como* se relaciona con un sustantivo antecedente, al que complementan. Ejemplo:

  No he visto el modo como lo pintó.
  ant. (el modo)
  oración adjetiva
  grupo nominal: CD

  En otras ocasiones, la oración complementa al adverbio antecedente *así*. Ejemplo:

  Hazlo así como te han dicho.
  ant. (así)
  oración adverbial:
  compl. del adv. *así*

- Tampoco deben confundirse con las interrogativas indirectas [**3.3.1**] con *cómo*, que son sustantivas [**3.3.1**]. Ejemplo:

  Dime cómo te ha ido. → *Dímelo.* → *Dime eso.*
  or. sust. CD.
  (int. indirecta)

- A veces se suman en una sola unidad introductoria las palabras *según* y *como*. Ejemplo:

  Según como se presente el día, saldremos al campo o no.

  Obsérvese que esas dos palabras son coordinables en un mismo enunciado formando un conjunto con autonomía sintáctica. Ejemplo:

  —¿Piensas presentarte al examen? —Según y como.

  Nexo compuesto: *según como*

- Si las oraciones modales se separan del resto del enunciado con una pausa (una coma en la escritura), actúan de complemento circunstancial no de un verbo sino de otra oración llamada principal. Formarían con esta última una oración compuesta con conjunto oracional por subordinación [**3.1.2**]. Ejemplos:

  *Tus amigos, **como preveíamos**, se fueron al cine.*
  *Sabemos, **como es natural**, que en España se vive mejor ahora.*
  ***Como dice tu amigo**, este mundo es imprevisible.*
  *Este mundo es imprevisible, **tal y como dice tu amigo**.*

  En estos casos, las oraciones subordinadas modales ya no son, propiamente hablando, adverbiales.

  Si van entre pausas: CC de la oración principal

- En ocasiones, la oración modal con *como* es el término de una preposición. Ejemplo:

  *Esto es distinto **de como lo dijiste**.*

  Término de preposición

3.3 | 13 | ORACIONES SUBORDINADAS TEMPORALES (I)

ATENCIÓN

Las oraciones subordinadas temporales pueden considerarse adverbiales [**3.3.11**] cuando se pueden sustituir por un adverbio temporal, y no en el resto de los casos [**3.3.11**].

3.3 13.1 Oraciones subordinadas temporales

Se dejan sustituir por un adverbio temporal

Todas aquellas oraciones que se dejan sustituir por un adverbio temporal o expresión nominal con valor temporal son subordinadas de complemento circunstancial dentro de una oración compuesta compleja [**3.1.3**]. Ejemplos:

> *Iré **cuando sean las tres**.* → *Iré **entonces**.*
> ***Cuando llegue Juan**, llámame.* → ***Entonces**, llámame.*

Su significado es de tiempo, y pueden estar introducidas por diversos nexos.

● **Significados de las oraciones y construcciones temporales**

Los significados de las construcciones temporales son los de anterioridad, simultaneidad y posterioridad.

Una acción al mismo tiempo que la otra

● Simultaneidad: Una acción ocurre o se desarrolla al mismo tiempo que otra. Los nexos más adecuados son las conjunciones y locuciones conjuntivas siguientes:

mientras	*cuando*	*según*	*conforme*
a medida que	*al tiempo que*	*al par que*	*a la vez que*

Con el adverbio *siempre* y el grupo nominal *cada vez* se expresa dentro de la simultaneidad un significado de repetición de actos.

Una acción antes que la otra

● Anterioridad: Una acción ocurre antes que otra. Los nexos son el adverbio conjuntivo *cuando*, y las conjunciones y locuciones conjuntivas siguientes:

tan pronto como	*una vez que*	*apenas*	*así que*
nada más que	*no bien*	*en cuanto*	

En la mayoría de los casos, la anterioridad expresada es inmediata.

Una acción después de la otra

● Posterioridad: Una acción ocurre después de otra acción. La forma más normal es la expresada con el adverbio conjuntivo *cuando*. Ejemplo:

> ***Cuando salga el sol**, yo ya estaré levantado.*

● **Oraciones temporales con los nexos *mientras* y *cuando***

El adverbio *mientras* presenta la peculiaridad de poder actuar con autonomía sintáctica, lo que no le ocurre a *cuando*, ni a los demás nexos. Ejemplo:

> ***Mientras recoges las cosas**, yo voy a la compra.* → *Yo voy a la compra mientras.* → *Yo, mientras, voy a la compra.* → *Mientras, yo voy a la compra.*

ORACIONES SUBORDINADAS TEMPORALES (I) 3.3 | 13

Las oraciones con *mientras* y *cuando* sin antecedente se combinan con preposiciones (al igual que las de *donde* y *como*). En estos casos, la oración se encuentra dentro de un grupo preposicional. Ejemplos:

> *Eso lo sé desde **cuando era niño**.*
> *Eso lo dejo para **cuando sea mayor**.*

ATENCIÓN

El hecho de que estas oraciones se combinen con preposiciones hace pensar que pueden ser adjetivas dentro de un grupo nominal.

- Las oraciones con *cuando* son adjetivas siempre que el antecedente esté en el contexto de forma explícita. Ejemplo:

> *Ese fue el momento cuando te conocí.* (oración compleja)
>   antecedente   oración adjetiva

Oraciones con cuando: adjetivas cuando llevan antecedente explícito

- En oraciones atributivas [**3.1.10**], las oraciones con *cuando* se comportan como sustantivas. Ejemplo:

> ***Cuando llegue a casa** será el momento de felicitarlo.* → ***Ese** será el momento...*

Cuando en oraciones sustantivas

ATENCIÓN

Hay que distinguir estas oraciones adverbiales de las sustantivas con *cuándo*, que son interrogativas indirectas. Ejemplo:

> *No sé cuándo llegará* → *No lo sé.*
>   or sust. de CD
> or. comp. compleja
> y principal

- **Función de complemento circunstancial oracional:**

Las oraciones adverbiales de tiempo desempeñan, como se ha dicho, la función de complemento circunstancial [**3.2.15**]. Ahora bien, esta función la ejercen sobre el verbo principal de una oración compuesta compleja [**3.1.3**] cuando van pospuestas a él. O sobre otra oración llamada principal, cuando van antepuestas. En este caso es obligada una pausa entre las dos oraciones, que constituyen una oración compuesta con un conjunto oracional [**3.1.2**] por subordinación. Ejemplo:

>   nexo
> *En cuanto se enteró, se fue a la estación.*
>   oración   oración principal
>   sub. de CC

| 3.3 | 14 | ORACIONES SUBORDINADAS TEMPORALES (II) |

3.3 14.1 Oraciones integradas en grupos adverbiales temporales

Oraciones que modifican el núcleo de un grupo adverbial

Algunos adverbios de tiempo son núcleos de grupos adverbiales [**3.2.7**], en los que una oración puede actuar de modificador del núcleo correspondiente.

En estos casos, la función de complemento circunstancial no la ejerce la oración, sino el grupo adverbial. Ejemplos:

núcleo	mod.: or.		núcleo	mod.: or.
ahora que lo dices			*antes de que llueva*	
grupo adverbial: CC			grupo adverbial: CC	

Grupo adverbial temporal en que se incluye una oración sustantiva

● Los adverbios *antes*, *después* y *luego*, que pueden ir modificados por una oración sin que medie preposición (*antes que, después que, luego que*), pueden ir también modificados por un grupo preposicional (con la preposición *de*), dentro del cual se encuentra una oración que es sustantiva, pues es sustituible por nombres o pronombres. Ejemplo:

núcleo	gr. prep.
antes	*de que me lo dijeras*
grupo adverbial: CC	

Grupo adverbial temporal en que se incluye una oración de infinitivo

● Los adverbios *antes*, *después* y *luego* tienen a veces como modificador un grupo preposicional cuyo término es una oración de infinitivo. Ejemplos:

*Antes de **decírmelo tú**, yo ya lo sabía.*
*Después de **llegar tú**, se presentó en casa tu hermano.*

Este tipo de estructuras justifican la preposición *de* delante de oraciones con *que*. Así pues, son secuencias igualmente válidas:

antes que y antes de que   *después que y después de que*

ATENCIÓN

Algunos gramáticos consideran a *antes de que, después de que* y *siempre que* locuciones conjuntivas [**2.8.5**]. Sin embargo, este análisis no parece adecuado, pues los adverbios tienen autonomía sintáctica con el mismo significado. Ejemplos:

Ya lo sabía antes.   *Salí después a pasear.*   *Siempre escampa.*

3.3 14.2 Oraciones integradas en grupos preposicionales temporales

Algunos complementos circunstanciales de tiempo son grupos preposicionales que integran una oración adverbial temporal. Las preposiciones de estos grupos son *desde* y *hasta*. Ejemplo:

Desde y *hasta* en grupos preposicionales con oraciones adverbiales temporales

oración adverbial

<u>Desde que pasó aquello</u> tenemos miedo.

gr. prep.: CC

En estas construcciones, las oraciones son adverbiales porque se sustituyen por el adverbio *entonces,* pero todo el grupo preposicional funciona como complemento circunstancial.

En estos casos también se discute la naturaleza gramatical del nexo *que:* para unos es conjunción [**2.8.1**]; para otros, relativo [**2.4.10**]. En este segundo caso se trataría de un relativo que engloba un antecedente temporal. Ejemplos:

Desde *(el momento [en])* **que pasó aquello**, no ha vuelto a ser el mismo.
Hasta *(el momento [en])* **que no termine el trabajo**, no estará tranquilo.

Así consideradas, estas oraciones, sin antecedente expreso, serían adjetivas de relativo.

Norma Uso de secuencias temporales

- No es correcto emplear el adverbio relativo *cuando* con futuros o condicionales. Ejemplos:

  *Cuando vendrás, te daré el dinero (se dice: *Cuando vengas...*).
  *Te dije que cuando vendrías te daría el dinero (se dice: *Te dije que cuando vinieras...*).

- Las secuencias *a la que* y *en lo que* como locuciones conjuntivas temporales son de uso popular exclusivamente. Ejemplos:

  A la que sales del colegio, me compras el periódico (se prefiere: *Al salir del colegio...*).
  En lo que yo escribo esta carta, tú lavas la ropa (se prefiere: *Mientras yo escribo...*).

- La locución conjuntiva *de que* con el significado de *cuando* es dialectal. Ejemplo:

  *De que termine la clase, hablamos un rato (se dice: *Cuando termine la clase...*).

- La secuencia *mientras que*: no se recomienda su uso con valor temporal, aunque es frecuente en América. Ejemplo:

  Mientras que tú haces la maleta, yo miro el ordenador (mejor: *Mientras tú haces la maleta...*)

Es válido, sin embargo, el uso de *mientras* y *mientras que* con valor contrastivo. Ejemplos:

  Yo me dedico a escribir, mientras (que) tú prefieres la docencia.

3.3 | 15 | **ORACIONES SUBORDINADAS TEMPORALES (y III)**

También hay oraciones temporales que se construyen con las formas no personales de los verbos: infinitivo, gerundio y participio.

3.3 15.1 **Cláusulas absolutas**

Cláusula absoluta: predicación secundaria con función circunstancial

Las cláusulas absolutas, como ya se dijo [**3.1.9**], son construcciones dentro del enunciado que se aíslan de la oración principal mediante pausa, pero que se relacionan con ella por subordinación (sin nexo) y conforman una predicación secundaria con significado y función circunstancial.

En ellas, el infinitivo, el gerundio y el participio constituyen verdaderos núcleos del predicado con un sujeto (explícito o implícito) propio. Ejemplos:

> *Al acercarnos todos a la mesa*, se cayó la botella.
> *Caminando Juan por la calle*, se produjo una explosión.
> *Acabada la sesión*, los diputados se marcharon.

● Cláusulas absolutas de infinitivo

De infinitivo: indican anterioridad inmediata

Las oraciones adverbiales de infinitivo en cláusula absoluta aparecen precedidas de la contracción de *a + el (al)* y, en su mayoría, significan anterioridad inmediata. Ejemplo:

> *Al golpear el jugador el balón*, la pierna se le dobló.

También poseen valor temporal de anterioridad inmediata oraciones de infinitivo precedidas de las locuciones *nada más* y *al poco de*. Ejemplo:

> *Nada más comer*, salimos a dar un paseo.

Cuando la oración con valor temporal es el término de una preposición, la función de complemento circunstancial no la ejerce la oración en sí misma, sino todo el grupo preposicional. Ejemplos:

> *Tras haberlo visto*, salió disparada hacia su casa.
> Me quedaré en casa *hasta averiguar lo que ha pasado*.

● Cláusulas absolutas de gerundio

De gerundio: indican anterioridad o simultaneidad

Las oraciones de gerundio unas veces indican anterioridad y otras, las más, simultaneidad dentro de un proceso durativo. La anterioridad aparece con gerundios compuestos y, en menos ocasiones, con gerundios simples. Ejemplos:

> Anterioridad: *Habiendo sido explicada la lección*, el profesor se marchó.

> Simultaneidad: *Caminando Juan por la calle*, se oyó una explosión.

Si el gerundio aparece precedido de la preposición *en*, el significado es el de anterioridad inmediata. Ejemplo:

> *En llegando a mi casa* (en cuanto llegue), descansaré.

● Cláusulas absolutas de participio

Las oraciones de participio en cláusulas absolutas indican ante-rioridad inmediata. Ejemplos:

> *Terminada la clase*, *los alumnos salieron al recreo.*
> *Dichas esas cosas*, *el presidente salió de la sala.*
> *Llegado el momento*, *los viajeros bajaron del autobús.*

En ocasiones, el sujeto del participio se desplaza a la oración prin-cipal, siempre que el referente sea el mismo en la otra oración. Ejemplo:

> *Enterado de la situación, el jugador no quiso darle importancia.*
> *Metida en sus pensamientos, María no nos hacía caso.*

Otras veces, la oración temporal de participio se refuerza sintác-tica y semánticamente con un adverbio o locución adverbial (*ape-nas, una vez*). Ejemplos:

> *Apenas terminado el partido, cogieron el autobús.*
> *Una vez terminado el partido, cogeremos el autobús.*

Pero con otros adverbios como *después*, *luego*, aunque también son refuerzos semánticos de la temporalidad, las oraciones de participio actúan como complementos o modificadores de esos adverbios. Ejemplo:

> *Después de terminado el discurso, el orador se sentó.* → *Después de eso...*

3.3 15.2 **Otras formas de expresar temporalidad**

En ocasiones, ciertas construcciones que conforman una predica-ción secundaria en una subordinación circunstancial de la predi-cación primaria (se separan mediante pausa), y que no son formal-mente oraciones, sino grupos o construcciones preposicionales, también expresan la noción de tiempo. Ejemplos:

> *De mayor, seré arquitecto.*   *Desde niño, me gustó el cine.*

Otras veces son adverbios o grupos preposicionales reforzados con otros adverbios o locuciones adverbiales de carácter temporal, los que constituyen secuencias de predicación secundaria con indica-ción de tiempo. Ejemplos:

> *Ya en Madrid, comimos.*   *Una vez allí, desayunamos.*

De participio: indican anterioridad inmediata

Grupos preposicionales que expresan temporalidad

Adverbios reforzados por otros adverbios temporales

3.3 | 16 | ORACIONES SUBORDINADAS CAUSALES (I)

3.3 16.1 Características generales

Causales: indican causa, motivo o razón

Una oración causal es aquella que significa causa, motivo o razón. Normalmente está introducida por conjunciones o locuciones conjuntivas causales. Ejemplos:

> *El suelo está mojado porque ha llovido.*
> *Como ha llovido, el suelo está mojado.*

La función de una oración causal es siempre la de complemento circunstancial de un verbo o de otra oración.

Los nexos introductorios de una oración causal son:

porque	*como*	*pues*	*comoquiera que*
puesto que	*ya que*	*dado que*	*toda vez que*

Tipos de oraciones causales

● Hay que distinguir dos clases de oraciones causales:

• **Causales del enunciado**

Indican la causa de lo que se dice en la oración principal. Son oraciones que realizan la función de complemento circunstancial del verbo principal de la oración compuesta compleja. Por lo general, van pospuestas al verbo principal. Ejemplo:

> *El suelo está húmedo <u>porque ha llovido</u>.*
> CC (prep. + oración)
> → *El suelo está húmedo por eso.*

• **Causales de la enunciación**

Indican el motivo de lo que dice o piensa el hablante y complementan a un ámbito oracional más amplio que el de la oración principal. La pregunta no es *¿por qué ha llovido?*, sino *¿por qué dices que ha llovido?* Ejemplo:

> *Ha llovido, **porque el suelo está húmedo**.*

Esta oración significa algo así como: *es evidente que ha llovido, porque el suelo está húmedo*, por lo que la causal (*porque el suelo está húmedo*) no complementa a *ha llovido*, sino a *es evidente que ha llovido*.

En estos casos debe hablarse de enunciados que constituyen una oración compuesta con un conjunto oracional [**3.1.2**] por subordinación causal.

Causales con *porque*: la oración empieza en la conjunción *que*

● En lo que a la conjunción *porque* se refiere, parece preferible, al menos en las oraciones causales del enunciado, segmentarla sintácticamente en *por + que* por considerar que la oración empieza en la conjunción *que*, ya que la secuencia introducida por *que* equivale a un nombre o pronombre. Ejemplo:

> *Estoy aquí por**que tengo hambre**.* → *... por eso.*

● De la misma manera, las locuciones preposicionales *gracias a, a causa de, merced a, en vista de, por culpa de, debido a* y otras parecidas tendrían como término oraciones encabezadas por *que* con significado causal. No parece, pues, lógico hablar de las locuciones conjuntivas causales *gracias a que, debido a que*, etc., pues es toda la secuencia encabezada por *que* la que es sustituible por un pronombre. Ejemplo:

> *He aprobado gracias a que me ayudasteis.* → *Gracias a eso.*

Locuciones preposicionales que tienen como término oraciones temporales

3.3 16.2 Causales sustantivas y causales no sustantivas

Entre las oraciones causales conviene distinguir también:

● Aquellas que funcionan como término de una preposición y que son sustantivas [**3.3.1**] porque se sustituyen por un sustantivo o pronombre (la función de complemento circunstancial de causa la ejerce, según este análisis, todo el grupo preposicional). Ejemplos:

Sustantivas: son término de preposición

> *He venido porque me habéis llamado.* → *Por eso...*
> <u>or. causal, término de *por*</u>
>   CC

> *En vista de que no llegabais*, me fui al cine. → *En vista de eso...*
> <u>or, causal: término</u>
>   de *en vista de*
>   CC

Entre las oraciones causales de término de preposición se encuentran también las construidas con la preposición *por* seguida de infinitivo, o con la locución *a fuerza de* más infinitivo, etc. Ejemplo:

> *Me han suspendido por <u>ponerme nervioso</u>.*
>   or. causal: término de *por*
>   CC

● Aquellas que funcionan directamente como complemento circunstancial de un verbo o como complemento de otra oración principal y que no se dejan sustituir por sustantivos o pronombres ni por adverbios, por lo que no son ni sustantivas ni adverbiales. Ejemplo:

Las oraciones que funcionan como CC de un verbo de la principal

>   <u>nexo</u>
> *<u>Como</u> me habéis ayudado, he aprobado.*
> <u>oración causal: CC</u>   <u>or. principal</u>
> oración compuesta con conjunto oracional

3.3 | 17 | ORACIONES SUBORDINADAS CAUSALES (y II)

3.3 17.1 Oraciones causales como complemento de otra oración

Causales de la enunciación: complementan a la oración principal entera

Las oraciones causales muy frecuentemente complementan a una oración entera, la principal. Esto ocurre cuando las oraciones causales preceden a esta, de la que se separan con una pausa (coma, en la escritura). Ejemplos:

nexo
Como ha llovido, el suelo está húmedo.
oración causal   oración principal
conjunto oracional por subordinación causal

Ya que no quieres firmar, iré a los tribunales.
oración causal   oración principal
conjunto oracional (or. compuesta) por subordinación causal

Pero también son subordinadas de la oración principal las causales que siguen a esta, siempre que estén separadas por una pausa, coma en la escritura.

ATENCIÓN

En un mismo conjunto oracional [**3.1.2**] por subordinación causal puede encontrarse otra oración causal que ejerce la función de complemento circunstancial de un verbo. Ejemplo:

oración causal   oración principal
Ya que no me llaman, me voy porque tengo que hacer la compra.
oración sustantiva causal: CC de _me voy_
conjunto oracional (or. compuesta) por subordinación causal

3.3 17.2 Otras características de las oraciones causales

Por si: valor de causa y condición

• En ocasiones, se dan conjuntamente los significados de causa y condición. En estos casos, el nexo introductor es complejo: _por si._ Ejemplo:

He venido **por si me necesitabas**.

Oraciones causales con valor intensivo

• A veces, ciertas oraciones de infinitivo precedidas de las preposiciones _de_ o _por_ en relación con el adverbio _tanto_ poseen valor causal con valor intensivo. Son una clase de oraciones causales intensivas dentro de grupos preposicionales que funcionan como complementos circunstanciales. Ejemplos:

De tanto estudiar, me duelen las cervicales. → _Por estudiar mucho, me duelen las cervicales._

ORACIONES SUBORDINADAS CAUSALES (y II) | 3.3 | 17

Por trabajar tanto, has enfermado. → *Porque has trabajado mucho, has enfermado.*
Me duelen los pies **de tanto andar**. → *Me duelen los pies por andar mucho.*

Estas oraciones son equivalentes a otras formadas con el cuantificador *tanto* (y sus variantes) y el adverbio correlativo *como*. Ejemplo:

De tanto como he estudiado *me duelen las cervicales.*

- También presentan carácter intensivo ciertas oraciones de relativo que complementan a un adjetivo precedido de la preposición *de*, y que aportan un valor causal. Ejemplo:

De bueno <u>que es</u>, todos abusan de él.
oración
de relativo
grupo prep.: CCC

Este mismo valor intensivo causal es aportado por oraciones de relativo con la secuencia relativa intensiva *lo que* precedida de la preposición *de*. Ejemplo:

No podemos salir de casa <u>de lo que llueve</u>.
or. de relativo
gr. prep.: CCC
→ *... porque llueve mucho.*

En ocasiones, el valor intensivo causal lo aporta una oración de relativo que complementa a adjetivos o a adverbios precedidos de la preposición *por* o *de* y del neutro *lo*. Ejemplos:

Por lo lejos que vive, *no voy a visitarlo.* → *Porque vive muy lejos...*
De lo mal que tocaba, *la gente se salió de la sala.* → *Porque tocaba muy mal...*

El significado causal aparece también en oraciones de infinitivo con las preposiciones *por* y *a*. Ejemplos:

Por no estudiar, *me suspendieron.*
Al no verlo, *me empecé a preocupar.*

- Una oración causal puede estar introducida por la conjunción *que* (sin la preposición *por*). En este caso se hace una pausa (se pone coma en la escritura) y la oración causal no es sustantiva. Ejemplo:

Oraciones causales introducidas por *que*

*Me pongo el abrigo, **que hace frío**.*

Se trata de una oración compuesta con conjunto oracional formada por una oración principal y otra subordinada a ella con valor causal.

3.3 | 18 | ORACIONES SUBORDINADAS FINALES

3.3 18.1 Características generales

ATENCIÓN

Las oraciones finales no se entienden en esta gramática como adverbiales (dado que no se pueden sustituir por adverbios), aunque otros gramáticos sí las consideran así.

Son casi siempre subordinadas sustantivas
● Las oraciones finales suelen ser subordinadas sustantivas [**3.3.1**] (se sustituyen por sustantivos o pronombres) que funcionan como complementos circunstanciales del verbo principal de una oración compuesta compleja. Normalmente significan finalidad, intención o propósito.

Nexos
● Los nexos que introducen las oraciones finales son:

  ● Las preposiciones *para, a* o *por*.

  ● Las locuciones preposicionales *a fin de, con vistas a, con miras a, en orden a...*

Llevan el verbo en subjuntivo o en infinitivo, nunca en indicativo
● Las oraciones finales pueden aparecer con el verbo en subjuntivo (y en ese caso debe aparecer la conjunción *que*) o bien con el verbo en infinitivo, sin nexo conjuntivo alguno. El modo indicativo no es compatible con las oraciones finales. Ejemplos:

*Me esfuerzo lo que puedo **para que mis hijos no pasen hambre**.*
*He venido **a que me enseñéis la casa**.*
*Me esfuerzo **a fin de que me seleccionen para el equipo**.*

ATENCIÓN

● En el caso de la secuencia *a fin de*, parece forzada una construcción como *a fin de eso*, por lo que podría entenderse que *a fin de que* es una locución conjuntiva. No parece, sin embargo, conveniente considerar a *para que, a que, por que* locuciones de ese tipo, aunque hay que reconocer que en enunciados coordinados debe repetirse la secuencia *para que* o eliminarla en el segundo componente. No cabe eliminar solo *para*. Ejemplo:

Trabajo para que estéis cómodos y (para que) seáis felices (no se dice: *... y que seáis felices*).

● Algunas subordinadas finales están próximas a oraciones sustantivas de complemento de régimen. Ejemplos:

*Esta tela sirve **para que os hagáis un vestido**.*
*Faltan tres minutos **para que empiece el partido**.*

Y otras tienen valor concesivo. Ejemplo:

Para estar lesionado, lo hizo bien.

3.3 18.2 Otras características

Nexo *que* cuando la oración final tiene valor imperativo
● Con el verbo principal en imperativo, la conjunción *que*, sin preposición que la preceda, puede actuar de nexo de oraciones finales. Ejemplo: *Vuélvete, **que te veamos**.* → *... para que te veamos.*

En estos casos, las oraciones finales no son sustantivas, y forman con la oración principal una oración compuesta con conjunto oracional.

- El valor final se puede manifestar también con un grupo nominal cuyos núcleos son los sustantivos *fin*, *objeto*, *pretexto*, *intención*, *idea*, entre otros, precedidos del artículo y de la preposición *con*, y en el que aparece como modificador una oración precedida de la preposición *de*. En estos casos la función de complemento circunstancial no la ejerce la oración, sino todo el grupo nominal (o el grupo preposicional). Ejemplo:

Valor final expresado por grupos nominales en función de CC

ncl.   modificador

Me presenté en el colegio con el fin de que me informaran.

grupo nominal: CC

oración subordinada

- A veces se emplean las oraciones finales que dependen de un verbo de decir oculto, con cierto valor de función fática. Ejemplo:

Dependientes de un verbo de decir oculto

Para que te enteres, ya soy director. → *Te lo digo para que te enteres de que ya soy director.*

Podríamos llamarlas finales de la enunciación.

- En ocasiones, el valor final se produce con la oración subordinada en forma negativa y sin nexo. Ejemplos:

Subordinada final en forma negativa y sin nexo

*Voy a quitar el coche, **no sea que me multen**.*
*Se abrigó bien, **no fuera a enfriarse**.*

En estos casos suele aparecer el verbo *ser* en subjuntivo (presente o pretérito imperfecto) o la perífrasis verbal *ir a + infinitivo* en los mismos tiempos (*no vaya a ser que*...).

3.3 18.3 Las oraciones finales y el sujeto

Lo normal es que cuando el sujeto del verbo principal es el mismo que el del verbo de la oración subordinada final, se emplee en esta el infinitivo. Ejemplo:

Infinitivo: mismo sujeto en la subordinada final que en la principal

*He venido (yo) **para ayudaros** (yo).*

Cuando estos sujetos no coinciden, se usa el subjuntivo. Ejemplo:

Subjuntivo: distinto sujeto en la subordinada final que en la principal

*Trabajamos (nosotros) **para que coman nuestros** hijos.*

No obstante, se dan casos que no siguen esta regla. Ejemplo:

*Dame la mano (tú) **para cruzar** (yo) la calle.*

3.3 18.4 Oraciones finales de la enunciación

Como ocurre con las oraciones causales [**3.3.16**], también hay oraciones finales de la enunciación. Ejemplo:

Nos han dado el premio, (te lo digo) para que te enteres.

3.3 | **19** | **ORACIONES SUBORDINADAS CONCESIVAS**

3.3 19.1 Características generales

ATENCIÓN

Las oraciones concesivas no se entienden en esta gramática como adverbiales (dado que no se pueden sustituir por adverbios), aunque otros gramáticos sí las consideran así.

Señalan oposición, pero no incumplimiento de lo expresado por la oración principal
- Las oraciones concesivas indican siempre un obstáculo, una oposición, contraste u objeción a lo que expresa la otra oración a la que complementan, sin que ello impida su cumplimiento.

- Se trata de oraciones subordinadas de otra oración llamada principal dentro de una oración compuesta con conjunto oracional [**3.1.2**] por subordinación.

Nexos
- Los nexos que introducen estas oraciones son:
  - La conjunción *aunque*.
  - El adverbio conjuntivo *así*.
  - Las locuciones *si bien, por más que, y eso que, bien que, aun cuando*...

Ejemplos:

nexo
No volveré a esta casa, aunque (así) me lo pidáis de rodillas.
oración principal   oración subordinada concesiva
or. compuesta (conjunto oracional)

nexo
He logrado aprobar, y eso que apenas había estudiado.
oración principal   oración subordinada concesiva
or. compuesta (conjunto oracional)

3.3 19.2 Otras variedades oracionales de las concesivas

El significado concesivo se puede manifestar de otras maneras diferentes:

Con oraciones sustantivas dentro de un grupo preposicional
- Con las locuciones preposicionales *a pesar de* y *pese a*. En estos casos, se trata de oraciones sustantivas [**3.3.1**] (se sustituyen por sustantivos o pronombres) dentro de un grupo preposicional, el cual funciona como complemento circunstancial. Ejemplo:

loc. prep.
No lo hago, a pesar de que me lo han pedido. → *A pesar de eso.*
or. principal   oración sustantiva
grupo o contr. preposicional concesiva

Con grupos adverbiales con *además, encima* y *aparte*
- También se expresa valor concesivo con los grupos adverbiales cuyos núcleos son los adverbios *además, encima* y *aparte*. Ejemplo:

Además de que no estudias, apruebas. → *Además de eso.*
núcleo   modificador   or. principal
or. sustantiva
grupo adverbial concesivo

En estos casos, uno de los dos componentes del enunciado debe ir con negación. Ejemplo:

Encima de que no comes, engordas.
Encima de que comes, no engordas.

- Con oraciones de relativo que complementan a los adverbios *mucho*, *más* y *poco* precedidos de la preposición *por*. Ejemplo:

  Por mucho <u>que grites</u>, <u>no vas a conseguir nada</u>.
               <u>or. de rel.</u>   oración principal
  <u>grupo prep. concesiva</u>

  Con oraciones de relativo

- Con oraciones de relativo que complementan a los adverbios *mucho* y *poco* o a algún adjetivo precedidos de la preposición *para*. Ejemplo:

  Para lo mucho <u>que estudia</u>, <u>saca notas muy bajas</u>.
                <u>or. de rel.</u>   oración principal
  <u>grupo prep. concesiva</u>

- Con una secuencia encabezada por la preposición *con + lo + adjetivo* (o adverbio) y una oración de relativo. Ejemplo:

  Con lo listo <u>que es</u>, <u>no logra aprobar</u>.
          <u>or. de rel.</u> oración principal
  <u>gr. prep. concesiva</u>

  Con la preposición con + lo + adjetivo

- También con *para* seguido de infinitivo. Ejemplo:

  Para tener tanto dinero, viaja poco.

  Con para + infinitivo

- Con los adverbios *aun*, *hasta*, *incluso* seguidos de un gerundio. Ejemplo:

  <u>Aun cenando poco</u>, <u>duermo mal</u>.
  oración subordinada or. principal

  Con aun, hasta e incluso más un gerundio

- Con formas verbales en subjuntivo y en coordinación disyuntiva. Ejemplo:

  Quieras o no (quieras), iré a tu casa.

  Con verbos en subjuntivo

3.3 19.3 Variedades concesivas no oracionales

- Ciertos segmentos no oracionales expresan también significado concesivo. Ejemplos:

  Aun así, no logra aprobar.   *Así y todo*, logró llegar a casa.
  A pesar de (pese a) todo, logró llegar a casa.
  Con todo y (con) eso, no fue capaz de llamarnos.

  Segmentos no oracionales de valor concesivo

- También se expresa el valor concesivo con un solo adjetivo separado por pausa y seguido de la conjunción *y*. Ejemplo:

  Herido, y logró llegar a casa.

  Con un adjetivo

3.3 19.4 Oraciones concesivas de la enunciación

Como ocurre con las oraciones causales [**3.3.16**] y finales [**3.3.18**], también hay oraciones concesivas de la enunciación. Ejemplo:

Ha ganado nuestro equipo, (lo digo) aunque no estoy seguro.

3.3 | 20 | ORACIONES SUBORDINADAS CONDICIONALES (I)

3.3 20.1 Características generales

ATENCIÓN

Las oraciones condicionales no se entienden en esta gramática como adverbiales (dado que no se pueden sustituir por adverbios), aunque otros gramáticos sí las consideran así.

Indican condición, hipótesis o contraste
● Las oraciones condicionales manifiestan significados de condición, hipótesis o mero contraste. Ejemplos:

Condición: *Si vienes a casa*, te doy el regalo.
Hipótesis: *Si tú eres listo*, yo soy un sabio.
Contraste: *Si no ha venido*, es que piensa acabar el libro.
Si se fue ayer, ¿cómo puede estar aquí?

Constituyen con la principal un conjunto oracional por subordinación
● Las oraciones condicionales son subordinadas de otra oración llamada principal al menos cuando van delante de ella. Las dos oraciones constituyen una oración compuesta con conjunto oracional [**3.1.2**] por subordinación que, a su vez, es un solo enunciado.

Nexos
● Los elementos que introducen oraciones condicionales son:

● Conjunciones como *si, como, cuando*.

● Locuciones conjuntivas como *a no ser que, con tal (de) que, a condición de que, a menos que, a poco que, siempre que, siempre y cuando...*

Ejemplos:

nexo
Como no vengas, no te doy el regalo.
or. sub. condicional   oración principal
or. compuesta (conjunto oracional)

nexo
Volveré a España, a menos que me lo impida el tiempo.
oración principal   oración subordinada condicional
or. compuesta (conjunto oracional)

nexo
Cuando no viene, por algo será.
or. sub. condicional   oración principal
or. compuesta (conjunto oracional)

Nexo: *por si*
● A veces, la conjunción *si* aparece precedida de la preposición *por*. En este caso se mezclan los significados de causa y condición. Ejemplo:

nexo
Me quedaré en casa por si viene mi abuela.
oración principal   or. sub. de causa-condición
or. compuesta (conjunto oracional)

ORACIONES SUBORDINADAS CONDICIONALES (I) | **3.3** | 20

- Se consideran **condicionales de la enunciación** oraciones como:

  *Ha llovido, **si es que no estoy loco.** → Es evidente que ha llovido.*

  Condicionales de la enunciación

3.3 20.2 Prótasis y apódosis

En los conjuntos oracionales en los que una oración es subordinada condicional, se llama **prótasis** a esta y **apódosis** a la oración principal. Ejemplo:

Prótasis: subordinada condicional; apódosis: oración principal

nexo
Si no te convence, devolvemos el regalo.
  prótasis   apódosis

- Cuando la prótasis lleva el verbo en indicativo se habla de enunciados reales o verosímiles. Ejemplo:

  ***Si te lo han dicho,** debes aceptarlo.*

  Cuando la prótasis lleva el verbo en subjuntivo, se habla de enunciados irreales o no verosímiles. Ejemplo:

  ***Si hubieras venido,** te lo habría dado.*

  Enunciados reales e irreales: prótasis en indicativo y subjuntivo, respectivamente

- Si la prótasis lleva el verbo en pretérito imperfecto de subjuntivo, el de la apódosis puede aparecer en condicional simple o en pretérito imperfecto de indicativo. Esta segunda opción es exclusivamente coloquial. Ejemplos:

  Condicional simple: *Si me tocara la lotería, **iría contigo.***
  Pretérito imperfecto: *Si me tocara la lotería, **iba contigo.***

  Correlación de tiempos y modos de la prótasis y de la apódosis

- Si la prótasis lleva el verbo en pretérito pluscuamperfecto, el de la apódosis puede aparecer en ese mismo tiempo, en el condicional compuesto o en el condicional simple. Ejemplos:

  Pluscuamperfecto: *Si lo hubiera sabido, **hubiera ido.***
  Condicional compuesto: *Si lo hubiera sabido, **habría ido.***
  Condicional simple: *Si hubieras jugado, **ahora no estarías tan triste.***

Norma Formas verbales de las oraciones condicionales

- El uso del pretérito imperfecto de subjuntivo en la apódosis hoy es arcaico, aunque se mantiene en algunas zonas de Hispanoamérica. Ejemplo:

  Si hubiera luz, te lo enseñara.

- Son incorrectas y dialectales las prótasis con el condicional simple y con el condicional compuesto. Ejemplo:

  *Si tendría (habría tenido) dinero, me compraría (habría comprado) un coche (se dice: *Si tuviera (hubiera tenido) dinero, me compraría (me hubiera/habría comprado) un coche*).

3.3 21 ORACIONES SUBORDINADAS CONDICIONALES (y II)

3.3 21.1 Otras formas de expresar la condición

El significado condicional puede expresarse, además de con los nexos y oraciones mencionados, de las formas siguientes:

Con la condición + de + oración sustantiva
● Con un grupo nominal precedido de la preposición *con* y constitui-do por el sustantivo nuclear *condición* y una oración sustantiva precedida de la preposición *de*, que actúa de modificador. Ejemplo:

oración sustantiva:
núcleo   modificador de *condición*

Te dejaré el libro con la condición de que me lo devuelvas mañana.

grupo preposicional: CC
grupo nominal

→ *... con esa condición.*

Con una oración subordinada de gerundio
● Con una oración subordinada de gerundio. Ejemplo:

Estudiando todos los días, lograré aprobar.
or. sub. condicional   oración principal
or. compuesta (conjunto oracional)

Con un grupo preposicional
● A veces, un mero grupo nominal con preposición (o un grupo pre-posicional) puede ejercer la función de complemento circunstan-cial de condición. Ejemplos:

*Te dejo el libro **con esa condición**.*
***Sin tu ayuda**, no saldremos adelante.*
***Con tu ayuda**, saldremos adelante.*

Con de + infinitivo
● Con las preposiciones *de* y *con* seguidas de un infinitivo simple o compuesto. Ejemplos:

***De ser cierto eso**, retiraría mis palabras.*
***De haberlo sabido**, hubiera ido.*
***Con solo hablarles**, se convencerán.*

Con la construcción en el caso
● Con el sustantivo *caso* en el grupo preposicional *en (el) caso* segui-da de otro grupo preposicional que engloba una oración subordi-nada sustantiva. Ejemplos:

***En caso de enterarte**, avísame.* → ***En ese caso**, avísame.*
***En el caso de que te enteres**, avísame.* → ***En ese caso**, avísame.*

En el coloquio se suprimen a veces la preposición y el artículo. Ejemplo:

***Caso de que te enteres**, avísame.*

Con oraciones encabezadas por excepto y salvo
● También tienen valor condicional las oraciones encabezadas por los adverbios o conjunciones *excepto* y *salvo* seguidos de *que*. Ejemplos:

*No iré al colegio, **excepto que me lo pida mi padre**.*
*No iré al colegio, **salvo que me lo pida mi padre**.*

Estas oraciones son equivalentes de esta otra:

*Iré al colegio **solo si** me lo pide mi padre.*

3.3 21.2 Oraciones independientes encabezadas por *si*

Hay oraciones encabezadas por la conjunción *si* que son independientes. Dicha conjunción aporta un valor enfático o ponderativo si
se encuentra en entornos exclamativos, por lo que ha perdido su
valor de nexo subordinante. Ejemplos:

Encabezadas por la
conjunción *si*:
enunciado oracional
exclamativo

> *¡Si no lo sabía!*   *¡Si seré tonto!*

Con frecuencia, enunciados oracionales exclamativos como este
último se apoyan en otra oración de significado causal encabezada
por la conjunción *que*. Ejemplo:

> *¡Si seré tonto, que no me enteré de que me engañaban!*

A veces, el enunciado exclamativo con *si* queda en suspenso, por lo
que cabría pensar que se trata de oraciones condicionales que presuponen una oración principal. Ejemplos:

> *¡Si me lo hubieras dicho antes...!*   *¡Si supiera alemán...!*

En estos dos ejemplos, la conjunción *si* parece ser la condicional,
aunque ya haya perdido este valor; pero en los anteriores parece
más la conjunción *si* de interrogativas indirectas. Sin embargo, lo
que importa es que en todos esos casos la conjunción posee un valor
claramente ponderativo.

ATENCIÓN

Deben distinguirse las oraciones subordinadas temporales con *cuando* de las condicionales con ese mismo nexo. Ejemplos:

> *Cuando trabaja, es que ya está bien* (condicional).
> *Cuando trabaja, me encuentro más tranquilo* (temporal).

También hay que distinguir distintos tipos de oraciones subordinadas con el nexo *como*.
Ejemplos:

> *Como no trabajes, no te subo el sueldo* (condicional).
> *Como no trabajas, no te subo el sueldo* (causal).

3.3 | 22 | ORACIONES SUBORDINADAS COMPARATIVAS (I)

3.3 22.1 Naturaleza sintáctica

No son sustantivas y realizan la función de modificador de un adverbio o determinativo cuantificador

Las oraciones comparativas no son sustantivas, ni adjetivas, ni adverbiales.

Estas oraciones ejercen siempre la función de complemento o modificador de un adverbio o de un determinativo cuantificador como *tanto* (y sus variantes).

Son oraciones subordinadas de una compuesta compleja

Son, pues, oraciones subordinadas dentro de una oración compuesta compleja [**3.1.3**]. Ejemplo:

grupo adjetival: atributo
Ese jugador es tan bueno como yo suponía.
oración comparativa:
complementa a *tan*
oración compuesta compleja

Obsérvese que en estas oraciones, el nexo comparativo *como* se apoya en el cuantificador *tan*, y que el verdadero cuantificador de *bueno* es *tan(to) como yo suponía*, y es dentro de este cuantificador donde se encuentra la oración subordinada comparativa.

ATENCIÓN

Según algunos gramáticos, no hay oraciones comparativas cuando no hay verbo en el segundo término de comparación: lo que hay son grupos conjuntivos. Ejemplo:

Es más práctico que bonito
gr. conjuntivo

Según este análisis, habría que hablar de estructuras comparativas y no de oraciones comparativas.

3.3 22.2 Clases de oraciones comparativas

Clases

• Las oraciones comparativas pueden indicar superioridad, inferioridad o igualdad.

Que o de... más/ menos: nexos de superioridad o inferioridad

• El nexo comparativo de superioridad e inferioridad es la conjunción *que* o la preposición *de*, las cuales se apoyan en los adverbios *más* y *menos*, respectivamente. Ejemplos:

Juan miente más que habla.   *Es más listo de lo que creía.*

Como... tan(to)/igual... que, etc.: nexos de igualdad

El nexo comparativo de igualdad es *como*, si se apoya en el adverbio *tan (tanto)*, y es *que* si se apoya en la locución *igual de* o en un artículo seguido de *mismo* (y sus variantes). Ejemplos:

Juan es igual de tímido que yo (soy).
Juan trabaja lo mismo que yo (trabajo).

3.3 22.3 El segundo término de la comparación

● Naturaleza funcional

En estructuras comparativas, el segundo término de comparación puede ser un sujeto, un atributo o cualquier complemento del verbo. Ejemplos:

> *Juan estuvo el otro día más simpático* **que Pedro**.
> *Juan estuvo el otro día más simpático* **que hoy**.

Segundo término de la comparación: un sujeto, un atributo u otro complemento del verbo

Por otro lado, el segundo término de comparación puede abarcar dos o más elementos correspondientes a funciones distintas. Se trata de un segundo término de comparación compuesto. Ejemplos:

> *Tengo más libros en casa* **que flores en el jardín**.
> *Suelo dar más libros a Juan* **que flores a María**.

● Naturaleza oracional

El segundo término de comparación introducido por las conjunciones *que* o *como* puede ser una oración, pero con frecuencia es un grupo conjuntivo.

Siempre una oración

● Existen oraciones comparativas con verbo expreso. Ejemplos:

> *Compro menos* **que vendo**.   *Escribo tanto* **como pinto**.

Con verbo expreso

● Otras construcciones comparativas carecen de verbo y solo aparecen uno o varios elementos de la oración. Ejemplos:

> *Tengo más dinero* **que Juan**.
> *Compré más cuadros a María* **que a su vecino**.

Con verbo elidido

● En ocasiones, el segundo término de comparación de la oración comparativa es una oración de infinitivo. Ejemplo:

> *Me gusta más comer en casa* **que comer en el campo**.

Con oraciones sustantivas y verbo implícito

● Cuando el elemento cuantificado es un adjetivo en una oración no atributiva, el segundo término de comparación es un grupo conjuntivo con otro adjetivo. Ejemplo:

> *Tengo un coche más práctico* **que bonito**.

Con los verbos *ser* y *estar* elididos

3.3 | 23 | ORACIONES SUBORDINADAS COMPARATIVAS (y II)

3.3 23.1 El segundo término de comparación con *de*

La preposición de como nexo comparativo

- En los casos de la comparación de superioridad y de inferioridad se usa, a veces, la preposición *de* como nexo comparativo en lugar de la conjunción *que*. Esto ocurre cuando el segundo término de comparación es una oración de relativo y en ella el artículo se refiere siempre al núcleo comparativo, es decir, al sustantivo, adjetivo o adverbio que están cuantificados. Ejemplos:

  Esta alumna es más lista de lo (lista) que parece (no se suele decir: *... que lo que parece*).
  Tengo menos libros de los (libros) que yo creía (no se suele decir: *que los que yo creía*).

  Por ello, no se dice lo mismo en una oración compuesta compleja como:

  Eso es más interesante que lo que tú dices.

  que en otra como:

  Eso es más interesante de lo (interesante) que tú dices.

  En el primer caso, los elementos que se comparan son el pronombre *eso* y la oración *lo que tú dices*; en el segundo, el núcleo comparativo es *interesante*.

Oraciones comparativas con de: próximas a estructuras enfáticas

- En estos casos, el segundo término de comparación introducido por *de* está íntimamente relacionado con estructuras enfáticas. Ejemplos:

  María es más tonta de lo (tontas) que son sus amigas. → *¡Lo tontas que son sus amigas!*
  Ese chico es más listo de lo (listo) que creemos que es. → *¡Lo listo que es ese chico!*

  Estas estructuras explican el valor ponderativo del segundo término de comparación. Ejemplo:

  Ese chico es más listo de lo que parece. → *¡Lo listo que parece ese chico!*

3.3 23.2 Oraciones comparativas intensificadoras

En el español coloquial son frecuentes estructuras comparativas con carácter elativo o intensificador, y en las que el valor semántico no es relevante. Ejemplos:

Está más sordo que una tapia. → *... muy sordo.*
Es más chulo que un ocho. → *... muy chulo.*

3.3 23.3 Otras formas de comparación

Igual de + adjetivo o adverbio... que

- Una secuencia encabezada por la locución adverbial *igual de*, que exige la conjunción *que*, también puede ser cuantificadora de un adjetivo o de un adverbio en una estructura comparativa de igualdad. Ejemplos:

> Soy igual de simpático **que tú**.
> Escribe igual de bien **que tú**.

- También se cuantifican sustantivos y verbos con la locución *igual de* o el segmento artículo seguido de la palabra *mismo*. Ejemplos:

  Igual (de) + sustantivo/ lo mismo que

> Tengo igual de libros **que tú**.
> Me divierto lo mismo **que tú**.

- Los adverbios *más* y *menos* en estructuras comparativas pueden aparecer a su vez cuantificados por adverbios o expresiones nominales cuantificadoras. Ejemplos:

  Adverbios más y menos cuantificados

> Juan es mucho (un poco) más (menos) listo **que tú**.
> Yo soy tres veces más educado **que él**.

- El significado comparativo se expresa también con el verbo *preferir* y la construcción *ser preferible*. Pero en estos casos el segundo término de comparación se introduce con la preposición *a* si se trata de un nombre o grupo nominal, con *a* o con *que* si se trata de una oración de infinitivo, y solo con *que* si se trata de un grupo preposicional. Ejemplos:

  Con el verbo preferir o con ser preferible

> Es preferible reír a/que llorar.
> Prefiero que rías a que llores.
> Prefiero el vino a la cerveza
> Prefiero estar sentado que (*a) de pie

Cuando el segundo término de comparación es un grupo preposicional, es obligado intercalar entre el nexo comparativo *a* y la preposición el verbo que aparece antes en el contexto o, en su sustitución, el *proverbo hacer*. Ejemplo:

> Prefiero jugar con tus primos **a/que jugar con tus amigos**. → ... a/que **hacerlo** con tus amigos (no se dice: *a con tus amigos).

ATENCIÓN

El constituyente discontinuo *no... más que* con el significado de *solo* no es comparativo. Ejemplo:

> No tengo más que cinco euros. → Solo tengo cinco euros (ni más, ni menos).

Obsérvese que no se dice lo mismo que con la secuencia *no... más de*, que tampoco es comparativa. Ejemplo:

> No tengo más de cinco euros (puedo tener cinco euros o menos de cinco).

| 3.3 | 24 | ORACIONES SUBORDINADAS CONSECUTIVAS |

3.3 24.1 Oraciones consecutivas

Indican consecuencia o deducción

Las oraciones consecutivas son aquellas que indican la consecuencia o la deducción de algo y van introducidas por el nexo *que*, apoyado en un intensificador, que puede ser:

Su nexo, *que*, se apoya en un intensificador

• Un adverbio como *tanto* o *tan*. Ejemplo: *Es tan listo que todos lo admiran.*

• El determinativo *tanto* (y sus variantes). Ejemplo: *Sabe tantas cosas que nos deja perplejos.*

• El determinativo demostrativo *tal*. Ejemplo: *Lo hizo de tal manera que nos asustamos.*

• Los indefinidos *cada* y *un* (y sus variantes): *Tiene un genio que da miedo.*

Su función es la de complemento o **modificador del intensificador**, por lo que aparecen siempre dentro de oraciones compuestas complejas [**3.1.3**]. Ejemplo:

núcleo
Trabaja tanto que va a caer enfermo.
or. cons. (compl. a *tanto*)
grupo adverbial: CC

oración compuesta compleja

Otros gramáticos consideran que las oraciones consecutivas complementan a otra oración y no a un componente de esta.

ATENCIÓN

Deben diferenciarse estas oraciones consecutivas de aquellas adjetivas cuyo relativo lleva como antecedente las palabras *manera, modo, forma, suerte*, pero sin intensificador. Ejemplos:

Oración de relativo: *Explica de manera que todos lo entendamos.*
Oración consecutiva: *Explica de tal manera que todos lo entendemos.*

3.3 24.2 Otras particularidades de las consecutivas

Intensificadores sin oración consecutiva

• En ocasiones hay enunciados oracionales exclamativos [**3.1.1**] con entonación suspendida (en la escritura, puntos suspensivos), en los que aparece el intensificador o cuantificador, pero sin la oración consecutiva correspondiente. Es una clase de oraciones simples. Ejemplos:

¡Es tan bueno este chico...!
atributo   sujeto

¡Cuenta cada chiste...!
CD

Valor intensificador de la preposición *de*

• El valor intensificador de la preposición *de*, incluso sin ir acompañada de *un* (y sus variantes), se manifiesta en enunciados oracionales exclamativos coloquiales con entonación suspendida. Ejemplos:

¡Es de inteligente este chico...!   *¡Está de pesado el niño...!*

● A veces el intensificador se desplaza del segmento principal al consecutivo. Ejemplo:

Intensificador en la oración consecutiva

> *Juan trabaja todos los días, **tanto que va a enfermar**.*

Estas estructuras consecutivas están muy cerca de la aposición, sobre todo si en el primer segmento aparece también un cuantificador. Ejemplo:

> *He estudiado **mucho, tanto que estoy mareado**.*

● En el registro coloquial, el cuantificador o intensificador puede ser la locución *una de* (de la que se ha eliminado el sustantivo *cantidad*). Ejemplo:

Intensificador: *una (cantidad) de* en el registro coloquial

> *Cayó una de agua que tuvimos que abandonar el estadio.*
>
> intensif.   oración consecutiva
>
> grupo nominal:
>   sujeto
>
> oración compuesta compleja

Este intensificador también puede aparecer en enunciados exclamativos con entonación suspendida sin que haya ninguna oración consecutiva. Ejemplo:

> *¡Cayó una de agua...!*
>
> gr. nominal: suj.

3.3 24.3 Oraciones consecutivas sin intensificador

● Las oraciones consecutivas con *que* pero sin apoyo en intensificador alguno complementan directamente al verbo como auténticos complementos circunstanciales. Ejemplos:

Complementan directamente al verbo

> *Habla que da gusto.*   *Canta que es un primor.*
>
> or. consec.: CC   or. consec.: CC
>
> oración compuesta compleja   oración compuesta compleja

● Otras veces, la consecutiva complementa a un nombre o sustantivo a través de un verbo, copulativo o no, por lo que su función es la de atributo o predicativo. Ejemplos:

Consecutivas en función de atributo

> *María está que trina.*   *La encontré que daba miedo.*
>
> or. consec.:   CD   or. consec.: predicativo
> atributo

● En el coloquio, la oración consecutiva es a veces una frase hecha, por lo que se analiza como meros cuantificadores del verbo. Así ocurre en *corre que se las pela*, o *corre que se mata*, o *hueles que te mueres*. No tiene, pues, sentido segmentar oraciones de este tipo, que deben entenderse como una unidad sintáctica de carácter elativo o intensificador.

Frases hechas

3.3 | 25 | ORACIONES CON VALOR CONSECUTIVO

3.3 25.1 Oraciones coordinadas con valor consecutivo

Oraciones no subordinadas que indican consecuencia

Hay oraciones en español que indican consecuencia o deducción, pero no son subordinadas [**3.1.2**], pues no complementan ni a un componente de una oración compuesta compleja ni a otra oración.

Son oraciones que junto a otras constituyen conjuntos oracionales (oraciones compuestas) por coordinación [**3.1.2**].

Los nexos de unión, también llamados conectores, son generalmente:

• Las locuciones: *de manera que, pues bien, así que, de modo que, de manera que, de forma que, de suerte que.*

• Las conjunciones: *conque* y *luego.*

Llevan el verbo en imperativo

La prueba de que no son oraciones subordinadas es que estas nunca llevan el verbo en imperativo, mientras que este tipo de oraciones sí lo llevan (estas oraciones son llamadas normalmente ilativas [**2.8.3**]). Ejemplos:

> *Ya has jugado demasiado, **conque** (luego) **ponte a estudiar**.*
> *Ya son las ocho, **así que levántate**.*

Por tanto, en estos casos no cabe hablar ni de oración principal ni de oración subordinada.

Frente a otras oraciones coordinadas, estas oraciones pueden exigir una pausa mayor entre ellas y las oraciones anteriores (normalmente un punto y coma o un punto en la escritura), y, además, pueden prescindir más fácilmente del nexo conector. De todas formas, cuando la pausa es de coma o de punto y coma, se debe hablar de un enunciado que constituye un conjunto oracional (u oración compuesta) que consta de dos oraciones coordinadas. Ejemplo:

> conector
> *Acabo de vender el piano*; *así que* *ya no puedo tocar más.*
> oración 1   oración 2: ilativa
> or. compuesta con conjunto oracional por coordinación

ATENCIÓN

Las oraciones subordinadas consecutivas se encuentran dentro de una oración compuesta compleja, pues se subordinan al adverbio cuantificador (*tan, tanto...*). Deben, por tanto, diferenciarse de las oraciones encabezadas por los conectores *por consiguiente, por tanto, así que...*, que tienen rasgos más próximos a las coordinadas que a las subordinadas. No obstante, algunos gramáticos las engloban dentro de las coordinadas, y otros, junto con las subordinadas.

3.3 25.2 Oraciones con valor consecutivo yuxtapuestas

- Hay enunciados que expresan una relación lógica de consecuencia o deducción. Este tipo de enunciados se configura con algunas locuciones adverbiales o algunos adverbios, que son otro tipo de conectores. Ejemplos:

  Locuciones adverbiales o adverbios en oraciones consecutivas yuxtapuestas

  Locuciones: *por lo tanto, por consiguiente, en consecuencia, así pues.*
  Adverbios: *pues* y *así.*

  Puede decirse que las oraciones de estos enunciados son yuxtapuestas, pues tales locuciones adverbiales o adverbios son compatibles con nexos coordinantes y pueden cambiar de lugar en el contexto. Ejemplos:

  > *El suelo está mojado:* ***por tanto, ha llovido esta noche.*** → *... ha llovido, por tanto, esta noche.*

- Puede que en un enunciado con una oración de valor consecutivo no aparezca ningún nexo conjuntivo ni ninguno de los adverbios o locuciones adverbiales antes mencionados. En estos casos, la relación lógica de consecuencia o deducción se manifiesta en la escritura con el signo de los dos puntos. Ejemplos:

  Oraciones de valor consecutivo sin nexo

  > *Hoy es sábado:* ***iremos al campo.***
  > *El suelo está mojado:* ***ha llovido esta noche.***
  > *Has estudiado mucho:* ***aprobarás sin duda.***

3.3 25.3 Otras oraciones con valor consecutivo sin intensificador

- Hay enunciados exclamativos formados por un primer componente encabezado por un pronombre o adverbio interrogativo (*qué, quién, cuál, dónde, cuándo, cómo...*) o por el intensivo *si*, y un segundo componente introducido por la conjunción *que*, el cual constituye una oración con valor entre consecutivo, causal y final. Ejemplo:

  Oraciones con valor consecutivo, causal y final

  > *¡Qué le habrán dicho,* ***que no quiere ni hablar!***

- A este mismo tipo de enunciados exclamativos responden las estructuras con *lo* seguido de un adjetivo o adverbio más *que*. Ejemplo:

  Lo + adjetivo/adverbio + que

  > *¡Lo fuerte que será,* ***que él solo tiró la puerta de un golpe!***

- En el lenguaje coloquial es frecuente potenciar los pronombres, adjetivos o adverbios interrogativos con expresiones enfáticas como *demonios, narices*, etc. Ejemplo:

  > *¡Qué demonios (narices...) le habrán dicho,* ***que no quiere hablar!***

1. Construye tres oraciones compuestas complejas en las que los verbos principales sean *asustar*, *molestar* y *encantar*, y cuyo sujeto sea una oración.

2. Construye una oración compuesta compleja pasiva refleja con una interrogativa indirecta como sujeto del verbo principal.

3. Haz que las oraciones subordinadas *que nadie lo sabrá* y *que llueva* funcionen como sujeto en una oración compuesta compleja.

4. Construye tres oraciones compuestas complejas en las que los complementos directos de los verbos principales sean interrogativas indirectas con pronombre o adverbio interrogativo.

5. Di la diferencia sintáctica que existe entre estos pares de oraciones:

• *No me he enterado de si han venido. / Si han venido, no me he enterado.*
• *Me preguntaron cuándo iba a salir. / Me lo preguntaron cuando iba a salir.*

6. Escribe un enunciado en el que una oración sea subordinada del verbo principal pero en estilo directo.

7. Señala si hay o no incorrección en la unión de las oraciones subordinadas al verbo principal:

• *Me acuerdo que fui feliz.*
• *Confío de que vengáis pronto.*
• *Me fijé que tenía una herida en el cuello.*
• *Insistió de que teníamos que protestar.*

8. Construye dos oraciones con significado causal y otras dos con significado final y que sean complementos circunstanciales del verbo principal de una oración compuesta compleja.

9. Escribe tres oraciones subordinadas adjetivas que tengan como nexo un adverbio relativo.

10. Indica la diferencia sintáctica que existe entre las oraciones siguientes:

• *El hecho de que hayas estudiado no te exime de culpa.*
• *El hecho que nos obligó a castigarlo fue su mala conducta.*

11. Escribe dos oraciones compuestas complejas en las que haya sendas oraciones adjetivas especificativas con el relativo *el cual* (*la cual*, *los cuales*, *las cuales*).

12. Escribe dos oraciones compuestas complejas en las que haya sendas oraciones adjetivas explicativas con el relativo *quien*, *quienes*.

13. Escribe tres oraciones de relativo que no sean adjetivas.

14. Construye un enunciado constituido por una oración compuesta con un conjunto oracional, en el que uno de los componentes sea una oración de relativo no adjetiva.

15. Construye dos oraciones compuestas complejas en las que haya sendos complementos circunstanciales de lugar oracionales, otras dos con complementos circunstanciales de tiempo oracionales y otras dos con complementos circunstanciales de modo oracionales.

16. Escribe sendas oraciones subordinadas temporales con los nexos *conforme*, *apenas*, *nada más que*, *en cuanto*.

17. Indica la diferencia sintáctico–semántica entre las oraciones subordinadas de los siguientes enunciados:

• *La calle está según subes a la izquierda.*
• *Según vienes de la plaza, me compras el pan.*

18. Construye tres oraciones causales con *porque* y que no complementen al verbo principal de la oración.

19. Construye tres oraciones causales cuyos nexos no sean *porque* ni *ya que*.

Fonética
y fonología

4.1 Fonética y fonología

4.1 | 1 **CONSIDERACIONES GENERALES**

4.1 1.1 Fonética y fonología en la gramática

Estudio del plano fónico: dos disciplinas

Las lenguas están constituidas no solo por los planos morfológico, sintáctico y léxico, sino también por el fónico, o plano de los sonidos. De este plano se ocupan dos disciplinas lingüísticas: la fonética y la fonología. Cada una de estas ciencias estudia los sonidos desde distintas perspectivas.

4.1 1.2 La fonética

Fonética: aspectos materiales del sonido

• La fonética se ocupa de la materialidad o sustancia del sonido, y lo describe en sus cualidades físicas:

  • El tono (o altura musical).

  • La intensidad (o energía articulatoria).

  • La cantidad (o duración en el tiempo).

  • El timbre, que depende del volumen y la caja de resonancia (es decir, de la cavidad bucal).

Fonética: producción y percepción del sonido

• Además, la fonética se ocupa de la producción y percepción del sonido. Así, estudia:

  • El mecanismo de la fonación.

  • Los órganos que intervienen en ella.

  • Las características de la onda sonora, etc.

  Por tanto, debe recabar datos de disciplinas extralingüísticas como la fisiología y la física.

Fonética: la sílaba

• Por otra parte, la fonética no solo se ocupa de analizar los sonidos aislados, sino también ciertas combinaciones de sonidos que constituyen lo que llamamos sílaba [**4.1.11**].

4.1 1.3 La fonología

Fonología: sonidos que sirven para diferenciar significados

La fonología, por su parte, se ocupa del sonido solamente en la medida en que diferencia significados en oposición con otros sonidos dentro del sistema o, lo que es lo mismo, dentro de la lengua. Esto quiere decir que a la fonología le compete estudiar las relaciones que contraen los sonidos para diferenciar significados. Ejemplo:

Los sonidos [b] de *bomba* y el sonido [b̄] de *sacaba* son diferentes en su materialización: los primeros son oclusivos, el último es fricativo. Esto es algo que solo le interesa a la fonética, no a la fonología, porque tales diferencias fónicas no se oponen en el sistema, dado que no producen significados diferentes.

Es decir, en español no hay ningún par de palabras que signifiquen cosas diferentes por oponer una *b* oclusiva a una *b* fricativa. Incluso si la *b* de *sacaba* la pronunciáramos oclusiva, obtendríamos una pronunciación anómala, pero nunca un significado distinto (la palabra *sacaba* seguiría significando lo mismo).

Sin embargo, si oponemos el sonido [b] (ya sea oclusivo, ya fricativo) a otros como [p], [m], [t], ..., obtendremos significados diferentes. Ejemplos:

b*ala*/p*ala*/m*ala*/c*ala*/s*ala*

De estas diferencias se ocupa la fonología.

A la fonología, pues, le corresponde estudiar los rasgos que, en cada sonido, resultan pertinentes para la diferencia de significados. Los rasgos no pertinentes los estudia la fonética.

No obstante, las relaciones entre fonética y fonología son muy estrechas. De hecho, la fonología se ocupa de sonidos ideales o modelos de sonido, cuyos rasgos fónicos (articulatorios y acústicos) estudia la fonética. Por tanto, la fonología no sería posible sin la fonética.

Relaciones entre fonética y fonología

4.1 1.4 Fonética del habla y fonética de la norma

La fonética se ocupa de dos tipos de sonidos:

- De los **sonidos del habla**, es decir, de los sonidos que produce cada individuo en cada acto concreto de una emisión fónica: cada persona no pronuncia la *b* de, por ejemplo, las palabras *bala* y *amaba* de la misma manera. Incluso una misma persona que pronuncie esa *b* más de una vez siempre producirá un sonido distinto. Serán, pues, sonidos individuales. A veces, incluso, el hablante, más o menos conscientemente, elige un sonido distinto. Así, la *s* de *hasta* la puede pronunciar como *s* normal o ligeramente aspirada. Estas son variantes libres. En este caso hablamos de **fonética del habla**.

Fonética del habla: sonidos individuales

- De los **sonidos de la norma**, es decir, de aquellos rasgos fónicos que son comunes a la gran mayoría de los hablantes de una misma lengua. Hay rasgos fónicos que dependen del contexto, es decir, del sonido que antecede o sigue a otros sonidos. Ejemplo:

Fonética de la norma: rasgos comunes a los hablantes de una misma lengua

> El sonido [b] se pronuncia con los labios cerrados en un primer momento tanto cuando aparece en principio absoluto de palabra como cuando aparece tras el sonido [m], y con los labios sin cerrar del todo cuando aparece entre vocales.

Son, en efecto, sonidos distintos pero comunes a todos los hablantes del español: todos pronunciamos oclusivas las *b* de *bomba* y fricativa la *b* de *amaba*. Es un rasgo de todos los hablantes de una misma lengua, en este caso, del español. Se trata de la **fonética de la norma**.

4.1 | 2 | FONEMAS Y SONIDOS

4.1 2.1 El fonema

Fonemas: sonidos que diferencian significados

Hay sonidos que diferencian significados dentro del sistema: estos sonidos se denominan fonemas y son estudiados únicamente por la fonología.

El fonema es una realidad abstracta

El fonema es un sonido ideal o modelo de sonido. Es una realidad abstracta, es decir, una unidad lingüística mínima (no se puede dividir más) que no significa nada pero que es capaz de diferenciar significados:

> Todos sabemos que hay un gran número de pinos y que ninguno es igual a otro: siempre hay alguna diferencia de forma, de tamaño, de color, etc. Pero hay algo en ellos que es común a todos los pinos y que hace que podamos decir en cualquier situación «esto es un pino» (y no un sauce, o un ciprés, etc.).
>
> De la misma manera, son varios los rasgos físicos de una emisión fónica mínima como la de *b*, pero hay algo en ella que es constante y común y que hace que no sea *p* ni *t* ni *m*, etc.

Eso que es constante y que diferencia significados (no es lo mismo *bala* que *pala*...) es el fonema. Los fonemas se trascriben entre rayas oblicuas (/b/).

4.1 2.2 Sonidos

Sonidos: realizaciones de los fonemas

Los sonidos son realizaciones materiales, físicas, de los fonemas, que son realidades abstractas. El sonido es, pues, una realidad material: lo que pronunciamos en una emisión fónica determinada. El fonema, por su parte, es una realidad mental. Entre los sonidos distinguimos:

• Los sonidos individuales (los que un individuo puede emitir a lo largo de su vida) son teóricamente infinitos.

• Los sonidos de la norma, o sea, los que dependen del contexto, son finitos, pero siempre son muchos más que los fonemas de la lengua.

Veámoslo en este ejemplo. En español tenemos un solo fonema /n/, al que corresponden distintos sonidos de la norma o contextuales:

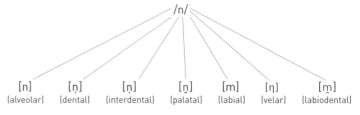

/n/						
[n]	[n̪]	[n̟]	[ɲ]	[m]	[ŋ]	[m̩]
(alveolar)	(dental)	(interdental)	(palatal)	(labial)	(velar)	(labiodental)

Por tanto, en español tenemos un solo fonema /n/ que se realiza fónicamente de manera distinta según el contexto en que aparezca. Y así tenemos que:

En *nada* es un sonido alveolar [n] (la lengua se apoya en los alvéolos).

En *antes* es un sonido dental [n̪] (la lengua se apoya en el interior de los dientes).

En *anzuelo* es un sonido interdental [n̟] (la lengua sale entre los dientes).

En *ancho* es un sonido palatal [ɲ] (la lengua se apoya en el paladar duro).

En *envío* es un sonido labial [m] (los labios tienden a cerrarse).

En *ángel* es un sonido velar o gutural [ŋ] (la lengua se dirige hacia el velo del paladar).

En *infiel* es un sonido labiodental [ɱ] (los dientes superiores se apoyan en el labio inferior).

Pues bien, esos sonidos distintos del fonema /n/ nunca diferencian significados por sí mismos cuando se oponen entre sí, por lo que no son fonemas, son meros sonidos.

Los sonidos que dependen del contexto y que representan un mismo fonema se llaman **alófonos** y se representan siempre entre corchetes. No son variantes libres, sino variantes combinatorias.

Un fonema se realiza fonéticamente en varios alófonos

| 4.1 | 3 | **FONEMAS Y GRAFÍAS** |

4.1 3.1 Grafías o letras

Letras: representación gráfica de los fonemas

Las letras constituyen lo que se llama alfabeto de una lengua, y reproducen los fonemas [**4.1.2**], no los sonidos, en la escritura.

En principio, lo lógico sería que cada letra representara un solo fonema. Sin embargo, esa correspondencia no es del todo exacta: aunque el número de fonemas y de letras es muy parecido, no suele ser igual, pues se producen una serie de desajustes.

En la lengua española, estos son los desajustes:

Fonema	Letras que lo representan	Ejemplos
/b/	v, b, w	*vaso, boca, wolframio*
/k/	c, qu, k	*casa, queso, kilo*
/θ/	c, z	*cero, zarza*
/x/	g, j	*gente, jarro*
/g/	g, gu	*gorro, guerra*
/r̄/	r, rr	*río, arroyo*
/i/	i, y	*lío, voy*
/y/	y, ll (en zonas de yeísmo)	*yo, calle*
no representa ningún fonema	h	*herramienta*
representa dos fonemas: /k/+/s/	x	*examen*

Las faltas de ortografía, en su gran mayoría, se deben a estos desajustes entre letras y fonemas.

ATENCIÓN

• En español, las letras *b* y *v* reproducen el mismo fonema /b/ y los mismos sonidos [b] o [ƀ]. No existe un sonido labiodental de *v* correspondiente al de la *v* francesa. Por tanto, han de pronunciarse igual las *b* de *beber* y las *v* de *vivir*.

• Por otra parte, hay que distinguir el fonema /x/, que es velar (es el que tenemos en palabras como *jarro* y como *gente*), de la letra *x*, que tenemos en palabras como *examen* o *éxtasis*. Aquel es un símbolo fónico; esta es una letra.

ATENCIÓN

Las palabras *México, mexicano, Texas, texano, Oaxaca, oaxaqueño* se escriben con *x*, pero esta letra corresponde al fonema /x/, es decir, al que se materializa con el primer sonido de palabras como *gente* o *jarro*. Esa letra es un resto gráfico de cuando la letra *x* representaba un sonido diferente al que representa hoy: el sonido de *jota*. Las Academias de la Lengua Española también permiten escribir *Méjico, mejicano, Tejas, tejano* (formas no preferidas), donde la letra *j* representa el mismo fonema /x/. Cuando *tejano* designa un pantalón vaquero no admite la escritura con *x*.

Para las palabras *Oaxaca* y *oaxaqueño*, nunca se admitieron las formas correspondientes con *j*.

ALFABETOS FONÉTICOS

4.1 4.1 Observaciones generales

Alfabetos fonéticos: representan los sonidos de una lengua

La fonética utiliza dos alfabetos fonéticos, constituidos por símbolos, para representar los sonidos articulados de una lengua. Estos símbolos se ponen entre corchetes para indicar que se trata de sonidos.

Algunos de estos símbolos coinciden en su forma con las letras correspondientes de la escritura (grafías); pero otros, o no se corresponden con las letras, o llevan algún rasgo gráfico añadido que hace necesaria su explicación.

Estos dos alfabetos que se utilizan frecuentemente para la representación de los sonidos articulados del español son:

- El de la *Revista de Filología Española* (RFE). Es el que se utiliza en esta obra.
- El Alfabeto Fonético Internacional (AFI).

4.1 4.2 Alfabeto de la RFE

Alfabeto de la *Revista de Filología Española*

Sonidos consonánticos			
Representación	**Letra**	**Representación**	**Letra**
[p]	*p*	[y]	*y*
[t]	*t*	[ŷ]	*y*
[k]	*c*, dígrafo *qu*, *k*	[l]	*l*
[b]	*b*, *v*, *w*	[l̦]	*l*
[ƀ]	*b*, *v*, *w*	[ḷ]	*l*
[d]	*d*	[n]	*n*
[đ]	*d*	[ṇ]	*n*
[f]	*f*	[n̦]	*n*
[x]	*j*, *g*	[ŋ]	*n*
[θ]	*z*, *c*	[m̯]	*n*
[g]	*g*, dígrafo *gu*	[m]	*m*, *n*
[ǥ]	*g*, dígrafo *gu*	[n̬]	*ñ*
[ĉ]	dígrafo *ch*	[ṣ̦]	*s*
[r]	*r*	[s]	*s*
[r̄]	*r* o dígrafo *rr*	[z]	*s*
[l̬]	dígrafo *ll*	[ẓ]	*s*

Sonidos vocálicos			
Representación	Letra	Representación	Letra
[a]	*a*	[o]	*o*
[e]	*e*	[u]	*u*
[i]	*i*	[u̯]	*u*
[i̯]	*i, y*	[w]	*u*
[j]	*i*		

ATENCIÓN

Algunos símbolos, como los correspondientes a vocales nasalizadas, abiertas, cerradas, palatizadas, velarizadas, etc., no se recogen en esta obra porque no nos ocupamos de las variantes vocálicas excepto de [i̯], [u̯], [j] y [w].

4.1 4.3 Alfabeto Fonético Internacional

Aparecen a continuación los símbolos que difieren del alfabeto de la RFE. Prescindimos de aquellos que coinciden:

Alfabeto Fonético Internacional

[t͡ʃ]: en la escritura es el dígrafo *ch*.

[d͡ʒ]: en la escritura es la *y* consonántica africada.

[j]: en la escritura es una *y* consonántica (fricativa).

[ɣ]: en la escritura es la *g* o el dígrafo *gu* (fricativas).

[β]: en la escritura es una *b* o una *v*.

[ð]: en la escritura es una *d*.

[ɲ]: en la escritura es una *ñ*.

[ʎ]: en la escritura es el dígrafo *ll*.

[l̡]: en la escritura es una *l* (palatalizada).

[n̡]: en la escritura es una *n* (palatalizada).

[ɱ]: en la escritura es una *n* (labiodentalizada).

ATENCIÓN

Los símbolos [ɲ] y [ʎ] no tienen correspondencia en el alfabeto de la RFE. En las trascripciones fonéticas que se hacen con el alfabeto de la RFE, para esos sonidos se acude a los símbolos [n̡] y [l̡]. Pero ya se ha visto que estos símbolos reproducen otros sonidos: no es lo mismo un sonido palatal que palatalizado.

Solo hemos recogido símbolos de sonidos que hay en el español; para otros sonidos de otras lenguas existen otros símbolos que aquí no recogemos.

4.1 5.1 Características articulatorias de los sonidos del español

La clasificación o descripción fonética de los sonidos en español se realiza según los siguientes criterios:

● **Por el punto de articulación**

Lugar de la cavidad bucal en que se articula el sonido

Atendiendo al punto o lugar exacto de la cavidad bucal en que se articula el sonido y a los órganos de dicha cavidad que intervienen en la articulación, los sonidos pueden ser:

- **Sonidos labiales** (o bilabiales): intervienen los labios superior e inferior: [p], [b], [ɓ]...
- **Sonido labiodental:** interviene el labio inferior, sobre el que se apoyan ligeramente los dientes superiores: [f]...
- **Sonidos dentales:** la lengua se apoya en los dientes superiores: [t], [d], [d̪]...
- **Sonido interdental:** la lengua sale ligeramente entre los dientes superiores y los inferiores: [θ]...
- **Sonidos alveolares:** la lengua se apoya en los alvéolos: [n], [l], [r], [r̄], [s] (para los alófonos [n̦], [ṇ], [ŋ] [n̪] y [m̪] y [l], [l̦], [l̪], así como [z] (ver **4.1.4**).
- **Sonidos velares** (o guturales): la lengua se retrasa hasta el paladar blando o velo del paladar: [k], [g], [ɡ], [x]...
- **Sonidos palatales:** la lengua se apoya en el paladar duro: [ĉ], [y], [ŷ], [ɲ], [ʎ]...

● **Por el modo de articulación**

Grado de abertura de los órganos articulatorios

Si atendemos al grado de abertura o de cierre de los órganos articulatorios en relación con la posición que adoptan, podemos hablar de los siguientes sonidos:

- **Sonidos vocálicos:** el aire proveniente de los pulmones encuentra la cavidad bucal libre de obstáculos en su salida al exterior: [a], [e], [i], [o], [u].
- **Sonidos consonánticos:** el aire proveniente de los pulmones encuentra algún obstáculo en la cavidad bucal en su salida al exterior: [p], [b], [t], [k]...

A su vez, los sonidos consonánticos se clasifican en los siguientes grupos:

- **Sonidos líquidos:** el aire encuentra un obstáculo que no es suficiente para impedir la salida del aire por algún lugar de la cavidad bucal. Son sonidos intermedios entre los vocálicos y los consonánticos puros: [l], [r], [r̄], [ʎ].
- **Sonidos oclusivos:** los órganos articulatorios se cierran completamente: [p], [b] (en principio absoluto o detrás de nasal),

[t], [d] (en principio absoluto o detrás de nasal o lateral), [k], [g] (en principio absoluto o detrás de nasal o lateral).

- **Sonidos fricativos:** los órganos articulatorios se estrechan sin llegar a juntarse del todo, por lo que se deja salir el aire rozándolos: [f], [θ], [s], [x], [b̄], [d̄], [ḡ] (estos tres últimos, entre vocales o precedidos de consonante no nasal ni lateral en el caso de [d̄] y [ḡ]).

- **Sonidos africados:** se cierran los órganos articulatorios como en los oclusivos, pero en la segunda fase el aire no sale con explosión o repentinamente, sino de forma continuada y rozando dichos órganos: [ĉ] y [ŷ].

- **Sonidos orales:** el aire sale solo por la cavidad bucal (todos los sonidos consonánticos excepto los nasales).

- **Sonidos nasales:** el aire sale por el canal nasal [m], [m̩], [n], [ṇ], [ɲ], [ŋ], [n̠].

- **Sonidos laterales:** constituyen una variedad de los líquidos: el aire sale por un lado o los dos de la cavidad bucal (los bordes de la lengua dejan salir el aire): [l], [ļ], [ḷ], [ḹ].

- **Sonidos vibrantes:** son la otra variedad de los líquidos: la punta de la lengua choca en los alvéolos produciendo una vibración [r] o varias [r̄].

- **Por la acción de las cuerdas vocales**

  - **Sonidos sordos:** en su articulación no vibran las cuerdas vocales: [p], [t], [ĉ], [k], [f], [θ], [x], [s].

  - **Sonidos sonoros:** en su articulación vibran las cuerdas vocales: [b], [d], [g], [l], [m], [n], [ŋ]..., además de los vocálicos.

Vibración o no de las cuerdas vocales

4.1 5.2 El fonema como conjunto de rasgos

Todo fonema se compone de un conjunto de rasgos fónicos prestados por la fonética y capaces, cada uno por sí mismo, de diferenciar significados. Estos rasgos se llaman **pertinentes** o **relevantes**. Ejemplo:

Rasgos pertinentes: los que diferencian significados

/p/: labial, oclusivo y sordo

Cada uno de estos rasgos sirve para diferenciar significados en oposición a otros. Ejemplos:

pata se opone a *tata* en que /p/ es labial y /t/ es dental.
pata se opone a *bata* en que /p/ es sordo y /b/ es sonoro.

Pero un fonema no se opone a otros solo por un rasgo. Los rasgos diferenciadores pueden ser varios. Ejemplo:

topo no significa lo mismo que *todo* porque el fonema /p/ es oclusivo, labial y sordo, mientras que el fonema /d/ es fricativo, dental y sonoro.

4.1 | 6 | **LOS FONEMAS DEL ESPAÑOL**

4.1 6.1 Clasificación de los fonemas

Fonemas: clasificación por rasgos pertinentes

Los fonemas se clasifican atendiendo exclusivamente a sus rasgos pertinentes (los que diferencian significados) y haciendo abstracción de los no pertinentes.

Se trascriben entre rayas oblicuas para diferenciarlos de los sonidos o variantes fónicas, que van entre corchetes.

En español estándar y normativo tenemos veinticuatro fonemas: diecinueve consonánticos y cinco vocálicos.

4.1 6.2 Fonemas consonánticos del español

Descripción de los fonemas consonánticos del español

- /p/: consonántico, oral, labial, oclusivo, sordo.
- /t/: consonántico, oral, dental, oclusivo, sordo.
- /k/: consonántico, oral, velar, oclusivo, sordo.
- /b/: consonántico, oral, labial, sonoro.
- /d/: consonántico, oral, dental, sonoro.
- /g/: consonántico, oral, velar, sonoro.
- /θ/: consonántico, oral, fricativo, interdental, sordo.
- /f/: consonántico, oral, fricativo, labiodental, sordo.
- /x/: consonántico, oral, fricativo, velar, sordo.
- /l/: consonántico, oral, alveolar, lateral.
- /r/: consonántico, oral, alveolar, vibrante simple.
- /r̄/: consonántico, oral, alveolar, vibrante múltiple.
- /ʎ/: consonántico, oral, palatal, lateral.
- /s/: consonántico, oral, alveolar, fricativo.
- /ĉ/: consonántico, oral, palatal, africado (oclusivo), sordo.
- /y/: consonántico, palatal, central, fricativo, sonoro.
- /m/: consonántico, nasal, labial.
- /n/: consonántico, nasal, alveolar.
- /ɲ/: consonántico, nasal, palatal.

4.1 6.3 Fonemas vocálicos del español

Descripción de los fonemas vocálicos del español

- /a/: vocálico, abertura máxima, localización central.
- /e/: vocálico, abertura media, localización anterior.
- /i/: vocálico, abertura mínima, localización anterior.
- /o/: vocálico, abertura media, localización posterior.
- /u/: vocálico, abertura mínima, localización posterior.

Los rasgos pertinentes (o distintivos) de los fonemas vocálicos en español son solo dos:

Rasgos pertinentes de los fonemas vocálicos

- El grado de abertura de la cavidad bucal, que puede ser máxima, mínima o media.

- La localización del sonido en la cavidad bucal, que puede ser anterior, posterior o central.

Atendiendo a estos dos rasgos se forma el llamado **triángulo articulatorio** de los fonemas vocálicos españoles:

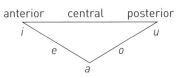

	anterior	central	posterior
abertura mínima	i		u
abertura media		e	o
abertura máxima		a	

Que /a/, /e/, /o/, /i/, /u/ son fonemas en español se demuestra porque hay palabras que, gracias a ellos, diferencian significados. Ejemplos:

paso/peso/piso/poso/puso

Sin embargo, el hecho de que la e de peso se pronuncie más cerrada [ẹ] que la e de peine [ę] no significa que estas dos variantes fónicas pertenezcan a la fonología: no hay en español un solo par de palabras que diferencie su significado por estas variantes (alófonos).

4.1 | 7 | OPOSICIONES, NEUTRALIZACIONES Y CONTRASTES

4.1 7.1 Oposiciones

Fonología: estudia las oposiciones entre fonemas

Cada uno de los rasgos fónicos de que se compone un fonema sirve para establecer oposiciones con los demás fonemas en el sistema. De esa oposición se derivan los rasgos pertinentes, es decir, aquellos que sirven para diferenciar significados. Ejemplo:

> Los rasgos **labial** y **dental** constituyen una oposición, pues significan de manera distinta las palabras *vela* y *tela, cava* y *cada* o *paso* y *taso*.

La fonología se encarga, pues, de describir y clasificar todas las oposiciones a que dan lugar los rasgos fónicos de los fonemas.

El procedimiento que se aplica para establecer tales oposiciones es el de la **conmutación**, consistente en oponer dos unidades fónicas para ver cuál o cuáles son los rasgos pertinentes y, por tanto, para clasificarlos como fonemas. Ejemplo:

> Si en *casa* se conmuta el fonema /k/ por /p/ se obtiene *pasa*, que es otra palabra. Por tanto, /p/ y /k/ son fonemas.

4.1 7.2 Neutralizaciones y archifonema

Neutralización: dos fonemas que diferencian significados dejan de oponerse

En ciertas ocasiones, dos rasgos fónicos que se oponen en el sistema, es decir, que diferencian significados, pueden dejar de funcionar como oposición. Ejemplos:

- /b/ y /p/ se oponen en *bala/pala*, en *velo/pelo*...

  /b/ y /p/ no se oponen cuando aparecen delante de consonante no líquida: se dice lo mismo con [ápto] que con [ábto] (es un sonido intermedio [b̥] ensordecido).

- /r/ y /r̄/ se oponen en *pero/perro, para/parra*...

  /r/ y /r̄/ no se oponen en posición final de sílaba o de palabra. Así, en [amár] es irrelevante pronunciar la *-r* final como vibrante simple o múltiple; esas pronunciaciones no producen significados distintos.

Archifonema: resultado de una neutralización

Cuando una oposición deja de funcionar como tal en ciertos contextos, se habla de **neutralización**, y el resultado de la neutralización se denomina **archifonema**, el cual se representa en fonología con una letra mayúscula entre rayas oblicuas. Ejemplos:

> apto → /áBto/   amar → /amáR/
> envidia → /eNbídia/   adquirir → /aDkirír/

Así pues, un archifonema está constituido por el conjunto de rasgos pertinentes o distintivos comunes a los dos fonemas de una oposición neutralizada.

4.1 7.3 Contraste

La fonología también se ocupa de las relaciones de combinación entre los diversos fonemas de una lengua. No todas las combinaciones de fonemas son posibles en una lengua. Ejemplos:

Son posibles:

/br/ *breve*   /pr/ *primo*   /tr/ *trato*   /bd/ *abdicar*

No son posibles:

/td/   /fθ/, etc.

Estas propiedades combinatorias entre los fonemas constituyen lo que se conoce como **contraste** fonológico.

> Contraste fonológico: posibilidades de combinación entre fonemas

4.1 7.4 Desfonologización

Se llama **desfonologización** a la desaparición de un fonema en una comunidad geográfica o social de hablantes, debido a que una determinada oposición deja de funcionar.

> Desfonologización: desaparición de una oposición

- Por ejemplo, muchos hablantes no distinguen en la pronunciación entre *pollo* y *poyo*, *valla* y *vaya*, etc. En estos casos deja de funcionar la oposición entre estos dos fonemas:

  - /ʎ/, fonema lateral palatal
  - /y/, fonema central palatal

  Es decir, los rasgos lateral/central han dejado de funcionar para ciertos hablantes, pues ellos realizan en la pronunciación el fonema /ʎ/ como [y]. Este fenómeno se denomina **yeísmo**.

> Yeísmo

- Otro fenómeno de desfonologización frecuente en casi toda Hispanoamérica, en Canarias y en gran parte de Andalucía es el de los fonemas /s/ y /θ/ a favor de [s]. Este fenómeno se llama **seseo**. Ejemplo:

  ceniza → [senísa]

> Seseo

- También en algunas zonas de Andalucía, sobre todo en sectores de cultura baja, se da la misma desfonologización, pero a favor de [θ]. Este fenómeno se llama **ceceo**. Ejemplo:

  Sevilla → [θeβíya]

> Ceceo

Norma   Yeísmo, seseo y ceceo

El yeísmo y el seseo están admitidos en la norma culta. El ceceo, en cambio, es un fenómeno dialectal y popular.

4.18.1 Concepto de alófono

Alófonos: variantes de un fonema que no diferencian significados

Como ya se ha dicho, las variantes fónicas contextuales de un fonema son meros sonidos denominados **alófonos**. Estos nunca entran en oposición, pues no diferencian significados. También se llaman **variantes combinatorias**, pues no dependen del hablante, sino del contexto lingüístico. Ejemplo:

> El fonema /b/ presenta dos alófonos: el oclusivo [b] y el fricativo [b̩], que no son variantes libres: el oclusivo aparece en principio absoluto de palabra (después de pausa) o detrás de un fonema nasal, y el segundo, en los demás casos.

Hay otras variantes libres, que dependen del individuo: estas son teóricamente infinitas.

4.18.2 Alófonos de los fonemas consonánticos (1)

Los fonemas consonánticos presentan diversos alófonos. Estos son los principales:

- Los **fonemas /b/, /d/** y **/g/** presentan dos alófonos:

Alófonos /b/, /d/ y /g/

Fonema	Alófonos	Posición	Ejemplos
/b/	[b] oclusivo	• inicial absoluta o después de pausa • detrás de consonante nasal	vamos → [bámos] ámbito → [ámbito]
	[b̩] fricativo	• resto de casos	amaba → [amáb̩a]
/d/	[d] oclusivo	• inicial absoluta o tras pausa • detrás de consonante lateral y nasal	dato → [dáto] toldo → [tól̪do] tienda → [tjén̪da]
	[d̩] fricativo	• resto de casos	todo → [tód̩o]
/g/	[g] oclusivo	• inicial absoluta o tras pausa • tras nasal y lateral	gorro → [gór̄o] angula → [aŋgúla] alga → [álga]
	[g̩] fricativo	• resto de casos	águila → [ág̩ila]

• El **fonema /s/** presenta los siguientes alófonos:

Fonema	Alófonos	Posición	Ejemplos
/s/	[z] sonoro	• delante de consonante sonora	*mismo* → [mízmo]
	[s] sordo	• resto de casos	*cosa* → [kósa]
	[z̦] sonoro dentalizado	• delante de dental sonora	*desde* → [déz̦đe]
	[ș] sordo dentalizado	• delante de dental sorda	*este* → [éște]

Alófonos de /s/

ATENCIÓN

Para algunos estudiosos, solo existe un alófono [s]. Por otro lado, en algunas zonas de España e Hispanoamérica, el fonema /s/ en sílaba trabada se aspira (*este* → [éħte]) o se pierde con posible abertura de la vocal final (*niños* → [nín̦o]). El símbolo de la aspiración es [ħ].

• El **fonema /y/** presenta dos alófonos:

Fonema	Alófonos	Posición	Ejemplos
/y/	[y] fricativa	• siempre excepto: – cuando va precedido de consonante nasal o lateral, o – cuando es principio absoluto de palabra o tras pausa	*mayo* → [máyo]
	[ŷ] africada	• inicial absoluto o tras pausa • cuando va precedido de consonante nasal o lateral	*yerno* → [ŷerno] *cónyuge* → [kón̦ŷuxe]

Alófonos de /y/

ATENCIÓN

El fonema /y/ se representa en la escritura con una *y* (*yeso*) o con *hi*+vocal (*hielo* → [ŷélo]).

4.1 | 9 LOS ALÓFONOS (y II)

4.1 9.1 Alófonos de los fonemas consonánticos (2)

● El **fonema /n/** presenta los siguientes alófonos:

Alófonos de /n/

Fonema	Alófonos	Posición	Ejemplos
/n/	[n] alveolar	● inicial ● entre vocales ● seguida de consonantes alveolares	nada → [náḓa] cana → [kána] insípido → [insípiḓo]
	[m] labializada	● seguida de consonante labial /p/, /b/ y /m/	envidia → [embíḓja] ampolla → [ampóḷa]
	[ɱ] labiodentalizada	● seguida del fonema /f/	anfibio → [aɱfíbjo]
	[n̪] interdentalizada	● seguida del fonema /θ/	anzuelo → [an̪θwélo]
	[n̪] dentalizada	● seguida de los fonemas /t/ y /d/	antes → [án̪tes] andas → [án̪das]
	[ɲ] palatalizada	● seguida de sonidos palatales /ĉ/ y /y/	ancho → [áɲĉo] cónyuge → [kóɲŷuxe]
	[ŋ] velarizada	● seguida de fonemas velares /k/, /g/ y /x/	ancla → [áŋkla] hongo → [óŋgo] ángel → [áŋxel]

● El **fonema /l/** presenta los siguientes alófonos:

Alófonos de /l/

Fonema	Alófonos	Posición	Ejemplos
/l/	[l̪] dentalizada	● delante del fonema dental	alto → [ál̪to] toldo → [tól̪do]
	[l̪] interdentalizada	● delante del fonema interdental /θ/	alzo → [ál̪θo]
	[ḷ] palatalizada	● delante de consonante palatal	colcha → [kóḷĉa]
	[l] alveolar	● resto de casos	pala → [pála]

4.1 9.2 Alófonos de los fonemas vocálicos

Los alófonos de los fonemas vocálicos no son tan nítidos como los consonánticos, por eso prescindimos aquí de su descripción. Solo señalamos los semiconsonánticos y semivocálicos correspondientes a los fonemas /i/ y /u/.

Fonema	Alófonos	Posición	Ejemplos
/i/	[i̯] semivocal	• segundo elemento de diptongos decrecientes • tercer elemento de los triptongos	peine → [péi̯ne] buey → [bwéi̯]
	[j] semiconsonante	• primer elemento de diptongos crecientes y de triptongos	pie → [pjé] limpiéis → [limpjéi̯s]
/u/	[u̯] semivocal	• segundo elemento de diptongos decrecientes • tercer elemento de triptongos	causa → [káu̯sa] guau → [gwáu̯]
	[w] semiconsonante	• primer elemento de diptongos y de triptongos	puerta → [pwérta] averiguáis → [aβeriɣwái̯s]

Alófonos vocálicos: semivocales y semiconsonantes

ATENCIÓN

Es normal que cuando una vocal se encuentra entre dos consonantes nasales o entre pausa y consonante nasal, el fonema vocálico correspondiente se nasalice (la nasalización se representa con el símbolo ~). Ejemplos:

banana → [banãna]

emanar → [ẽmãnár]

La y como conjunción se realiza:

• como [i]: entre consonantes. Ejemplo: [kaṇtár i r̃eír]

• como [j]: entre consonante y vocal o entre vocales. Ejemplos: [temór jóðjo], [mjéðo jóðjo]

• como i̯ : entre vocal y consonante. Ejemplo: [kárne i̯ peskáðo]

La u como conjunción se realiza como [w]. Ejemplo: [sjéte wóĉo]

4.1 | 10 TRASCRIPCIÓN FONÉTICA Y FONOLÓGICA

4.1 10.1 Trascripción fonética y fonológica: conceptos

● Trascripción fonética

Trascripción fonética: se reproducen los alófonos contextuales

La trascripción fonética consiste en reproducir mediante los símbolos de un alfabeto fonético los sonidos (alófonos [**4.1.8**]) que aparecen en la cadena hablada.

Por eso, para los alófonos que se trascriban no solo se ha de tener en cuenta el contexto de la propia palabra, sino también el del discurso, o sea, el de la propia cadena. Ejemplos:

- En la palabra *envidia* aparece el alófono [m] de /n/ por ir delante de labial [b] (la *v*).

  Este mismo alófono aparece también en una secuencia como *un vaso* [úmbáso].

- En *amado* tenemos un sonido *d* fricativo [đ] porque va entre vocales.

  Este mismo alófono aparece en la secuencia *lo demás* [lo đemás], donde aparece igualmente entre vocales en la cadena hablada.

En las trascripciones fonéticas se suelen reproducir solo los sonidos de la norma, o sea, los contextuales (alófonos) y no los individuales, o del habla, salvo cuando se estudia la forma de pronunciar de un individuo o grupo concreto de individuos.

● Trascripción fonológica

Trascripción fonológica: se reproducen los fonemas y los archifonemas

La trascripción fonológica reproduce solo los fonemas (con los símbolos correspondientes) y los archifonemas (con la letra mayúscula correspondiente, que es también un símbolo), y no las variantes contextuales. Ejemplos:

Yo soy apto para correr por el campo.
/yó sói áBto para koR̄éR poR el KáNpo/

El símbolo B representa la neutralización de los fonemas /p/ y /b/ en ese contexto (delante de consonante no líquida).

El símbolo R, la neutralización de /r/ y /r̄/ en posición final.

El símbolo N, la neutralización de /n/ y /m/ delante de consonante. Son, pues, sendos archifonemas.

En los dos tipos de trascripción deben marcarse siempre con una tilde todas las vocales tónicas, pues el acento tiene carácter fonológico (diferencia significados: no es lo mismo *pie* [pjé] que *píe* [píe] o que *pié* [pié]).

4.1 10.2 Práctica de las trascripciones fonética y fonológica

TEXTO DE EJEMPLO:
Una misma frase, como, por ejemplo, *Duerme tranquilo*, puede tener un valor afirmativo, interrogativo o exclamativo, según la entonación con que se pronuncie.

TRASCRIPCIÓN FONÉTICA:
[ũ̃nã mízma fráse I komo I por exémplo I dwérme traŋkílo I pwéđe tenér úm balór afirmatíƀo I inteῐogatiƀo o eksklamatíƀo I según la eṇtonaθjóŋ koŋ ke se pronű̃ṇθje].

Trascripción fonética

TRASCRIPCIÓN FONOLÓGICA:
/úna mísma fráse I komo I poR exéNplo I duéRme traNkílo I pué-de tenéR úN balóR afiRmatíƀo I iNteῐogatíƀo o eGsklamatíƀo I segúN la eNtonaθióN koN ke se pronúNθie/

Trascripción fonológica

NOTA: Las rayas verticales que aparecen en las trascripciones seña-lan las pausas.

4.1 11.1 Concepto de sílaba

Sílaba: unidad fonética no mínima

La sílaba es una unidad fonética no mínima de la cadena hablada, sin significado. Presenta los siguientes rasgos:

- Está formada, bien por un solo sonido, bien por un grupo de sonidos. Ejemplo:

    a-gua

Estructura de la sílaba

- Se compone de un elemento central o **núcleo** que, en español, siempre es una vocal. Puede llevar, además, sonidos consonánticos delante y detrás del núcleo. Estos sonidos consonánticos se llaman **márgenes silábicos**. Ejemplos:

    | *ins-truc-ción* | *sal* |
    | *a* | *al-tar* |

- En ella se dan tres fases: la inicial, la central (núcleo) y la final. Cuando la sílaba está formada por un solo sonido, condensa las tres fases.

4.1 11.2 Vocales tónicas y vocales átonas

Núcleo silábico: una vocal siempre

El núcleo silábico en español es siempre una vocal. Se caracteriza por tener el máximo de intensidad, de sonoridad, de abertura, de tensión muscular y de perceptibilidad.

- **Vocal tónica**

Vocal tónica: mayor intensidad

Cuando el núcleo silábico tiene el grado mayor de intensidad de una palabra o de un grupo fónico y presenta la mayor nitidez articulatoria, hablamos de vocal tónica. Ejemplos:

| *há-bi-to* | *ha-bi-to* | *ha-bi-tó* |
| *an-dén* | *an-den* | *ven-ta-na* |

(En los ejemplos anteriores son tónicas las vocales de las sílabas que aparecen en negrita).

- **Vocal átona**

Vocal átona: menor intensidad

Todos aquellos núcleos silábicos que, dentro de una palabra, contienen un grado de intensidad sensiblemente menor y son menos nítidos articulatoriamente se llaman vocales átonas. Ejemplos:

| *há-bi-to* | *ha-bi-to* | *ha-bi-tó* |
| *an-dén* | *an-den* | *ven-ta-na* |

(En los ejemplos anteriores son átonas las vocales de las sílabas que aparecen en negrita).

En consecuencia, las sílabas con vocal tónica son sílabas tónicas, y las que contienen vocales átonas son sílabas átonas.

4.1 11.3 Sílabas abiertas y sílabas trabadas

- Sílabas abiertas

Se llaman sílabas abiertas aquellas que terminan en vocal. Ejemplos:

pa-ya-so	ce-ni-za	ca-cha-rro
ca-len-tar	ca-lien-te	an-gus-tia

Sílabas abiertas: terminadas en vocal

(En los ejemplos anteriores son abiertas las sílabas que aparecen en negrita).

- Sílabas trabadas

Se llaman sílabas trabadas las que terminan en una o más consonantes. Ejemplos:

ins-truc-ción	ma-les-tar	ap-ti-tud
tras-for-mar	des-cui-do	can-san-cio

Sílabas trabadas: terminadas en consonante

(En los ejemplos anteriores son trabadas las sílabas que aparecen en negrita).

ATENCIÓN

- Cuando en una palabra aparecen dos *cc* contiguas, estas pertenecen a sílabas diferentes; la primera se realiza como [k] o [g] y la segunda como [θ]. Ejemplo:

  ac-ción → [akθjón] o [agθjón]

- La letra *x* representa dos fonemas: /k/+/s/. Por tanto, la primera sílaba de una palabra con *x* siempre será trabada, sobre todo si *x* va delante de consonante. Ejemplos:

  examen → [ek·sá·mēn]   éxtasis → [ékṣ·ta·sis]

  Cuando la *x* va entre vocales, los fonemas /k/ y /s/ pertenecen a sílabas diferentes, y cuando precede a una consonante, ambos fonemas pertenecen a la misma sílaba trabada. Ejemplos:

  éxodo → [ék·so·đo]   expectante → [eks·pek·tán̦·te]

- La *h* es una letra que no se pronuncia en español. Por tanto, no cuenta para las sílabas. Ejemplos:

  héroe → [é·ro·e]   cohesión → [ko·e·sjón]

  inhumar → [i·nū·már]   inhibir → [ĩ·ni·bír]

  No debe confundirse esta división en sílabas con la división en morfemas (unidades mínimas con significado). Ejemplos:

  in·hum·ar (prefijo + raíz + sufijo)

  in·hib·ir (prefijo + raíz + sufijo)

4.1 12.1 Diptongos y triptongos

Un diptongo es la pronunciación de dos vocales en una misma sílaba, y un triptongo, la de tres vocales en una misma sílaba. Ejemplos:

> Diptongos: *sa-lió*, *vein-te*, *rau-do*
> Triptongos: *a-ve-ri-güéis*, *a-tes-ti-guáis*, *a-cu-ciáis*

● **Diptongos**

Los diptongos pueden estar formados por:

Diptongo: vocal abierta más vocal cerrada

● Una vocal abierta (*a, e, o*) y una vocal cerrada (*i, u*), o viceversa. En estos casos, el núcleo silábico [**4.1.1**] es la abierta.

Las cerradas son semivocales (i̯, u̯) en el primer caso, y semiconsonantes (j, w) en el segundo. Ejemplos:

> *vein-te* → [béi̯nte]   *rau-do* → [ráu̯ðo]
> *sa-lió* → [saljó]   *cuan-do* → [kwáṇdo]

Hay dos tipos de diptongos dentro de este grupo:

— **Diptongos decrecientes:** Son los diptongos formados con vocal abierta (*a, e, o*) y vocal cerrada (*i, u*). Se llaman así porque los órganos articulatorios se desplazan desde una posi-
ción abierta a otra cerrada. Ejemplos:

> *pei-nen*   *cau-sa*   *boi-na*   *soy*   *náu-sea*

— **Diptongos crecientes:** Son los diptongos formados con vocal cerrada (*i, u*) y vocal abierta (*a, e, o*). Se llaman así porque los órganos articulatorios se desplazan de una posición cerrada a otra más abierta. Ejemplos:

> *cien*   *cien-to*   *pues*   *pues-to*

Diptongo: dos vocales cerradas

● Cuando el diptongo está formado por dos vocales cerradas, el núcleo silábico (la verdadera vocal) es siempre la vocal que aparece en segundo lugar; el otro elemento vocálico es una semiconsonante. Ejemplos:

> *viu-do* → [bjúðo]   *cui-da* → [kwíða]

Por eso, cuando se coloque tilde en un diptongo, esta ha de recaer forzosamente en el núcleo silábico.

● **Triptongos**

Triptongo: en el centro siempre va la vocal abierta

En los triptongos, el núcleo silábico es siempre el elemento vocálico que aparece en medio y que siempre es una vocal abierta (*e, a*).

Por tanto, cuando se tilda un triptongo, la tilde ha de recaer sobre el núcleo silábico. Ejemplos:

> *a-tes-ti-güéis* → [atestiɣwéi̯s]
> *a-cu-ciáis* → [akuθjái̯s]

4.1 12.2 Hiatos

Un hiato está formado por dos vocales contiguas que pertenecen a sílabas diferentes: en la pronunciación, esas dos vocales se separan ligeramente en dos golpes de voz distintos. Ejemplos:

Clases de hiatos

| ca-o-ba | cre-o | tí-a | la-úd | le-er |

Hay varias clases de hiatos:

* Hiatos formados con dos vocales abiertas (*a, e, o*). Ejemplos:

    | te-be-o | be-o-do | ca-o-ba | me-o-llo |

* Hiatos formados con vocal cerrada (*i, u*) seguida de vocal abierta (*a, e, o*). Ejemplos:

    | tí-o | pú-a | rí-o | pí-e |

* Hiatos formados con vocal abierta (*a, e, o*) seguida de vocal cerrada (*i, u*). Ejemplos:

    | ta-húr | ra-íl | re-íd | Ra-úl |

* Hiatos formados con vocal cerrada (*i, u*) seguida de vocal cerrada (*i, u*). Ejemplos:

    | ti-i-ta | di-ur-no (en algunas zonas) | hu-id (en algunas zonas) |

ATENCIÓN

* La *h* no cuenta en el concepto del hiato, pues este (al igual que diptongos y triptongos) es un fenómeno fonético (de pronunciación) y no gráfico.

* Los hiatos átonos formados por dos vocales abiertas tienden a ser diptongos en la pronunciación espontánea del coloquio. Ejemplos:

    Jo-a-quín → Joa-quín → *[xwakín]
    a-é-re-o → a-é-reo → *[a-é-rjo]

    Por el afán de evitar estas pronunciaciones de hiatos como diptongos, algunos cometen errores por ultracorrección. Ejemplos:

    *ge-rá-ne-o (por ge-ra-nio)
    *es-pú-re-o (por es-pu-rio)

* En algunos casos, la existencia de diptongo o hiato en una misma palabra depende del hablante o de la zona geográfica. Es lo que ocurre con la secuencia *ui* en palabras como:

    [xe·swí·ta] o [xe·su·í·ta]
    [wí·ða] o [u·í·ða]

    o con palabras acabadas en -*iaco*:

    [aṣ·trjá·ko] o [aṣ·trí·a·ko]
    [kar·djá·ko] o [kar·ðí·a·ko]

    y en otras como:

    [pe·rjó·ðo] o [pe·rí·o·ðo]
    [krwél] o [kru·él]

| 4.1 | 13 | LA DIVISIÓN SILÁBICA EN ESPAÑOL |

4.1 13.1 Pautas de división silábica

Para dividir en sílabas las palabras del español deben tenerse en cuenta las siguientes pautas:

Consonante entre dos vocales
● Una consonante entre dos vocales forma sílaba con la segunda vocal. Ejemplos:

ca-se-ta   va-ya-mos

Pr, br, fr, gr, kr, pl, bl, fl, gl, kl: grupo inseparable
● Los sonidos [p], [b], [f], [g] y [k] seguidos de una consonante líquida (l, r) forman un grupo inseparable. Ejemplos:

pri-mi-cia   a-bri-go   fri-to   con-grio
a-e-ro-pla-no   blan-do   a-fli-gir   á-cra-ta

Son excepción algunas palabras con los sufijos sub-, ob- y ab-, en las que el sonido [b] no forma sílaba con los sonidos [r] o [l]. Ejemplos:

sub-ra-yar   sub-rep-ti-cio   ob-lon-go
sub-li-mi-nal   ab-ro-gar   ob-li-te-rar

Tr y dr: inseparables
● Los sonidos [t] y [d] seguidos de [r] también forman grupo inseparable. Ejemplos:

a-trás   a-dre-de   tra-go

Tl y dl: sílaba distinta
Pero cuando van seguidos de [l], lo normal en el habla peninsular es separar ambos sonidos consonánticos en sílabas distintas. Ejemplos:

at-las   at-le-ta   at-lé-ti-co   ad-lá-te-re

No obstante, en Canarias e Hispanoamérica la secuencia tl suele pronunciarse en una misma sílaba. Ejemplos:

a-tlas   a-tle-ta   a-tlé-ti-co

Dos consonantes juntas: sílabas diferentes
● Si aparecen dos consonantes juntas en otras agrupaciones distintas de las mencionadas, cada consonante pertenece a una sílaba diferente. Ejemplos:

con-so-nan-te   in-viér-te-lo   lec-ción

Dos consonantes iniciales: misma sílaba
● Si el grupo es inicial, las dos consonantes pertenecen a la misma sílaba. Ejemplos:

psi-co-lo-gí-a   mne-mo-téc-ni-co   gno-mo

No obstante, la tendencia general en la pronunciación es la de reducir el grupo reproduciéndose solo la segunda consonante.

Tres consonantes y la última líquida
● Si aparecen tres consonantes juntas y la última es una líquida [4.1.5] (l, r), la primera pertenece a una sílaba distinta de aquella a la que pertenecen las otras dos. Ejemplos:

con-fra-ter-nar   com-pro-bar   ham-bre

- Si aparecen tres consonantes seguidas y la última no es líquida, las dos primeras se agrupan en una sílaba distinta de aquella en la que se encuentra la última consonante. En este último caso se trata siempre de los grupos:

  - *ns + consonante*. Ejemplo: *ins-pec-ción*
  - *bs + consonante*. Ejemplo: *abs-tra-er*
  - *ks* (*x* en la escritura) *+ consonante*. Ejemplo: *éks-ta-sis*
  - *ds + consonante*. Ejemplo: *ads-cri(p)-to*
  - *rs + consonante*. Ejemplo: *pers-pec-ti-va*

Tres consonantes y la última no es líquida

- Otras agrupaciones de tres consonantes (sin líquidas) pueden aparecer en palabras de procedencia extranjera: *hámster* (*háms-ter*), aunque hay alguna excepción como *istmo* (*ist-mo*).

- Las palabras formadas con sílabas de tres consonantes son foráneas. Ejemplos:

Tres consonantes en una misma sílaba

  tungs-teno   *ré-cords*

- Las vocales de los hiatos pertenecen a sílabas diferentes, y las de los diptongos, a la misma sílaba. Ejemplos:

Hiatos: vocales en sílabas distintas
Diptongos: vocales en la misma sílaba

  áu-re-o   *hé-ro-e*   *he-roi-co*   *ha-bí-a*
  pei-nen   *pio-jo*   *a-cen-tú-o*   *sa-lió*

Norma El gentilicio *ciudadrealeño*

El gentilicio *ciudadrealeño* (de Ciudad Real) mantiene *d* y *r* en sílabas diferentes (*ciu-dad-re-a-le-ño*). A pesar de que *r* representa un sonido vibrante múltiple, debe escribirse con una *r* por ir precedida de consonante (**ciudadrrealeño*).

4.1 14.1 **Palabras tónicas y palabras átonas**

Palabras tónicas: alguna sílaba tónica. Palabras átonas: sin sílaba tónica

● Son palabras tónicas las que tienen alguna sílaba tónica, y son palabras átonas las que no tienen ninguna sílaba tónica. En general, las palabras son tónicas o átonas en el discurso; fuera de él, todas son tónicas.

No obstante, se puede decir que son tónicas las palabras que son sustantivos, adjetivos, determinativos (salvo el artículo y los posesivos apocopados), verbos, adverbios (excepto los cuantificadores *tan*, *medio* y los relativos *donde, cuando, cuanto, como*), interjecciones y algunos pronombres: personales (*yo, tú, mí, ti, sí, él, ella, ello, ellos, ellas, vosotros, vosotras, nosotros, nosotras, usted, ustedes, conmigo, contigo, consigo*), los interrogativos y exclamativos (*quién, quiénes, qué, cuál, cuáles*) y todos los demás, excepto los relativos (*que, quien, quienes, cuanto, cuanta, cuantos, cuantas*), que son siempre átonos.

Las formas relativas (*a)donde, cuando, como, cuanto(a), cuantos(as), quien(es)* pueden ser tónicas o átonas en algunas estructuras cuando no aparece el antecedente. Ejemplos:

> No tengo *dónde/donde* dejar la maleta.
> Depende de *cuánto/cuanto* gane.
> Según *quién/quien* me lo pida.

Son átonas las palabras que son artículos, preposiciones (excepto *según*), conjunciones, determinativos posesivos apocopados (*mi, mis, tu, tus, su, sus*), así como *cuyo, cuya, cuyos* y *cuyas*, y algunos pronombres: los relativos *que, quien, quienes, cuanto, cuanta, cuantos, cuantas* y los personales *me, te, se, le, les, las, los, lo, nos, os*.

Átonas que se hacen tónicas

● Hay que tener en cuenta que algunas palabras átonas pueden hacerse tónicas por expresividad o énfasis. Ejemplos:

> ¡*Mi* madre!   ¡Es *tan* rico!   Ese chico estudia, *y* mucho.

Tónicas que se hacen átonas

● En otros casos, hay palabras tónicas que se convierten en átonas en determinados usos:

- Ciertos sustantivos o adjetivos se hacen átonos en su uso como tratamientos. Ejemplos: señor ***Juan***, don ***Pedro***, santo ***Tomás***.

  También como primeros componentes de un nombre propio compuesto. Ejemplos: Juan ***José***, Jose ***María***, Maria ***Luisa***.

- Asimismo, es átono el primer cardinal de un compuesto. Ejemplos: dos ***mil***, veinte ***mil*** seiscientos.

- En los vocativos, ciertos elementos que preceden al sustantivo son átonos. Ejemplos: buen ***hombre***, amigo ***mío***, cacho ***tonto***, tío ***tonto***.

- Existen otras combinaciones más en que el primer componente se hace átono. Ejemplos: patas ***abajo***, cuesta ***arriba***, guardia ***civil***.

- La palabra *cual* con valor modal es átona. Ejemplo: *caminaba cual serpiente*.

- Los posesivos *nuestro* (y sus variantes), *vuestro* (y sus variantes), como determinativos actualizadores suelen pronunciarse átonos, y como modificadores, tónicos. Ejemplos: *nuestros hijos, los hijos **nuestros***.

- Los adverbios acabados en *-mente* tienen dos sílabas tónicas: la del adjetivo y la de *mente*. Ejemplo: *verosímilmente*.

- El adverbio *más* se pronuncia átono cuando adquiere valor de conjunción (*dos más dos son cuatro*) y en estructuras explicativas del tipo *tonto más que tonto*. A pesar de ello, se mantiene la tilde.

4.1 14.2 Clases de palabras según las sílabas

- Las palabras se clasifican así por el número de sílabas:

  - Monosílabas: palabras de una sola sílaba. Ejemplo: *sal*.

  - Bisílabas: palabras de dos sílabas. Ejemplo: *so-lo*.

  - Trisílabas: palabras de tres sílabas. Ejemplo: *mam-pa-ra*.

  - Cuatrisílabas: palabras de cuatro sílabas. Ejemplo: *en-tré-ga-lo*.

  Y así sucesivamente.

  Clasificación por número de sílabas

- Además, las palabras se clasifican así según el lugar que ocupa la sílaba tónica:

  Clasificación por lugar de la sílaba tónica

  - Palabras agudas (u oxítonas): aquellas cuya sílaba tónica es la última. Ejemplo: *recoger*.

  - Palabras llanas (o paroxítonas): aquellas cuya sílaba tónica es la penúltima. Ejemplo: *sale*.

  - Palabras esdrújulas (o proparoxítonas): aquellas cuya sílaba tónica es la antepenúltima. Ejemplo: *dímelo*.

  - Palabras sobresdrújulas: aquellas cuya sílaba tónica es la anterior a la antepenúltima. Ejemplo: *cantábamelo*.

4.1 14.3 El acento expresivo y afectado

Las palabras tónicas en español, excepto los adverbios terminados en *-mente*, presentan una única sílaba tónica. No obstante, en la lengua hablada el hablante puede hacer tónicas otra u otras sílabas por motivos de expresividad o de énfasis. Ejemplo:

Palabras con varias sílabas tónicas: por énfasis

> *imponente* → solo tiene una sílaba tónica: *nen*
> *imponente* → pronunciación enfática, con dos sílabas tónicas

En ocasiones se hacen tónicas, en pronunciaciones afectadas, sílabas y palabras que en la norma son átonas. Son casos como el siguiente: *Les digo, señores, que mi responsabilidad en ese acto es enorme*.

4.1 15 **LA ENTONACIÓN**

4.1 15.1 Concepto de entonación

Entonación: melodía que acompaña a los enunciados

El enunciado es la unidad mínima comunicativa y siempre aparece enmarcado entre pausas mayores.

Pues bien, todo enunciado, además de componerse de unos determinados fonemas [**4.1.2**], sílabas [**4.1.11**], morfemas [**1.1.2.1**], palabras [**3.2.1**] o grupos sintácticos [**3.2.1**], también se acompaña de una determinada melodía ejecutada por las diversas variaciones de la voz en relación con la tensión de las cuerdas vocales. Esta melodía que recubre el enunciado como un todo se llama **entonación**.

4.1 15.2 Valor funcional de la entonación

La entonación es un rasgo significativo

La entonación es un rasgo que añade al enunciado un significado nuevo. En este sentido, la entonación se mueve entre el plano fónico (en ella intervienen el tono, la intensidad y la cantidad de los sonidos) y el plano significativo de la lengua, pues significa por sí misma.

Modalidad asertiva, interrogativa y exclamativa

La entonación es, precisamente, el elemento que permite saber si el hablante manifiesta un significado de aserción, de pregunta, de exclamación, de mandato..., además de otros matices significativos dependientes de la situación, ámbito, individuo, etc.

Estos significados pertenecen al concepto de modalidad, por lo que la entonación expresa modalidad asertiva, interrogativa y exclamativa. Ejemplos:

Modalidad asertiva: *Ha llegado tu primo.*

Modalidad interrogativa: *¿Ha llegado tu primo?*

Modalidad exclamativa: *¡Ha llegado tu primo!*

En la escritura, las modalidades interrogativa y exclamativa se representan respectivamente con los signos de interrogación y de exclamación.

4.1 15.3 La curva melódica

Curva melódica: expresión de la entonación

La entonación, o sea, la melodía que acompaña a los enunciados y grupos fónicos y que es simultánea a todos los signos del enunciado, se expresa mediante una curva melódica o secuencia de tonos.

Fases de la curva melódica

En toda curva melódica se distinguen tres fases:

• La fase inicial, que aparece desde el principio de la emisión hasta el primer elemento tónico. En esta fase, las cuerdas vocales se ponen en tensión y el tono asciende.

• La fase media o central, que se caracteriza por mantenerse uniforme el tono sin grandes oscilaciones.

- La fase final, desde el último elemento tónico del enunciado o grupo fónico hasta su término.

Ejemplos:

fase inicial · fase media · fase final   fase inicial · fase media · fase final

¿Ha venido tu primo?   Ha venido tu primo.

4.1 15.4 **Los tonemas**

De las tres fases de la curva melódica de la entonación, la verdaderamente significativa o pertinente es la final. Esta última fase puede manifestarse con inflexiones ascendentes o descendentes llamadas **tonemas.** En la lengua española se distinguen tres tonemas fundamentales y dos variedades.

Tonemas: inflexiones finales ascendentes o descendentes

- **Tonemas fundamentales**

  - Cadencia: inflexión descendente que indica el final de un enunciado asertivo, el de un enunciado interrogativo parcial o el de un enunciado exclamativo. Ejemplo:

    Clases de tonemas

    cadencia

    Ha venido tu primo.

  - Anticadencia: inflexión ascendente que indica el final de un enunciado interrogativo total. Ejemplo:

    anticadencia

    ¿Ha venido tu primo?

  - Suspensión: sin inflexión ascendente ni descendente. Se indica una interrupción. Aparece en enunciados incompletos o en incisos o secuencias parentéticas. Ejemplos:

    suspensión

    El que a buen árbol se arrima...

- **Variedades de tonemas**

  En el interior de un enunciado puede haber segmentos entre pausas menores (normalmente, marcados por una coma en la escritura) que van acompañados en su final por un tonema. Este tonema puede ser de dos clases:

  Subclases de tonemas

  - Semicadencia: es un tonema descendente, aunque algo menos que el de la cadencia.
  - Semianticadencia: es un tonema ascendente, aunque algo menos que el de la anticadencia.

  Ejemplo:

  semicadencia   semianticadencia   cadencia

  Me dijeron que,   si no aprobaba,   no iría a París.

4.1 16.1 Principales esquemas entonativos

Hay algunos esquemas de entonación normales en la Península, pero algo diferentes de los que aparecen en otras zonas de habla española (Canarias, Hispanoamérica). En cualquier caso, las curvas melódicas propias de las modalidades interrogativa, asertiva y exclamativa son comunes a todos los ámbitos de habla castellana.

● **Modalidad asertiva**

Entonación asertiva o enunciativa

La modalidad asertiva comienza con una elevación de tono desde la fase inicial hasta la primera sílaba tónica, se mantiene uniforme en la fase media hasta la última sílaba tónica, desde la que desciende en cadencia hasta el final. Ejemplos:

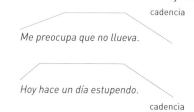

cadencia

Me preocupa que no llueva.

Hoy hace un día estupendo.

cadencia

● **Modalidad interrogativa**

Entonación interrogativa

● En enunciados interrogativos parciales: se diferencia de la asertiva en que la inflexión final (tonema), aunque acaba en cadencia, lo hace con un descenso del tono desde la fase media. Si no es necesaria la inflexión ascendente en este tipo de enunciados es porque la misión de la cadencia la ejercen, en cierto modo, los pronombres o adverbios interrogativos correspondientes. Ejemplo:

¿Quién ha llamado por teléfono?

A veces se produce un ligero ascenso final después del descenso en la fase media. Ejemplo:

¿Adónde pensáis ir?

Incluso en estos enunciados es frecuente una curva melódica con una fase final de carácter circunflejo. Ejemplo:

¿Con quién has estado?

● En enunciados interrogativos totales la inflexión final es anticadencia a partir del último acento. Ejemplo:

¿Has ido al cine?

● **Modalidad exclamativa**

En la modalidad exclamativa, el tono se eleva en la fase inicial hasta la primera sílaba tónica en un grado mayor que en los enunciados de modalidad asertiva; luego desciende, por lo general de forma brusca, hasta la fase final en cadencia. Por tanto, este tipo de modalidad se caracteriza por un ascenso rápido del tono, más alto de lo normal, y un descenso brusco.

Entonación exclamativa

De cualquier forma, la gama de estados anímicos del hablante es muy variada, por lo que la descripción de la curva melódica de enunciados exclamativos es compleja. Ejemplos:

¡He aprobado!   *¡Ha llegado tu hijo!*

¡Qué estás haciendo!   *¡Qué barbaridad!*

4.1 16.2 **Los grupos fónicos**

Un grupo fónico es una porción de discurso comprendida entre dos pausas y que forma parte de un único enunciado.

En un enunciado puede haber dos grupos fónicos

Un enunciado sin segmentos entre pausas es por sí mismo un grupo fónico (porción del discurso entre pausas); pero en un enunciado puede haber otros grupos fónicos con su curva melódica concreta, normalmente acabados en semianticadencia, en suspensión o en semicadencia. Ejemplos:

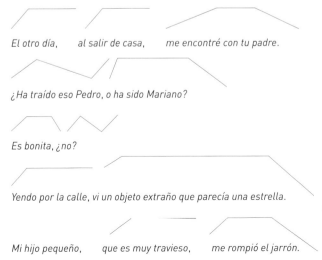

El otro día,   al salir de casa,   me encontré con tu padre.

¿Ha traído eso Pedro, o ha sido Mariano?

Es bonita, ¿no?

Yendo por la calle, vi un objeto extraño que parecía una estrella.

Mi hijo pequeño,   que es muy travieso,   me rompió el jarrón.

1. Indica los fonemas que corresponden a la letra *x* y a la letra *h*.

2. Señala las letras que representan estos fonemas:

- /θ/
- /k/
- /g/
- /x/
- /b/
- /y/

3. ¿Qué fonemas pueden representar las letras *y, c* y *g*?

4. Escribe las letras que representan los fonemas /ĉ/ y /ḷ/.

5. Señala los objetos de estudio de la fonética y de la fonología.

6. Explica por qué se suelen cometer faltas de ortografía con las letras.

7. Busca contextos en que las siguientes oposiciones se neutralicen:

- /p///t/
- /t///d/
- /r///r̄/
- /m///n/

8. Haz la trascripción fonética y la transcripción fonológica del texto siguiente:

> *Hará cosa de dos meses, el novelista Juan Pedro Aparicio vino a mi despacho, tomó asiento, dejó caer sobre la mesa un libro, y me abrumó las espaldas con una cuestión que por el bulto y el peso se parecía mucho a una piedra de moler.*

9. Escribe palabras en las que aparezcan alófonos de estos fonemas:

- /n/
- /l/
- /s/
- /b/
- /d/
- /g/

10. Separa en sílabas las siguientes palabras:

- *vosotros*
- *cohesión*
- *adherente*
- *tahúr*
- *constricción*
- *perspicacia*
- *reúno*
- *inhibo*
- *cohíbo*
- *texto*
- *asfixia*
- *veintiséis*
- *atestigüéis*
- *deshacíamos*
- *inspiración*

11. Indica los diptongos, los triptongos y los hiatos que aparecen en estas palabras:

- *pie*
- *píe*
- *reíais*
- *lío*
- *tahona*
- *vehículo*
- *transeúnte*
- *cláusula*
- *farmacéutico*
- *limpiáis*
- *heroico*
- *héroe*
- *pétreo*
- *buey*
- *fauna*
- *ciudadanía*
- *meteoro*
- *rubeola*
- *geranio*

Ortografía

5.1 Ortografía de las letras

ORTOGRAFÍA DE LAS LETRAS

5.1 1.1 **Causas de los errores en la ortografía de las letras**

Los errores ortográficos que se cometen con las letras de una palabra se deben a varias causas:

- **Desajuste entre los fonemas [4.1.2] y las letras**

Desajustes entre fonemas y letras

- Al fonema /b/ le corresponden en español las letras *b*, *v* y *w*. Ejemplos:

  beber   *vivir*   *wolframio*

- Al fonema /θ/ le corresponden las letras *c* y *z*. Ejemplos:

  ceniza   *zapato*   *capaz*

- Al fonema /g/ le corresponden las letras *g* y *gu*. Ejemplos:

  gato   *gorro*   *águila*   *guerra*

- Al fonema /x/ le corresponden las letras *j* y *g* (y en unas pocas palabras, la letra *x*). Ejemplos:

  jarra   *gente*   *gira*   *majo*   *juez*

- Al fonema /k/ le corresponden las letras *c*, *qu* y *k*. Ejemplos:

  casa   *quiero*   *kilo*

- Al fonema /n/ le corresponden las letras *n* y *m*. Ejemplos:

  antes   *campana*   *embestir*

- Al fonema /r̄/ le corresponden las letras *r* y *rr*. Ejemplos:

  río   *sonreía*   *arriba*

- Al fonema /i/ le corresponden las letras *i* e *y*. Ejemplos:

  fui   *voy*   *convoy*

Letras que no representan ningún fonema

- La letra *h* no representa fonema ni sonido alguno en español.
- La letra *u* en los grupos *gue*, *gui*, *qui* y *que* no representa ningún fonema.

Letra x = k + s

- La letra *x* representa los fonemas *k* + *s*, aunque el primero no siempre se manifiesta en la pronunciación espontánea cuando una consonante sigue a la letra *x*. Ejemplo:

  éxtasis → [éstasis]

- **Neutralización de fonemas**

Errores por neutralización de fonemas

- Algunos errores ortográficos se deben también a la neutralización de fonemas:

  — La confusión entre la letra *y* y el dígrafo (letra doble) *ll* (entre personas yeístas que no distinguen los fonemas /y/ y /ʝ/). Ejemplos:

  cayó   *calló*

— La confusión entre *s* y *c, z* (en zonas de seseo o ceceo, en que se confunden los fonemas /s/ y /θ/).

— La confusión entre -*d* y -*z* en posición final de palabra o de sílaba. Ejemplos:

adquirir   *tenaz*   *salud*

— La confusión entre -*c* y -*z* en posición final de sílaba. Ejemplos:

actitud   *azteca*

• Además, es frecuente en la lengua hablada espontánea no pronunciar, en ciertos grupos consonánticos, el sonido correspondiente a la primera letra del grupo. Y este error se refleja en la escritura. Ejemplos:

*circustancia (por *circunstancia*) **trásfuga* (por *tránsfuga*)
*infración (por *infracción*)   **dición* (por *dicción*)

• **Ultracorrección**

En ocasiones, los errores ortográficos se deben a la ultracorrección, es decir, al deseo de corregir ciertos errores allí donde no los hay. Ejemplos:

Corregir errores inexistentes

*geráneo (por *geranio*)   **inflacción* (por *inflación*)
*translado (por *traslado*)   **espúreo* (por *espurio*)

• **Reproducción de la conversación**

Otras faltas de ortografía se producen como consecuencia de reproducir exactamente en la escritura ciertos sonidos de una pronunciación espontánea y descuidada. Ejemplos:

Escribir como se habla

*Juaquín (por *Joaquín*)   **güevo* (por *huevo*)
*yelo (por *hielo*)   **alante* (por *adelante*)

5.1 | 2 ORTOGRAFÍA DE LA LETRA *H*

5.1 2.1 La letra *h*

La h no se pronuncia, excepto en zonas de aspiración

La letra *h* en español no representa ningún fonema ni ningún sonido. Solamente se pronuncia aspirada (como una *j* suave) la *h-* inicial de alguna palabra procedente de otra foránea. Ejemplos:

hegeliano → [hegeljáno]   *hitleriano* → [hitlerjáno]

También en algunas zonas dialectales (Extremadura, Andalucía, Canarias, Antillas...), la *h-* inicial procedente de *f-* latina se pronuncia en algunos sectores populares de población con una aspiración. Ejemplos:

harto → [hárto]   *hondo* → [hóndo]

En todos los demás casos se trata de una consonante muda.

5.1 2.2 Posición de la letra *h*

La letra *h* puede aparecer en tres posiciones:

La h a principio de palabra

• Puede aparecer al principio de palabra delante de cualquier vocal. Ejemplos:

hastío   *hechizo*   *hilo*   *hola*   *huida*

La h intercalada

• También puede aparecer en el interior de una palabra, bien detrás de consonante, bien entre vocales. En estos casos hablamos de *h* intercalada. Ejemplos:

Detrás de consonante: *exhausto, inhóspito, deshidratar*

Entre vocales: *vahído, vaho, desahuciar*

La h a final de palabra

• La *h* aparece a final de palabra solo en algunas interjecciones. Ejemplos:

¡ah!   *¡oh!*   *¡bah!*   *¡eh!*

5.1 2.3 Origen de la letra *h*

La h procedente del latín

• La gran mayoría de las palabras que llevan *h* proceden de otras palabras latinas que tenían esta consonante. Ejemplos:

hominem > *hombre*   *humerum* > *hombro*

En otros casos procede de palabras que en latín tenían una *f-* inicial:

famen > *hambre*   *fumum* > *humo*

Otras procedencias de la letra h

Pero hay un grupo de palabras que presentan una *h* que no se corresponde ni con *h-* ni con *f-* latina. Ejemplos:

hermano < *germanum*   *huevo* < *ovum*
vahído < *vaguido* (< *vago*)   *tahúr* → de origen incierto

5.1 2.4 Familias léxicas con *h*

Por lo general, cuando una palabra de una familia léxica lleva *h-*, también la llevan las demás de su misma familia. Ejemplos:

Familias de palabras

> *hacer* ⟶ *rehacer* ⟶ *deshacer* ⟶ *hecho*
> *huésped* ⟶ *hospedaje* ⟶ *hospital* ⟶ *inhóspito*
> *humus* ⟶ *humilde* ⟶ *inhumar* ⟶ *exhumar*

No obstante, hay varias excepciones. Ejemplos:

> *hueco* ⟶ *oquedad*
> *huelo, hueles, huele…* ⟶ *oler, olor, olemos, oléis, olamos…*
> *huérfano* ⟶ *orfandad, orfanato*
> *Huesca* ⟶ *oscense*
> *hueso* ⟶ *óseo, osamenta, osario, osificar*
> *huevo* ⟶ *óvulo, ovario, ovíparo, ovalado, oval, ovoide*

ATENCIÓN

La familia léxica de *humilde*, *inhumar* y *exhumar* procede del latín *humus* ('tierra'). Hay que distinguirlas de la familia de las palabras *humo*, *humareda*, *humear*, *ahumar*, que proceden del latín *fumus* ('humo').

5.1 2.5 Reglas útiles de la *h*

● Se escriben con *h* todas las formas de los verbos *haber*, *hacer*, *hallar*, *hablar* o *habitar* y las de los verbos prefijados correspondientes: *deshacer*, *rehacer*, *deshabitar*.

Reglas ortográficas de la letra *h*

● Se escriben con *h* todas las palabras que empiezan por:

  • *hia-*. Ejemplo: *hiato*
  • *hie-*. Ejemplos: *hierático*, *hierro*
  • *hue-*. Ejemplos: *hueco*, *huevo*
  • *hui-*. Ejemplos: *huida*, *huía*

● Se escriben con *h* todas las palabras formadas con los siguientes elementos compositivos de origen griego:

  • *hagio-*, que significa 'santo'. Ejemplo: *hagiografía*
  • *hecto-*, que significa 'cien'. Ejemplo: *hectómetro*
  • *hemi-*, que significa 'medio'. Ejemplo: *hemisferio*
  • *hemo-*, o *hemato-*, que significa 'sangre'. Ejemplo: *hematíes*
  • *hetero-*, que significa 'diferente'. Ejemplo: *heterosexual*
  • *hidr-*, que significa 'agua'. Ejemplo: *hidrosoluble*
  • *hiper-*, que significa 'superioridad'. Ejemplo: *hipermercado*
  • *hipo-*, que significa 'caballo'. Ejemplo: *hipódromo*
  • *homo-*, que significa 'igual'. Ejemplo: *homosexual*

5.1 | 3 | PALABRAS HOMÓNIMAS HOMÓFONAS CON *H* Y SIN *H* (I)

Palabras con la misma pronunciación y diferente escritura

Son palabras homónimas homófonas aquellas que se pronuncian del mismo modo pero se escriben de forma diferente. He aquí algunos pares de ellas con *h* y sin *h*:

• HECHO/ECHO

Hecho (verbo *hacer*)
Echo (verbo *echar*)

• *Hecho* → es el participio del verbo *hacer* y el sustantivo correspondiente al mismo verbo. Ejemplos:

Participio de *hacer*: *Ya he hecho los deberes.*
Sustantivo: *Me preocupa el hecho de que no hayan venido.*

• *Echo* → es la primera persona del presente de indicativo del verbo *echar*. Ejemplo:

A veces echo agua en el vino.

• DESHECHO/DESECHO

Deshecho (verbo *deshacer*)
Desecho (verbo *desechar*)

• *Deshecho* → es el participio del verbo *deshacer*. Ejemplo:

El niño ha deshecho la cama.

• *Desecho* → es la primera persona del presente de indicativo del verbo *desechar* (verbo derivado por prefijación de *echar*) y también un sustantivo de la misma familia léxica, que significa 'residuo' (resto que queda después de haber escogido lo mejor y más útil de algo). Ejemplos:

Presente de *desechar*: *Siempre desecho la basura.*
Sustantivo: *Los desechos industriales contaminan el río.*

ATENCIÓN

Se escriben sin *h* todas las formas de los verbos *echar* y *desechar*, y con *h* todas las de los verbos *hacer* y *deshacer*.

• HOJEAR/OJEAR

Hojear (de *hoja*)
Ojear (de *ojo*)

• *Hojear* → es un verbo que significa 'pasar las hojas'. Procede de *hoja*. Ejemplo:

Estoy hojeando este libro ('pasar las hojas').

• *Ojear* → es un verbo que significa 'mirar de manera rápida y superficial'. Procede de *ojo*. Ejemplo:

Marga ojeó los titulares de los periódicos ('mirar de manera rápida').

ATENCIÓN

Todas las palabras de la familia léxica de *hoja* se escriben con *h* y las de *ojo* sin *h*. Ejemplos:

Derivadas de *hoja*: *hojalata, hojarasca, hojaldre, hojuela...*
Derivadas de *ojo*: *ojal, ojera, ojeada, ojeo, ojeriza, ojete...*

PALABRAS HOMÓNIMAS HOMÓFONAS CON *H* Y SIN *H* (I) | 5.1 | 3

- HA/A/AH

  - *Ha* → es la tercera persona del singular del presente de indicativo del verbo *haber*. Puede ser verbo auxiliar [**2.5.19**] y verbo no auxiliar, pero esta segunda forma es hoy arcaica. Ejemplo:

    Tiempo ha que no te veo (forma arcaica).

    Ha (verbo *haber*)
    A (preposición)
    Ah (interjección)

    Como auxiliar aparece en el pretérito perfecto de indicativo de los verbos y en los presentes de indicativo de la perífrasis verbal *haber de* + *infinitivo*. Ejemplos:

    Pretérito perfecto: *José ha venido. Susana ha hecho esto.*
    Perífrasis: *Javier ha de echarme. El cazador ha de ojear la perdiz.*

    Como forma verbal, es fácil de reconocer porque se puede conjugar en tiempos y personas (salvo con verbos unipersonales). Ejemplos:

    Él ha venido. → *Ellos han venido.*
    Ha de suceder algo. → *Han de suceder cosas.*

  - *A* → Es una preposición [**2.7.1**]. Ejemplo:

    Voy a ver a tu madre.

  - *Ah* → Es una interjección [**2.9.1**]. Ejemplo:

    ¡Ah! Ya sé lo que dices.

- HAYA/AYA

  - *Haya* → es la forma correspondiente a la primera y a la tercera persona del singular del verbo *haber*.

    Haya (verbo *haber* y árbol)
    Aya ('niñera')

    Se usa como forma auxiliar de tiempos compuestos o de las perífrasis [**2.5.19**] *haber de* + *infinitivo* y *haber que* + *infinitivo*, y también como forma verbal no auxiliar en el presente de subjuntivo. Ejemplos:

    Auxiliar de tiempo compuesto: *Tal vez haya habido jaleo.*
    Auxiliar de perífrasis verbal: *Tal vez haya que ayudarle.*
    No auxiliar: *¡Ojalá haya más interés!*

  - *Haya* → es el sustantivo que designa un tipo de árbol. Ejemplo:

    Prefiero el mueble de madera de haya.

  - *Aya* → es el sustantivo femenino sinónimo de *niñera*. Ejemplo:

    El aya es la encargada de cuidar al niño.

5.1 | 4 | PALABRAS HOMÓNIMAS HOMÓFONAS CON *H* Y SIN *H* (y II)

Estas son otras parejas de palabras homónimas homófonas con *h* y sin *h*:

● REHUSAR/REUSAR

Rehusar ('rechazar')
Reusar ('reutilizar')

● *Rehusar* → verbo que significa 'rechazar', 'no aceptar'. Ejemplo:

Mis primos rehusaron la invitación.

● *Reusar* → verbo que significa 'volver a usar'. Ejemplo:

Los alumnos reusaron todo el papel.

● HERRAR/ERRAR

Herrar ('poner herraduras')
Errar ('equivocarse')

● *Herrar* → verbo que significa 'poner herradura a una caballería'. Ejemplo:

Conviene herrar al caballo.

● *Errar* → verbo que significa 'equivocarse' o 'andar errante'. Ejemplos:

No me gusta errar al hablar.
A veces dejo errar mi imaginación.

● HABRÍA/ABRÍA

Habría (verbo *haber*)
Abría (verbo *abrir*)

● *Habría* → es la primera o tercera persona del singular del condicional simple [2.5.10] del verbo *haber*. Se usa como forma auxiliar del condicional compuesto y de las perífrasis *haber de* + *infinitivo* y *haber que* + *infinitivo*, o como forma verbal plena. Ejemplos:

Auxiliar del condicional: *Si lo supiera, te lo habría dicho.*
Auxiliar de la perífrasis: *Así habría de ser.*
Forma plena: *Posiblemente habría más gente.*

● *Abría* → es la primera o la tercera persona del pretérito imperfecto de indicativo del verbo *abrir*. Ejemplo:

La puerta se abría sola.

● HONDA/ONDA

Honda (femenino de *hondo* y 'artilugio de cuero')
Onda (sustantivo)

● *Honda* → puede ser la forma femenina del adjetivo *hondo* o un sustantivo con el significado de 'artilugio de cuero para arrojar piedras'. Ejemplos:

Adjetivo: *Esa zanja es muy honda.*
Sustantivo: *David mató a Goliat con una honda.*

● *Onda* → es un sustantivo que significa 'elevación que se forma en la superficie de un líquido al perturbarlo'. Ejemplo:

El viento produce ondas en la superficie del lago.

● HABÍA/AVÍA

- *Había* → es la primera y la tercera persona del pretérito imperfecto del verbo *haber*. Puede aparecer como forma plena o acompañando a un participio en los tiempos compuestos o en las perífrasis *haber de + infinitivo* y *haber que + infinitivo*. Ejemplos:

  Había (verbo *haber*)
  Avía (verbo *aviar*)

  Forma plena: *No había nadie.*
  Tiempos compuestos: *Me dijeron que ya había venido.*
  Perífrasis: *Sabía lo que había de hacer.*

- *Avía* → es la tercera persona del singular del presente de indicativo del verbo *aviar*. Ejemplo:

  Juan te avía la casa en un momento.

● HIZO/IZO

- *Hizo* → es la tercera persona del singular del pretérito indefinido del verbo *hacer*. Ejemplo:

  Hizo (verbo *hacer*)
  Izo (verbo *izar*)

  María hizo sus ejercicios.

- *Izo* → es la primera persona del presente de indicativo del verbo *izar*. Ejemplo:

  Yo izo la bandera.

5.1 4.1 Otras palabras homónimas homófonas con *h* y sin *h*

- *¡Hala!* → interjección [**2.9.1**]. Ejemplo: *¡Hala! ¿Qué haces?*
  Ala → sustantivo. Ejemplo: *El pájaro se rompió el ala.*

  Otros casos

- *Hasta* → preposición. Ejemplo: *Fui hasta la puerta de la iglesia.*
  Asta → sustantivo: 'cuerno'. Ejemplo: *Era un toro de grandes astas.*

- *Hato* → sustantivo. Ejemplo: *Mis únicas pertenencias son un hato y un perro callejero.*
  Ato → presente de indicativo del verbo *atar*. Ejemplo: *Ahora mismo me ato los cordones de los zapatos.*

- *¡Hola!* → interjección. Ejemplo: *¡Hola!, ¿cómo estás?*
  Ola → sustantivo. Ejemplo: *La ola del mar.*

- *Hora* → sustantivo: 'unidad de tiempo'. Ejemplo: *El día se divide en veinticuatro horas.*
  Ora → del verbo *orar*, y conjunción: *ora... ora.* Ejemplo: *Ana es muy religiosa y ora todas las noches.*

- *Huso* → 'instrumento de forma alargada para hilar'. Ejemplo: *La hilandera emplea el huso en su trabajo.*
  Uso → sustantivo, y primera persona del presente de indicativo del verbo *usar*. Ejemplo: *Aprendí con el manual de uso.*

5.1 | 5 | **OTRAS PALABRAS CON *H-* INICIAL**

5.1 5.1 Familias léxicas con *h-* inicial

Hay un conjunto de familias léxicas que se escriben con *h-* inicial. Estas son algunas:

Familias léxicas con h- inicial

- *Halago, halagar, halagador y halagüeño.* Ejemplo: *A Juan le colmaron de halagos.*

  Debe tenerse en cuenta que existe un verbo *alagar* que significa 'inundar' o 'llenar de lagos o charcos'.

- *Hastío, hastiar.* Ejemplo: *Esa película me produjo hastío.*

- *Hedor, hediondo, heder, hediondez.* Ejemplo: *El hedor de las basuras me mareó.*

- *Hegemonía, hegemónico.* Ejemplo: *Es clara la hegemonía económica de los países desarrollados.*

- *Hincapié, hincar.* Ejemplo: *Haz hincapié en ese tema.*

- *Hocico, hocicudo, hozar.* Ejemplo: *El perro se relamió el hocico.*

- *Hogar, hoguera, hogareño, hogaza.* Ejemplo: *En tu casa me siento como en mi propio hogar.*

- *Horca, horquilla.* Ejemplo: *En el Oeste americano condenaban a la horca a los ladrones de caballos.*

- *Hostil, hostilidad, hostilizar, hueste.* Ejemplo: *Me lanzó una mirada hostil y llena de odio.*

- *Hoyo, hoya, hoyuelo.* Ejemplo: *Hice un hoyo en el jardín para plantar un sauce.*

ATENCIÓN

Es preciso distinguir *hoya* ('concavidad grande en la tierra'), de *olla* ('recipiente redondo para cocinar').

5.1 5.2 Otras palabras con *h-* con las que se suelen cometer errores

Palabras con h- que presentan dificultad

- *Hado.* Ejemplo: *¡Que los hados te sean propicios!*

- *Halo.* Ejemplo: *Había tanta humedad que se veía la luna con halo.*

- *Hamaca.* Ejemplo: *Buscó dos árboles para colgar la hamaca.*

- *Hampa.* Ejemplo: *El hampa de esta ciudad se dedica a robar.*

- *Hebilla.* Ejemplo: *Se pilló los dedos con la hebilla del pantalón.*

- *Hecatombe.* Ejemplo: *Las inundaciones han provocado una auténtica hecatombe.*

- *Hechura* (de la familia de *hacer*). Ejemplo: *La hechura de este vestido me costó menos que la tela.*

- *Henchir.* Ejemplo: *Henchid los pulmones de aire puro.*

- *Hez.* Ejemplo: *Apuró la copa de vino hasta las heces.*

- *Hilaridad.* Ejemplo: *Su broma causó gran hilaridad entre el público.*

- *Hinojo.* Ejemplo: *Caí de hinojos a sus pies.*

- *Hirsuto.* Ejemplo: *Tenía la barba hirsuta y le era difícil afeitarse.*

- *Hito.* Ejemplo: *Mi boda marcó un hito en mi vida.*

- *Hollín.* Ejemplo: *El hollín ha atascado la chimenea.*

- *Hortera, horterada.* Ejemplo: *Lleva una camisa muy hortera.*

- *Hosco.* Ejemplo: *Antes tenía un carácter muy hosco.*

- *Hostigar.* Ejemplo: *Hostigaba al caballo para que corriera más.*

- *Hoz.* Ejemplo: *Mi abuelo afilaba las hoces antes de segar.*

- *Hucha.* Ejemplo: *Me han regalado una hucha con forma de cerdito.*

- *Huracán.* Ejemplo: *El huracán arrasó muchas casas.*

- *Huraño.* Ejemplo: *No habla con sus compañeros: es muy huraño.*

- *Hurgar.* Ejemplo: *Deja de hurgar en la herida, se te va a infectar.*

- *Hurtar.* Ejemplo: *Le hurtaron el monedero en el autobús.*

ATENCIÓN

Las palabras *ilación* ('inferencia') e *ilativo* ('que expresa inferencia o consecuencia') se escriben sin *h*.

No tienen ninguna relación con la familia léxica de *hilo*: *hilar, deshilar, hilacho, hiladillo, hilandera, hilandería, hilatura, deshilachar, hilera, sobrehilar, hilvanar, hilván...* Ejemplos:

No había ilación entre las partes del libro.
Los gramáticos llaman a algunas palabras conjunciones ilativas.

5.1 | 6   PALABRAS CON -*H*- INTERCALADA

5.1 6.1 Familias léxicas con -*h*- intercalada

Familias léxicas con
-*h*- intercalada

- *Adherir, adherente, adherencia, adhesivo, adhesión, inherente, inherencia, coherente, coherencia, cohesión, cohesionar.* Ejemplo: *Adherí la pegatina al plástico de la carpeta.*

- *Exhalar, exhalación, inhalar, inhalación.* Ejemplo: *Las rosas exhalan un suave perfume.*

- *Exhausto, exhaustivo.* Ejemplo: *La corredora llegó exhausta a la meta.*

- *Exhortar, exhortación, exhortativo.* Ejemplo: *Mi maestra me exhortaba a estudiar continuamente.*

- *Inhibir, inhibición, exhibir, exhibición, exhibicionismo, exhibicionista, cohibir, prohibir, prohibición, prohibitivo.* Ejemplo: *Me inhibo mucho cuando estoy con desconocidos.*

- *Vehículo, vehemente, vehemencia.* Ejemplo: *Aquí tienen ofertas especiales de vehículos industriales.*

5.1 6.2 Otras palabras con -*h*- intercalada con las que se suelen cometer errores

Familias léxicas con
-*h*- intercalada que
presentan dificultad

- *Ahínco.* Ejemplo: *Tienes que trabajar con más ahínco.*

- *Ahuyentar.* Ejemplo: *Con sus gritos ahuyentó a los ladrones.*

- *Alcahuete.* Ejemplo: *Celestina era la alcahueta de Calisto.*

- *Alhaja.* Ejemplo: *En el robo se llevaron todas las alhajas.*

- *Almohada.* Ejemplo: *No puedo dormir sin almohada.*

- *Anhelar, anhelante, anhelo.* Ejemplo: *Vive con el anhelo de triunfar.*

- *Bohemio.* Ejemplo: *Los artistas tienen fama de bohemios.*

- *Cacahuete.* Ejemplo: *El cacahuete es un fruto americano.*

- *Cohete.* Ejemplo: *En las fiestas suelen lanzar cohetes.*

- *Desahuciar, desahucio.* Ejemplo: *La policía procederá al desahucio.*

- *Enhebrar.* Ejemplo: *No puedo enhebrar la aguja.*

- *Enhiesto.* Ejemplo: *El poema habla de la enhiesta figura del ciprés.*

- *Inhóspito.* Ejemplo: *El desierto es un lugar inhóspito.*

- *Moho, enmohecer.* Ejemplo: *La conserva había criado moho.*

- *Retahíla.* Ejemplo: *Susana soltó una retahíla de nombres.*

- *Trashumante, trashumancia.* Ejemplo: *Aquí hay ganado trashumante.*

- *Vahído.* Ejemplo: *Al ver la sangre me dio un vahído.*

- *Vaho.* Ejemplo: *Limpia el vaho de los cristales para ver mejor.*

- *Zaherir.* Ejemplo: *Lo zahiere con burlas crueles.*

ATENCIÓN

Las palabras *exuberante* y *transeúnte* no llevan -*h*- intercalada. Tampoco la llevan *incoar, coercitivo, coartar, coacción, meollo* y *toalla*.

5.1 6.3 **Algunas palabras que se escriben con *h* o sin ella**

Hay algunas palabras que las Academias de la Lengua Española admiten que se escriban con *h* o sin ella. Se prefieren las formas que aparecen en primer lugar.

Alternancias recogidas en el *Diccionario* académico

¡ah! (¡ha!)	*baraúnda (barahúnda)*
¡ala! (¡hala!)	*boardilla (bohardilla)*
alacena (alhacena)	*¡eh! (¡he!)*
¡ale! (¡hale!)	*ológrafo (hológrafo)*
alelí (alhelí)	*sabiondo (sabihondo)*
arpía (harpía)	*¡uf! (¡huf!)*
arpillera (harpillera)	*¡uy! (¡huy!)*

5.1 6.4 **Algunas observaciones**

- El verbo *aprehender* es sinónimo de *aprender* solo cuando significa 'llegar a conocer'. Pero con los significados de 'coger', 'prender a una persona o una cosa, especialmente si es de contrabando', solo se usa *aprehender*.

Algunos sinónimos

- La palabra *hatajo* es un sinónimo de *atajo* con el significado de 'pequeño grupo de ganado' y de 'grupo de personas o cosas'. Ejemplos:

  atajo de vacas (o *hatajo de vacas*)
  atajo de sinvergüenzas (o *hatajo de sinvergüenzas*)

  Sin embargo, se escribe solo *atajo* cuando significa 'senda' o 'lugar por donde se acorta el camino'.

- Las palabras *hierba* y *hiedra* también se pueden escribir *yerba* y *yedra*.

ATENCIÓN

El *Diccionario* académico de 2001 desaconsejaba las formas con *h harmonía, harmonio, harmónico*, etc., *harpa;* en la actualidad se recogen en la *Ortografía* de 2010. Ya no se admiten las formas sin *h exágono* y *exagonal*.

5.1 | 7 | ORTOGRAFÍA DE LAS LETRAS *B*, *V* Y *W*

5.1 7.1 Consideraciones generales

Las letras *b*, *v* y *w* corresponden al mismo fonema

- Las *letras b, v* y *w* representan un solo fonema: /b/. Se pronuncia la *b* de *bala* igual que la *v* de *velo*. Esta es la razón de que se cometan faltas de ortografía con estas letras.

La letra *w* en palabras de origen extranjero

- La *w* es una letra que solo se utiliza en palabras de origen extranjero. En palabras plenamente incorporadas al español representa el sonido consonántico bilabial sonoro [b]. Ejemplos.

    wolframio → [bolfrámjo]   wagneriano → [bagnerjáno]

    No obstante, en otras palabras procedentes del inglés la *w* se pronuncia como una semiconsonante. Ejemplos:

    web → [wéb]   washingtoniano → [wasintonjáno]

    Por otra parte, el *Diccionario* académico ha adaptado esta letra *w* a la *v* en algunas palabras. Ejemplos:

    water (forma no castellana) → *váter*

    watt (forma no castellana) → *vatio*

    Si aparece en nombres propios, la *w* se pronuncia como [b] en los de origen alemán y como *w* (semiconsonante) en los de origen inglés. Ejemplos:

    Alemán: *Wenceslao* → [benθesláo], *Wamba* → [bámba]

    Inglés: *Wellington* → [wélinton], *Washington* → [wásinton]

5.1 7.2 Palabras con *b* y con *v* con las que se suelen cometer errores

Palabras con *b* y *v* que presentan dificultad

- *Absolver*. Ejemplo: *El juez lo absolvió de la acusación*.
- *Adverbio*. Ejemplo: *Ahí es un adverbio de lugar*.
- *Benévolo, benevolencia, benevolente, benévolamente*. Ejemplo: *El profesor fue muy benévolo con sus alumnos*.
- *Bóveda*. Ejemplo: *La catedral tiene una bonita bóveda*.
- *Bovino*. Ejemplo: *En mi pueblo hay ganado bovino*.
- *Bravo, bravucón, bravata, bravura*. Ejemplo: *Los bravos guerreros luchaban con gran valor*.
- *Breve, breviario, abreviar, abreviatura*. Ejemplo: *Fue un discurso breve: duró solo diez minutos*.
- *Bulevar*. Ejemplo: *Paseamos por el bulevar que recorre la playa*.
- *Herbívoro* (de *hierba* + -*voro*, 'que come'). Ejemplo: *Algunos herbívoros son rumiantes*.
- *Objetivo, objetividad*. Ejemplo: *La ciencia presenta conocimientos objetivos*.

ORTOGRAFÍA DE LAS LETRAS *B, V* Y *W* | **5.1** | 7 |

- *Observar, observación, observador*. Ejemplo: *Fíjate bien y observa con mucha atención*.
- *Obvio, obviedad*. Ejemplo: *Es obvio que sin vosotros no podré hacerlo*.
- *Reverberar, reverberación*. Ejemplo: *Los rayos de sol reverberan en el agua*.
- *Subjetivo*. Ejemplo: *No puedo evitar ser subjetivo al hablar de mi hija*.
- *Subjuntivo*. Ejemplo: *El subjuntivo es un modo verbal complicado para los extranjeros*.
- *Sublevar, sublevación*. Ejemplo: *El pueblo entero tomó las armas y se sublevó*.
- *Vagabundo*. Ejemplo: *Este vagabundo vive de las limosnas*.
- *Verbena*. Ejemplo: *Esta noche iré a la verbena y bailaré hasta muy tarde*.
- *Verbo*. Ejemplo: *Leer y cantar son verbos transitivos*.
- *Vestíbulo*. Ejemplo: *He dejado las llaves en el vestíbulo*.
- *Víbora*. Ejemplo: *La mordedura de víbora es muy peligrosa*.
- *Vibrar, vibración, vibrátil*. Ejemplo: *Los cristales vibran cuando pasa el tren*.
- *Vocabulario*. Ejemplo: *Mi vocabulario de inglés es todavía pobre*.

ATENCIÓN

La RAE, en su diccionario de 1992, adaptó la *w* de *darwinismo, darwiniano* en *v* (*darvinismo, darviniano*). Las formas en *v* ya no se registran en el diccionario de 2001 y hoy la Academia prefiere la pronunciación de la *w* en estas palabras como [w]: [darwinísmo] o [dargwinísmo].

Por otra parte, se elimina la forma *whisky* a favor de la forma castellanizada *güisqui*, y hoy también *wiski*, y se aconseja la escritura *kiwi* con pronunciación [kíwi] o [kígwi], al tiempo que se desaconseja *kivi*, aunque no se da como incorrecta. Sí son incorrectas las formas *quivi* o *quiwi*.

5.1 | 8 | ORTOGRAFÍA DE LA LETRA *B*

5.1 8.1 Reglas útiles de la *b*

Reglas ortográficas de la *b*

Se escriben con *b*:

- Todos los verbos acabados en *-bir*, en todas sus formas, excepto los verbos *hervir*, *servir*, *vivir*, y sus compuestos, también en todas sus formas. Ejemplos:

  escribir   *percibir*   *concebir*

- Los verbos *deber*, *saber*, *caber* y *haber* en todas las formas en que aparece el fonema /b/. Ejemplos:

  sabía   *debió*   *hubo*

- Todos los verbos acabados en *-buir* (en todas sus formas). Ejemplos:

  atribuir   *atribuyó*   *distribuyera*

- Todas las formas de los pretéritos imperfectos de indicativo de los verbos de la 1.ª conjugación, así como las del mismo tiempo del verbo *ir*. Ejemplos:

  cantabais   *saltaban*   *iba*   *iban*

- Siempre que el sonido [b] precede a las consonantes *l* y *r*. Ejemplos:

  blusa   *blanco*   *breve*   *bruto*

- Todas las palabras que empiezan por las sílabas *bu-*, *bur-*, *bus-*. Ejemplos:

  butano   *burdel*   *buscar*

- Las palabras terminadas en *-bundo* y *-bilidad*. Ejemplos:

  meditabundo   *posibilidad*

  Se exceptúan:

  movilidad   *civilidad*

- Las palabras que comienzan por los prefijos *ab-*, *ob-* y *sub-*. Ejemplos:

  absolución   *objeción*   *suburbano*

5.1 8.2 Palabras con *b* con las que se suelen cometer errores

Palabras con *b* que presentan dificultad

- *Abalanzarse*. Ejemplo: *El león se abalanzó sobre su presa.*

- *Abeja*. Ejemplo: *Me ha picado una abeja.*

- *Absorbente, absorber, sorber, sorbete, sorbo*. Ejemplo: *La chica sorbía el refresco por una pajita.*

- *Abulia, abúlico*. Ejemplo: *Sus amigos critican su abulia y su falta de iniciativa.*

- *Baldío*. Ejemplo: *Mis esfuerzos para convencerla fueron baldíos.*
- *Barbecho*. Ejemplo: *Este año toca dejar el huerto en barbecho.*
- *Barbudo*. Ejemplo: *Sus hijos le llaman barbudo porque lleva la barba muy larga.*
- *Bayeta*. Ejemplo: *Limpia la mesa con una bayeta.*
- *Bayonesa*. Ejemplo: *Las bayonesas son pasteles muy dulces.*
- *Bayoneta*. Ejemplo: *Los soldados usaron sus bayonetas.*
- *Chabola*. Ejemplo: *El descampado se había ido llenando de chabolas.*
- *Corroborar, corroboración*. Ejemplo: *Esto corrobora mi suposición.*
- *Deber*. Ejemplo: *Creo que deberías venir con nosotros.*
- *Débil, debilidad*. Ejemplo: *Las personas débiles son propensas a las enfermedades.*
- *Hábil, habilidad*. Ejemplo: *Es muy hábil en los juegos de cartas.*
- *Mobiliario*. Ejemplo: *Aquí hay una tienda de mobiliario de cocina.*
- *Pabilo* (o *pábilo*), *despabilar*. Ejemplo: *Apaga la vela apretando el pabilo con los dedos mojados.*
- *Pábulo*. Ejemplo: *Con esa conducta tan escandalosa vas a dar pábulo a chismorreos.*
- *Plebe*. Ejemplo: *La plebe se sublevó contra la nobleza.*
- *Probar, aprobar*. Ejemplo: *Me gusta probar la comida antes de servirla.*
- *Sílaba, silábico*. Ejemplo: *Separa esta palabra en sílabas.*
- *Suburbio*. Ejemplo: *Vive en los suburbios, lejos del centro de la ciudad.*
- *Tibio*. Ejemplo: *Siempre me ducho con agua tibia.*
- *Titubeo, titubear*. Ejemplo: *Deja a un lado tus titubeos y decídete.*

ATENCIÓN
No debe confundirse el verbo *absorber* con el verbo *absolver*.

5.1 9 ORTOGRAFÍA DE LA LETRA *V*

5.1 9.1 Reglas útiles de la *v*

Reglas ortográficas de la v Se escriben con *v*:

- Las palabras que comienzan con los prefijos *ad-* y *sub-* seguidos del fonema /b/. Ejemplos:

  advenedizo   *subvalorar*

- Los adjetivos y determinativos acabados en *-ava*, *-ave*, *-avo*, *-eva*, *-eve*, *-evo*, *-iva* e *-ivo*. Ejemplos:

  doceava   *suave*   *octavo*

  También se escriben con *v* los sustantivos que terminan en *-ivo*, salvo algunas excepciones como *estribo*. Ejemplos:

  motivo   *objetivo*   *cautivo*

- Todos los pretéritos indefinidos que terminan en *-uve*, en todas sus formas, excepto las del verbo *haber*. Ejemplos:

  tuve, tuviste, tuvo...   *anduve, anduviste, anduvo...*

  pero: *hube, hubiste, hubo...*

  Esa *v* aparece también en los pretéritos imperfectos y futuros simples de subjuntivo. Ejemplos:

  tuviera, tuviere   *anduviera, anduviere*

  pero: *hubiera, hubiere*

- Todas las formas verbales del verbo *ir* en que aparece el fonema /b/, excepto las del pretérito imperfecto de indicativo. Ejemplos:

  voy, vas, vaya... pero: *iba, ibas, iba...*

- Las palabras con el prefijo *vice-*. Ejemplos:

  vicerrector   *vicealmirante*   *vicesecretario*

- Las palabras terminadas en *-voro* y *-vora*. Ejemplos:

  omnívoro   *carnívora*   *herbívoro*

5.1 9.2 Palabras con *v* con las que se suelen cometer errores

Palabras con v que presentan dificultad
- *Absolver, resolver, disolver*. Ejemplo: *El juez lo absolvió.*
- *Anverso, reverso, revés, envés*. Ejemplo: *Mira el anverso de la moneda.*
- *Avalancha*. Ejemplo: *Recibí una avalancha de cartas.*
- *Avispa* y *avispero*. Ejemplo: *Me picó una avispa.*
- *Avutarda*. Ejemplo: *La avutarda es un ave muy común en España.*
- *Cavidad*. Ejemplo: *Los dientes están en la cavidad bucal.*
- *Cavilar* y *cavilación*. Ejemplo: *Cuando cavila se pone muy seria.*

- *Convalidar* y *convalidación*. Ejemplo: *A ver si consigues convalidar la asignatura que estudiaste en el extranjero.*

- *Converger* y *diverger*. Ejemplo: *Todas las calles convergen en esta plaza.*

- *Convidar, convite*. Ejemplo: *Este día de sol convida a pasear.*

- *Convocar, revocar, invocar, desconvocar* y *vocación*. Ejemplo: *El concurso se convocó en mayo.*

- *Depravar, depravación* y *depravado*. Ejemplo: *Se fue depravando poco a poco y terminó convertido en un narcotraficante.*

- *Devastar* y *devastación*. Ejemplo: *El incendio devastó la ciudad.*

- *Evadir, evasión* y *evasivo*. Ejemplo: *Está buscando la forma de evadir el pago de sus impuestos.*

- *Invernar*. Ejemplo: *Muchas aves invernan en África.*

- *Jovial* y *jovialidad*. Ejemplo: *Es un chico jovial y animoso.*

- *Novel, novato, novatada, novedad, novedoso, innovar, innovación, renovar, renovación*. Ejemplo: *Es la obra de un autor novel.*

- *Párvulo* y *parvulario*. Ejemplo: *En este colegio no admiten párvulos.*

- *Precaver* y *precavido*. Ejemplo: *Llevo todo tipo de ropa en la maleta para precaver cualquier cambio de tiempo que pueda sobrevenir.*

- *Unívoco* y *equívoco*. Ejemplo: *En el lenguaje científico deben predominar los términos precisos y de significado unívoco.*

- *Vagar, vago, vaguedad, vacación, extravagante*. Ejemplo: *Dejé vagar libremente mi imaginación.*

- *Vaivén*. Ejemplo: *Me dormí con el vaivén del tren.*

- *Válvula*. Ejemplo: *Tiene obstruida una válvula del corazón.*

- *Vaticinar, vaticinio*. Ejemplo: *Le vaticinaron un brillante futuro.*

- *Vendaval*. Ejemplo: *Se levantó un fuerte vendaval.*

- *Ventisca*. Ejemplo: *Una ventisca impidió a los escaladores llegar a la cumbre.*

- *Verruga*. Ejemplo: *Le ha salido una verruga.*

- *Vespertino, víspera*. Ejemplo: *Me gusta leer los diarios vespertinos.*

- *Viceversa*. Ejemplo: *Cuando su mujer trabaja, él atiende a los niños, y viceversa.*

- *Viscoso, viscosidad*. Ejemplo: *La miel es un líquido viscoso.*

- *Visera*. Ejemplo: *La visera de esta gorra es de plástico.*

- *Voluble*. Ejemplo: *Tiene un carácter muy voluble.*

- *Voraz, vorágine, voracidad, devorar*. Ejemplo: *El perro comió con apetito voraz.*

5.1 | 10 | PALABRAS HOMÓNIMAS HOMÓFONAS CON *B* Y *V*

● GRABAR/GRAVAR

Grabar
Gravar

● *Grabar* → significa 'señalar con incisión o abrir en hueco sobre una superficie, un letrero, figura, representación', o 'registrar los sonidos por medio de un disco, cinta magnetofónica, etc., para ser reproducidos'. Se escriben con *b* todas sus formas verbales. Ejemplos:

> *He grabado tu nombre en la medalla.*
> *Voy a grabar un disco.*

A la familia léxica del verbo *grabar* pertenecen las palabras:

grabado (un)   grabación   grabador

● *Gravar* → significa 'imponer un gravamen'. Se escriben con *v* todas sus formas verbales. Ejemplo:

> *Esa finca la han gravado con un diez por ciento de impuestos.*

A la familia léxica del verbo *gravar* pertenecen estas palabras:

gravamen	grave	gravitar	gravoso
gravedad	gravidez	ingravidez	desgravar

● REBELARSE/REVELAR

Rebelarse
Revelar

● *Rebelarse* → es un verbo pronominal que significa 'sublevarse'. Todas las formas verbales de este verbo se escriben con *b*. Ejemplo:

> *Los soldados se rebelaron contra su capitán.*

A la familia léxica de *rebelarse* (que procede del latín *bellum*, 'guerra') pertenecen las palabras:

rebelde	rebeldía	rebelión
belicoso	beligerante	beligerancia

● *Revelar* → significa 'descubrir', 'manifestar'. Todas las formas verbales de este verbo se escriben con *v*. Ejemplo:

> *Ese futbolista se ha revelado como un gran delantero.*

A la familia léxica de *revelar* (que procede del latín *velum*, 'velo', 'cortina', 'tela') corresponden las palabras:

revelación	velar	velo
revelador	veleta	velero

ATENCIÓN

Existe otro verbo *desvelar* con el significado de 'despertar', procedente del latín *vigiliam*. A esta familia pertenecen también las palabras:

velar ('estar sin dormir')   *velada*   *velador*

● HABER/A VER

En este caso no se trata de dos palabras homónimas homófonas, *Haber* sino de un verbo en infinitivo (*haber*) que es homónimo homófono *A ver* de una construcción de infinitivo: *a ver*.

- *Haber* →• verbo principal de una perífrasis. Ejemplos:

  puede haber   *tiene que haber*   *ha de haber*

  Haber →• verbo auxiliar de un infinitivo compuesto o de una perífrasis *haber que + infinitivo*. Ejemplos:

  Infinitivo compuesto: *Me gustaría haber ido contigo.*
  Perífrasis: *Va a haber que expulsarlo.*

  Haber →• verbo pleno. Ejemplos:

  Parece haber poca gente.
  Por haber demasiada gente...

- *A ver* →• es la suma de la preposición *a* y el infinitivo *ver*. Este verbo puede pertenecer al campo semántico de 'vista'. Ejemplo:

  Voy a ver a mi hermana.

  A ver →• también puede haberse gramaticalizado (haber perdido su significado originario) en contextos con valor apelativo o fático (de llamada de atención). Ejemplos:

  Valor apelativo: *A ver si os calláis.*
  Valor fático: *Vamos a ver, ¿cómo te llamas?*

ATENCIÓN

En el ejemplo *Va a haber que ir a su casa*, que es un caso de cadena de perífrasis, el verbo *haber* es principal de la perífrasis *ir a + infinitivo* (*va a haber*) y auxiliar en la perífrasis *haber que + infinitivo* (*haber que ir*).

Norma *Ir a + haber*

En la expresión *va a haber que...* no debe eliminarse en la escritura la preposición *a* (**va haber que*), aunque en la pronunciación solo se emita una única *a* larga: [ba‿bér ke].

5.1 11 OTRAS CUESTIONES SOBRE LA ORTOGRAFÍA DE LA *B* Y LA *V*

5.1 11.1 Otras palabras homónimas homófonas con *b* y *v*

Palabras que se pronuncian igual pero se escriben con *b* o *v*

● *Acerbo* → adjetivo que significa 'áspero', 'duro', 'agrio'. Ejemplo: *Emitió un juicio acerbo.*
Acervo → sustantivo que significa 'montón de cosas'. Ejemplo: *Hay que aumentar el acervo léxico.*

● *Baca* → del coche. Ejemplo: *Puso las maletas en la baca del coche.*
Vaca → animal. Ejemplo: *De la vaca se obtiene la leche.*

● *Bacía* → de barbero. Ejemplo: *Don Quijote llevaba una bacía en la cabeza.*
Vacía → adjetivo femenino. Ejemplo: *La botella se ha quedado vacía.*

● *Bacilo* → bacteria. Ejemplo: *Los bacilos pueden producir graves enfermedades.*
Vacilo → del verbo vacilar. Ejemplo: *No vacilo nunca cuando sé lo que quiero.*

● *Balido* → 'voz de la oveja'. Ejemplo: *El pastor acudió al oír el balido de las ovejas.*
Valido → 'primer ministro' y participio del verbo *valer*. Ejemplo: *El valido gobernaba en nombre del rey.*

● *Barón* → un título aristocrático. Ejemplo: *Le otorgaron el título de barón.*
Varón → 'hombre'. Ejemplo: *Le gustaría tener un hijo varón.*

● *Basto* → 'tosco, grosero'. Ejemplo: *No seas basto, por favor.*
Vasto → 'ancho'. Ejemplo: *Sus dominios abarcan un vasto terreno.*

● *Bello* → adjetivo: 'hermoso'. Ejemplo: *Era una bella persona.*
Vello → sustantivo: 'pelo corto y suave'. Ejemplo: *Esta cera elimina el vello de las piernas sin irritar la piel.*

● *Bienes* → 'posesiones'. Ejemplo: *Heredé los bienes de mi abuelo.*
Vienes → forma del verbo *venir*. Ejemplo: *¿Vienes o te quedas?*

● *Bobina* → 'carrete'. Ejemplo: *Compré una bobina de hilo.*
Bovina → adjetivo femenino: 'perteneciente al toro o a la vaca'. Ejemplo: *Mi tío se dedica a la ganadería bovina.*

● *Botar* → 'dar botes'. Ejemplo: *El balón bota con fuerza.*
Votar → 'ejercer el derecho al voto'. Ejemplo: *Votaron para elegir a los nuevos concejales.*

● *Cabo* → geográfico, militar, de una cuerda. Ejemplos: *Este soldado ascenderá pronto a cabo.*
Cavo → forma del verbo *cavar*. Ejemplo: *Todos los días cavo la tierra de mi huerta.*

● *Combino* → forma del verbo *combinar*. Ejemplo: *Creo que combino bien los colores al vestir.*
Convino → forma del verbo *convenir*. Ejemplo: *No quedamos porque no me convino el día que propuso.*

- *Había* → forma del verbo *haber*. Ejemplo: *No había nadie.*
  Avía → forma del verbo *aviar*. Ejemplo: *Tú, avía lo que necesitas para el viaje lo antes posible.*

- *Libido* → sustantivo femenino: 'deseo carnal'. Ejemplo: *Para algunos psicólogos la libido es la base del comportamiento humano.*
  Lívido → adjetivo: 'intensamente pálido y amoratado'. Ejemplo: *Se quedó lívido al recibir la triste noticia.*

  Estas dos palabras no son del todo homófonas, pues la primera se pronuncia como llana [li**bí**do] y la segunda es esdrújula [**lí**vido].

- *Recabar* → 'conseguir algo con súplicas'. Ejemplo: *La periodista entrevistó a los implicados para recabar más información.*
  Recavar → 'volver a cavar'. Ejemplo: *Hay que recavar el huerto.*

- *Sabia* → adjetivo: 'que sabe mucho'. Ejemplo: *Eres una mujer sabia: me asombran tus conocimientos.*
  Savia → sustantivo: líquido de las plantas. Ejemplo: *La savia está compuesta de agua, sales minerales y azúcares.*

- *Tubo* → sustantivo. Ejemplo: *Tiene roto el tubo de escape.*
  Tuvo → forma del verbo *tener*. Ejemplo: *No tuvo más remedio que hacer lo que le dijeron.*

5.1 11.2 Alternancias de *b* y *v* en algunas palabras

Hay algunas palabras que el *Diccionario* académico admite con *b* o con *v*. Sin embargo, se prefieren las formas que aparecen en primer lugar.

Alternancias recogidas en el *Diccionario* académico

> boceras (voceras)
> endibia (endivia)
> bargueño (vargueño)

Las Academias rechazan hoy las formas *Servia* y *servio(a)*. Debe escribirse siempre *Serbia* y *serbio(a)*.

5.1 | 12 | ORTOGRAFÍA DE *G* Y *J*

5.1 12.1 Consideraciones generales

Desajustes entre fonemas y letras

- La letra *j* siempre representa el fonema /x/ (velar fricativo sordo [**4.1.6**]). Ejemplos:

  jarro   *tejer*   *crujir*   *joya*   *juvenil*

  La **letra *g*** puede representar el fonema /x/ o el fonema /g/. Ejemplos:

  gato   *gente*   *ginebra*   *gota*   *gusto*

  Este fonema /g/, cuando va seguido de *e* o de *i*, se escribe *gu*; es decir, la letra *g* necesita ir acompañada de una *u*, que no se pronuncia. Ejemplos:

  guerra   *guiso*   *guitarra*

Delante de *e, i*

- La confusión ortográfica entre las letras *g* y *j* se da, por tanto, cuando van seguidas de las letras *e*, *i*. Delante de *a*, *o* y *u* se escribe siempre *j* para el fonema /x/, y siempre *g* para el fonema /g/. Ejemplos:

  jamón   *joven*   *júbilo*
  gato   *gota*   *gusano*

Diéresis

- Cuando pronunciamos la *u* que sigue a la letra *g* y a aquella le siguen las letras *e* o *i*, debemos poner diéresis (¨) en la letra *u*. Ejemplos:

  pingüino   *lengüeta*   *lingüística*

5.1 12.2 Reglas útiles de la *j*

Reglas ortográficas de la *j*

Se escriben con *j* delante de *e* y de *i*:

- Todas las palabras en las que el fonema /x/ va seguido de *e*, *i* y son derivadas de otras en que dicho fonema precede a las letras *a* y *o* en posición final. Ejemplos:

  reja →ⁱ *rejilla*   *rojo* → *rojizo*
  paradoja →ⁱ *paradójico*   *cojo* → *cojera*

- Todas las palabras acabadas en *-aje*. Ejemplos:

  patinaje   *drenaje*   *garaje*   *bricolaje*

  Se exceptúan *hipálage*, *enálage* y *ambages*.

ATENCIÓN

La palabra *colaje* fue admitida en 1992 como *colage*; esta forma no se justifica, pues todas las palabras procedentes de la terminación *-age* se adaptan al castellano como *-aje*.

- Todas las formas verbales en las que el fonema /x/ va seguido de *e*, *i* cuando el infinitivo no lleva ese fonema. Ejemplos:

  conducir → *conduje, condujiste...*
  decir → *dije, dijiste...*
  traer → *traje, trajiste, trajeron...*

- Llevan *-j* en posición final las palabras *boj, carcaj* y *reloj*.

5.1 12.3 Reglas útiles de la *g*

Se escriben con *g* delante de *e*, *i* para el fonema /x/:

Reglas ortográficas de la *g*

- Todos los verbos acabados en *-ger -gir*, en todas sus formas, excepto *tejer* (y su forma prefijada *destejer*) y *crujir*. Ejemplos:

  proteger → *protegió, protegemos...*
  coger → *cogió, cogíamos...*
  regir → *rige, regirán...*

- Todas las palabras que empiezan por el elemento compositivo *geo-*. Ejemplos:

  geografía   *geología*   *geométrico*

- Todas las palabras acabadas en *-logía* y *-gogía* y sus derivados. Ejemplos:

  geología → *geológico*   *teología* → *teológico*
  patología → *patológico*   *pedagogía* → *pedagógico*

- Las palabras acabadas en *-gen* (y sus derivados); en *-genario, a* en *-génico, a*; en *-gésimo, a*; y en *-gero, a*. Ejemplos:

  En *-gen* y derivados: *margen* → *marginal, origen* → *original*
  En *-genario, a*: *octogenario, sexagenario*
  En *-génico, a*: *fotogénico, telegénico*
  En *-gésimo, a*: *vigésimo, trigésimo*
  En *-gero, a*: *flamígero, ligero*

- Llevan *-g* en posición final, entre otras, las siguientes palabras:

  zigzag   *gong*   *iceberg*

- Llevan *-g* en posición final de sílaba interna, entre otras, las siguientes palabras:

  diagnóstico   *diafragma*   *maligno*

- Si nos atenemos a la historia de la lengua, se escribe *j* delante de *e*, *i* siempre que la palabra latina originaria no llevara la letra *g*. Ejemplos:

  género < *genus*   *dije* < *dixi*

5.1 13 OTRAS CUESTIONES SOBRE LA *G* Y LA *J*

5.1 13.1 Palabras con *j* con las que se suelen cometer errores

Palabras con *j* que presentan dificultad

Estas son algunas palabras que se escriben con *j* y con las que se cometen frecuentemente errores ortográficos.

- *Apoplejía*. Ejemplo: *Una trombosis puede producir apoplejía.*
- *Crujir, crujiente*. Ejemplo: *Los peldaños de madera crujían.*
- *Extranjero*. Ejemplo: *Viajo mucho al extranjero.*
- *Garaje*. Ejemplo: *El garaje está en el sótano del edificio.*
- *Hemiplejia*. Ejemplo: *Sufre una hemiplejia y no se puede mover.*
- *Hereje, herejía*. Ejemplo: *Los herejes fueron perseguidos.*
- *Injerencia*. Ejemplo: *Tu injerencia en esto ha resultado molesta.*
- *Jinete*. Ejemplo: *Es un gran jinete porque monta desde pequeño.*
- *Jirafa*. Ejemplo: *La jirafa es un mamífero.*
- *Jirón*. Ejemplo: *El viento ha hecho jirones la bandera.*
- *Menaje*. Ejemplo: *Hay muchas ofertas en la sección de menaje.*
- *Paradójico*. Ejemplo: *Resulta paradójico que el hermano pequeño cuide del mayor.*

5.1 13.2 Palabras con *g* con las que se suelen cometer errores

Palabras con *g* que presentan dificultad

Estas son algunas palabras que se escriben con *g* y con las que se cometen frecuentemente errores ortográficos.

- *Coger*. Ejemplo: *Me cogí de su mano para no perderme.*
- *Cónyuge*. Ejemplo: *Los cónyuges inician hoy su luna de miel.*
- *Gitano*. Ejemplo: *Camelar es una palabra de origen gitano.*
- *Hegemonía*. Ejemplo: *Es clara la hegemonía de ese país.*
- *Pergeñar*. Ejemplo: *Dime qué has pergeñado a mis espaldas.*
- *Sufragismo*. Ejemplo: *El sufragismo ganó adeptos con el tiempo.*
- *Vigía*. Ejemplo: *En cada parte de la muralla había un vigía.*

ATENCIÓN

No existe la forma escrita *cónyugue* ni la pronunciación correspondiente. Tampoco existen las formas *pergueñar* y *sufraguismo* ni las pronunciaciones correspondientes.

5.1 13.3 **Palabras homónimas homófonas con *g* y *j***

- *Ingerir* → verbo que significa 'introducir algo en el estómago por la boca'. De *ingerir* deriva *ingestión*. Ejemplo: *Ingerir*
Injerir

    El niño ingirió un medicamento.

    Injerirse → verbo que significa 'entrometerse o intervenir en un asunto ajeno'. De *injerirse* deriva *injerencia*. Ejemplo:

    No debemos injerirnos en sus asuntos.

- *Gira* → del verbo *girar* y sustantivo sinónimo de *excursión*. Ejemplos: *Gira*
Jira

    Juan gira sobre sí mismo.
    Hacemos una gira por América.

    Jira → sustantivo que significa 'merienda campestre' y 'pedazo de tela'. De esta última acepción deriva *jirón*. Ejemplos:

    Comimos bien en la jira a la orilla del río.
    Hizo jiras el vestido.

5.1 13.4 **Alternancias con *g* y *j* en algunas palabras**

- Hay algunas palabras que las Academias admiten con *g* o con *j*. Sin embargo, se prefieren las formas que aparecen en primer lugar.   Alternancias recogidas en el *Diccionario* académico

    jineta (gineta) ('mamífero')   *hégira (héjira)*
    jiennense (giennense)   *gibraltareño (jibraltareño)*

- Además, las Academias admiten los comienzos con *gn-* y con *n-*, pero prefieren los primeros en las palabras:

    gnomo (nomo)   *gnóstico (nóstico)*

    gnoseología (noseología)   *gnosis (nosis)*

5.1 13.5 **Ortografía de *g* y del dígrafo *gu* para el fonema /g/**

- Para representar el fonema /g/ (el de *garra*) se utiliza:
  - Delante de *a, o, u* y de consonante, la letra *g*. Ejemplos:
    regar   *goma*   *guarda*
  - Delante de *e* y de *i*, el dígrafo *gu*. Ejemplos:
    reguero   *erguido*
- Ahora bien, si queremos pronunciar la *u* que aparece delante de *e, i*, debe ponérsele diéresis. Ejemplos:
    lengua → *lengüeta*   *averiguo* → *averigüe*

ORTOGRAFÍA

5.1 14 ORTOGRAFÍA DE *S* Y *X* (I)

5.1 14.1 Consideraciones generales

Letra *s*: un fonema
● La letra *s* representa siempre el fonema /s/ en español.

Letra *x*: dos fonemas
(/k/+/s/)
● La letra *x* reproduce dos fonemas: /k/ y /s/. El primer fonema (/k/) se suele realizar en la pronunciación normal como [g] cuando va delante de vocal. En cambio suele perderse o reducirse a cero cuando aparece delante de otra consonante. Ejemplos:

> *éxito* → [éɡsito] *taxi* → [táɡsi]
> *éxtasis* → [éstasis] *explícito* → [esplícito]

Cuando aparece en final de palabra su realización es como [ks] salvo que la pronunciación sea descuidada; en este caso se realiza como [s]. Ejemplos:

> *sílex* → [síleks] *tórax* → [tóraks]

En cambio, en principio absoluto de palabra suele reducirse a [s]. Ejemplo:

> *xenofobia* → [senofóbja]

Arcaísmo gráfico de la letra *x*
En las palabras *México, mexicano(a), Texas, texano(a), Oaxaca y oaxaqueño(a)* la letra *x* reproduce el fonema /x/, es decir, el que se realiza en la pronunciación con el sonido velar fricativo sordo, como la *j* de *jarro*. Ejemplos:

> *México* → [méxiko] *Texas* → [téxas]

Esa letra *x* en estas palabras, así como en otras correspondientes a nombres propios de persona (*Xavier, Ximénez* al lado de *Javier, Jiménez* o *Giménez*), es un arcaísmo gráfico, ya que hasta principios del siglo XIX se empleaba para reproducir el sonido velar fricativo [x]. Por tanto, es error pronunciar [méksiko], [téksas], etc.

En cualquier caso, las Academias de la Lengua Española prefieren hoy en la escritura la letra *x* de *México* y *mexicano*, aunque recoge también *Méjico* y *mejicano*, y también *Texas* y *texano*, pero admite *Tejas* y *tejano*. En el *Diccionario* académico solo aparecen las formas *oaxaqueño* y *Oaxaca*.

5.1 14.2 Algunas palabras con *s* o *x* con las que se suelen cometer errores

Palabras con *s* y *x* que presentan dificultad
● La proximidad entre /s/ y /k/+/s/ y, en ocasiones, su neutralización dan lugar a ciertos errores ortográficos:

● *Asfixia* y *asfixiar* (se suelen intercambiar *s* y *x* indebidamente).

● *Espectador, espectáculo* y *espectacular* (palabras que pertenecen a la misma familia léxica) llevan *s* porque proceden del latín *spectare*, que significa 'ver, observar'.

- *Expectación*, *expectante* y *expectativa* (palabras que pertenecen a la misma familia léxica) llevan *x* porque provienen del latín *expectare*, que significa 'esperar'.

- Algunas personas tienden a escribir las palabras *esplendor* y *espléndido* con *x*, quizá por ser semánticamente expresivas y, quizá, por analogía con otras como *extraordinario*, *exquisito*, *excelso*, *excelente*, *eximio*. Es incorrecto escribir aquellas con *x*.

- Las palabras de la familia léxica *estructura*, *estructurar* y *estructuración* nunca se escriben con *x*.

- Las palabras *explicar*, *explicativo* y *explicación* no tienen nada que ver con *especificar*, *especificativo* y *especificación*. Las primeras se escriben siempre con *x*; las segundas, con *s*.

ATENCIÓN

En zonas donde se produce ceceo [**4.1.7**] o seseo [**4.1.7**] no son raros los errores ortográficos por confusión entre la *s* y la *c* o la *z*.

En cualquier caso, el *Diccionario* académico admite las siguientes alternancias, con preferencia para las primeras formas:

bizcocho (biscocho)   cascarria (cazcarria)
parduzco (pardusco)   bisnieto (biznieto)

- Deben distinguirse las palabras siguientes:

- *esotérico*: significa 'oculto', 'secreto', 'inaccesible a la mente'. Ejemplo: *Los temas esotéricos siempre me han atraído.*

- *exotérico*: 'común', 'accesible o fácil de entender'. Ejemplo: *Mis teorías son exotéricas.*

ATENCIÓN

Se escribe solo *tejano* (no *texano*) cuando esta palabra designa 'pantalón vaquero'.

5.1 | 15 | ORTOGRAFÍA DE *S* Y *X* (y II)

5.1 15.1 Otras palabras con *s* y *x* con las que se suelen cometer errores

Palabras con s y x que presentan dificultad

- *Clímax*. Ejemplo: *El clímax de la película es casi al final.*
- *Cohesión*. Ejemplo: *No hay cohesión entre las partes de este trabajo.*
- *Conexión*. Ejemplo: *Decía cosas que no tenían ninguna conexión.*
- *Esbelto*. Ejemplo: *Es un muchacho esbelto y todo le sienta bien.*
- *Escéptico*. Ejemplo: *Se mostró escéptico al hablarme del cambio.*
- *Escoger*. Ejemplo: *Escogió peras maduras para hacer la compota.*
- *Escrutar*. Ejemplo: *Ya se han escrutado todos los votos.*
- *Escrutinio*. Ejemplo: *En el escrutinio apareció un boleto premiado.*
- *Esófago*. Ejemplo: *Cuando comemos, los alimentos pasan por el esófago.*
- *Esperma, espermatozoide, espermático*. Ejemplo: *Existen bancos de esperma.*
- *Espléndido, esplendor*. Ejemplo: *Hoy hace un día espléndido.*
- *Espontáneo*. Ejemplo: *Prefiero una respuesta espontánea, aunque sea brusca, para saber realmente a qué atenerme.*
- *Espurio*. Ejemplo: *Los supuestos documentos medievales resultaron ser espurios.*
- *Estentóreo*. Ejemplo: *Nos llamó con gritos estentóreos, que nos asustaron.*
- *Esternón*. Ejemplo: *El esternón está formado por segmentos óseos.*
- *Estertor*. Ejemplo: *Agonizaba, y ya solo se oían sus últimos estertores.*
- *Estirpe*. Ejemplo: *Está orgullosa de la antigüedad de su estirpe.*
- *Estoico*. Ejemplo: *Los estoicos buscaban la paz del alma.*
- *Estrabismo*. Ejemplo: *La oftalmóloga le diagnosticó estrabismo.*
- *Estrafalario*. Ejemplo: *Es estrafalario en su forma de vestir.*
- *Estrategia, estratégico*. Ejemplo: *Napoleón era un genio de la estrategia.*
- *Estreñir, estreñido, estreñimiento*. Ejemplo: *El arroz estriñe.*
- *Estridente*. Ejemplo: *El silbido de los trenes es estridente.*
- *Exequias*. Ejemplo: *Mis tíos acudieron a las exequias de mi abuelo.*
- *Exhalar, exhalación*. Ejemplo: *Las rosas exhalan un suave perfume.*
- *Exhaustivo*. Ejemplo: *Nos dio una explicación exhaustiva.*
- *Exhausto*. Ejemplo: *Quedó exhausta después de tanto esfuerzo.*
- *Exhibir, exhibición, exhibicionista*. Ejemplo: *Las modelos exhibieron los vestidos para el próximo verano.*
- *Exhortar, exhortación*. Ejemplo: *Exhortaba a los soldados a que continuaran en la lucha.*
- *Exiguo*. Ejemplo: *Con este sueldo tan exiguo no podemos vivir.*

- *Expedito*. Ejemplo: *Al retirar la nieve, la carretera quedó expedita.*
- *Experiencia*. Ejemplo: *La experiencia que dan los años es de gran valor.*
- *Experto*. Ejemplo: *Pertenece a la comisión de expertos en tecnología avanzada.*
- *Exquisito*. Ejemplo: *Nos preparó una merluza exquisita.*
- *Éxtasis*. Ejemplo: *Contempló con éxtasis aquella obra de arte.*
- *Extorsión, extorsionar*. Ejemplo: *El soborno es un tipo de extorsión.*
- *Extranjero*. Ejemplo: *Viaja mucho al extranjero por su trabajo.*
- *Exuberante*. Ejemplo: *En la selva hay una vegetación exuberante.*
- *Inescrutable*. Ejemplo: *Sus planes son un misterio inescrutable.*
- *Inextricable*. Ejemplo: *El origen de la vida sigue siendo un misterio inextricable.*
- *Sintaxis*. Ejemplo: *La sintaxis de este autor es muy complicada.*
- *Síntesis*. Ejemplo: *¿Puedes hacerme una síntesis de esto?*
- *Tesis*. Ejemplo: *Está preparando su tesis doctoral.*
- *Tesitura*. Ejemplo: *De las voces humanas, la de soprano es la de tesitura más alta.*
- *Textura*. Ejemplo: *Esta pared de cemento tiene una textura rugosa.*
- *Yuxtapuesto, yuxtaposición, yuxtaponer*. Ejemplo: *Has suspendido porque en el examen te has limitado a poner datos yuxtapuestos sin una estructura lógica.*

ATENCIÓN

Conviene no confundir las siguientes palabras parónimas:

contesto y *contexto*
espiar y *expiar*
estático y *extático*
seso y *sexo*

5.1 | 16 ORTOGRAFÍA DE *C* Y *Z* PARA EL FONEMA /θ/

5.1 16.1 Consideraciones generales

El fonema /θ/ [**4.1.6**] (de *zapato* o *cebolla*) puede realizarse en la escritura como *c* y como *z*.

La letra *c*
● La letra *c* representa el fonema /θ/ solo delante de las letras *e*, *i*. Delante de las demás vocales, o en posición final de sílaba o de palabra, representa el fonema /k/. Ejemplos:

> Fonema /θ/: *cenicero*, *cien*, *dice*, *cena*
> Fonema /k/: *casa*, *cosa*, *acusa*, *actor*, *frac*

La letra *z*
● La letra *z* representa siempre el fonema /θ/, tanto delante de vocales como en posición final de sílaba o de palabra. Ejemplos:

> *zarza*   *zoquete*   *zumbar*   *azteca*   *juez*

ATENCIÓN

La *c* al final de sílaba, que representa al fonema /k/, no debe pronunciarse como /θ/ ni reducirse a cero. Ejemplos:

actor → [aktór], no debe pronunciarse *[aθtór] ni *[atór]
director → [direktór], no debe pronunciarse *[direθtór] ni *[diretór]

5.1 16.2 Reglas ortográficas de *c* y *z*

Fonema /θ/: *ce, ci, za, zo, zu*
● Para el fonema /θ/, se escribe *c* delante de *e*, *i*, y *z* delante de *a*, *o*, *u* y en final de sílaba o de palabra. Ejemplos:

> *cebolla*   *cicatriz*   *zona*   *azúcar*   *azteca*

Cambio de *z* en *c*
● El derivado de una palabra con *z* cambiará esta letra en *c* si lo que sigue es *e*, *i*. Ejemplos:

> *cabeza* → *cabecero*   *capaz* → *capaces*, *capacidad*

● De la misma manera, en la conjugación verbal las formas que llevan el fonema /θ/ se escribirán con *z* si le siguen *a*, *o*, *u*, y con *c* si le siguen *e*, *i*. Ejemplos:

> *hizo* → *hice* → *hicimos* → *hacer*

Excepciones
● Hay algunas excepciones:

● Ciertas palabras provenientes de otras lenguas que no son el latín llevan *z* delante de *e*, *i*. Ejemplos:

> *zéjel*   *zepelín*   *enzima*   *razia*   *nazi*   *zeta*

ATENCIÓN

Hay que diferenciar entre (la) *enzima* (sustantivo femenino) y *encima* (adverbio).

- Algunas palabras de origen onomatopéyico. Ejemplos:

  zigzag   *zigzagueo*   *zigzaguear*   *zipizape*

5.1 16.3 **Algunas alternancias de *c* y *z* para el fonema /θ/**

Hay algunas palabras que el *Diccionario* académico admite con *c* o con *z*. Sin embargo, se prefieren las formas que aparecen en primer lugar:

Alternancias recogidas en el *Diccionario* académico

  cenit (zenit)   *cigoto (zigoto)*

  ácimo (ázimo)   *cinc (zinc)*

  cedilla (zedilla)   *eccema (eczema)*

Norma La grafía *zz*

El *DPD* ha castellanizado palabras italianas reduciendo las dos *zz* a una *z*:

  paparazi   *atrezo*   *mozarela*

Sin embargo, la voz inglesa *jacuzzi* la ha castellanizado como *yacusi*. Asimismo, mantiene *zz* en *pizzería*, y no adapta al castellano *pizza*, cuya pronunciación es como una dentoalveolar africada sonora: como si fuera *ds*.

Norma La *-d* final

Aunque no es correcta, está muy extendida en zonas del centro peninsular la pronunciación /θ/ para la *-d* en posición final de sílaba o de palabra. Ejemplos:

  adquirir *[aθkirír]   *veracidad* *[beraθidáθ]

ORTOGRAFÍA DE *CC*

5.1 17.1 Consideraciones generales

Pronunciación del
grupo *cc*

Cuando aparece el grupo *cc*, la primera *c* siempre representa al fonema /k/ y la segunda al fonema /θ/. Ejemplo:

acción → [ákθjón]

Su realización fonética suele ser, si nos expresamos sin afectación, [g̊]. Ejemplo:

acción → [ag̊θjón]

Sin embargo, en pronunciaciones descuidadas se tiende a eliminar el primer fonema y, con él, el sonido correspondiente. Esto da lugar a errores ortográficos bien por eliminación de la primera *c*, bien por adición de una *c* donde no corresponde. Este último es un caso de ultracorrección.

5.1 17.2 Reglas útiles del grupo *cc*

Para saber cuándo se
escribe *cc*

• Se escribe *cc* siempre que en alguna palabra de la misma familia léxica exista el grupo *-ct-*. Ejemplos:

• *Abstracción* (→ *abstracto*). Ejemplo: *Tiene una gran capacidad de abstracción.*

• *Adicción* (→ *adicto*). Ejemplo: *Tiene adicción a la heroína.*

• *Aflicción* (→ *aflictivo*). Ejemplo: *La muerte de su padre le produjo una fuerte aflicción.*

• *Coacción* (→ *coactivo*). Ejemplo: *No rechazó el empleo por decisión propia, sino por coacción de su familia.*

• *Conducción* (→ *conducto*). Ejemplo: *En los días lluviosos la conducción debe ser muy cuidadosa.*

• *Construcción* (→ *constructor*). Ejemplo: *En la construcción del bloque de viviendas se utilizó cemento.*

• *Contracción* (→ *contractura*). Ejemplo: *Las contracciones del útero son la primera fase del parto.*

• *Convicción* (→ *convicto*). Ejemplo: *Tiene un gran poder de convicción.*

• *Corrección* (→ *correcto*). Ejemplo: *Todavía no he acabado con la corrección de los exámenes.*

• *Deducción* (→ *deductivo*). Ejemplo: *Llegué a esa conclusión por deducción.*

• *Destrucción* (→ *destructor*). Ejemplo: *El terremoto causó la destrucción del edificio.*

• *Dirección* (→ *director*). Ejemplo: *El viento sopla en dirección norte.*

• *Elección* (→ *electo*). Ejemplo: *La elección del delegado es mañana.*

- *Fracción* (→ *fractura*). Ejemplo: Este cronómetro marca fracciones de segundo.
- *Inducción* (→ *inductor*). Ejemplo: La inducción es característica de las ciencias empíricas.
- *Infracción* (→ *infractor*). Ejemplo: Las infracciones de tráfico se sancionan con multas.
- *Inspección* (→ *inspector*). Ejemplo: Hubo una inspección de la policía en todos los pisos.
- *Instrucción* (→ *instructor*). Ejemplo: Se dedica a la instrucción de los nuevos empleados.
- *Insurrección* (→ *insurrecto*). Ejemplo: La insurrección del ejército aceleró la caída del presidente.
- *Inyección* (→ *inyectar*). Ejemplo: Mi coche tiene un motor de inyección.
- *(Im)perfección* (→ *(im)perfecto*). Ejemplo: En el libro se habla de la imperfección del género humano.
- *Reacción* (→ *reactor*). Ejemplo: El llanto fue una reacción instintiva.
- *Reducción* (→ *reductivo*). Ejemplo: El médico me ha aconsejado una reducción de azúcar en la dieta.
- *Restricción* (→ *restrictivo*). Ejemplo: Si continúa la sequía habrá restricciones de agua.
- *Satisfacción* (→ *satisfactorio*). Ejemplo: Todos deberíamos tener lo suficiente para la satisfacción de nuestras necesidades.

- Sin embargo, hay algunas palabras con *cc* que no tienen otra u otras palabras de la misma familia léxica con el grupo *-ct-*, porque la lengua no las ha creado. Ejemplos: *Excepciones*

- *Cocción*. Ejemplo: La cocción de este alimento debe hacerse a fuego lento.
- *Distracción*. Ejemplo: La lectura es mi mejor distracción.
- *Fricción, friccionar*. Ejemplo: Alguna fricción ha habido entre ellos porque ya no se hablan.
- *Succión, succionar*. Ejemplo: El bebé se alimenta por succión de la leche materna.
- *Transacción*. Ejemplo: Formularon los términos en que había de hacerse la transacción.

ATENCIÓN

El *Diccionario* académico da por válidas las formas *flácido* y *flacidez* y *fláccido* y *flaccidez*, aunque considera preferibles las primeras.

La palabra *deflación* se escribe con una sola *c* a pesar de que el verbo correspondiente es *deflactar.*

5.1 | 18 ORTOGRAFÍA DEL DÍGRAFO *LL* Y DE LA LETRA *Y* (I)

5.1 18.1 Consideraciones generales

Sonidos representados por la letra *y*

- La letra *y* representa:
- El fonema vocálico /i/. Ejemplos:

  Juan y Pedro　　　　　*muy*

- El sonido semivocálico [**4.1.9**] [i̯]. Esto ocurre en posición final de sílaba donde *y* representa el segundo elemento de un diptongo decreciente. Ejemplos:

  ay　　　　*ley*　　　　*soy*　　　　*doy*

- El fonema consonántico /y/. Ejemplos:

  convoyes　　*ayes*　　　*leyes*　　　*reyes*

El dígrafo *ll*

- En el caso de *ll*, no se trata de una letra (aunque así lo entendía hasta hace poco la RAE, que la llamaba *elle*), sino de un dígrafo (dos *eles*) que representa un solo fonema: /ʎ/ (otros dígrafos son -*rr*-, *ch*, *gu*, *qu*...).

Yeísmo

- Los errores ortográficos suelen producirse porque los fonemas /y/ y /ʎ/ se han neutralizado en /y/ en gran parte del dominio de habla española (Madrid, Toledo, Extremadura, Andalucía, Canarias, gran parte de Hispanoamérica, etc.). Este fenómeno se llama yeísmo.

5.1 18.2 Reglas útiles de la *ll* y la *y*

Reglas ortográficas de *ll*

- Se escriben con *ll* todas las palabras acabadas en -*illa*, -*illo* y -*ullo*. Ejemplos:

  mesilla　　　　*cepillo*　　　　*arrullo*

  Se exceptúan:

  cuyo(a)　　　　*suyo(a)*　　　　*tuyo(a)*

Reglas ortográficas de *y*

- Se escriben con *y*:
- La conjunción copulativa [**2.8.2**] *y*.
- El adverbio *muy*.
- Todas las palabras cuyo final en singular es un diptongo decreciente [**4.1.12**] o un triptongo [**4.1.12**]. Ejemplos:

  ley　　　　*ay*　　　　*buey*　　　　*rey*

  Esta *y* se mantiene para el fonema /y/ en el plural de las palabras anteriores. Ejemplos:

  leyes　　　　*ayes*　　　　*bueyes*　　　*reyes*

  Se exceptúan, entre otras, las palabras:

  guirigáis　　*jerséis*　　*paipáis*　　*samuráis*
  bonsáis　　　*gais*　　　*espráis*　　*disyoqueis*

- Todas aquellas palabras que derivan de verbos cuyos infinitivos no tienen ni *y* ni *ll* y que tienen las sílabas *ya*, *ye* y *yo*. Ejemplos:

  huir → *huyó*　　*oír* → *oyó*　　*proveer* → *proveyó*

5.1 18.3 Parejas de palabras homónimas homófonas

Estas palabras pueden ser homónimas homófonas (se pronuncian igual pero se escriben de forma diferente) para las personas yeístas, o parónimas (parecidas por su sonido) para los no yeístas.

Palabras que se pronuncian igual pero se escriben con y y ll

- *Arrollo* → del verbo *arrollar*. Ejemplo: *Le arrolló un coche al cruzar la calle*.
  Arroyo → 'riachuelo'. Ejemplo: *Cruzó el arroyo de un salto*.

- *Callado* → participio de *callar*. Ejemplo: *Estuvo callado toda la tarde*.
  Cayado → 'báculo'. Ejemplo: *El pastor se apoyó en su cayado*.

- *Calló* → del verbo *callar*. Ejemplo: *Al fin se calló*.
  Cayó → del verbo *caer*. Ejemplo: *Cayó al agua*.

- *Halla* → del verbo *hallar*. Ejemplo: *Se halla en la mejor época de su vida*.
  Haya → del verbo *haber*. Ejemplo: *¡Ojalá haya llegado a tiempo!*

- *Hulla* → clase de carbón. Ejemplo: *La hulla tiene más poder calorífico que el lignito*.
  Huya → del verbo *huir*. Ejemplo: *Espero que huya cuando lo encontremos*.

- *Malla* → 'red'. Ejemplo: *Las patatas están en un saco de malla*.
  Maya → 'antiguo pueblo indio'. Ejemplo: *La arquitectura maya cuenta con numerosas pirámides*.

- *Olla* → 'vasija redonda'. Ejemplo: *Cuece las patatas en la olla pequeña*.
  Hoya → 'cavidad'. Ejemplo: *Me impresionó cómo introducían el ataúd en la hoya*.

- *Pollo* → 'cría de ave'. Ejemplo: *Los pollos piaban en el nido*.
  Poyo → 'banco de piedra'. Ejemplo: *Se sentó en el poyo del jardín a tomar el fresco*.

- *Pulla* → 'dicho agudo para herir a alguien'. Ejemplo: *Siempre me lanza pullas delante de la gente*.
  Puya → 'punta acerada de varas de picadores'. Ejemplo: *El picador clavó mal la puya*.

- *Rallar* → 'desmenuzar algo con el rallador de cocina'. Ejemplo: *Ralla pan para empanar los filetes*.
  Rayar → 'hacer rayas'. Ejemplo: *Rayó la mesa al poner las llaves*.

- *Rallo* → del verbo *rallar*. Ejemplo: *Ahora rallo el pan*.
  Rayo → 'chispa eléctrica atmosférica', línea de luz y forma del verbo *rayar*. Ejemplo: *Cayó un rayo en ese árbol*.

- *Valla* → 'línea de estacas o tablas'. Ejemplo: *La vaca está al lado de la valla*.
  Vaya → del verbo *ir*. Ejemplo: *Dile que vaya a verla cuando pueda*.

5.1 19 ORTOGRAFÍA DEL DÍGRAFO *LL* Y DE LA LETRA *Y* (y II)

5.1 19.1 Familias léxicas

Palabras derivadas Se escriben siempre con *ll* o con *y* las palabras que pertenecen a la familia léxica de otra palabra que se escribe con una de estas letras. Ejemplos:

> *rallar* → *rallador, rallado, ralladura...*
> *rayar* → *subrayar, rayano...*
> *poyo* → *poyete, apoyo, apoyar...*
> *hallar* → *hallazgo, hallado...*
> *valla* → *vallar, vallado, valladar...*

ATENCIÓN

La forma *halla* siempre se puede sustituir por *encuentra* (no por *encuentre*). Ejemplo:
Juan se halla (se encuentra) triste y tal vez haya (*encuentra) quien lo sepa.

5.1 19.2 Algunas palabras con *y* o con *ll* con las que se suelen cometer errores

Palabras con *y* y *ll* que presentan dificultad

- *Abyecto.* Ejemplo: *Es el ser más abyecto y ruin que conozco.*
- *Ayer.* Ejemplo: *Deja de idealizar el ayer y vive el presente.*
- *Bayeta.* Ejemplo: *Limpié la mesa con una bayeta húmeda.*
- *Bellota.* Ejemplo: *Los cerdos que comen bellotas dan los mejores jamones.*
- *Boya.* Ejemplo: *Esa boya roja señala la zona de rocas.*
- *Boyante.* Ejemplo: *El suyo es un negocio boyante: gana mucho dinero.*
- *Escayola.* Ejemplo: *El techo del salón es de escayola.*
- *Gallo.* Ejemplo: *Lo hizo en menos que canta un gallo.*
- *Grillo.* Ejemplo: *Me gusta oír cantar a los grillos.*
- *Hallazgo.* Ejemplo: *Aquel fue un importante hallazgo arqueológico.*
- *Joya.* Ejemplo: *Guardo las joyas en un joyero.*
- *Lacayo.* Ejemplo: *El lacayo abrió la puerta a su señor.*
- *Llanta.* Ejemplo: *Un golpe ha deformado la llanta y el neumático no encaja bien.*
- *Papagayo.* Ejemplo: *El papagayo es originario de América.*
- *Pillo.* Ejemplo: *No me gusta tratar con él porque es un pillo y siempre me engaña.*
- *Pillar.* Ejemplo: *Me pilló un coche por cruzar en rojo.*
- *Reyerta.* Ejemplo: *Fue apuñalado en una reyerta callejera.*

- *Soslayar*. Ejemplo: *Supo soslayar las preguntas de los periodistas.*
- *Tocayo*. Ejemplo: *Mi madre y yo somos tocayas porque las dos nos llamamos María.*
- *Yacer*. Ejemplo: *El abuelo yace enfermo en la cama.*
- *Yantar*. Ejemplo: *En la posada tomaron los caballeros un buen yantar.*
- *Yegua*. Ejemplo: *La yegua amamanta al potrillo.*
- *Yema*. Ejemplo: *En los huevos de las gallinas, la yema es amarilla.*
- *Yendo*. Ejemplo: *Estuve yendo a clase de alemán todo el año.*

ATENCIÓN

Es popular e incorrecto escribir y pronunciar **iendo* en lugar de *yendo*.

- *Yermo*. Ejemplo: *La guerra dejó los campos yermos.*
- *Yerno*. Ejemplo: *De los tres yernos que tengo, el marido de mi hija mayor es el que más me gusta.*
- *Yerro*. Ejemplo: *La falta de experiencia es la causa de muchos yerros.*
- *Yodo*. Ejemplo: *El yodo es un elemento químico del grupo de los halógenos.*
- *Yuca*. Ejemplo: *En Europa, la yuca se utiliza como planta ornamental.*
- *Yugo*. Ejemplo: *Unió los bueyes con el yugo para que tiraran del carro.*
- *Yunta*. Ejemplo: *La yunta de bueyes unidos por el yugo tiraba del arado.*
- *Yuxtaponer*. Ejemplo: *El punto y coma se utiliza mucho para yuxtaponer oraciones.*

ATENCIÓN

Se puede escribir *yodo* e *iodo*, *yatrogenia* (*-génico*) e *iatrogenia* (*-génico*).

5.1 | 20 ORTOGRAFÍA DE LA LETRA *R* Y DEL DÍGRAFO *RR*

5.1 20.1 Cuestiones generales

Fonemas representados por la letra r

La letra *r* puede representar el fonema /r̄/ (alveolar vibrante múltiple) o el fonema alveolar vibrante simple /r/:

- La letra *r* representa el fonema /r̄/ múltiple en:

  — Principio de palabra. Ejemplos:

    rata   *río*   *reuma*   *risa*

  — Detrás de las consonantes *l*, *n*, *m* y *s*. Ejemplos:

    alrededor   *honrar*   *rumrum*   *Israel*

  — Detrás de las consonantes *b*, *d* y *t*, cuando la *r* pertenece a una sílaba distinta de la de esas consonantes. Ejemplos:

    subrayar (sub-rayar)
    ciudadrealeño (ciudad-realeño)
    posromántico (pos-romántico)

- En los demás casos, la *r* representa el fonema alveolar vibrante simple /r/. Ejemplos:

    para   *ir*   *caro*   *marea*

Fonema representado por el dígrafo rr

- El dígrafo *rr* siempre representa el fonema /r̄/ y solo aparece entre vocales. Ejemplos:

    perro   *carreta*   *carroza*   *arrear*

ATENCIÓN

Las palabras con *r-* inicial se escriben con *rr* cuando se les ha unido un prefijo [1.1.2.5] o un elemento compositivo acabado en vocal. Ejemplos:

rector → *vicerrector*   *roto* → *manirroto*

Pero:

desratizar   *desriñonar*

5.1 20.2 Algunas alternancias de *r* y *rr* para los fonemas /r/ y /r̄/

Alternancias recogidas por el Diccionario académico

Hay algunas palabras que el *Diccionario* académico admite que se escriban con *r* o con *rr*, aunque prefiere siempre las que aparecen en primer lugar:

aturullar (aturrullar)   *garapiñar (garrapiñar)*
cimborrio (cimborio)   *harapo ((h)arrapo)*

5.1 20.3 Algunas palabras con *r* y *rr* con las que se suelen cometer errores

Palabras con *r* y *rr* que presentan dificultad

- *Altorrelieve.* Ejemplo: *Un altorrelieve permite dar mayor sensación de profundidad y perspectiva que un bajorrelieve.*

- *Antirreligioso.* Ejemplo: *Es una persona antirreligiosa y nunca ha pisado una iglesia.*

- *Contrarréplica.* Ejemplo: *Cuando te dije que no tenías derecho a hacer eso, tu contrarréplica me convenció.*

- *Desriñonar.* Ejemplo: *Le hizo llevar un pesado saco de patatas y lo desriñonó.*

- *Desrizar.* Ejemplo: *No te desrices el pelo porque perderías tu atractivo.*

- *Enraizar.* Ejemplo: *El abeto ha enraizado bien en el jardín.*

- *Enrique.* Ejemplo: *Enrique volvió ayer de viaje.*

- *Honra.* Ejemplo: *Esa familia defiende su honra por encima de todo.*

- *Honradez.* Ejemplo: *Su honradez le impide robar, engañar y estafar.*

- *Inri.* Ejemplo: *Se me rompió el coche, tuve que ir andando y, 'para más inri', perdí las llaves de casa.*

- *Irrupción.* Ejemplo: *La irrupción de los manifestantes en la plaza produjo un atasco.*

- *Pararrayos.* Ejemplo: *Desde que instalé el pararrayos estoy más tranquilo cuando hay tormentas.*

- *Prerrenacentista.* Ejemplo: *Esta catedral es prerrenacentista.*

- *Sonreír.* Ejemplo: *Estaba triste y no sonreía ante mis gracias.*

- *Subrepticio.* Ejemplo: *Seguro que le gustas a Miguel, porque de vez en cuando te dedica miradas subrepticias.*

- *Subrogar.* Ejemplo: *Al comprar la casa, se subrogó la hipoteca del vendedor en favor del comprador.*

ATENCIÓN

Las palabras que empiezan por *r-* y a las que se les añaden prefijos que acaban en *-r* (*super-*, *hiper-*) se escriben con *-rr-* a pesar de que se produce un desajuste entre el dígrafo *-rr-* y la pronunciación, que presupone la suma del fonema /r/ y /r̄/. Ejemplos:

superrico (super-rico)   hiperreligioso (hiper-religioso)

Por eso, en final de renglón sí puede quedar una r-, y otra r- al principio del renglón siguiente.

5.1 | 21 | **OTRAS CUESTIONES DE ORTOGRAFÍA DE LAS LETRAS**

5.1 21.1 Ortografía de *m* y *n*

La letra *m* y el fonema *n*
• Siempre se escribe *m* delante de las consonantes *p* y *b*. En esta posición, la letra *m* representa al fonema /n/. Ejemplos:

ambos   implicar   combinar   campo

Sin embargo, nunca se escribe *m* delante de *v*, a pesar de tratarse de la misma pronunciación. Ejemplos:

convoy   convidar   invitar   envidia

Grupos *mn* y *nn*
• En algunas palabras se escribe *m* delante de *n*. Ejemplos:

himno   alumno   columna   amnesia

Sin embargo, se escribe *n* delante de *n* en las palabras prefijadas con *en-*, *in-*, *con-*. Ejemplos:

ennoblecer   innato   connotación

Palabras que terminan en *-m*
• Algunas palabras de origen latino o árabe terminan en *-m*. Ejemplos:

harem (o harén)   vademécum   cuórum

Algunas palabras latinas aparecen en el *Diccionario* académico alternando con las formas correspondientes castellanizadas, que figuran como preferidas, salvo *ultimátum* y *médium*. Ejemplos:

ultimátum → ultimato   referéndum → referendo
máximum → máximo   médium → medio
memorándum → memorando   mínimum → mínimo

Asimismo, acaba en *-m* la palabra *álbum*, cuyo plural es *álbumes* (no **álbunes*).

5.1 21.2 Ortografía de las letras *c*, *k* y *qu* para el fonema /k/

Ortografía de *ca, co, cu*
• Para el fonema /k/ se escribe *c* delante de *a, o, u*, y en posición final de sílaba y de palabra. Ejemplos:

casa   coñac   cubo   acto   tic

Ortografía de *que, qui*
• Se escribe *qu* delante de *e, i*. Ejemplos:

queso   quepo   quiso   quito

Cuando se emplea *qu* delante de *a, o*, y con pronunciación de la *u*, se trata de voces latinas o extranjeras no adaptadas al castellano. Por eso deben escribirse en cursiva. Ejemplos:

quorum → [kwórum]   quasar → [kwásar]

En castellano, esas palabras deben escribirse como *cuórum* y *cuásar*.

Ortografía de *k*
• Se escribe *k* en algunas palabras procedentes de lenguas no latinas y en las que se ha respetado la letra originaria. Ejemplos:

káiser   karate (o kárate)
ikastola   karateka (o karateca)

● Hay algunas palabras que el *Diccionario* académico admite que se escriban con *qu* o con *k*. Sin embargo, se prefieren las formas que aparecen en primer lugar.

Alternancias recogidas por el Diccionario académico

bikini (biquini)　　　　　　*kirie (quirie)*
euskera (eusquera)　　　　　*quiosco (kiosco)*
kermés (quermés)　　　　　　*vodka (vodca)*

Las formas con el elemento *kilo-* o *kili-* ya no presentan la opción con *q*: **quilo, *quilogramo, *quilómetro, etc.*

5.1 21.3　Palabras acabadas en *-d* y en *-z*

Son frecuentes los errores en la pronunciación de estas letras cuando van al final de palabra. Para evitar que este error pase a la escritura conviene poner en plural las palabras correspondientes (si son sustantivos y adjetivos). Cuando el plural se escribe con *c*, el singular se escribe con *z*, y cuando el plural se escribe con *d*, el singular se escribe también con *d*. Ejemplos:

Errores en palabras acabadas en -d y en -z

audaz → audaces　　　　　　*edad → edades*

Cuando no es posible el plural, deben buscarse otras palabras de la misma familia léxica. Ejemplo:

salud → saludar

5.1 21.4　Ortografía de las conjunciones *y, o*

● La conjunción copulativa *y* pasa a *e* delante de palabras que empiezan por *hi-* o por *i-*, siempre que no se trate de un diptongo [**4.1.12**]. Ejemplos:

Conjunción y pasa a e

Llamó a padres e hijos.　　　*Arrió e izó la bandera.*

Pero:

Hay nieve y hielo.　　　　　　*Está hecho de cobre y hierro.*

Si dicha conjunción es tónica (con valor adverbial [**2.8.2**]), no cambia a *e*. Ejemplo:

¿Y Inés? → [í inés]

● Por su parte, la conjunción disyuntiva [**2.8.3**] *o* pasa a *u* delante de palabras que empiezan por *ho-* o por *o*. Ejemplos:

Conjunción o pasa a u

siete u ocho (también *7 u 8*)　　　*morro u hocico*

ATENCIÓN

Hay palabras como *hiato, ion,* etc., que pueden pronunciarse con diptongo o hiato. Por ello es indiferente escribir *y* o *e* delante de ellas. Ejemplos:

diptongos e/y hiatos　　　　*moléculas e/y iones*

5.1 | 22 | **GRUPOS CONSONÁNTICOS**

5.1 22.1 Alternancias en *ps, pt, gn, mn, nn, bs* y *pos*

Alternancias recogidas en el *Diccionario* académico para *ps, pt, gn, mn, nn, bs* y *pos*

Las Academias de la Lengua Española admiten algunas alternancias en la escritura de grupos consonánticos. Sin embargo, siempre se prefiere la que aparece en primer lugar:

● PS- y S-

pseudo- (*seudo-*)	*psicópata* (*sicópata*)
psicoanálisis (*sicoanálisis*)	*psicosis* (*sicosis*)
psicología (*sicología*)	*psicoterapia* (*sicoterapia*)
psicológico (*sicológico*)	*psiquiatra* (*siquiatra*)
psicólogo (*sicólogo*)	*psíquico* (*síquico*)

Pero las palabras *seudónimo* y *seudópodo* nunca llevan *p-*.

● -PT- y -T-

adscrito (*adscripto*)	*séptimo* (*sétimo*)
circunscrito (*circunscripto*)	*suscritor* (*suscriptor*)
septiembre (*setiembre*)	*suscrito* (*suscripto*)

● GN- y N-

gnómico (*nómico*)	*gnomo* (*nomo*)

● MN- y N-

mnemotecnia (*nemotecnia*)	*mnemotécnico* (*nemotécnico*)

● -NN- y -N-

inocuo (*innocuo*)	*inocuidad* (*innocuidad*)

● -BS- y -S-

insustancial (*insubstancial*)	*sustancia* (*substancia*)
insustituible (*insubstituible*)	*sustantivo* (*substantivo*)
oscurecer (*obscurecer*)	*sustitución* (*substitución*)
oscuridad (*obscuridad*)	*sustituir* (*substituir*)
oscuro (*obscuro*)	*sustituto* (*substituto*)
suscriptor (*subscriptor*)	*sustracción* (*substracción*)
suscribir (*subscribir*)	*sustraer* (*substraer*)
suscripción (*subscripción*)	*sustrato* (*substrato*)

● POS- Y POST-

posdata (*postdata*)	*posmeridiano* (*postmeridiano*)
posoperatorio (*postoperatorio*)	*pospalatal* (*postpalatal*)
posguerra (*postguerra*)	*posventa* (*postventa*)

Las Academias de la Lengua Española recomiendan el uso de *pos-* en todos los casos.

ATENCIÓN

Cuando al prefijo *pos-* lo sigue una palabra que empieza por *s-* debe escribirse *post-*, ya que en español no hay dos *ss* seguidas. Ejemplos:

> *postsindical* (no **possindical*)
> *postsocialismo* (*no *possocialismo*)

Si la palabra empieza por *t-*, solo se admite la forma *pos-*. Ejemplo:

> *postraumático* (no **posttraumático*)

Si la palabra empieza por *r-*, se escribirá una sola *r* y no dos. Ejemplo:

> *pos(t)romántico* (no **pos(t)rromántico*)

5.1 22.2 **Alternancias en el grupo *ns***

La norma académica permite hoy la alternancia entre *ns* y *s* en todas las palabras que admiten *trans-*:

Alternancias recogidas en el *Diccionario* académico para *ns*

transalpino (trasalpino)	*transmisión (trasmisión)*
transcribir (trascribir)	*transmitir (trasmitir)*
transcripción (trascripción)	*transmontano (trasmontano)*
transcurrir (trascurrir)	*transmudar (trasmudar)*
transcurso (trascurso)	*transmutable (trasmutable)*
transferencia (trasferencia)	*transmutar (trasmutar)*
transferible (trasferible)	*transparencia (trasparencia)*
transferir (trasferir)	*transponer (trasponer)*
transfigurable (trasfigurable)	*transportar (trasportar)*
transfigurar (trasfigurar)	*transporte (trasporte)*
transfijo (trasfijo)	*transposición (trasposición)*
transformación (trasformación)	*transpositivo (traspositivo)*
transformador (trasformador)	*transvasar (trasvasar)*
transformar (trasformar)	*transvase (trasvase)*

Sin embargo, no todas las palabras que se escriben con *tras-* admiten *trans-*, entre ellas aquellas en las que *tras-* significa 'detrás de'. Ejemplos:

trasplantar	*trastienda*	*trasnochar*
trasfondo	*traspasar*	*traspié*

5.1 22.3 Reducción de dos vocales iguales seguidas

La doctrina académica reciente recomienda reducir a una sola vocal los grupos de dos vocales iguales seguidas, siempre que sean átonas y sean el resultado de unir un prefijo o elemento compositivo acabado en vocal con su base léxica empezando con la misma vocal. Ejemplos:

portaaviones → *portaviones*
contraanálisis → *contranálisis*
reencontrar → *rencontrar*
sobreesdrújula → *sobresdrújula*
antiincendios → *antincendios*
semiinstintivo → *seminstintivo*
coordenada → *cordenada*
euroordenanza → *eurordenanza*

Pero:

megaágape → **megágape* (*ágape* lleva *a* tónica).
antiindio → **antindio* (*indio* lleva *i* tónica).
sobreéxito → **sobréxito* (*éxito* lleva *e* tónica).
euroorden → **eurorden* (*orden* lleva *e* tónica).

No admiten reducción aquellas formas en que la contracción dé lugar a un significado diferente. Ejemplos:

ultraamoral (no es lo mismo que *ultramoral*).
semiilegible (no es lo mismo que *semilegible*).
reelaborar (no es lo mismo que *relaborar*).

Tampoco admiten la reducción las palabras con el elemento *bio-*, pues podría confundirse con el prefijo *bi-*:

biooxidante (no es lo mismo que *bioxidante*).

Se resisten a la reducción las palabras con el prefijo *co-*:

cooficial   *cooperativa*   *cooráculo*

Constituyen excepción al requisito de que sean átonas las dos vocales voces como *monóxido*, *monóculo* o *Mariángeles*, que se formaron así desde el principio.

ORTOGRAFÍA DE LAS LETRAS MAYÚSCULAS | 5.1 | 23

Se escriben con letra inicial mayúscula:

Reglas ortográficas
de las mayúsculas

• La primera palabra de un escrito.

• La primera palabra que va después de un punto y seguido, o de un punto y aparte.

• La palabra que sigue a los dos puntos en el encabezamiento de una carta, una instancia, etc. En estos casos, lo normal es que se escriba aparte lo que sigue a los dos puntos, aunque también se puede escribir seguido. Ejemplos:

> *Querido amigo*:
> *Te estoy muy agradecido por...*
> *Querido amigo: Te estoy muy agradecido por...*

• La primera palabra de una cita que sigue a los dos puntos. Ejemplo:

> *Ya lo dijo el poeta: «Ande yo caliente y ríase la gente».*

• Los nombres propios:

  • Nombres de pila. Ejemplo: *Evaristo*

  • Apellidos. Ejemplo: *Jiménez*

  • Apodos. Ejemplo: *el Lute*

  • Topónimos. Ejemplos: *Duero*, *Pirineos*, *Marte*, *Cadaqués*

  • Instituciones. Ejemplo: *Real Academia Española*

  • Organismos. Ejemplo: *Unión Europea*

  • Movimientos culturales. Ejemplo: *Romanticismo*

  • Disciplinas académicas. Ejemplo: *Filología*

  • Títulos de obras. Ejemplo: *Luces de bohemia*

ATENCIÓN

Cuando el artículo forma parte del nombre propio, se escribe también su primera letra con mayúscula. Ejemplos:

> *La Haya*　　　*El Cairo*　　　*El Escorial*

• Los nombres antonomásticos que designan atributos divinos. Ejemplos:

> *Redentor*　　　*Salvador*　　　*Creador*

• Los adjetivos calificativos que de un modo constante acompañan a un nombre propio. Ejemplos:

> *Alfonso el Sabio*　　　*Isabel la Católica*

• Antes, los nombres de títulos, cargos, tratamientos y dignidades, cuando designan a una persona concreta, no cuando se emplean con valor genérico, se escribían con mayúscula inicial; ahora se escriben en minúscula. Ejemplos:

el duque de... *el rey de España* *el papa*

Y también:

El rey es el jefe del Estado. *Vendrá un duque.*

● Las abreviaturas de los tratamientos. Ejemplos:

D. *Excmo.* *Vd.*

(Cuando no se abrevian, las palabras *usted*, *don*, *señora*... se escriben con minúscula).

● Los símbolos de los puntos cardinales. Ejemplos:

N (Norte) *S (Sur)* *E (Este)*
O (Oeste) *NO (Noroeste)* *SE (Sureste)*

● Nombres colectivos [**2.1.2**] usados en sentido institucional. Ejemplos:

Estado *Iglesia* *Reino*

● Las palabras que van después de los signos de exclamación [**5.5.4**], interrogación [**5.5.4**] o puntos suspensivos [**5.5.2**] siempre que equivalgan a un punto. Ejemplos:

¿Vienes? Sí, ahora mismo. *¡Menos mal! Acaba de llegar.*

● Los nombres comunes [**2.1.2**] convertidos en propios por antonomasia. Ejemplos:

la Purísima *la Ascensión* *el Señor*

● Los números romanos (en los siglos se prefiere la versalita). Ejemplos:

Alfonso X *Juan XXIII*

ATENCIÓN

● Los nombres de los días de la semana, de los meses, de las estaciones del año y de las notas musicales se escriben preferentemente con minúscula. Ejemplos:

lunes *enero* *primavera* *do*

● Los dígrafos *ch* y *ll* solo presentan como mayúscula la primera letra. Ejemplos:

Chile *Llorente*

● Las vocales mayúsculas deben llevar tilde en los mismos casos que las minúsculas. Ejemplos:

Ávila *Ángel* *Íñigo*

● Los nombres propios que pasan a usarse como comunes se escriben con minúscula. Ejemplos:

Quiero un jerez. *Eres un quijote.*

5.2 Ortografía de la sílaba

5.2 **1** ORTOGRAFÍA DE LA SÍLABA

5.2 1.1 **Las letras al final de renglón**

Nunca debe partirse una sílaba al final de una línea o renglón. La sílaba es indivisible. Por eso, para dividir las palabras a final de renglón deben tenerse en cuenta las siguientes reglas:

Elementos de diptongos y triptongos: siempre unidos

• Los elementos de diptongos [**4.1.12**] y triptongos [**4.1.12**] deben permanecer unidos en la misma línea. Ejemplos:

averi-güéis (no **averigüé-is* o **averigü-éis*)
incipien-te (no **incipi-ente*)
desahu-ciar (no **desa-huciar*)

Pr, pl, br, bl, fr, fl, tr, dr, cr, cl, gr y gl: unidos si pertenecen a la misma sílaba

• Los grupos consonánticos *pr, pl, br, bl, fr, fl, tr, dr, cr, cl, gr* y *gl* deben permanecer unidos siempre que sus componentes pertenezcan a la misma sílaba. Ejemplos:

com-prar	*rio-platense*	*reco-brar*	*table-ro*
refres-co	*infla-ción*	*de-trás*	*picape-drero*
incre-mentar	*recla-mar*	*con-grio*	*deglu-ción*

Sin embargo, cuando los componentes de los grupos consonánticos anteriores no pertenecen a la misma sílaba deben escribirse separados en distintas líneas. Ejemplos:

sub-rayar (no **su-brayar*)
ab-rogar (no **a-brogar*)
ciudad-realeño (no **ciuda-dwrealeño*)
post-romántico (no **pos-tromántico*)

Elementos de hiatos: siempre unidos

• Aunque se trate de sílabas diferentes, no es recomendable separar los hiatos [**4.1.12**]. Ejemplos:

peon-za (no **pe-onza*)
meteoro-logía (no **mete-orología*)
tenía-mos (no **tení-amos*)

Nunca una vocal sola al principio o al final de línea

• Por cuestión de elegancia, no debe terminar un renglón con la vocal inicial de una palabra ni empezar con la vocal final de otra palabra. Ejemplos:

ori-lla (no **o-rilla*)
aris-ta (no **a-rista*)
idó-neo (no **idóne-o*)
áu-reo (no **áure-o*)

Prefijadas y compuestas: dos opciones

• Si la palabra es prefijada [**1.1.2.4**] o compuesta [**1.1.2.4**] y tiene existencia por sí misma sin prefijo o elemento compositivo y empieza por vocal, se puede optar por separarla al final del renglón ateniéndonos a la división silábica o bien a la división en morfemas. Ejemplos:

de-samparar (des-amparar)   *vo-sotros (vos-otros)*
no-sotros (nos-otros)   *ma-leducado (mal-educado)*

En estos casos, sin embargo, es preferible la división en sílabas.

- Si la palabra lleva *h* intercalada [**5.1.6**], esta no puede quedar nunca en el final de renglón, ni en el principio tras consonante, salvo que se pronuncie aspirada. Ejemplos:

La *h* intercalada

des-hilvanar (no **desh-ilvanar*)   *enhies-to* (no **e-nhiesto*)
in-humar (no **inh-umar*)   *exhaus-tivo* (no **e-xhaustivo*)
dír-ham (la *h se* pronuncia aspirada) *des-hacer* (no **desh-acer*)

En todo caso, siempre se tendrá en cuenta que la *h* es muda. Ejemplo: *adhe-sión* (no **ad-hesión*)

- La *x*, que representa dos fonemas que pertenecen a sílabas diferentes, puede terminar renglón cuando va delante de consonante o comenzarlo cuando va delante de vocal. Ejemplos:

La *x* puede empezar renglón y terminarlo

refle-xión (no **reflex-ión*)   *ex-traño*

- Cuando en una oración aparece *cc*, la primera *c* debe aparecer al final del renglón; nunca pueden aparecer las dos juntas ni al principio ni al final, pues pertenecen a sílabas diferentes. Ejemplos:

Grupo *cc:* nunca las dos *c* juntas

perfec-ción (no **perfecc-ión* o **perfe-cción*)

- Cuando en una palabra aparece el grupo consonántico *tl*, lo normal es separar ambas consonantes, pues pertenecen a sílabas diferentes. Ejemplos:

Grupo *-tl-:* dos opciones

at-leta   *at-lético*   *at-las*

No obstante, puesto que hay personas que pronuncian *a-tleta*, *a-tlético*, etc. (sobre todo en Canarias e Hispanoamérica), sería válido también no separar ambas consonantes al final del renglón. Ejemplo: *transa-tlántico*

- Cuando en la palabra existe una *s* precedida y seguida de consonante, dicha letra forma sílaba con la consonante que la precede y no con la que la sigue. Ejemplos:

La *s* entre consonantes: va con la que la precede

abs-traer (no **ab-straer*)   *ins-pección* (no **in-spección*)
pers-picacia (no **per-spicacia*)   *ads-crito* (no **ad-scrito*)

- En los dígrafos *ch*, *ll* y *rr*, nunca se pueden separar los dos componentes. Ejemplos:

Dígrafos *ch*, *ll* y *rr*: no se pueden separar

carre-ta (no **car-reta*)
paelle-ra (no **pael-lera*)
anchu-ra (no **anc-hura*)

Pero si se trata de un vocablo formado con un prefijo acabado en *-r* y una base léxica que comienza por *r-*, deben separarse en renglones aparte, pues pertenecen a sílabas distintas. Ejemplos:

super-rápido   *hiper-responsable*

- Cuando se separan compuestos formados mediante un guion con un componente al final de renglón y el otro al principio del renglón siguiente, debe repetirse el guion. Ejemplo: *teórico-/-práctico*.

Compuestos con guion: se repite el guion al final y al principio

465

5.3 Ortografía de las palabras

5.3 | 1 | ORTOGRAFÍA DE LAS PALABRAS (I)

5.3 1.1 *Por qué, porque, por que, porqué*

Por qué: interrogativo/
exclamativo

- *Por qué* → es una secuencia de dos palabras constituida por la preposición *por* y el interrogativo-exclamativo *qué*. Este siempre es tónico y va con tilde. La secuencia puede ir seguida de sustantivos como *motivo, causa, razón*.

Puede aparecer tanto en enunciados interrogativos o exclamativos directos como en oraciones interrogativas indirectas. Ejemplos:

> *¿Por qué (motivo) no has jugado?*
> *¡Por qué (motivo) iría a esa casa!*
> *Pregúntale por qué (motivo) no ha venido.*
> *No sé por qué (motivo) lo dijo.*

Porque: causal o final

- *Porque* → es una palabra átona. Se trata de una conjunción causal o final. Por tanto, introduce oraciones causales [**3.3.16**] y finales [**3.3.18**]. Ejemplos:

> Causal: *El suelo está mojado porque ha llovido.*
> Final: *Lucho porque no paséis apuros.*

Normalmente se puede sustituir por otras conjunciones [**2.8.1**] o locuciones [**3.2.2**] causales o finales. Ejemplos:

> Causales: *como, ya que, puesto que, pues*
> Finales: *para que, a fin de que*

Por que:
por + relativo *que*/
por + conjunción *que*

- *Por que* → es una secuencia de dos palabras que presenta dos valores:

- Puede ser la preposición *por* seguida del relativo *que*. En este caso, siempre es posible —y es lo normal— poner el artículo delante del relativo. Ejemplos:

> *Ese fue el motivo por (el) que dimití.*
> *Ese fue el agujero por (el) que se escapó.*

- Puede tratarse también de la preposición *por* seguida de la conjunción subordinante *que*. Se diferencia de *porque* en que no hay valor causal y en que la preposición *por* está exigida por un verbo, un sustantivo o un adjetivo anterior. Ejemplos:

> *Me inclino por que va a ganar mi equipo.*
> *Ganar la Liga pasa por que ganemos en Sevilla.*
> *Esta palabra se caracteriza por que tiene dos sílabas tónicas.*

Cuando en esta secuencia *por que* el verbo de la subordinada vaya en subjuntivo, también es válido escribir *porque*, según la Ortografía de 2010. Ejemplo:

> *Velaremos por que/porque nuestros hijos se críen sanos.*

Porqué: sustantivo

- *Porqué* → es un sustantivo y, como tal, es tónico; puede ir precedido de determinativos (en especial del artículo), admite el plural, y puede ir seguido de un modificador introducido por la preposición *de*. Ejemplos:

No me interesa el porqué de tu comportamiento.
Esos porqués no me convencen.

ATENCIÓN

• No es correcto poner el determinativo artículo delante de *por qué* en oraciones interrogativas indirectas. Ejemplo:

*No sé el por qué te negaste a venir.

Debe decirse:

No sé por qué te negaste a venir.
No sé el porqué de tu negativa a venir.

• El *Diccionario* académico recoge también la forma *por que* con valor final. Ejemplo:

Hicimos cuanto pudimos por que todo saliera bien.

5.3 1.2 *Conque, con que y con qué*

• *Conque* → es una conjunción ilativa átona. Introduce oraciones ilativas y es equivalente a otras conjunciones o locuciones conjuntivas como *luego, así que, por consiguiente*. Ejemplos:

Conque: consecutivo

Ya habéis jugado suficiente; conque, ahora, a estudiar.
Conque de paseo, ¿eh?

• *Con que* → presenta dos valores:

    • Puede ser la suma de la preposición *con* y el relativo *que*. En este caso, siempre es posible introducir un artículo entre ambos elementos. Ejemplos:

Con que:
con + relativo que/
con + conjunción que

Ese es el lápiz con (el) que hice ese dibujo.
Esa es la pluma con (la) que escribo.

    • Puede ser la suma de la preposición *con*, exigida por un verbo o adjetivo, y la conjunción subordinante *que*. En este caso no es posible la intercalación del artículo y tampoco posee valor consecutivo. Ejemplos:

No está conforme con que os quedéis en su casa.
Es suficiente con que me saludes.

• *Con qué* → es la suma de la preposición *con* y el interrogativo-exclamativo *qué*, el cual siempre es tónico. Puede aparecer en enunciados interrogativos [**3.1.1**] o exclamativos [**3.1.1**] o en oraciones interrogativas indirectas. Ejemplos:

Con qué:
interrogativo/
exclamativo

¿Con qué habéis limpiado los cristales?
¡Con qué ganas trabaja!
Dime con qué habéis limpiado los cristales.
No sé con qué habéis limpiado los cristales.

5.3 2.1 *Adónde, adonde y a donde*

Adónde: interrogativo/ exclamativo
● *Adónde/a dónde* → es un adverbio interrogativo-exclamativo, que puede aparecer en enunciados interrogativos o exclamativos o en oraciones interrogativas indirectas. Siempre es tónico y se puede escribir en una sola palabra o en dos. Ejemplos:

> *¿Adónde/a dónde vais por ahí?*
> *¡Adónde/a dónde voy a ir!*
> *No sé adónde/a dónde vais por ahí.*

Adonde: adverbio relativo
● *Adonde* (y *a donde*) → es un adverbio relativo que puede escribirse en una sola palabra o en dos [**5.4.3**]. Ejemplos:

> *La casa adonde/a donde voy está lejos.*
> *Quiero ir a donde/adonde tú vas.*

5.3 2.2 *Sino y si no*

● *Sino* → presenta dos valores:

Sino: sustantivo
● Puede ser un sustantivo —por consiguiente, tónico— sinónimo de *destino*. Ejemplos:

> *Don Álvaro o la fuerza del sino.*
> *Mi sino ha sido siempre trabajar.*

Sino: adversativo
● Puede ser una conjunción adversativa. En este caso es palabra átona, no puede ir precedida de determinativos y se une normalmente a la conjunción *que* cuando el segundo componente es una oración con verbo en forma personal. Ejemplos:

> *No lo hice yo, sino mi padre.*
> *No quise ir al cine, sino que preferí quedarme en casa.*

También puede ser un sinónimo de *excepto* y de *más que*. Ejemplos:

> *¿Quién sino tú puede hacer eso?*
> *Nadie sino Juan puede haberlo hecho.*
> *No quiero sino que me creas.*
> *No pretendo otra cosa sino que esto se acabe de una vez.*

ORTOGRAFÍA DE LAS PALABRAS (II) | **5.3** | 2

- *Si no* → es la unión de la conjunción condicional o hipotética *si* o la conjunción de oraciones interrogativas indirectas con el adverbio *no*, que es tónico. Ejemplos:

  Si no vienes, no te doy el regalo.
  No sé si no habrá sido Juan quien lo hizo.

  Recuérdese que la palabra *no* siempre es tónica.

Si no: condicional

5.3 2.3 *Así mismo, asimismo y a sí mismo*

- *Asimismo* → es un adverbio. Ejemplos:

  Juan dijo, asimismo, que no quería volver.
  Asimismo, habló de otros temas.

  La forma *asimismo* significa 'además', 'también', 'del mismo modo'. Las Academias de la Lengua Española no admiten ahora la variante gráfica *así mismo* con este valor.

Asimismo: adverbio

ATENCIÓN

Aunque la pronunciación de *asimismo* es [asímismo], las Academias de la Lengua Española no dan hoy por válida en la escritura la forma *asímismo*. Debe escribirse siempre *asimismo*, sin tilde.

Por otra parte, cuando se trata del adverbio modal *así* reforzado con el adjetivo *mismo*, se escribe siempre separado. Ejemplo:

  Lo hice así mismo (no de otra manera).

- *A sí mismo* → es una secuencia formada por la unión de la preposición *a* con el reflexivo *sí* y el adjetivo de identidad *mismo*. Este adjetivo, en cuanto que lo es, admite variaciones de género y de número: *a sí mismo, a sí misma, a sí mismos, a sí mismas.* Ejemplos:

  Juan se peina a sí mismo.
  María se peina a sí misma.
  Paco y Jesús se gustan a sí mismos.
  Luisa y Marta se gustan a sí mismas.

A sí mismo: a + reflexivo sí + mismo

5.3 | 3 | **ORTOGRAFÍA DE LAS PALABRAS (y III)**

5.3 3.1 *Demás* y *de más*

Demás: determinativo
● *Demás* → es un determinativo o pronombre indefinido equivalente a *otro, otros, otras*. Puede ir precedido del artículo neutro o del artículo plural, aunque en ocasiones aparece sin artículo. Ejemplos:

> Artículo neutro: *Lo demás es cosa tuya (lo otro).*
> Artículo plural: *Los demás se examinarán mañana.*
> Sin artículo: *Se acercaron al instituto su padre, su tío y demás familia.*

De más: de + adverbio de cantidad
● *De más* → es la suma de la preposición *de* y el adverbio de cantidad *más*:

> *Es la persona de más finos modales que he visto.*
> *No quiso hablarme de más asuntos* (frente a: *No quiso hablarme de los demás asuntos*).
> *Esa página tiene dos ejercicios de más (dos ejercicios que sobran).*

En ocasiones, con la forma neutra *lo*, la expresión *lo de más* se opone a *lo de menos*. Ejemplo:

> *Lo de menos es que no me saludes; lo de más es que me insultes.*

Otras veces forma parte de locuciones verbales como *hablar de más* ('hablar en exceso'), *estar de más* ('sobrar'). Ejemplos:

> *Luis siempre habla de más y después se arrepiente.*
> *Como me parecía que estaba de más en la reunión, me marché.*

5.3 3.2 *Aparte* y *a parte*

Aparte: adverbio, adjetivo, sustantivo
● *Aparte* → puede ser un adverbio, un adjetivo o un sustantivo. Ejemplos:

> Adverbio: *Pon eso aparte.*
> Adjetivo: *Tu hijo es un caso aparte (distinto).*
> Sustantivo: *Hizo un aparte en la escena de la comedia.*

Además, como adverbio puede ir modificado por un complemento precedido de la preposición *de*, constituyendo la locución preposicional *aparte de*. Ejemplo:

> *Aparte de ese fallo, todo lo demás lo hizo bien.*

A parte: a + sustantivo *parte*
● *A parte* → es la suma de la preposición *a* seguida del sustantivo *parte*. Ejemplos:

> *Crucé la ciudad de parte a parte.*
> *Así no irás a parte alguna (a ninguna parte).*

ORTOGRAFÍA DE LAS PALABRAS (y III) | **5.3** | 3

5.3 3.3 *También y tan bien*

● *También* → es un adverbio de afirmación. Ejemplos:

    Yo también quiero ir.
    Comí y también cené en su casa.
    Baila y también canta.

También: adverbio de afirmación

● *Tan bien* → es la unión del adverbio de cantidad *tan* y el adverbio de modo *bien*. Aparece tanto en estructuras comparativas como en consecutivas plenas o inconclusas. Ejemplos:

Tan bien: adverbio *tan* + adverbio *bien*

    Comparativas: *Canta tan bien como tú.*
    Consecutivas plenas: *Canta tan bien que da gusto oírle.*
    Consecutivas inconclusas: *¡Canta tan bien...!*

5.3 3.4 *Tampoco y tan poco*

● *Tampoco* → es un adverbio de negación, con significado contrario al de *también*. Ejemplos:

    Yo tampoco quiero ir.
    No comí, pero tampoco cené en su casa.

Tampoco: adverbio de negación

● *Tan poco* → es la suma de los adverbios de cantidad *tan* y el cuantificador adverbial o pronominal *poco*. Ejemplos:

Tan poco: *tan* + cuantificador *poco*

    Es tan poco elegante como su hermana.
    Juan no come tan poco como dicen (compárese con: *Juan tampoco come, Juan no come tampoco, Tampoco Juan come*).

5.3 | 4 | EN UNA PALABRA O EN MÁS DE UNA

Hay algunas formas que las Academias permiten que se escriban en una o en dos palabras, pero prefieren las formas que aparecen en primer lugar.

Alternancias recogidas en las últimas obras académicas

- *A maltraer (a mal traer)*. Ejemplo: *Mi hijo está haciendo siempre trastadas y me tiene a maltraer.*

- *A matacaballo (a mata caballo)*. Ejemplo: *Visitamos la exposición a matacaballo y nos quedamos sin ver la sala principal.*

- *A rajatabla (a raja tabla)*. Ejemplo: *Todo saldrá bien si seguís mis instrucciones a rajatabla.*

- *A tocateja (a toca teja)*. Ejemplo: *He pagado a tocateja estas últimas compras y me he quedado sin dinero.*

- *Adentro (a dentro)*. Ejemplo: *Pasad adentro, que fuera ya hace demasiado frío.*

- *Aguanieve (agua nieve)*. Ejemplo: *El puerto de montaña está cerrado porque hay un temporal de aguanieve.*

- *Aguaviento (agua viento)*. Ejemplo: *El temporal de aguaviento produjo muchos daños materiales en el pueblo.*

- *Alrededor (al rededor)*. Ejemplo: *La Tierra gira alrededor del sol.*

- *Altorrelieve (alto relieve)*. Ejemplo: *Me gusta mucho la técnica escultórica del altorrelieve.*

- *Anteanoche (antes de anoche)*. Ejemplo: *Anteanoche estuve en la fiesta que había organizado Miguel.*

- *Anteayer (antes de ayer)*. Ejemplo: *Si hoy es viernes, anteayer fue miércoles.*

- *Aprisa (a prisa)*. Ejemplo: *Lo hizo aprisa y terminó pronto.*

- *Arcoíris (arco iris)*. Ejemplo: *Mira el arcoíris.*

- *Bajorrelieve (bajo relieve)*. Ejemplo: *Las monedas tienen figuras en bajorrelieve.*

- *Bocabajo (boca abajo)*. Ejemplo: *Me gusta tomar el sol bocabajo.*

- *Bocarriba (boca arriba)*. Ejemplo: *Túmbate bocarriba para no marearte.*

- *Buenaventura (buena ventura)*. Ejemplo: *Una gitana granadina me echó la buenaventura.*

- *Camposanto (campo santo)*. Ejemplo: *Por encima de la valla se ven los cipreses y las cruces del camposanto.*

- *Caradura (cara dura)*. Ejemplo: *Jesús es un caradura, siempre se intenta aprovechar de los demás.*

- *Contrarreloj (contra reloj)*. Ejemplo: *Este ciclista hizo el mejor tiempo en la contrarreloj.* (Se escribe *contra reloj* cuando es adverbio: *Vamos contra reloj*).

- *Deprisa (de prisa).* Ejemplo: *Caminaba deprisa para llegar antes.*

- *Donjuán (don juan).* Ejemplo: *Este donjuán es todo amabilidad con las mujeres.*

- *Enhorabuena (en hora buena).* Ejemplo: *¡Enhorabuena por el nacimiento de tu hijo!* Como sustantivo, solo se escribe *enhorabuena.* Ejemplo: *Le di la enhorabuena.*

- *Enseguida (en seguida).* Ejemplo: *Espérame, que vuelvo enseguida.*

- *Enfrente (en frente).* Ejemplo: *Vivo enfrente del colegio.*

- *Entremedias (entre medias).* Ejemplo: *Se colocó entremedias de los dos.*

- *Entretanto (entre tanto)* (sin preferencia académica). Ejemplo: *Tardaré un poco en llegar a comer; así que, entretanto, ve poniendo la mesa.*

- *Fueraborda o fuerabordo (fuera borda o fuera bordo).* Ejemplo: *Al quedarse el fueraborda sin gasolina tuvimos que volver remando.*

- *Hierbabuena (hierba buena).* Ejemplo: *Me gusta el té con hierbabuena.*

- *In fraganti (infraganti).* Ejemplo: *Los pillaron in fraganti robando el examen de la sala de profesores.*

- *Librecambio (libre cambio).* Ejemplo: *El librecambio defiende la supresión de las trabas aduaneras.*

- *Medioambiente (medio ambiente).* Ejemplo: *Hay que respetar el medioambiente.*

- *Padrenuestro (padre nuestro).* Ejemplo: *Comenzaron su oración con un padrenuestro.*

- *Puercoespín (puerco espín).* Ejemplo: *Acabo de ver un puercoespín.*

- *Quintaesencia (quinta esencia).* Ejemplo: *Este chico es la quintaesencia de la elegancia.*

- *Sanseacabó (san se acabó).* Ejemplo: *He dicho que vayas tú y sanseacabó.*

- *Simpar (sin par).* Ejemplo: *La simpar soprano española.*

- *Sinigual (sin igual).* Ejemplo: *una persona sinigual.*

- *Sobremanera (sobre manera).* Ejemplo: *Es muy aficionada al cine y le gustan sobremanera las películas del Oeste.*

- *Tal vez (talvez).* Ejemplo: *Tal vez llueva hoy.*

- *Tiquismiquis (tiquis miquis).* Ejemplo: *No seas tan tiquismiquis y cómete el pollo con los dedos.*

- *Tosferina (tos ferina).* Ejemplo: *Ya pasé la tosferina.*

5.3 | 5 | DISTINTO SIGNIFICADO EN UNA PALABRA O EN MÁS DE UNA

Algunas formas tienen un significado diferente si se escriben en una sola palabra o en varias. Estas son las más importantes:

Palabras con diferente significado según se escriban juntas o separadas

- *Adondequiera* → es un adverbio antecedente del relativo *que*. Ejemplo: *Te seguiré adondequiera que tú vayas.*
Adonde quiera → es un adverbio relativo (*adonde*) y la primera o la tercera persona singular del presente de subjuntivo del verbo *querer*. Ejemplo: *Yo iré adonde quiera y no adonde me digan.*

- *Bienvenida* → es un sustantivo que significa 'expresión de alegría por la llegada de alguien'. Ejemplo: *Dale la bienvenida a tu hermana.*
Bien venida → es el adverbio *bien* y el participio del verbo *venir*: *venida*. Ejemplo: *Siempre serás bien venida.* También se puede escribir, y se prefiere, *bienvenido (a)* con este valor.

- *Dondequiera* → es un adverbio antecedente del relativo *que*. Ejemplo: *Te añoraré dondequiera que estés.*
Donde quiera → es el adverbio relativo *donde* más la primera o la tercera persona singular del presente de subjuntivo del verbo *querer*. Ejemplo: *Deja de insistir, iré donde quiera.*

- *Entorno* → es siempre un sustantivo que significa 'ambiente'. Ejemplo: *La gente de tu entorno ha influido mucho en ti.*
En torno → es una parte de la locución preposicional *en torno a*. Ejemplo: *Mi hija jugaba dando vueltas en torno a mí.*

- *Exabrupto* → es un sustantivo que significa 'salida de tono'. Ejemplo: *Cuando te pregunté me contestaste con un exabrupto.*
Ex abrupto → es una locución adverbial latina que significa 'de forma repentina e inesperada'. Ejemplo: *El tribunal hizo pública una sentencia dictada ex abrupto.*

- *Medianoche* → es un sustantivo. Designa el momento de las doce de la noche y también un tipo de bollo. Ejemplos: *Ya es medianoche. Compré dos mediasnoches.*
Media noche → es un adjetivo seguido del sustantivo *noche*. Ejemplo: *Pasé media noche trabajando.*

- *Mediodía* → es un sustantivo que significa 'horas centrales del día'. Ejemplo: *Ya es mediodía.*
Medio día → es un adjetivo seguido del sustantivo *día*. Ejemplo: *El niño lleva medio día llorando.*

- *Quehacer* → es un sustantivo que significa 'ocupación'. Ejemplo: *Hoy no puedo atenderte, que tengo muchos quehaceres.*
Que hacer → se trata de la conjunción *que* o del relativo *que* seguidos del verbo *hacer*. Ejemplos: *No tengo nada que hacer. No tengo que hacer nada.*

- *Quienquiera* → es un pronombre indefinido antecedente del relativo *que*. Ejemplo: *Quienquiera que lo sepa, que lo diga.*
Quien quiera → se trata del relativo *quien* más la tercera persona singular del presente de subjuntivo del verbo *querer*. Ejemplo: *Quien quiera pan, que lo pida.*

- *Sinfín* → es un sustantivo que significa 'gran cantidad'. Ejemplo: Conozco un sinfín de cosas.
Sin fin → es una construcción formada por la preposición *sin* seguida del sustantivo *fin*. Ejemplo: Este es un camino sin fin.
Sinnúmero → es un sustantivo que significa 'gran cantidad'. Ejemplo: Te he dicho un sinnúmero de veces que estudies.
Sin número → es una construcción formada por la preposición *sin* seguida de un sustantivo. Ejemplo: Esta página está sin número.

- *Sinrazón* → es un sustantivo que significa 'acción contra la razón'. Ejemplo: Es una sinrazón que pretendas esa barbaridad.
Sin razón → es una construcción formada por la preposición *sin* seguida de un sustantivo. Ejemplo: No insistas en ello, porque hablas sin razón.

- *Sinsabor* → es un sustantivo que significa 'pesar', 'disgusto'. Ejemplo: Esta vida es un continuo sinsabor.
Sin sabor → es una construcción formada por la preposición *sin* seguida de un sustantivo. Ejemplo: Esta comida está sin sabor.

- *Sinsentido* → es un sustantivo que significa 'absurdo', 'hecho sin lógica'. Ejemplo: Lo que dices es un sinsentido y no sé a qué viene ahora.
Sin sentido → es una construcción formada por la preposición *sin* seguida de un sustantivo. Ejemplo: Luis, a consecuencia del golpe, se quedó sin sentido.

- *Sinvergüenza* → es un sustantivo o adjetivo que significa 'descarado'. Ejemplo: Eres un sinvergüenza.
Sin vergüenza → es una construcción formada por la preposición *sin* seguida de un sustantivo. Ejemplo: María es muy resuelta, se comporta siempre sin vergüenza.

ATENCIÓN

- Se escriben siempre en dos o más palabras las locuciones siguientes:

a pesar de	en cambio
o sea	a veces
por tanto	a menudo
sin embargo	en medio
sobre todo	a través de

- Se escriben como una sola palabra las siguientes formas:

adelante	acaso	abasto	encinta
avizor (ojo)	cortometraje	encima	adrede

- El adjetivo de *medio ambiente* o *medioambiente* es siempre *medioambiental* (no **medio ambiental*).

- Las preposiciones *a* y *de* seguidas del artículo *el* se agrupan por contracción en una sola palabra. Ejemplos: Salté al agua.   Vengo del campo.
Se exceptúan aquellos casos en que el artículo *el* forma parte de un nombre propio. Ejemplo: He ido a El Cairo.

5.3 | 6 PALABRAS PREFIJADAS Y COMPUESTAS

Las palabras prefijadas y las palabras compuestas se pueden escribir con un guion que separe los componentes o sin él. Estas son las normas más frecuentes.

5.3 6.1 Palabras prefijadas y compuestas que se escriben sin guion

Se escriben sin guion:

Palabras con prefijo ● Las palabras con prefijo [**1.1.2.5**]. Ejemplos:

> vicerrector (no *vice-rector)
> contralmirante (o contraalmirante) (no *contra-almirante)
> antiarrugas (no *anti-arrugas)
> preuniversitario (no *pre-universitario)

Los prefijos se escriben separados de la base léxica cuando esta consta de más de una palabra. Ejemplos:

> pro derechos humanos
>
> ex primer ministro
>
> anti guerra civil

Locuciones latinas ● Se escriben sin guion y en dos palabras ciertas locuciones latinas. Ejemplos:

> ex profeso   ex cáthedra
> a priori   a posteriori

Pro- ● *Pro-* se escribe sin guion y separado cuando aún no ha formado una unidad léxica fuerte. Ejemplo: *campaña pro amnistía*

Otras palabras ● Otras palabras también deben escribirse sin guion. Ejemplos:

> tictac   beriberi
> rumrum (o runrún)   zizgag
> tantán   tuntún

No como prefijo ● El adverbio *no* usado como prefijo no debe separarse con guion, sino que debe escribirse separado de la palabra que lo sigue. Ejemplos:

> la no violencia   los no alineados

Estructuras en aposición ● Las estructuras en aposición con dos o más sustantivos deben escribirse sin guion. Ejemplos:

> café teatro   viaje fin de curso
> camión cisterna   hora punta

Solo si el compuesto es ocasional o se encuentra en los principios de la creación, se escribirán con guion entre sus componentes. Ejemplos:

> mujer-muñeca   carril-bus

5.3 6.2 Palabras prefijadas y compuestas que se escriben con guion

Se escriben con guion:

- La palabra *hispanoamericano* se escribe sin guion, por entenderse que se trata de la fusión de los caracteres de ambos pueblos (el hispano y el americano). Lo mismo ocurre en palabras como *angloamericano* o *hispanoárabe*. Pero cuando tal fusión no existe, puede usarse el guion. Ejemplos:

  Hispanoamericano frente a anglo-egipcio

    anglo-egipcio   *germano-soviético*

- Se usa también el guion en los adjetivos compuestos de varios componentes que mantienen aún cierta independencia. Ejemplos:

  Adjetivos compuestos

    lección teórico-práctica   *estudio histórico-filosófico*

- En los casos en que se unen dos sustantivos en aposición a un sustantivo anterior, con eliminación para ello de alguna preposición o conjunción, debe ponerse el guion en aquellos. Ejemplos:

  Sustantivo en aposición que se une a otro sustantivo

    el partido Madrid-Coruña (el partido entre el Madrid y el Coruña)
    la dirección norte-sur (del norte al sur)
    las relaciones Iglesia-Estado (las relaciones entre la Iglesia y el Estado)
    el presentador-director del programa (el presentador y director)
    la lectura-escritura del texto (la lectura y escritura)

- En las estructuras en aposición con dos o más sustantivos, cuando dicha aposición es consecuencia de la supresión de la preposición *por*. Ejemplos:

  Estructuras en que se ha suprimido por

    kilómetros-hora   *litros-metro cuadrado*

- Cuando se une un prefijo a un nombre propio es obligada la separación con guion, pues sería anómalo poner una letra mayúscula en medio de una palabra. Ejemplos:

  Prefijo más nombre propio

    anti-Otan (no *antiOtan)   *pro-Alemania (no *proAlemania)*

5.3 6.3 Palabras con el prefijo *ex*

Las Academias han decidido recientemente que *ex* se escriba como los demás prefijos, unido a su base, salvo cuando esta conste de más de una palabra. Ejemplos:

  En una sola palabra

    exmarido   *exministro*

Pero:

  Ex separado de la palabra

    ex guardia civil   *ex delantero centro*

5.4 Acentuación

5.4 1 | ACENTUACIÓN DE PALABRAS AGUDAS, LLANAS Y ESDRÚJULAS

5.41.1 Acentuación de palabras agudas

Agudas: la última sílaba es la tónica

● Son palabras agudas u oxítonas aquellas cuya sílaba tónica es la última. Ejemplos:

reloj	*salió*	*también*
jazmín	*convidó*	*precoz*

Tilde: si acaban en vocal, en *-n* o en *-s*

● Llevan tilde solo las agudas de más de una sílaba acabadas en vocal o en las consonantes *-n* o *-s*. Ejemplos:

mamá	*cordón*	*jamás*
amé	*camión*	*francés*
carmesí	*atención*	*burgués*
llegó	*bufón*	*atrás*
tabú	*adulación*	*anís*

ATENCIÓN

Si la *-s* final va precedida de consonante, la palabra no lleva tilde. Ejemplos:

Orleans   *robots*

5.41.2 Acentuación de palabras llanas

Llanas: la penúltima sílaba es la tónica

● Son palabras llanas, graves o paroxítonas aquellas cuya sílaba tónica es la penúltima. Ejemplos:

fértil	*revólver*	*examen*
volumen	*incierto*	*azúcar*

Tilde: si acaban en consonante distinta de *-n* o *-s*

● Llevan tilde todas las palabras llanas excepto las acabadas en vocal o en las consonantes *-n* o *-s*. Ejemplos:

llego	*canon*	*caracteres*
tesis	*sutiles*	*sintaxis*
fértil	*cáncer*	*álbum*
cáliz	*estiércol*	*memorándum*
carácter	*accésit*	*fútil*

ATENCIÓN

● Las palabras llanas acabadas en *-x* o en *-s* precedida de consonante llevan tilde a pesar de ser una *-s* en la pronunciación la última consonante. Ejemplos:

tórax   *bíceps*   *trémens*

● Las palabras *sutil*, *radar* y *Nobel* son agudas y no llanas. Son pronunciaciones incorrectas *[sútil]*, *[rádar]* y *[nóbel]*.

5.4 1.3 Acentuación de palabras esdrújulas

• Son palabras esdrújulas o proparoxítonas aquellas cuya sílaba tónica es la antepenúltima o la anterior a la antepenúltima. Ejemplos:

Esdrújulas: la antepenúltima sílaba es la tónica

régimen	*regímenes*	*espécimen*
especímenes	*teléfono*	*dáselo*
tísico	*química*	*matemáticas*
agrícola	*ecológico*	*parálisis*
sábana	*séptimo*	*trópico*

• Se llama sobresdrújulas a las palabras cuya sílaba tónica es la anterior a la antepenúltima. En realidad se trata de una variante de las esdrújulas, y siempre son formas verbales a las que se adhieren los pronombres átonos. Ejemplos:

Tilde: siempre

devuélvemelo   *contéstaselo*   *respóndeselo*

Todas las palabras esdrújulas y sobresdrújulas, sin excepción, llevan tilde.

ATENCIÓN

• Las palabras *intervalo, libido, consola, colega* y *perito* son llanas. Son, pues, incorrectas sus pronunciaciones como *[intérvalo], *[líbido], *[cónsola], *[cólega] y *[périto].

• Las palabras *espécimen* y *equívoco* son esdrújulas. Por tanto, son incorrectas sus pronunciaciones como *[especímen] y *[equivóco].

• Asimismo, la palabra *ojalá* es aguda. No es correcto pronunciarla como esdrújula: *[ójala].

ATENCIÓN

El *Diccionario* académico ya registra las palabras *tangana, cénit, rubeola* y *garrulo* como llanas, al lado de *tángana, cenit, rubéola* y *gárrulo* (esta con significado distinto del de *garrulo*). También registra y prefiere *élite* al lado de *elite*.

5.4 | 2 | ACENTUACIÓN DE MONOSÍLABOS

5.4 2.1 Los monosílabos y la tilde

General: monosílabos tónicos no llevan tilde

Los monosílabos tónicos, aun siendo palabras agudas, no llevan tilde. Ejemplos:

sal	*mar*	*mes*
seis	*vio*	*soy*
dio	*fue*	*fui*
Dios	*fe*	*da*

ATENCIÓN

Los monosílabos *vio*, *dio*, *fue* y *fui* llevaban tilde antes de 1959. Ya no la llevan: siguen la regla general.

5.4 2.2 Tilde diacrítica

Parejas de monosílabos tónicos y átonos

Cuando el monosílabo tónico presenta la misma forma que otro átono con el que puede confundirse, se diferencian poniendo una tilde (llamada diacrítica) al monosílabo tónico. Ejemplos:

- DÉ/DE
  - *Dé* → forma del verbo *dar*. Ejemplo:
    Dile a Susana que me dé el dinero que me debe.
  - *De* → preposición. Ejemplo:
    Voy a cenar a casa de María.

- ÉL/EL
  - *Él* → pronombre personal. Ejemplo:
    Él vino de Jerez y yo de Burgos.
  - *El* → artículo. Ejemplo:
    El vino de Jerez es el que más me gusta.

- MÁS/MAS
  - *Más* → adverbio de cantidad. Ejemplo:
    Ana, dame más pan, por favor.
  - *Mas* → conjunción adversativa que significa 'pero'. Ejemplo:
    Quiero ayudarte, mas no sé qué hacer.

- MÍ/MI
  - *Mí* → pronombre personal. Ejemplo:
    Dámelo a mí, hijo.
  - *Mi* → determinativo posesivo. Ejemplo:
    Pedro quedó el otro día con mi hijo.

- SÉ/SE
  - *Sé* → forma de los verbos *saber* y *ser*. Ejemplos:

    Saber: Yo sé cantar.
    Ser: ¿Quieres un consejo? Sé valiente.
  - *Se* → pronombre personal y reflexivo. Ejemplos:

    Personal: Yo se lo avisé.
    Reflexivo: Luis es un presumido, siempre se está mirando al espejo.
- SÍ/SI
  - *Sí* → pronombre reflexivo o adverbio de afirmación. Ejemplos:

    Pronombre: Juan pronto volvió en sí.
    Adverbio: María, ya te he dicho que sí.
  - *Si* → conjunción condicional, partícula que introduce interrogativas indirectas y partícula enfática. Ejemplos:

    Condicional: Si vienes, te doy el premio.
    Interrogativa: No sé si ir al cine.
    Enfática: ¡Si seré tonto!
- TÉ/TE
  - *Té* → sustantivo. Ejemplo:

    A mí me gusta el té con leche.
  - *Te* → pronombre personal. Ejemplo:

    Te quiero.
- TÚ/TU
  - *Tú* → pronombre personal. Ejemplo:

    Tú no vienes a la cena.
  - *Tu* → determinativo posesivo. Ejemplo:

    Tu coche no funciona del todo bien.

ATENCIÓN

- Los sustantivos *si* y *mi*, referidos a las notas musicales correspondientes, no llevan tilde aunque son palabras tónicas.
- La palabra *ti* nunca lleva tilde, pues no tiene que diferenciarse de ningún *ti* átono.
- A pesar de que la voz *tés*, plural de *té*, no entra en conflicto con ninguna otra voz homónima átona, las Academias prescriben que se tilde. Se trata, pues, de una tilde extraña.

5.4 | 3 | ACENTUACIÓN DE INTERROGATIVOS Y EXCLAMATIVOS

Tilde diacrítica en los interrogativos/ exclamativos

Todos los pronombres y adverbios interrogativos y exclamativos son tónicos y llevan tilde aunque sean monosílabos o palabras llanas acabadas en vocal o en -s. En realidad, es una tilde diacrítica que se pone para diferenciar estas palabras de otras que son átonas y tienen la misma forma, pero pertenecen a otras categorías gramaticales.

- **CUÁNTO** (*cuánta, cuántos, cuántas*)/**CUANTO** (*cuanta, cuantos, cuantas*)
  - *Cuánto* (y sus variantes) → pronombre, determinativo y adverbio interrogativo y exclamativo. Ejemplos:

    Pronombre: *Dime cuánto quieres.*
    Determinativo: *¿Cuántos libros has comprado?*
    Adverbio interrogativo: *¿Cuánto dices que te ha costado?*
    Adverbio exclamativo: *¡Cuánto corre mi abuelo!*

  - *Cuanto* (y sus variantes) → pronombre, determinativo y adverbio relativo. Ejemplos:

    Pronombre: *El niño está enfermo: echa fuera cuanto come.*
    Determinativo: *He comprado cuantos libros he querido.*
    Adverbio relativo: *Dame todo cuanto puedas.*

- **CUÁL** (*cuáles*)/**CUAL** (*cuales*)
  - *Cuál, cuáles* → pronombre interrogativo y exclamativo. Ejemplos:

    Pronombre interrogativo: *¿Cuál de los dos te gusta más?*
    Pronombre exclamativo: *¡Cuál no será mi sorpresa al veros!*

  - *Cual, cuales* → pronombre relativo o adverbio modal. Ejemplos:

    Pronombre relativo: *Este es Juan, con el cual estudio.*
    Adverbio modal: *Es tal cual me lo imaginaba.*

- **DÓNDE, CUÁNDO, CÓMO/DONDE, CUANDO, COMO**
  - *Dónde, cuándo, cómo* → adverbios interrogativos y exclamativos. Ejemplos:

    Adverbio interrogativo: *¿Dónde estabais?*
    Adverbio exclamativo: *¡De dónde vendrás a estas horas!*

  - *Donde, cuando, como* → adverbios relativos. Ejemplos:

    ¿Donde vive Juan hace mucho frío?
    Estabais en clase cuando llegó el profesor.
    Lo hice como me dijiste.

ATENCIÓN

Los adverbios *cuando* y *como* adquieren valor conjuntivo cuando dejan de significar 'tiempo' y 'modo', respectivamente. Como son átonos, tampoco llevan tilde. Ejemplos:

Cuando no ha venido, por algo será.   *Como no has venido, no te lo he dado.*

- **QUÉ/QUE**
  - *Qué* → pronombre, determinativo y adverbio interrogativo y exclamativo. Ejemplos:

Pronombre: *¿Qué has comido?*
Determinativo: *¡Qué libro más interesante!*
Adverbio: *¡Qué guapa es!*
- *Que* → pronombre relativo o conjunción. Ejemplos:
  Pronombre relativo: *El hombre que vino trajo ese paquete.*
  Conjunción: *No quiero que sufras.*

● QUIÉN (*quiénes*)/QUIEN (*quienes*)

  - *Quién, quiénes* → pronombre interrogativo y exclamativo. Ejemplos:
    Pronombre interrogativo: *¿Quién anda por ahí?*
    Pronombre exclamativo: *¡Quién lo hubiera sabido!*
  - *Quien, quienes* → pronombre relativo. Ejemplo: *Quien lo sepa, que lo diga.*

Norma La tilde en los pronombres y adverbios relativos

Los relativos *quién, quienes, (a)donde*, en estructuras con los verbos *tener, haber, buscar* o *encontrar* y con la subordinada en infinitivo, si no llevan antecedente explícito pueden pronunciarse tónicos o átonos, por lo que la tilde es opcional. Ejemplos:

   No tengo a quién/quien, (a)dónde/(a)donde, cómo/como dejar la maleta.

Por su parte, los relativos *que* y *como* en estas estructuras se pronuncian siempre tónicos, por lo que la tilde es obligada; además, se evitan así ambigüedades con las voces *que* y *como* átonas. Ejemplos:

   No había qué comer ('nada para comer')/No hay que comer ('no hay obligación de comer').
   No hay cómo conducir este coche ('no hay manera de conducir')/No hay como conducir este coche ('no hay nada mejor como conducir este coche').

Estos mismos pronombres y adverbios relativos, a los que se suman *cuándo* y *cuánto(a)/cuántos(as)*, presentan el mismo comportamiento con las palabras *según, independientemente* y *depender* (con todas sus formas verbales). Ejemplos:

   Dependiendo de (independientemente de, según de, según) a quién ('a qué persona')/a quien ('a la persona que') nos dirijamos.
   Dependiendo de (independientemente de, según) (a) dónde ('a qué lugar')/(a)donde ('al lugar al que') nos dirijamos.
   Dependiendo de (independientemente de, según) cuánto ('qué cantidad')/cuanto ('la cantidad que') nos vayan a cobrar.

Es opcional la tilde en la voz *como* cuando en ella confluyen el valor adverbial de modo y el conjuntivo equivalente a *que*. Ejemplo:

   En ese momento oí cómo/como se cerraba tras mí la puerta.

Si no confluyen los dos valores, se escribirá con tilde si es adverbio interrogativo, y sin tilde si es conjunción. Ejemplos:

   Oí cómo tocaba Juan el piano.
   Ya verás como Juan no viene a la boda.

En ocasiones se oponen enunciados como estos:

   Ya verás cómo ('de qué manera') Juan toca el piano.
   Ya verás como ('que') Juan toca el piano.

5.4 | 4 | ACENTUACIÓN DE DIPTONGOS Y TRIPTONGOS

5.4 4.1 Reglas generales

Para una explicación de las agrupaciones vocálicas que forman diptongo o triptongo, ver **4.1.12**.

● Diptongos tónicos

Diptongos y triptongos: reglas generales de acentuación

Los diptongos y triptongos tónicos se ajustan a las reglas generales de palabras agudas, llanas o esdrújulas en lo que a colocación de tilde se refiere. Ejemplos:

bien	*miér*coles	*averigüéis*	*distinguiera*

Diptongos con vocal cerrada (i, u) y vocal abierta (a, e o); tilde sobre la abierta

● Diptongos tónicos con vocal cerrada y vocal abierta o viceversa

En diptongos formados con vocal cerrada *i, u* seguida de vocal abierta (*a, e, o*) o viceversa, la tilde, si ha de ponerse, siempre aparecerá sobre la abierta (la verdadera vocal) y nunca sobre la cerrada (semivocal o semiconsonante). Ejemplos:

recién	*devuélvamelo*	*sabéis*	*salió*

Diptongos con vocal cerrada y vocal cerrada: tilde sobre la segunda

● Diptongos tónicos con vocal cerrada y vocal cerrada

Cuando el diptongo tónico está formado con dos vocales cerradas (*ui, iu*), la tilde se pone, si ha de ponerse, en la segunda (la verdadera vocal). Ejemplo:

cuídate

● Diptongos átonos

Si el diptongo es átono nunca lleva tilde. Ejemplos:

*ama*bais	*heroicidad*	*buen*ísimo	*geranio*

ATENCIÓN

● Las palabras agudas acabadas en un diptongo cuya última letra es una *-y* no llevan tilde por considerarse la *y* una consonante. Ejemplos:

jersey	*convoy*	*estoy*	*virrey*

● Es un error colocar tilde sobre la vocal cerrada en palabras como las siguientes:

cláusula (no **claúsula*)
náusea (no **naúsea*)
terapéutico (no **terapeútico*)

● Triptongos

Triptongos: tilde sobre la vocal abierta

En los triptongos, la tilde, si es necesaria, va en la vocal abierta (la verdadera vocal). Ejemplos:

averiguáis	*limpiáis*	*columpiéis*

5.4 4.2 Algunos ejemplos con diptongos

● **Con tilde:** Diptongos con tilde

• *Rodapié* (aguda acabada en vocal). Ejemplo: *Los rodapiés de mi casa son de madera barnizada.*

• *Devolváis* (aguda acabada en -s). Ejemplo: *Antes de que devolváis el regalo podíais pensar en quien os lo regala.*

• *Huésped* (llana acabada en -d). Ejemplo: *Tengo a mi primo en casa como huésped.*

• *Náutico* (esdrújula). Ejemplo: *Los deportes náuticos se practican en los mares, ríos y lagos.*

• *Muéstramelo* (esdrújula o sobresdrújula). Ejemplo: *No creo que hayas dejado ahí el cuaderno, así que muéstramelo.*

● **Sin tilde:** Diptongos sin tilde

• *Actual* (aguda acabada en -l). Ejemplo: *La tecnología actual ha alcanzado un alto grado de desarrollo.*

• *Trauma* (llana acabada en vocal). Ejemplo: *Tiene problemas mentales por algún trauma infantil que desconocemos.*

• *Amasteis* (llana acabada en -s). Ejemplo: *No entiendo por qué fracasó vuestra relación. ¿Os amasteis alguna vez?*

• *Ruin* (monosílaba). Ejemplo: *No seas ruin y no discutas por diez céntimos.*

• *Viuda* (llana acabada en vocal). Ejemplo: *Mi abuela es viuda desde hace tres años.*

• *Seis* (monosílabo). Ejemplo: *Mi hijo tiene seis años.*

ATENCIÓN

● Debe evitarse la tendencia a poner tilde en palabras como *cantabais*, *cantarais*, etc., lo que a veces ocurre por analogía con *cantábamos*, *cantáramos*, etc.

● Un diptongo con vocal tónica no lleva tilde si es un monosílabo; pero sí la lleva cuando deja de ser monosílabo. Ejemplo:

pie → rodapié, hincapié, puntapié

| 5.4 | 5 | **ACENTUACIÓN DE LOS HIATOS** |

5.4 5.1 Tipos de hiatos

A efectos de acentuación hay que tener en cuenta los siguientes tipos de hiato:

Hiatos formados por dos vocales abiertas

● Hiatos formados por dos vocales abiertas

Estos hiatos siguen las reglas generales de colocación de tilde (agudas, llanas, esdrújulas), siempre que uno de los elementos del hiato sea tónico. Ejemplos:

| caoba | aéreo | léelo | rubéola |

Hiatos formados por una vocal cerrada y una vocal abierta

● Hiatos formados por vocal cerrada tónica y vocal abierta

Estos hiatos siempre llevan tilde. Si no llevaran tilde, la pronunciación no sería de hiato, sino de diptongo. Ejemplos:

| río (rí-o) | púa (pú-a) | efectúo (e-fec-tú-o) |

Hiatos formados por vocal abierta y vocal cerrada

● Hiatos formados por vocal abierta y vocal cerrada tónica

Estos hiatos siempre tienen como tónica la vocal cerrada, y siempre llevan tilde, para evitar que se confundan en la pronunciación con diptongos. Ejemplos:

| tahúr (ta-húr) | reíd (re-íd) | reíos (re-í-os) |

Palabras que se pueden pronunciar con hiato o diptongo

● Palabras que se pueden pronunciar como hiatos o como diptongos (con vocal cerrada y vocal abierta tónica o con dos vocales cerradas distintas, con la segunda como tónica).

Algunas palabras como *guion, truhan, Sion, lie, rio, guie, hui...* se pronuncian como hiatos en ciertas zonas y como diptongos en otras; por ello, las Academias de la Lengua Española prescriben que se consideren siempre diptongos a efectos de la acentuación. Por tanto, al ser diptongos (gráficos) se tratan como los demás monosílabos, y no deben llevar nunca tilde. Ejemplos:

guion	truhan	Sion
hui	huis	lie
rio	guie	

Se comportan de la misma manera las palabras como *criais, guieis, fiais, riais...*, que se entienden triptongos (monosílabos) a los efectos de la acentuación. Por tanto, se escriben sin tilde. Ejemplos:

| criais | guieis |
| fiais | riais |

ATENCIÓN

Las palabras que tienen las secuencias vocálicas *ui* e *iu* se consideran siempre diptongos a efectos de acentuación aunque a veces se pronuncie un hiato: *ruido, viuda, incluido, interviú*. Las palabras *hui, huis, flui* y *fluis* siguen la regla de palabras como *guion*.

Por su parte, la tilde en las formas *huía, huías, huíamos, huíais, huían* se justifica porque debe marcarse el hiato formado por *ui + -a* (huí-a).

5.4 5.2 Otros ejemplos con hiatos

Ejemplos de hiatos

- *ahí (a-hí)*, aguda acabada en vocal.
- *búho (bú-ho)*, es tónica la cerrada: siempre lleva tilde.
- *creéis (cre-éis)*, aguda acabada en *-s*.
- *Díez (Dí-ez)* (frente a *diez*), es tónica la cerrada: siempre lleva tilde.
- *leísmo (le-ís-mo)*, es tónica la cerrada: siempre lleva tilde.
- *prohíbo (pro-hí-bo)*, es tónica la cerrada: siempre lleva tilde.
- *proveíste (pro-ve-ís-te)*, es tónica la cerrada: siempre lleva tilde.
- *puntuó (pun-tu-ó)*, aguda acabada en vocal.
- *Raúl (Ra-úl)* es tónica la cerrada: siempre lleva tilde.

ATENCIÓN

- La palabra *ahí* constituye un hiato (*a-hí*), por lo que no debe pronunciarse como diptongo: [a-í], no *[ái].

- En la palabra *retahíla* existe un hiato. Es error pronunciarla con diptongo: [r̄e-ta-í-la] no *[r̄e-tá i̯-la].

- Las Academias de la Lengua Española admiten la pronunciación de casi todos los verbos en *-cuar* como diptongo o como hiato: *adecuo* [aɗékwo] o *adecúo* [aɗekcúo], *licue* [likwe] o *licúe* [likúe], *evacua* [eƀákwa] o *evacúa* [eƀakúa].

- Las Academias de la Lengua Española admiten pronunciaciones de algunas palabras con diptongo o con hiato. Se prefieren las formas que aparecen en primer lugar.

balaustre (balaústre)   *gladiolo (gladíolo)*
olimpiada (olimpíada)   *reuma (reúma)*
período (periodo)   *cardíaco (cardiaco)*

- Son muy pocas las palabras que contienen dos vocales cerradas iguales seguidas. En estos casos se pronuncia hiato, pero no se pone la tilde, ya que no se pueden confundir con diptongos. Ejemplos:

tiita   *Rociito*   *chiita*

ATENCIÓN

Todas las palabras con el sufijo *-íaco/-iaco* admiten las pronunciaciones con hiato (con tilde) y con diptongo (sin tilde). Ejemplos:

elegíaco/elegiaco   *austríaco/austriaco*

5.4 | 6 | **ACENTUACIÓN DE PALABRAS COMPUESTAS**

5.46.1 **Palabras compuestas sin guion**

Compuestos sin guion: reglas generales

Las palabras compuestas [**1.1.2.4**] de dos o más lexemas que se escriben sin guion solo llevan tilde en el último componente en el caso de que la requieran ateniéndose a las reglas generales de acentuación. El primer componente no puede llevar tilde, pues se hace átono en la pronunciación. Ejemplos:

> *décimo* + *séptimo* → *decimoséptimo*
> *tío* + *vivo* → *tiovivo*
> *así* + *mismo* → *asimismo*
> *céfalo* + *tórax* → *cefalotórax*
> *río* + *platense* → *rioplatense*
> *vídeo* + *juego* → *videojuego*
> *porta* + *lámparas* → *portalámparas*

Si, al formarse el compuesto, se produjera un hiato, se aplicará la regla correspondiente. Ejemplos:

> *arco* + *iris* → *arcoíris*
> *pinta* + *uñas* → *pintaúñas*

5.46.2 **Palabras compuestas con guion**

Compuestos con guion: cada componente es tónico

En las palabras compuestas de dos o más lexemas que se escriben con guion, cada componente es tónico. Por ello, cada uno de ellos debe llevar tilde cuando las reglas generales de acentuación la requieran. Ejemplos:

> *físico-químico*   *astur-leonés*
> *cántabro-astur*   *teórico-práctico*

5.46.3 **Palabras compuestas acabadas en** *-mente*

Adverbios en *-mente:* si el adjetivo tenía tilde, se mantiene

En las palabras compuestas en las que el último componente es el sustantivo *-mente*, la tilde se pone solo en el primer componente (un adjetivo) si este ya la tenía por sí solo, o sea, fuera del compuesto. Ejemplos:

> *fácil* + *mente* → *fácilmente*
> *común* + *mente* → *comúnmente*
> *difícil* + *mente* → *difícilmente*
> *verosímil* + *mente* → *verosímilmente*
> *errónea* + *mente* → *erróneamente*
> *sutil* + *mente* → *sutilmente*
> *sola* + *mente* → *solamente*
> *única* + *mente* → *únicamente*
> *tonta* + *mente* → *tontamente*
> *ardua* + *mente* → *arduamente*

ATENCIÓN

• En estas palabras, el componente -*mente* funciona como sufijo, por lo que pueden considerarse palabras derivadas.

5.4 6.4 Palabras compuestas por una forma verbal y un pronombre

Las palabras compuestas por una forma verbal y pronombres personales átonos [**2.4.2**] (clíticos) siguen las reglas generales de acentuación.

Forma verbal seguida de pronombre

Si el resultado no es una palabra esdrújula, la palabra compuesta no lleva tilde. Ejemplos:

> *da* + *me* → *dame*
> *disponed* + *os* → *disponeos*
> *está* + *te* → *estate*
> *dispon* + *lo* → *disponlo*

Si el resultado es una palabra esdrújula, la palabra compuesta lleva tilde. Ejemplos:

> *da* + *me* + *lo* → **dámelo**
> *dijera* + *se* → *dijérase*
> *tira* + *nos* + *lo* → *tíranoslo*
> *vamos* + *nos* → **vámonos**

Si la forma verbal por sí sola tenía un hiato que llevaba tilde, esta se mantiene en el compuesto, pues el hiato sigue existiendo como tal. Ejemplos:

> *ríe* + *te* → *ríete*
> *freí* + *lo* → *freílo*
> *guía* + *me* → **guíame**
> *caía* + *se* → *caíase*

5.4 | 7 OTROS CASOS DE ACENTUACIÓN

5.4 7.1 La tilde en los demostrativos

Los determinativos demostrativos [**2.3.4**], que siempre acompañan y determinan al sustantivo, nunca llevan tilde. Ejemplos:

*est*as chicas   *aque*llos animales

Pronombres demostrativos: solo si hay ambigüedad

Si se trata de pronombres demostrativos tampoco llevan tilde, salvo en casos de posible ambigüedad, en los que pueden llevarla, pero tampoco es obligatoria. Ejemplos:

Determinativo: *Me contaron estos cuentos de niños.* (El demostrativo, como determinativo, acompaña al sustantivo *cuentos*).

Pronombre: *Me contaron éstos cuentos de niños.* (El demostrativo, como pronombre, alude a las personas que contaron los cuentos).

La razón de esta doctrina reciente es que los casos de ambigüedad son muy raros y escasos, y en los demostrativos la tilde no se usa para diferenciar una palabra tónica de otra átona, como sería lo habitual en la tilde diacrítica [**5.4.2.2**].

ATENCIÓN

Las formas pronominales neutras *esto, eso, aquello* nunca llevan tilde, porque nunca acompañan a sustantivos y, por tanto, nunca pueden confundirse con un determinativo.

5.4 7.2 Las formas *solo* y *sólo*

Sólo: cuando hay posibilidad de ambigüedad

La palabra *solo* puede ser un adjetivo masculino o un adverbio equivalente a *solamente*. En caso de ambigüedad se puede poner tilde en el adverbio, pero no es obligatoria. Ejemplos:

Adjetivo: *Resolví solo* (yo solo) *un problema.*
Adverbio: *Resolví sólo/solo* (solamente) *un problema.*

La razón de esta doctrina reciente es que los casos de ambigüedad son escasos, y dicha tilde no se usa para diferenciar una palabra tónica de otra átona, como sería lo habitual en la tilde diacrítica [**5.4.2.2**].

5.4 7.3 Las formas *aun* y *aún*

● *Aun*

Aun: equivale a 'incluso'

La forma *aun* es un monosílabo (por tanto, un diptongo) átono, por lo que nunca debe llevar tilde. Tiene un significado concesivo como el de *aunque*, si bien no es sustituible por esta forma. También posee el significado de 'incluso', 'hasta', 'también' y 'siquiera'. Ejemplos:

Aun estudiando, no logro aprobar.   *Ni aun lo intentó.*
No tengo calor ni aun en verano.   *Ni aun así lo haría.*

● *Aún*

La forma *aún* constituye un hiato (*a-ún*), que debe marcarse con tilde por ser una palabra aguda acabada en -*n* y porque los hiatos con vocal abierta átona y vocal cerrada tónica llevan siempre tilde. Es un adverbio sinónimo de *todavía*. Ejemplos:

Aún: equivale a 'todavía'

> *Aún te estoy esperando.*   *No ha llegado aún el profesor.*

También lleva tilde cuando presenta valor ponderativo delante o detrás de la palabra más, menos, mayor, menor, mejor, peor, superior e inferior. Ejemplos:

> *Marta canta aún mejor que su hermana.*
> *Gana aún más que el director.*

5.4 7.4 Conjunción disyuntiva *o*

La conjunción disyuntiva *o* llevaba tilde cuando iba entre números, para evitar su confusión con el número cero. Esta tilde era una marca diferenciadora pero no un verdadero acento, pues esta conjunción siempre es átona. Recientemente se ha eliminado la tilde. Por tanto, se escribirá así: *4 o 5, 2 o 3*

La *o* entre números

5.4 7.5 Las mayúsculas

Las letras vocales mayúsculas llevan tilde en los mismos casos que las minúsculas. Ejemplos: *Ávila, Ángel, Éufrates, Órbigo*

Mayúsculas: tilde igual que las minúsculas

5.4 7.6 Nombres propios extranjeros

Los nombres propios ya incorporados a nuestra lengua llevan tilde en las mismas condiciones que las demás palabras españolas. Ejemplos: *París, Berlín, Turín, Nápoles*

Nombres extranjeros: se pueden acentuar según las reglas generales

Pero si no están incorporados a nuestra lengua debe respetarse la grafía original. Ejemplos: *Mozart, Wagner*

5.4 7.7 Palabras de origen latino

Las palabras latinas adaptadas al castellano se tildan como las demás palabras españolas. Ejemplos:

Palabras latinas: como si fueran españolas

plácet	*déficit*	*superávit*	*currículum*
cuórum	*máximum*	*accésit*	*réquiem*

No se pondrá tilde, en cambio, en las locuciones, que deberán escribirse en cursiva. Ejemplos:

> *ad libitum* (no *ad líbitum)
> *rigor mortis* (no *rígor mortis)
> *delirium tremens* (no *delírium tremens)
> *curriculum vitae* (no *currículum vítae)

5.5 Puntuación

5.5 | 1 | **PUNTUACIÓN: LA COMA**

5.5 1.1 Usos principales de la coma

La coma indica una pausa breve y una entonación ascendente o suspendida. Estos son sus usos principales:

En enumeraciones
● La coma separa los componentes de una enumeración, sean estos palabras, grupos de palabras u oraciones. Ahora bien, si el último componente se une al anterior mediante las conjunciones *y, ni, o*, no se pone coma entre ellos. Ejemplos:

> *Mario es alegre, simpático, estudioso y buena persona.*
> *Vendrán personas de Madrid, de París o de Lisboa.*

Para separar el vocativo
● La coma separa los vocativos del resto de componentes de la oración. Ejemplos:

> *Oye, tú, ven aquí.*
> *Camarero, un café, por favor.*
> *¿Cómo está mi hijo, doctor?*

Para separar incisos
● La coma separa incisos explicativos (o que cortan momentáneamente la linealidad lógica), sean estos aposiciones, oraciones de relativo u oraciones de otro tipo. Ejemplos:

> *Mis hijos, Carmen y Juan, están en Londres.*
> *¿Tú, que tanto insististe, ahora dices que no estás interesado?*

Para separar la oración principal de la subordinada
● La coma separa la oración principal [**3.1.2**] de la subordinada, siempre que esta subordinada vaya delante de la principal y no pertenezca a la clase de las sustantivas [**3.3.1**] o de las adjetivas [**3.3.8**]. Si el orden es el inverso no se pone coma. Ejemplos:

> *Si comes tanto, engordarás.* → *Engordarás si comes tanto.*

Detrás de locuciones adverbiales
● La coma se pone detrás de adverbios o locuciones adverbiales o conjuntivas del tipo *por tanto, por consiguiente, así pues, pues bien, por último, además...* Ejemplos:

> *Ya has jugado mucho; por tanto, debes ponerte a estudiar.*
> *He estudiado toda la tarde; sin embargo, he aprendido poco.*

Para separar complementos oracionales
● La coma separa ciertos complementos oracionales, ya sean adverbios o grupos preposicionales. Ejemplos:

> *Afortunadamente, todo ocurrió como esperábamos.*
> *En primer lugar, no todos tenemos las mismas oportunidades.*

- La coma sustituye a un verbo que aparece antes en el contexto o que se sobrentiende. Ejemplos:

  Juan estudia Filología; yo, Matemáticas.
  Álvaro es simpático; Pedro, introvertido; María, muy alegre.
  A la vejez, viruelas.

  Sustituyendo a un verbo

- La coma también separa oraciones unidas por la conjunción *y*, siempre que no constituyan elementos de una misma serie o enumeración. Ejemplos:

  Esta tarde hay clase, y, que yo sepa, nadie lo sabe.
  Juan dio un regalo al niño, y a Pedro no le gustó.

  Oraciones unidas por *y*

- La coma sirve para separar los decimales de los números enteros, aunque ahora se prefiere el punto. Si se usa la coma, se sitúa en la parte inferior. Ejemplos:

  1325,63   2,33

  Para separar decimales

- La coma separa cualquier palabra, grupo, etc., que se refiera a contenidos de los que el hablante va a decir algo y que aparecen encabezando una oración. Ejemplos:

  En cuanto a los profesores, he de decirte que...
  A propósito de tu casa, no estoy de acuerdo en que...

  Para separar elementos topicalizados

- Separa oraciones coordinadas o yuxtapuestas [**3.1.2**] con valor distributivo. Ejemplo:

  Unos dicen que está loco, otros opinan que es un genio.

  Oraciones distributivas

- Es aconsejable poner coma delante de las oraciones coordinadas adversativas [**3.1.2**] y de las ilativas introducidas por *conque* y *así que*. Ejemplos:

  Ayer fui al partido, pero no me gustó el espectáculo de los hinchas.
  Ya has descansado, conque (así que) ahora ponte a estudiar.

  Coordinadas adversativas e ilativas

5.5 1.2 Otros usos de la coma

- Se pone coma delante de la palabra *etcétera* o de su abreviatura (*etc.*), y detrás, si la oración continúa. Ejemplos:

  Te daré papel, lápiz, tinta, etc.
  Te daré papel, lápiz, etc., si lo necesitas.

  Delante de *etcétera*

- El sujeto nunca se separa de su verbo con una coma, a no ser que esté formado por una secuencia muy larga o que esté interrumpido por un inciso. Ejemplo:

  Mis alumnos, sin embargo, sí se enteran.

  Separando el sujeto del verbo

5.5 | 1 | **PUNTUACIÓN: LA COMA**

Tras un paréntesis
● No se pone la coma delante del paréntesis, pero sí detrás. Ejemplo:

Con el doctor (y lo digo sin que él se entere), he aprendido mucho.

Aunque en el sujeto haya un texto entre paréntesis, no se pone coma. Ejemplo:

Un amigo del colegio (no lo veía desde hacía tanto tiempo) vino a verme a Madrid.

Delante de oración causal, final o condicional
● Se pone coma delante de una oración causal, final, condicional o concesiva si estas complementan no a la otra parte del enunciado, sino a un predicado oculto. Ejemplos:

Ha perdido nuestro equipo, porque no se oye jaleo en la calle ('Lo digo porque...').

He aprobado a la primera, para que te enteres ('Lo digo para que...').

Ha ganado el premio Nadal, si no me equivoco.

Tiene mucho dinero, aunque no estoy seguro.

Delante de oración causal encabezada por *ya*
● Se pone coma delante de oraciones causales encabezadas por *ya que, pues, puesto que, gracias a que...* Ejemplos:

He desistido de escribir el libro, pues (ya que) se me ha ido la inspiración.

Delante del segundo término de las comparativas
● Se pone coma delante del segundo término en las comparativas de *cuanto(a), cuantos(as), más (menos, mayor...)*. Ejemplos:

Cuanto más esfuerzo hago, menos me cunde el trabajo.

Delante de las consecutivas
● No se pone coma para separar oraciones consecutivas de la principal. Ejemplo:

Come tan deprisa que se atraganta.

ATENCIÓN

● Una coma nunca puede aparecer al principio de un renglón.

● Tampoco se pone coma allí donde el hablante se para a pensar en lo que va a decir, salvo que la exijan la entonación o la sintaxis.

5.5 2.1 El punto

Hay tres clases de puntos: el punto y seguido, el punto y aparte y el punto final. Los tres indican pausa completa y entonación descendente. Además, señalan que lo escrito antes posee sentido completo.

Tres clases de puntos

- El punto final (no se debe decir *punto y final*) indica que el escrito ha concluido en su totalidad.

- Con el punto y seguido se suelen separar oraciones en las que se trata un mismo tema.

- El punto y aparte separa párrafos, pues indica el fin de la exposición de una idea o de un aspecto de esa idea, y el principio de otra.

Además, el punto se utiliza para:

Usos del punto

- Indicar el final de una abreviatura. Ejemplos:

    Sra.   *D.*

    Ilmo.   *Excma.*

- El punto separa los minutos de las horas. Ejemplos:

    18.40 h.   *14.30 h.*

    1.15 h.   *24.00 h.*

ATENCIÓN

En las cifras que indican los años no se pone el punto que indica 'millar'. Ejemplo:

año 1997 (no **1.997*)

5.5 2.2 El punto y coma

El punto y coma indica una pausa mayor que la de la coma y menor que la del punto, y supone siempre una entonación descendente.

Significado del punto y coma

En realidad, la diferencia entre el punto y coma y el punto es que con aquel la conexión semántica entre los componentes separados es más fuerte que con el punto. De todas formas, la diferencia entre estos dos signos de puntuación no siempre es clara y depende, en parte, del escritor.

- El punto y coma sirve para separar componentes mayores que son paralelos o se oponen dentro de un texto en el que hay varias comas. En estos casos, mientras que la coma supone una entonación ascendente [**4.1.15**] o suspendida, el punto y coma supone una clara entonación descendente [**4.1.15**]. Ejemplo:

Usos del punto y coma

    Mi hija estudia Medicina; Pedro, Filología; Carmen, Químicas.

• Se utiliza también delante de locuciones del tipo *por consiguiente, sin embargo, por tanto, pues bien, ahora bien, con todo* y otras parecidas que exigen coma detrás de ellas. Ejemplo:

Está lloviendo demasiado; por tanto, no podremos ir de excursión.

• Para separar oraciones con entonación descendente, pero que presentan una conexión semántica fuerte. Ejemplo:

Ayer estuve en Madrid; hacía un calor enorme.

5.5 2.3 **Los puntos suspensivos**

Uso de los puntos suspensivos

Este signo indica una pausa con entonación suspendida [**4.1.15**]. Se usa en los casos siguientes:

• Para expresar suspense. Ejemplo:

Entonces se abrió la puerta..., se oyeron unos pasos..., se apagó la luz..., se oyó un grito...

• Para dejar algo incompleto o interrumpido, o para cambiar bruscamente de tema. Ejemplos:

Ya sabes que a buen entendedor...
Quisiera contarte mis problemas, pero... no merece la pena.

• Para indicar vacilación, inseguridad o nerviosismo en el hablante. Ejemplo:

Y entonces... ¿cómo te diría?... o sea... me sentí muy mal.

• Con el valor de *etcétera* en las enumeraciones. Ejemplo:

Son muchos los turistas que vienen a España: americanos, coreanos, japoneses...

• Para indicar la supresión de alguna palabra, frase, párrafo, etc., de una cita que reproducimos de un texto. En este caso se pone entre corchetes [...]. Ejemplo:

«En un lugar de la Mancha [...], no ha mucho tiempo [...]».

ATENCIÓN

• Los puntos suspensivos son solo tres, ni más ni menos. Sirven como punto cuando el texto lo requiere; por tanto, no debe añadirse otro punto más. Sin embargo, son compatibles con cualquier otro signo de puntuación.

• Los signos de cierre de interrogación y de exclamación se colocan antes de los puntos suspensivos. Ejemplos:

¡Adelante!...   *¿Qué has hecho?...*

Solo cuando no se acaba una palabra o una frase, van detrás. Ejemplos:

¡Eres un hijo de p...!   *¡Dime con quién andas...!*

5.5 3.1 Los dos puntos

Este signo de puntuación indica una pausa similar a la del punto, también con entonación descendente [**4.1.15**]. Se emplea en los casos siguientes: Uso de los dos puntos

• Detrás del encabezamiento de cartas, instancias, etc. Ejemplos:

  Estimado señor: *Querida Luisa:*

• Cuando se anuncia o se cierra una enumeración. Ejemplos:

  Todo en mi vida es extraordinario: mis hijos, mis amigos, mi profesión...
  Agudas, llanas, esdrújulas: son las clases de palabras según el acento.

• Delante de una conclusión. Ejemplo:

  Últimamente comemos demasiado y hacemos poco deporte: no sabemos cuidarnos.

• Para introducir citas en estilo directo. Ejemplos:

  Ya lo dijo el poeta: «Ande yo caliente y ríase la gente».
  Dice un refrán castellano: «Al que madruga, Dios le ayuda».

• En textos administrativos o jurídicos, después de verbos realizativos como *certifico (certifica), expongo (expone), suplico (suplica), hago (hace) constar.* Ejemplo:

  Como profesora de este centro, certifico:

ATENCIÓN
Después de dos puntos se escribe seguido, en el mismo renglón, salvo en los encabezamientos de cartas e instancias, y en los textos administrativos o jurídicos con los verbos mencionados. En estos casos, lo normal es seguir en renglón aparte.

• Con frecuencia, aparecen antes de una enumeración que se introduce con algún elemento catafórico (que anuncia lo que viene a continuación) como el adjetivo *siguiente*. Ejemplo:

  La coma se pone en los casos siguientes: para sustituir a un verbo, para separar vocativos...

• Cuando se quiere explicar algo que se anuncia (relación catafórica). Ejemplos:

  Eso es lo bonito: que sepáis dialogar siempre.
  Me dijo lo de siempre: que me callara.

La relación explicativa de este tipo también puede ser anafórica. Ejemplo:

  Que siempre sepáis dialogar: eso es lo bonito.

5.5 | 3 | LOS DOS PUNTOS

- Para ejemplificar algo dicho anteriormente. Ejemplo:

  Son claras las razones del problema: drogas, delincuencia, violencia...

  La ejemplificación puede venir precedida de las expresiones *por ejemplo, verbi gratia (v. gr.), a saber, en otras palabras.* Ejemplos:

  Existen dificultades en el país; a saber: la inflación, el paro...
  Me gustan los músicos románticos; por ejemplo: Chopin, Liszt, Schumann...

- Para separar las horas de los minutos (también se usa el punto). Ejemplos:

  17:30 h   20:15 h

- Cuando se establecen relaciones de causa o consecuencia sin que intervenga después de la pausa ningún tipo de conector entre las oraciones: ni conjunciones, ni adverbios ni locuciones conjuntivas o adverbiales. Ejemplos:

  Es bueno hacer deporte: eliminamos el estrés.
  Hay que eliminar el estrés: debemos hacer deporte.

ATENCIÓN

No debe ponerse punto y coma en estos casos, pues entonces no se notaría la relación causal o consecutiva entre las oraciones de cada enunciado.

Obsérvese que, si apareciera un conector después de la pausa, desaparecerían los dos puntos para poner en su lugar el punto y coma o la coma. Ejemplos:

Mi hermano come mucho; por eso está muy gordo.
Mi hermano está muy gordo, ya que come mucho.
El suelo está mojado; por tanto, ha llovido.

No se ponen los dos puntos cuando ningún elemento del enunciado anuncia lo que viene. Ejemplo:

*Ese cliente tiene: buen tipo, dinero y buen carácter.

Frente a:

Ese cliente lo tiene todo: buen tipo, dinero y buen carácter.

No se pone la coma tras las preposiciones (salvo que lo que sigue sea una lista en renglón aparte) o el adverbio *como*. Ejemplos:

*Esta palabra consta de: un prefijo, una raíz y un sufijo.
*Tiene varias propiedades (tales) como: tierras, casas, plazas de garaje...

No se pone coma tras la conjunción *que*. Ejemplos:

*El profesor dijo que: hiciéramos una redacción y leyéramos un libro.

5.5 4.1 Signos de interrogación

- Los signos de interrogación son dos: el de apertura (¿) y el de cierre (?). No debe usarse en español, frente a lo que ocurre en otras lenguas, solo el signo de cierre. Deben ponerse siempre los dos: el de apertura y el de cierre.

Uso de los signos de interrogación

- Los signos de interrogación no solo se utilizan con oraciones. También pueden aparecer:

  - En preguntas constituidas solo por pronombres o adverbios interrogativos. Ejemplos:

    ¿Qué?   *¿Dónde?*   *¿Quién?*   *¿Cuándo?*

  - En preguntas con grupos nominales. Ejemplos:

    ¿Qué libros?   *¿Cuánto tiempo?*

- Se emplea el signo de interrogación de cierre entre paréntesis cuando se quiere indicar incredulidad, sorpresa, ironía o duda:

    María dice que tiene cuarenta años (?).
    Dijo que no se había enterado (?).

- A veces, un enunciado es interrogativo y exclamativo al mismo tiempo. En estos casos se puede empezar con el signo de exclamación y cerrar con el de interrogación, o viceversa. Ejemplos:

    ¡Acaso no eres un hombre?
    ¿Acaso no eres un hombre!

ATENCIÓN

- El signo de interrogación de cierre es incompatible con el punto. Vale como punto, por lo que, cuando es este el caso, lo que sigue se escribe con mayúscula. Ejemplo:

    ¿Cuándo has venido? No te esperaba tan pronto.

- Sin embargo, el signo de interrogación es compatible con la coma, el punto y coma, los dos puntos y los puntos suspensivos. Cuando aparecen estos signos, la palabra siguiente se escribe con minúscula. Ejemplos:

    ¿En qué sitio estabas?, ¿en la plaza?
    ¿Dónde vas?, ¿a la compra?
    ¿Cómo lo has hecho?, porque no me he enterado.

- Si a la pregunta la precede una parte del texto que pertenece a la misma oración pero está fuera de la curva de entonación interrogativa, la palabra que sigue al primer signo de interrogación se escribe con minúscula. Ejemplos:

    Pero ¿qué has hecho?
    Si vamos al campo, ¿por qué te pones tan elegante?

5.5 4.2 Signos de exclamación

Uso de los signos de exclamación

Los signos de exclamación antes se llamaban signos de admiración. Estos signos son dos: el de apertura (¡) y el de cierre (!). Los signos son dos en español y no solo el de cierre, como en otras lenguas.

Sirven para reproducir una exclamación que puede encerrar emoción, admiración, temor, ira, dolor, alegría, etc.

Los signos de exclamación se utilizan en los siguientes casos:

● Con las interjecciones y frases interjectivas. Ejemplos:

> ¡Oh!   ¡Ah!
> ¡Eh!   ¡Qué barbaridad!
> ¡Qué ha de ser!   ¡Qué va!

● Con grupos nominales y oraciones exclamativas. Ejemplos:

> ¡Qué cosas!   ¡Cuánta alegría!
> ¡Cuánto calor!   ¡Qué frío!
> ¡Ha llegado Juan!   ¡Si seré tonto!

● El signo de exclamación de cierre entre paréntesis (!) indica asombro. Ejemplo:

> Creo que he acertado (!); ¡ya era hora!

ATENCIÓN

● El signo de exclamación de cierre es incompatible con el punto. Vale como punto, por lo que, cuando es este el caso, lo que sigue se escribe con mayúscula. Ejemplo:

> ¡Vaya lío! No esperaba tanto jaleo.

● Sin embargo, el signo de exclamación es compatible con la coma, con el punto y coma, con los dos puntos y con los puntos suspensivos. Cuando aparecen estos signos, la palabra siguiente se escribe con minúscula. Ejemplos:

> ¡Auxilio!, echadme una mano.
> ¡Qué suerte tengo!: me acaban de tocar dos mil euros.

● La palabra que sigue al signo de exclamación de apertura se escribe con letra mayúscula inicial a no ser que por delante se encuentre una parte de la oración que no está cubierta por los signos de exclamación. Ejemplos:

> Jorge, ¡qué suerte tienes!
> Si salgo así, ¡qué humillación!

5.5 5.1 Los paréntesis

Los paréntesis se usan para encerrar ciertas aclaraciones o incisos que se separan del resto del discurso. Se utilizan en estos casos:

Uso del paréntesis

● Para intercalar algún dato o precisión. Ejemplo:

> *Nací en El Espinar (Segovia).*

● Para intercalar observaciones aclaratorias. Ejemplo:

> *Mis convecinos (muchos no asisten a las reuniones de comunidad) protestaron por tener que pagar un recibo extra.*

● En las obras de teatro, para enmarcar los apartes de los personajes.

ATENCIÓN

Delante del paréntesis de apertura no se ponen otros signos de puntuación. Sí puede ponerse el punto (u otro signo que equivalga a él) cuando lo encerrado es un enunciado independiente. En estos casos, el punto final del enunciado debe ir siempre detrás del paréntesis de cierre.

5.5 5.2 Los corchetes

Este signo de puntuación se utiliza especialmente con el valor de un paréntesis para enmarcar datos, aclaraciones, etc., dentro de un texto que va entre paréntesis. Ejemplo:

Uso de los corchetes

> *La* Nueva gramática de la lengua española *(obra académica panhispánica [2009]) explica el concepto de* base léxica.

Se ponen entre corchetes los puntos suspensivos ([...]) que indican que en el texto que se cita literalmente dejamos alguna palabra o secuencia de palabras sin reproducir. Ejemplo:

> *Volverán las oscuras golondrinas [...];/pero [...] aquellas que aprendieron nuestros nombres,/esas... ¡no volverán!*

5.5 5.3 Las comillas

Hay varios tipos de comillas: las latinas (« »), las inglesas (" ") y las simples (' ').

Lo más aconsejable es emplear siempre las comillas latinas, y reservar las demás para cuando haya que usar comillas dentro de un texto ya entrecomillado.

Los usos de este signo ortográfico son los siguientes:

Uso de las comillas

● Encerrar una cita textual (en estilo directo). Ejemplo:

> *El profesor nos dijo: «Si no hacéis este trabajo, no aprobaréis».*

507

5.5 | 5 | OTROS SIGNOS DE PUNTUACIÓN

- Para indicar que una expresión tiene un segundo sentido, normalmente irónico, o es popular, foránea, etc. Ejemplos:

  Me suspenden en todo: soy un «sabio».
  El autor de la novela emplea el «flash-back».

- Para indicar que una palabra o expresión están usadas metalingüísticamente. Ejemplo: *La palabra «latente» significa 'oculto'.*

- Para destacar nombres propios, sobrenombres, apodos, alias... Ejemplo: *Leopoldo Alas «Clarín».*

- Si las comillas siguen a signos de cierre de admiración o interrogación y se necesita el punto, este debe ponerse. Ejemplo:

  Se levantó y gritó: «¡Basta ya!».

5.5 5.4 El guion

Uso del guion Este signo consiste en una raya horizontal de menor extensión que el signo llamado raya. Se usa en los casos siguientes:

- Para partir las palabras al final de un renglón [**5.2.1**]. Ejemplos:

  ca-sa   car-do   termi-nación

- Para unir los componentes de ciertas palabras compuestas [**1.1.2.4**]. Ejemplos:

  anglo-egipcio   teórico-práctico

  carril-bus   presentador-director

- Cuando se quiere indicar una numeración que supone correlación. Ejemplos:

  Eso está en las páginas 24-26 del libro (es decir, 24, 25 y 26).

- En ciertas combinaciones de letras y números. Ejemplos:

  la A-6   el G-2   el 11-S

5.5 5.5 La raya

Uso de la raya Este signo es una raya horizontal mayor que la del guion. Se usa en los siguientes casos:

- Para indicar la intervención de los hablantes en los diálogos de novelas, cuentos..., sin tener que poner sus nombres. Ejemplos:

  —¿Le enseñaste el libro?
  —Sí, le gustó mucho.

- Para encerrar los diálogos de novelas, cuentos, etc., añadiendo detrás las oraciones con los verbos correspondientes de lengua o pensamiento. Ejemplos:

  —¿Le enseñaste el libro? —preguntó María.
  —Sí, le gustó... —replicó Antonio.

EJERCICIOS DE **ORTOGRAFÍA**

1. Pon o no, según la norma, una *h* en donde corresponda:

- __incapié
- ex__alación
- __alago
- in__óspito
- ex__ibición
- mo__ín
- co__esión
- ve__ículo

- des__a__uciar
- __ex__uberante
- ex__ortar
- __ovalado
- in__ibición
- transe__únte
- ad__erencia
- en__ebrar

2. Pon *b* o *v*, según la norma, donde sea necesario:

- __ó__eda
- exu__erante
- a__sor__er
- a__alancha
- con__idar
- cohi__ía
- prohi__ió

- __ál__ula
- her__í__oro
- __er__ena
- de__er
- com__inar
- inhi__iste
- gra__amen

3. Coloca donde sean necesarias las letras *g*, *j* o el dígrafo *gu*, según la norma (en caso necesario, pon también la diéresis):

- extran__ero
- in__erir
- __itano
- pedagó__ico
- condu__e
- len__eta

- in__erencia
- in__estión
- paradó__ico
- co__er
- cónyu__e
- lin__ista

4. Pon las letras *s* o *x*, según dicte la norma, en estas palabras:

- e__tranjero
- a__fi__ia
- e__pectáculo
- e__imio
- e__tructura
- sínte__is
- e__plicar
- e__tentóreo
- e__tridente

- e__pontáneo
- e__pectación
- e__pectador
- e__quisito
- sinta__is
- te__is
- clima__
- e__céptico
- e__hausto

5. ¿Cuáles de estas palabras pueden escribirse indistintamente con *c* y *z*?

- zigzag
- cinc
- zebra
- cabecero

- zipizape
- eczema
- cenit
- zéjel

6. Pon *c* o *cc*, según la norma, en las palabras siguientes:

- suje__ión
- adi__ión (suma)
- infla__ión
- afli__ión
- abstra__ión
- contri__ión

- frui__ión
- adi__ión (de adicto)
- infra__ión
- inspe__ión
- discre__ión
- satisfa__ión

7. Pon la palabra que corresponda de los pares siguientes: *halla/haya, calló/cayó, rallar/ rayar, rallo/rayo, valla/vaya.*

- El que busca ....
- ¡Ojalá .... quien encuentre el dinero!
- Una piedra .... del tejado.
- El niño lloraba, pero al ver a su madre se ....
- Este producto puede .... la pared.
- Voy a .... pan para unos filetes.
- Salió de casa como un ....
- A veces .... el pan.
- Tal vez .... mañana a saltar la ....

8. Escribe *ll* o *y* según corresponda:

- __endo
- ha__azgo
- bo__a
- bo__ante

- re__erta
- ba__eta
- esca__ola
- subra__ar

9. Escribe *r* o *rr* según corresponda:

- des__iñonar
- alto__elieve
- hon__a
- vi__ey

- en__aizar
- anti__omano
- i__upción
- sub__ogar

10. Pon diéresis en las palabras que lo necesiten:

- siguientes
- antigualla
- averiguemos
- contiguidad
- antiguedad
- averiguo
- contiguo
- antiguo

11. Elige de entre *porque, por que, porqué* y *por qué* según corresponda:

- No sé .... preguntas siempre el .... de las cosas.
- El gobierno aboga .... se privatice esa empresa.
- No habéis aprobado .... habéis tenido mala suerte.
- ¿...................... tengo que decirte la razón .... me eligieron concejal?

12. Coloca tilde en las palabras siguientes que la necesiten:

- averiguabais
- veintiseis
- transeunte
- biceps
- album
- raiz
- raices
- vio
- ti
- hincapie
- puntapie
- decimotercero
- fragilmente
- climax
- regimenes
- insinuo
- adecua
- evacuo
- huisteis
- estandar
- accesit
- superavit
- cuorum
- interviu
- ibamos
- traigame

13. Pon la tilde en el monosílabo que la necesite:

- No se si el lo hizo a propósito.
- Quiero saber si te dijo que si a ti.
- A el no le gusta el vino, pero a mi si.
- Tengo para mi que a Juan le gusta el te.
- Tal vez me de por irme a tu casa.
- Tu sabes muy bien que he hecho, mas no quieres decirlo.
- Se simpático con los demás.

14. Coloca los signos de puntuación en los enunciados siguientes:

- He trabajado mucho por tanto me merezco un descanso.
- Los complementos del verbo son los siguientes el directo el indirecto el circunstancial etc.
- Tú eres muy listo crees que no me iba a enterar.
- Yo que soy un obrero he conseguido una cosa sacar adelante a mis hijos.
- Cuando voy al colegio sabes me pongo nervioso y me entiendes me entra como angustia y bueno es mejor cambiar de tema no crees.
- Oye tú por qué me has dicho no tienes vergüenza.

15. Puntúa debidamente el texto siguiente:

Y ahora al hotel. Un Mercedes último modelo aguarda a la señorita Mulder escoltada ya por su agente y Namo de la Peña en nombre de Zoypes la casa que la ha elegido como madrina de su línea más joven [...] Pero de dónde ha salido esta mujer pregunta el personal que la atiende. Todo lo pide por favor no desea ni caviar ni champán ni tan siquiera un *gin-tonic* no se ha empeñado en cambiar la decoración de la habitación se disculpa antes de contestar el móvil [...] La rubia con clase así la llaman está feliz de encontrarse en España otra vez y ya van tres. Al parecer nuestro país goza de gran reputación.

Soluciones a los ejercicios

Índice temático

EJERCICIOS DEL SUSTANTIVO

1. Aplica criterios formales para ver qué palabras de la siguiente relación son sustantivos comunes:

• *bondad • bonachón • bueno • movimiento.*

• *movido • moviendo • tortura • salud.*

• Podemos considerar sustantivos: *bondad, tortura, movimiento* y *salud.*

• *Bonachón* y *bueno* son generalmente adjetivos, pero pueden aparecer sustantivados: *el bueno, lo bueno, ¡cuánto bonachón hay por aquí!...*

2. Crea contextos en los que las siguientes palabras sean sustantivos y otros en los que no lo sean:

• **entrada:** *Ya he conseguido la entrada para el concierto* (sustantivo)./*Volvió a casa bien entrada la noche* (adjetivo).

• **estado:** *El Estado subvencionará las obras de reforma del museo* (sustantivo)./*Juan ha estado muy ocupado últimamente* (participio).

• **anciano:** *Óscar cuida a un anciano en sus ratos libres* (sustantivo)./*El hombre más anciano de España tiene ciento veinte años* (adjetivo).

• **asturiano:** *Después de la guerra, muchos asturianos emigraron a Madrid* (sustantivo)./*Este es el cantante asturiano con más fama actualmente* (adjetivo).

• **salida:** *La salida de incendios está bloqueada* (sustantivo)./*Su intervención estuvo salida de tono* (adjetivo).

• **adulto:** *Los niños deberán ir acompañados por un adulto* (sustantivo)./*Ha demostrado un comportamiento muy adulto* (adjetivo).

3. ¿Cuáles de los siguientes sustantivos son contables o no contables, abstractos o concretos, colectivos o individuales?

• *marfil:* no contable, concreto, individual • *caramelo:* contable, concreto, individual • *enjambre:* contable, concreto, colectivo • *casa:* contable, concreto, individual • *silencio:* no contable, abstracto, individual • *leche:* no contable, concreto, individual • *idea:* contable, abstracto, individual • *caridad:* no contable, abstracto, individual.

4. ¿Pertenece a la misma clase el sustantivo *pueblo* en los dos contextos siguientes?

• *El pueblo siempre tiene razón:* en esta oración la palabra *pueblo* es un sustantivo no contable y colectivo; designa al pueblo como el conjunto de habitantes de un lugar, región o país.

• *Vivo en un pueblo muy pequeño:* a diferencia del caso anterior, *pueblo* aquí es un sustantivo contable e individual que se refiere a la ciudad, villa, población, demarcación territorial.

5. ¿Qué sustantivos de la lista propuesta en el ejercicio tienen significado epiceno?

Tienen el rasgo epiceno los siguientes sustantivos: *águila, bestia, criatura, bebé, esposos* y *ratón.* Estos nombres se aplican a seres vivos sin especificar el sexo.

6. Forma el femenino de los siguientes sustantivos masculinos:

• *tigre:* tigresa • *jabalí:* jabalina • *zar:* zarina • *héroe:* heroína • *diácono:* diaconisa • *papa:* papisa • *padrino:* madrina • *profeta:* profetisa • *barón:* baronesa • *varón:* hembra • *emperador:* emperatriz • *poeta:* poetisa (también es válido *la poeta*) • *caballo:* yegua • *sacerdote:* sacerdotisa • *vampiro:* vampiresa • *juez:* jueza (también es válido *la juez*) • *concejal:* concejala (también es válido *la concejal*) • *bedel:* bedela • *arquitecto:* arquitecta • *técnico:* técnica.

7. ¿Cuál es la diferencia de significado de los sustantivos siguientes según se acompañen de artículo masculino o femenino?

• *el cólera:* un tipo de enfermedad/*la cólera:* un sinónimo de ira • *el cura:* 'sacerdote católico'/*la cura:* 'aplicación de los remedios necesarios para que desaparezca una enfermedad o lesión'.

• *el parte:* 'comunicación o información que se trasmite'/*la parte:* 'porción o cantidad de un todo o de un conjunto numeroso'.

8. Señala la diferencia semántica que existe en las siguientes oposiciones:

• *naranjo/naranja:* árbol/fruta • *almendro/almendra:* árbol/fruta • *cántaro/cántara:* indica una diferencia de tamaño o forma (generalmente, al decir *cántara* nos referimos a un objeto de mayor tamaño que *cántaro*) • *huerto/huerta:* indica también una diferencia de tamaño: *la huerta* es mayor que *el huerto* • *leño/leña:* leño indica una entidad individual, mientras que *leña* designa un conjunto de elementos.

9. ¿Cuál es el plural de los siguientes sustantivos?

• *pirulí:* pirulís • *bambú:* bambús, bambúes • *desiderátum:* desiderátums • *superávit:* superávits • *álbum:* álbumes • *canon:* cánones • *tesis:* tesis • *hipérbaton:* hipérbatos • *maniquí:* maniquís, maniquíes • *corsé:* corsés • *haber:* haberes • *yanqui:* yanquis • *rondó:* rondós

• *dosis: dosis* • *bíceps: bíceps* • *bantú: bantús, bantúes* • *iglú: iglús, iglúes* • *vermú: vermús* • *espécimen: especímenes* • *régimen: regímenes* • *carácter: caracteres* • *no: noes* • *sí: síes* • *jabalí: jabalís, jabalíes* • *i: íes* • *o: oes* • *a: aes* • *u: ues* • *e: es/ees* • *fa: fas* • *canesú: canesús, canesúes* • *canapé: canapés.*

10. ¿En la oposición *celo/celos* existe una oposición de número gramatical o se trata de un caso de paronomasia (palabras parecidas fonéticamente)?

Se trata de un caso de paronomasia, ya que hay una diferencia de significado entre la forma del singular y la del plural: *celo:* 'cuidado', 'esmero'; también 'período de reproducción de las especies animales'. *Celos:* 'sospecha de que la persona amada prefiera a otro antes que a uno mismo' o 'envidia por el mayor éxito o suerte de otro'.

11. ¿Existe verdadera oposición de número gramatical en las oposiciones siguientes? Razona tu respuesta.

• *tenaza/tenazas* • *pinza/pinzas* • *alforja/alforjas* • *muralla/murallas* • *calzón/calzones* • *brida/bridas* • *espalda/espaldas* • *tripa/tripas.*

No existe una verdadera oposición de número cuando los plurales de estos sustantivos designan objetos singulares. Ejemplos: *Las murallas de China./La Gran Muralla china. Metió en la alforja todo lo que tenía./Metió en las alforjas todo lo que tenía.*

EJERCICIOS DEL ADJETIVO

1. Aplica criterios formales y funcionales para distinguir las palabras que son adjetivos:

Se pueden considerar adjetivos: *impenetrable, sinvergüenza, terrorífico, joven, niño, enfermo, gratuito, sinuoso, muerto, dental, constitucional, constitutivo, lírico, lúdico, astuto, idiota, libérrimo, adulto, ileso, gratis, gradual, endeble, novedoso, turístico, desastroso* y *rastrero.*

2. ¿Qué diferencias semánticas existen entre los adjetivos *caro* y *musical* en los contextos siguientes?

• *caro amigo/coche caro:* en el primer contexto significa 'amado, querido, estimado', es un adjetivo calificativo. En el segundo significa 'de precio elevado o superior al habitual', es un adjetivo valorativo.

• *un instrumento musical/un pianista muy musical: musical* en el primer caso significa 'que produce melodías' (adjetivo de relación), y en el segundo indica 'que posee un gran sentido de la armonía' (adjetivo de cualidad).

3. ¿En qué consiste la ambigüedad de los adjetivos *familiar* y *comunitario* en los siguientes contextos?

• *reunión familiar:* la ambigüedad consiste en que podemos considerar *familiar* bien como un adjetivo calificativo (de tipo familiar, en confianza), bien como un adjetivo de relación (de la familia).

• *problema comunitario: comunitario* tiene aquí dos posibles interpretaciones: 'el problema tiene su origen en la comunidad' (adjetivo de relación), o 'el problema afecta a la comunidad' (adjetivo calificativo).

4. ¿Qué diferencia semántica se aprecia entre los miembros de las siguientes parejas de adjetivos?

• *cívico:* 'de comportamiento propio de un buen ciudadano' (adjetivo de cualidad)/*civil:* 'de una ciudad, de sus habitantes o relacionado con ellos' (adjetivo de relación) • *cordial:* 'afectuoso, amable' (adjetivo de cualidad)/*cardíaco:* 'del corazón o relacionado con este órgano' (adjetivo de relación) • *musculoso:* 'que tiene los músculos muy desarrollados' (adjetivo de cualidad)/*muscular:* 'de los músculos' (adjetivo de relación) • *estiloso:* 'que tiene estilo' (adjetivo de cualidad)/*estilístico:* 'del estilo de un escritor u orador' (adjetivo de relación).

5. ¿Por qué son incompatibles con *lo* (sin valor ponderativo) adjetivos como *eximio* o *ilustre*?

Eximio e *ilustre* no se pueden combinar con *lo*, al igual que ocurre con otros adjetivos que se refieren a cualidades humanas y que, por tanto, no se pueden sustantivar: **lo ilustre, *lo eximio* (que es muy ilustre o que sobresale por alguna cualidad). Lo mismo ocurre con: **lo inteligente, *lo comprensivo, *lo amable*, etc.

6. ¿Cuáles son los comparativos y superlativos sintéticos de *bueno, malo, grande, pequeño, bajo* y *alto*?

• *bueno: mejor* (comparativo), *óptimo* (superlativo) • *malo: peor* (comparativo), *pésimo* (superlativo) • *grande: mayor* (comparativo), *máximo* (superlativo) • *pequeño: menor* (comparativo) *mínimo* (superlativo) • *bajo: inferior* (comparativo), *ínfimo* (superlativo) • *alto: superior* (comparativo), *supremo* (superlativo).

7. El adjetivo *mayor*, ¿cuándo deja de ser un verdadero comparativo? Pon ejemplos.

En los casos en que *mayor* se refiere al campo semántico de la edad, ya que no tiene un adjetivo correspondiente en grado positivo. Ejemplos: *Augusto es ya muy mayor para jugar al fútbol. Tu hijo es tan mayor como el mío.*

8. ¿Las palabras *malva* y *naranja* son adjetivos o sustantivos en estos contextos? Razona la respuesta.

• *el color malva: malva* es adjetivo, pues se combina con los cuantificadores *muy* y *tan*, y no con *mucho* y *tanto*. Ejemplos: *un color muy malva; tan malva como tu camiseta.*

• *el vestido naranja: naranja* es también un adjetivo; nos proporciona información acerca del *vestido*. Se combina con *tan* y *muy*, y no con *tanto* y *mucho*. Ejemplos: *un vestido tan naranja como el mío; un vestido muy naranja.*

No obstante, estas palabras tienen también rasgos de sustantivo, ya que en el plural no suelen variar (*los colores malva del cuadro; los tonos naranja del vestido*), frente a: *los colores azules* (**los colores azul*). Por tanto, *el color malva, el vestido naranja* pueden considerarse también estructuras aposicionales.

9. ¿Es correcto decir *un hombre polígota* y *un hombre autodidacta*? Consulta el diccionario en caso de duda.

Como señala el *Diccionario* académico, tanto *polígota* como *autodidacta* son adjetivos con variación de género para el masculino y el femenino (*polígoto, polígota; autodidacto, autodidacta*). De igual forma, como registra el *DPD*, también es correcto el uso del femenino como invariable. Por tanto, es correcto decir *un hombre polígoto* y *un hombre polígota*, al igual que *un hombre autodidacto* y *un hombre autodidacta*.

10. ¿Cuáles son los superlativos absolutos y relativos de estos adjetivos?

• *suave: muy suave/suavísimo* (absolutos), *el más suave* (relativo) • *reacio: muy reacio* (absoluto), *el más reacio* (relativo) • *bueno: muy bueno/bonísimo/buenísimo/óptimo* (absolutos), *el más bueno* (relativo) • *caliente: muy caliente/calentísimo* (absolutos), *el más caliente* (relativo) • *cursi: muy cursi/cursilísimo* (absolutos), *el más cursi* (relativo) • *pulcro, muy pulcro/pulquérrimo* (absolutos), *el más pulcro* (relativo) • *nuevo: muy nuevo/novísimo/nuevísimo* (absolutos), *el más nuevo* (relativo) • *terrible: terribilísimo* (absoluto), *el más terrible* (relativo) • *excelente:*

excelentísimo (solo como tratamiento) (absoluto), (no existe superlativo relativo).

Como se puede observar, algunos adjetivos no admiten la formación del superlativo con la misma facilidad que otros, por eso hemos dejado en blanco los espacios correspondientes a **muy terrible*, **muy excelente* y **reacísimo*. En los superlativos relativos, los artículos pueden ser también *la, lo, las, los*.

11. ¿Qué se quiere decir con el superlativo del adjetivo *nuevo* en estos contextos?

• *El traje está nuevísimo.* El superlativo *nuevísimo* significa que 'el traje está usado, pero no lo parece'.

• *Esta noticia es novísima.* En esta oración, sin embargo, *novísima* se aplica a la noticia para indicar que se acaba de conocer.

12. ¿Por qué el adjetivo *harto* selecciona el verbo *estar* y no el verbo *ser*?

Harto selecciona el verbo *estar* y no el verbo *ser*, en primer lugar, porque expresa el resultado de una acción o situación, como *estar cansado, estar acabado...* Además, tiene un significado de participio como *está lleno, está vacío...*

EJERCICIOS DE LOS DETERMINATIVOS

1. Señala el rasgo fundamental que diferencia los determinativos de los adjetivos.

La diferencia fundamental entre determinativos y adjetivos es que estos pertenecen a una clase abierta, es decir, en cualquier momento pueden aparecer nuevos adjetivos, mientras que los determinativos pertenecen a una clase cerrada.

2. ¿Qué dos funciones pueden desempeñar la mayoría de los determinativos?

Los determinativos pueden funcionar principalmente como:

• actualizadores: van delante del sustantivo al que acompañan. Ejemplo: *Había varios coches.*

• modificadores: van detrás del sustantivo al que acompañan. Ejemplo: *El niño este.*

3. Escribe tres enunciados en que el determinativo posesivo funcione como actualizador y otros tres en que funcione como modificador.

Actualizadores: *Tu* casa es muy bonita./*Nuestro* abuelo está ya cansado./*Sus* hermanos son muy guapos.

Modificadores: *Las hojas **tuyas** las he roto./Este amigo **vuestro** es muy simpático./Estos zapatos **míos** están muy viejos.*

4. Indica la función que desempeña *lo* en estas construcciones.

• *Lo peligroso es fumar demasiado:* en este caso *lo* funciona como sustantivador del adjetivo *peligroso*, y le da un valor abstracto.

• *¡Lo bueno que está este pastel!: lo* tiene aquí un valor enfático, realza el significado del adjetivo *bueno*.

• *Lo de antes me interesa más: lo* es un pronombre que actúa como núcleo de un grupo nominal modificado por un grupo preposicional.

5. Escribe oraciones utilizando pronombres determinativos:

• Tres oraciones que contengan pronombres demostrativos: ***Aquella** dijo que no./**Estos** me han gustado más que **esos**./**Ese** es el que ha llamado esta mañana.*

• Tres oraciones que contengan pronombres indefinidos: ***Cualquiera** puede hacer lo que tú haces./No he cogido **ninguno**./**Algunos** de ellos quieren ir.*

• Tres oraciones que contengan pronombres numerales: ***Tres** de los niños dijeron que irían a la fiesta./He traído **cinco**./He encontrado ya **dos** de los tomos que me faltaban.*

6. Construye dos grupos nominales que contengan un demostrativo en función de modificador (no en función de actualizador).

la niña esa; los libros estos

7. Escribe dos enunciados que lleven grupos nominales con determinativos compuestos.

***Todos los** sábados voy al teatro./Tráeme **otros dos** libros de la estantería, por favor.*

8. Indica la función sintáctica de los posesivos y los ordinales en las siguientes oraciones:

• *El mío es más bonito que el tuyo.*

• *El primero es más barato que el segundo.*

Los posesivos *mío* y *tuyo*, así como los ordinales *primero* y *segundo*, son determinativos sustantivados.

9. Explica la diferencia sintáctica del uso del cardinal en estas oraciones.

• *He leído tres capítulos:* en este caso, el cardinal es actualizador del sustantivo.

• *He leído el capítulo tres:* en este caso, el cardinal se usa con valor ordinal, por lo que es un modificador del sustantivo.

10. ¿Qué función sintáctica desempeña *mucho* en estos enunciados?

• *He pedido pan y me han dado mucho: mucho* es complemento directo de *dar*; pronombre.

• *Juan se parece mucho a su padre: mucho* es un complemento circunstancial; adverbio.

• *Hay mucho descarado por aquí: mucho* es un actualizador, con valor semántico plural, del adjetivo sustantivado *descarado*.

• *Hace mucho calor: mucho* es aquí actualizador del sustantivo.

11. Escribe tres grupos nominales que contengan un sustantivo que vaya introducido o actualizado por tres determinativos (determinativo compuesto).

*Compré **todos los demás libros**./**Los otros dos pisos** son muy caros./**Esos otros dos cuadernos** están nuevos.*

12. ¿Qué valor aporta *cada* en los enunciados del ejercicio?

Cada tiene un valor ponderativo en ambos enunciados exclamativos.

13. Construye seis enunciados en los que los sustantivos con función de sujeto vayan introducidos por locuciones determinativas.

***Multitud de** personas se congregaron en la plaza del pueblo./En el cielo brillaban **infinidad de** estrellas./**Un sinfín de** problemas me agobia./**Mogollón de** coches invaden las carreteras los fines de semana./¡**Qué de** gente viene aquí en vacaciones!/ **Cantidad de** alumnos se quedaron en la calle.*

14. Escribe tres enunciados en los que aparezca el determinativo relativo posesivo *cuyo, cuyos, cuya, cuyas.*

Este es el chico cuyas hermanas viven en el piso de arriba./El alcornoque es un árbol de cuyo tronco se extrae el corcho./Va a actuar el humorista con cuyos chistes nos reímos tanto.

15. Indica cuál de las dos oraciones del ejercicio es correcta y cuál es incorrecta. Razona tu respuesta.

Es correcta la primera oración, en la que *que* es un pronombre relativo, que se refiere al sustantivo-antecedente *libro* y funciona como comple-

NES A LOS EJERCICIOS

mento directo de *entregó*. La segunda oración es incorrecta porque *que su* nunca debe sustituir al determinativo *cuyo*; se trata de un caso de *que-suismo*.

16. Pon en plural las siguientes oraciones (cambia el cardinal si es necesario):

- *Una comida cualquiera me gusta.* → *Dos comidas cualesquiera me gustan.*

- *Cualquiera que sea el motivo, pienso que no tienes razón.* → *Cualesquiera que sean los motivos, pienso que no tienes razón.*

EJERCICIOS DE LOS PRONOMBRES

1. Señala los pronombres existentes en los enunciados siguientes y clasifícalos en intrínsecos, extrínsecos, tónicos y átonos:

- *Aquel individuo no **me** dijo **nada**, pero **nos** dejó una lista grande de algunos alumnos **que** habían aprobado* (*me*: pronombre personal intrínseco átono; *nada*: pronombre indefinido intrínseco tónico; *nos*: pronombre personal intrínseco átono; *que*: pronombre relativo intrínseco átono).

- *Ese calor no es igual que **este**; al menos, **eso** es **lo** que a **mí** me parece* (*este*: pronombre demostrativo extrínseco tónico; *eso*: pronombre demostrativo intrínseco tónico; *lo*: pronombre personal intrínseco átono; *mí*: pronombre personal intrínseco tónico; *me*: pronombre personal intrínseco átono).

- ***Quien** quiera dinero debe pedírse**lo** a **ellos** y no a **nosotros*** (*quien*: pronombre relativo extrínseco átono; *lo*: pronombre personal intrínseco átono; *ellos*: pronombre personal intrínseco tónico; *nosotros*: pronombre personal intrínseco tónico).

2. Convierte en pronombres los determinativos de los enunciados siguientes:

- ***Ese** alumno no es tan listo como **ese** chico, aunque **algunos** profesores no se lo crean.* → ***Ese** no es tan listo como **aquel**, aunque **algunos** no se lo crean.*

- ***Dos** gatos comieron **algunas** latas de sardinas.* → ***Dos** comieron **algunas**.*

3. ¿Cuál es la diferencia sintáctica de la palabra *tres* en los enunciados siguientes?

- *Solo tengo tres latas:* es un determinativo numeral cardinal.

- *Solo tengo tres:* es un pronombre numeral.

- *Solo tengo las tres:* es un indefinido numeral sustantivado por el artículo.

4. ¿Cuál es el género del pronombre *lo* en las oraciones siguientes?

- *Eso no me lo dijo* (neutro).

- *Ese poema lo escribí yo* (masculino).

5. ¿En lugar de qué pronombre se usa *vos* en algunas zonas de Hispanoamérica? ¿Cómo se llama este fenómeno?

Vos se utiliza en algunas zonas de Hispanoamérica en lugar del pronombre de segunda persona *tú*. Este fenómeno se llama voseo.

6. Construye un enunciado en el que las formas *tú* y *yo* no funcionen como sujeto.

El balón pasó entre tú y yo.

7. Construye tres oraciones con *lo* como complemento directo y otras tres como atributo.

Complemento directo: *Lo he dicho muy claro./Te lo cogí el lunes./Se manchó el jersey y se lo lavó su madre.*

Atributo: *¿Estás cansado? Lo estoy./Creíamos que era mentira o, al menos, lo parecía./Dicen que es muy sana la dieta mediterránea, y realmente lo es.*

8. Señala los casos de leísmo, laísmo o loísmo en las oraciones siguientes:

- *A esa chica la duele la cabeza:* laísmo; debe decirse: *A esa chica le duele la cabeza.*

- *¡Qué lo vamos a hacer!:* loísmo; debe decirse: *¡Qué le vamos a hacer!*

- *A María la obligaron a saludarla (a su amiga):* la utilización del pronombre es correcta en ambos casos.

- *A María le llaman tonta*: leísmo; debe decirse: *A María la llaman tonta.*

9. Construye dos oraciones con *se* reflexivo o recíproco, otras dos con *se* pronombre personal no reflexivo, y otras dos con *se* como componente de verbos pronominales.

Se reflexivo o recíproco: *María se peina todos los días* (reflexivo)./*Pedro y Cristina se insultaron* (recíproco).

Se no reflexivo: *Se lo advertí, pero no me hizo caso./Por favor, no se lo digas a nadie.*

Se componente de verbos pronominales: *No se arrepiente de nada./El bebé se durmió en los brazos de su padre.*

10. Construye tres oraciones con *se* con valor de partícula de pasiva refleja y otras tres en las que tenga valor de partícula de impersonalidad sintáctica.

Partícula de pasiva refleja: *Los libros se colocaron en la estantería./Se escuchó el disparo de un arma./Se buscan azafatas.*

Partícula de impersonalidad sintáctica: *Se espera a tus amigos con mucho interés./Se recibió al equipo con una gran ovación./Se consideraba a tu hermano culpable de fraude.*

11. Pon el reflexivo adecuado en las oraciones siguientes:

• *Nosotros no damos más de **nosotros**.*

• *Tú volviste en **ti**.*

12. ¿Hay una diferencia sintáctica en el uso de la forma *se* en las oraciones del ejercicio?

En ambos casos hay valor recíproco; pero, mientras que en la primera oración *se* es componente del verbo pronominal *enamorarse*, en la segunda, *se* es el complemento indirecto.

13. Escribe dos oraciones en que aparezcan los pronombres *tú* y *te* usados con valor generalizador.

A veces las cosas ocurren cuando tú menos te lo esperas./Cuando no vives con tus padres, eres tú quien te lo tienes que organizar todo.

14. ¿Qué diferencia sintáctica existe en el uso de la forma *me* de las oraciones siguientes?

• *No te me escapes: me* es un dativo no concordado; valor ético.

• *Me comió la tarta: me* es un complemento indirecto; valor simpatético o posesivo: *mi tarta*.

• *Me han dado un diploma: me* es complemento indirecto.

15. Construye dos oraciones en las que el pronombre *que* sustituya a un sustantivo, otras dos en que sustituya a un adjetivo y otras dos en que sustituya a un adverbio.

Que como sustituto de un sustantivo (pronombre): *Este es el chico que te dije que vendría./El día que te conocí, tenías el pelo corto.*

Que como sustituto de un adjetivo (proadjetivo): *Es increíble lo fuerte que es ese chico./No te quiero contar lo tristes que estábamos ayer.*

Que como sustituto de un adverbio (proadverbio): *Hay que ver lo lejos que estamos./No te puedes imaginar lo cerca que estuve de conseguirlo.*

16. ¿Cuál es la diferencia entre la secuencia *la que* de las dos oraciones siguientes?

• *La casa en la que vivo es grande.*

• *La que me lo dijo fue María.*

En el primer caso, *la que* es un relativo complejo, ya que la aparición del artículo es opcional (*la casa en que vivo*). En la segunda oración tenemos un relativo (*que*) precedido de un artículo sustantivador (*la*), entre los que cabe un sustantivo (*la chica que me lo dijo...*).

17. ¿En qué oraciones la forma *que* es relativo?

• *¡Lo tonto que es Juan!:* es un relativo que tiene como antecedente un adjetivo (proadjetivo).

• *¡Lo bien que canta!:* es un relativo que tiene como antecedente un adverbio (proadverbio).

• *El libro que compré es interesante:* es un relativo que tiene como antecedente un nombre (pronombre).

• *Es tan bueno que todos lo quieren:* no es un relativo, es una conjunción subordinante consecutiva.

18. ¿Se justifica la forma *cuyo, cuya, cuyos* y *cuyas* como pronombre?

La forma *cuyo, cuya, cuyos* y *cuyas* no se incluye entre los pronombres, ya que no realiza la función de sustantivo. Es un determinativo relativo con significado posesivo, que realiza la función de actualizador de un sustantivo.

19. ¿Cuál es la diferencia sintáctica de la forma *qué* en las oraciones siguientes?

• *¿Qué libro has leído?:* es un determinativo interrogativo que actúa como actualizador del sustantivo *libro*.

• *¿Qué has leído?:* es un pronombre interrogativo que realiza la función de complemento directo.

20. Escribe cinco oraciones en las que aparezca al menos un pronombre indefinido.

***Alguien** ha dicho que no ibas a salir hoy./No quiero **nada** de ti./**Quienquiera** que seas, no te conozco./¿Lo has traído **todo**?/No me quedé con **ninguno**.*

SOLUCIONES A LOS EJERCICIOS

EJERCICIOS DEL VERBO

1. Señala las desinencias de las formas verbales siguientes e indica su significado:

- **cantaríamos:** cant-: raíz, indica el significado léxico común a toda la conjugación; -a-: vocal temática, indica la conjugación (primera); -r-: significado de futuro; -ía-: significado de condicional; -mos: amalgama los significados gramaticales de persona (primera) y número (plural).

- **cantaréis:** cant-: raíz, indica el significado léxico común a toda la conjugación; -a-: vocal temática, indica la conjugación (primera); -r-: significa tiempo futuro y aspecto imperfectivo; -éis: amalgama los significados gramaticales de persona (segunda) y número (plural).

- **cantabas:** cant-: raíz, indica el significado léxico común a toda la conjugación; -a-: vocal temática, indica la conjugación (primera); -ba-: amalgama los significados gramaticales de tiempo pretérito, aspecto imperfectivo y modo indicativo; -s: amalgama los significados gramaticales de persona (segunda) y número (singular).

- **cantasteis:** cant-: raíz, indica el significado léxico común a toda la conjugación; -a-: vocal temática, indica la conjugación (primera); -steis: amalgama los significados gramaticales de tiempo pretérito, aspecto perfectivo, modo indicativo, persona (segunda) y número (plural).

2. Di el infinitivo compuesto y el gerundio compuesto de los verbos prever y proveer.

Infinitivo compuesto: prever: haber previsto; proveer: haber proveído/provisto.

Gerundio compuesto: prever: habiendo previsto; proveer: habiendo proveído/provisto.

3. Cita tres verbos cuyos participios irregulares funcionen como adjetivos y como verbos.

Proveer: El explorador iba provisto de alimentos (adjetivo)./El club ha provisto al equipo de camisetas (participio).

Imprimir: He fotocopiado los papeles impresos (adjetivo)./He impreso una copia del trabajo (participio).

Freír: He cenado huevos fritos (adjetivo)./Enrique ha frito las patatas (participio).

4. ¿Cuál es la característica sintáctica más relevante que diferencia el modo imperativo de los otros modos?

Su característica sintáctica más relevante es que no puede aparecer en oraciones subordinadas, a no ser que estén literalmente citadas en el estilo directo.

5. ¿Se justifica sintácticamente un imperativo de respeto en el español peninsular?

Sí, porque aunque estas formas coinciden morfológicamente con las del presente de subjuntivo (reparta, cojan...), exigen, en el plano de la sintaxis, llevar siempre los pronombres átonos detrás del verbo (tómelo, siéntense).

6. ¿En qué se diferencia el imperativo de «tuteo» del imperativo de respeto?

El imperativo de «tuteo» tiene morfológica y sintácticamente una serie de características propias, mientras que el imperativo de respeto coincide en su morfología con las formas del presente de subjuntivo, aunque sintácticamente exige unas determinadas condiciones como se ha explicado en el ejercicio anterior.

7. Señala los valores semánticos de estas formas verbales:

- El hombre **es** un animal racional: la forma del presente tiene aquí un valor intemporal, expresa una verdad.

- **Serían** las ocho cuando se produjo la explosión: la forma condicional expresa probabilidad.

- **Quisiera** pedirle un favor: el pretérito imperfecto de subjuntivo tiene un valor de cortesía.

- **Venía** a que me diera un poco de arroz: el pretérito imperfecto de indicativo tiene un valor de cortesía.

- ¡Tú te **callas**!: el presente tiene valor de mandato.

- Mañana **salgo** para París: es un presente con valor de futuro, ya que se trata de un hecho muy cercano.

- ¿El partido no **era** mañana?: el pretérito imperfecto hace referencia a un acto comunicativo anterior: el partido es mañana = ¿[No decías que] el partido era mañana?

- Si supieras lo que he conseguido, te **asustabas**: el pretérito imperfecto es una variante del condicional simple. Posee valor de futuro.

8. Explica las irregularidades que existen en las formas verbales siguientes:

- traigamos: irregularidad en la raíz por adición de la consonante -g- • valga: irregularidad en la raíz por adición del elemento consonántico -g- • haríamos: irregularidad en la raíz por supresión de -ce- • puse: irregularidad en la raíz por cierre del timbre vocálico (o>u) y por cambio de la consonante (n>s), e irregularidad en la desinencia por cambio vocálico (i>e) y por cambio acentual (terminación átona).

9. ¿Hay irregularidad verbal en las formas *venzamos, toqué* y *regué*? Justifica la respuesta.

No son irregularidades verbales, ya que se trata de cambios gráficos que no implican un cambio fónico.

10. Cita diez verbos defectivos, de los que cinco sean unipersonales y dos bipersonales.

Unipersonales: *llover, tronar, anochecer, amanecer, atardecer.*

Bipersonales: *suceder, atañer.*

Otros defectivos: *soler, balbucir...*

11. Escribe oraciones con tres verbos en uso transitivo y otras tres con los mismos verbos en uso intransitivo.

Transitivos: *He jugado una partida de mus./He comido un bocadillo de tortilla./He vivido una aventura.*

Intransitivos: *He jugado toda la tarde./He comido muy pronto./He vivido en Madrid.*

12. Señala en las siguientes oraciones las construcciones de infinitivo, de gerundio y de participio que sean perífrasis verbales:

• *Estos días **ando preocupado** por mi salud:* no hay perífrasis: *preocupado* funciona como un adjetivo.

• ***Andan diciendo** que **voy a tocar** mañana en el auditorio: andan diciendo* y *voy a tocar* son perífrasis.

• *Juan **iba a trabajar** todos los días a su oficina:* no es perífrasis: *a su oficina* es complemento circunstancial de *iba.*

• ***Llevo roto** el pantalón:* no es perífrasis: *roto* funciona como un adjetivo [*llevo sucio...*].

• ***Tengo escritas** veinte páginas:* sí es perífrasis.

• ***Debo ir** a tu casa porque deseo verte:* sí es perífrasis.

• *Me gustaría saber por qué no **dejas de fumar:*** sí es perífrasis.

• *A Juan pronto le **dejaré coger** el coche:* no es perífrasis: la secuencia de infinitivo es sustituible por una oración completiva: *... que coja el coche.*

• *Temo no **poder ir** a trabajar a tu oficina:* en esta oración solo es perífrasis *poder ir.*

13. Señala los significados de las perífrasis *poder* + infinitivo y *acabar de* + infinitivo.

Poder + infinitivo: tiene significados de capacitación, permiso (*ya puedes venir*) y posibilidad (*hoy puede llover*).

Acabar de + infinitivo: tiene un significado perfectivo; indica el fin de un proceso (*he acabado de estudiarme los temas*), la inmediatez de un proceso que se ha acabado hace muy poco tiempo (*acaban de llamar a la puerta*), y en los enunciados negativos aporta un matiz de indecisión o de duda en el sujeto (*no acabo de entenderlo bien*).

14. ¿Cuál es la diferencia normativa entre *deber* + infinitivo y *deber de* + infinitivo?

La perífrasis *deber* + infinitivo indica obligación (*debes estudiar más*), mientras que *deber de* + infinitivo indica probabilidad (*deben de ser las cinco*).

15. Indica los valores semánticos (y, en su caso, estilísticos) de las perífrasis de estas oraciones:

• *Este coche **viene costando** unos veinte mil euros* (aproximación).

• *Esa frase **viene a significar** lo que nosotros pensábamos* (aproximación).

• *En mi casa **tiene que haber ocurrido** algo porque hay mucha gente* (probabilidad).

• ***Ha debido de pasar** algo en mi casa* (probabilidad).

• *Antes o después, todos **hemos de morir*** (obligación y futuro).

• *De pronto, **se echó a reír** sin motivos* (incoativo).

• ***Fue a llover** cuando menos falta hacía* (inoportunidad).

• *Ya **estás yendo** por el dinero* (valor imperativo).

16. ¿Qué diferencia sintáctica existe entre *echar a perder* y *echarse a llorar*?

Echar a perder es una locución verbal, no hay un verbo auxiliar ni principal, sino que es todo el conjunto el que selecciona sujetos y complementos. Sin embargo, *echarse a llorar* es una perífrasis verbal en la que hay un verbo auxiliar (*echarse*) y otro principal (*llorar*), que es el que selecciona los complementos del núcleo verbal constituido por la perífrasis.

17. Escribe cinco locuciones verbales que no hayan sido citadas en esta gramática.

Hacer polvo, no caber duda, estar a punto de, poner en contacto, dar de sí (algo).

18. La expresión *tener dolor* equivale, en ciertos contextos, a *doler*. ¿Se puede decir que esta expresión es una locución verbal?

No, en este caso *dolor* es un complemento directo del verbo *tener* (*lo tengo, tienes*, etc.). *Dolor* desempeña, por tanto, una función respecto del verbo.

19. Conjuga los imperativos de «tuteo» y de respeto de los verbos *ir* e *irse*.

Verbo *ir*: imperativos de «tuteo» (*ve tú, id vosotros*); imperativos de respeto (*vaya usted, vayan ustedes*); forma neutra (*vayamos -y vamos- nosotros*).

Verbo *irse*: imperativos de «tuteo» (*vete tú, idos vosotros*); imperativos de respeto (*váyase usted, váyanse ustedes*); forma neutra (*vayámonos -y vámonos- nosotros*).

EJERCICIOS DEL ADVERBIO

1. Explica la función que desempeñan los adverbios en las siguientes construcciones:

• *Juan es **así** de alto*: así es un cuantificador (junto con la preposición *de*) del adjetivo.

• *No lo hagas **así***: así es un complemento circunstancial de modo del verbo.

• *Ni **aún** ellos lo saben*: aún es un modificador oracional.

• ***Así** te parta un rayo*: así es un adverbio desiderativo, que modifica a toda la oración, equivalente a *ojalá*.

• *¡**Ojalá** llueva!*: ojalá es un adverbio desiderativo y complementa o modifica a toda la oración.

• *Mario es **bien** guapo*: bien es un cuantificador del adjetivo *guapo*.

• *Alberto canta **bien***: bien es un complemento circunstancial de modo.

• *Está **bien** lejos*: bien es un cuantificador del adverbio *lejos*, que a su vez es núcleo del atributo.

2. ¿A qué palabra modifica el adverbio *casi* en la oración *Mide casi dos metros*?

Casi modifica al determinativo cardinal *dos*. No expresa una manera de medir, sino que equivale a *casi dos metros es lo que mide*.

3. Añade modificadores cuantificadores y no cuantificadores a estos adjetivos:

• *lejos*: *más lejos* (cuantificador), *lejos de la ciudad* (no cuantificador).

• *cerca*: *muy cerca* (cuantificador), *cerca de vosotros* (no cuantificador).

• *después*: *mucho después* (cuantificador), *después de ti* (no cuantificador).

• *antes*: *bastante antes* (cuantificador), *no antes de las siete* (no cuantificador).

4. Forma los superlativos posibles de los siguientes adverbios:

• *lejos*: *lejísimos/muy lejos* • *cerca*: *cerquísima/muy cerca* • *estupendamente*: *estupendísimamente* • *recientemente*: *recentísimamente/muy recientemente* • *fuertemente*: *fortísimamente/muy fuertemente*.

5. Busca ejemplos en los que un adverbio complemente o modifique a otro adverbio en aposición.

*Aquí **cerca** hay una piscina cubierta./Le salió así, **espontáneamente**./Allí **arriba** todavía queda nieve./Lancé la pelota allá **lejos***.

6. Explica la diferencia sintáctica que existe entre las palabras *alto, fenomenal, duro* y *sucio* en las siguientes oraciones:

• *El edificio es alto./No habléis tan alto*. En la primera oración, *alto* es un adjetivo en función de atributo. En la segunda, *alto* es un adverbio que, junto con *tan*, funciona como complemento circunstancial de modo.

• *Es una madre fenomenal./Canta fenomenal*. *Fenomenal*, en la primera oración, es un adjetivo en función de modificador del sustantivo *madre*. En la segunda es un adverbio que realiza la función de complemento circunstancial de modo.

• *Es un trabajo duro./Los jugadores entraban muy duro*. En el primer caso, *duro* es un adjetivo en función de modificador del sustantivo. En el segundo es un adverbio modificado por *muy* y desempeña la función de complemento circunstancial de modo.

• *Un trabajo sucio./Jugáis muy sucio*. *Sucio* es, en la primera oración, un adjetivo en función de modificador del sustantivo, y en la segunda es un adverbio modificado por *muy*, complemento circunstancial de modo.

7. Escribe oraciones en las que las palabras *donde, cuando* y *como* actúen como adverbios y lleven antecedentes.

Te llamaré a la casa donde estuviste el fin de semana pasado./Me acuerdo del verano cuando fuimos a Almería./Reflexiona sobre la forma como has tratado a tu padre.

8. Escribe dos oraciones en las que el interrogativo-exclamativo *qué* sea un adverbio.

¡Qué mal lo has hecho!/¡Qué cara está la vida!

9. ¿Qué diferencia sintáctica existe entre los adverbios *nada* y *algo* en estas construcciones?

- *Es algo tonto./No es nada tonto.* En estas oraciones *algo* y *nada* son adverbios que funcionan como modificadores cuantificadores del adjetivo al que acompañan.

- *Este niño no llora nada./Este niño llora algo.* En estas oraciones *algo* y *nada* son adverbios cuantificadores que actúan como complementos circunstanciales del verbo al que acompañan.

10. Indica la función sintáctica de las palabras *algo* y *nada* en las oraciones siguientes.

- *No me queda nada./Me falta algo.* Nada y algo desempeñan la función de sujeto de la oración porque son los que marcan la concordancia con el verbo, ya que si los cambiamos por un sustantivo plural, el verbo ha de variar también su número: *no me *queda/quedan invitaciones*, *me *falta/faltan apuntes*.

- *No llora nada./Llora algo.* Nada y algo actúan como complementos circunstanciales del verbo *llorar*.

11. Señala cuál es la afirmación correcta:

- *Según la nueva normativa se podrá prescindir de la tilde siempre, incluso en casos de ambigüedad.*

12. Escribe dos oraciones en las que la palabra *hasta* sea adverbio y otras dos en las que sea preposición.

Adverbio: *Hasta Enrique había aprobado el examen./Eso lo adivinaron hasta los más torpes.*

Preposición: *Viajó hasta Valencia en tren./Llegó hasta mí pidiendo protección.*

EJERCICIOS DE LAS PREPOSICIONES

1. Escribe diez oraciones en las que la conjunción subordinante *que* vaya precedida de preposición.

Me alegro de que hayas aprobado./Me conformo con que llegues a tiempo./He venido para que me lo expliques./Esperé a que terminara la película./Tengo especial interés en que conozcas a Paco./Anduvimos hasta que caímos exhaustos./Te ha estado mirando desde que has llegado./No me voy sin que me cuentes lo que ha pasado./Su interés en que vayas con él me parece sospechoso./Ya he superado el temor de que me atraquen.

2. ¿Cuál es la diferencia semántica que existe entre las preposiciones *sobre, con, de, en, entre* y *para* en estas oraciones?

- *El libro está **sobre** la mesa* (lugar: 'encima de').
- *Hablaron **sobre** los problemas de la droga* (asunto de que se trata).
- *Me voy **con** Juan al cine* (compañía).
- *Come **con** moderación* (modo).
- *Hice el agujero **con** la taladradora* (medio o instrumento).
- *Vengo **de** Segovia* (origen o procedencia).
- *Trabajo **de** camarero* (modalidad: 'en calidad de').
- *La casa **de** Pedro es bonita* (posesión o pertenencia).
- *Un poco **de** ambición me hace falta* (partición).
- *Aquí hay **de** todo* (parte).
- *Estoy **en** Madrid* (lugar).
- *Ese recorrido se hace **en** dos horas* (tiempo en el que se realiza la acción).
- *El balón pasó **entre** el portero y el palo* (situación, estado o punto intermedio).
- *Pienso **entre** mí si no me habré equivocado* (interioridad).
- ***Entre** que estoy un poco sordo y **entre** que hay ruido, no me entero bien* (confluencia de diversos elementos o causas).
- *He venido **para** tres días* (tiempo o plazo determinado).
- *Este libro es **para** ti* (destinatario).
- *Trabajo **para** ganar dinero* (finalidad que se propone a la acción).

3. Explica las diferencias sintácticas que existen entre las preposiciones de estas parejas de oraciones:

- *Fui **con** Juan al campo./Me conformo **con** mil euros*. Con, en la primera oración, introduce un complemento circunstancial de compañía, mientras que en la segunda es una preposición requerida por el verbo (*conformarse con*), por lo que constituye con su término un complemento regido.

- *Confío **en** vosotros./Estaba **en** pijama*. En vosotros es un complemento regido (*confiar en*); sin embargo, en la segunda oración introduce un grupo preposicional que realiza la función de atributo.

- *Me alegro **de tus éxitos**./El disco **de sus éxitos**.* Como en los casos anteriores, la preposición en la primera oración viene exigida por el verbo, constituye con su término un complemento regido (*alegrarse de*). En la segunda oración, *de tus éxitos* es un complemento del nombre *libro*.

- *Vi **a María** en la calle./Me obligaron **a salir** a la calle.* *María* es un complemento directo de persona, por lo que exige la presencia de la preposición *a*. En la segunda oración, la preposición *a* está requerida por el verbo (*obligar a*); *a salir a la calle* es, por tanto, un complemento regido.

4. **¿Qué preposición exigen estos verbos?**

- *fiarse: de* • *interesarse: por* • *pronunciarse: por* • *conformarse: con* • *vengarse: de* • *tardar: en.*

5. **Construye diez oraciones utilizando locuciones prepositivas distintas.**

*No estoy en absoluto **de acuerdo con** lo que has dicho./Trabajó **con vistas a** conseguir una mejor situación./**Con respecto a** ese chico, deberíamos volver a pensarlo./Llegaron **alrededor de** las siete y media./Estuvieron discutiendo **acerca de** esa cuestión toda la tarde./**Junto a** su casa hay un supermercado./Faltó a todas las clases **so pretexto de** estar enfermo./Lo conseguí **gracias a** ti./Se formó una aglomeración **en torno a** los recién llegados./Eso está **en relación con** el tema de ayer.*

6. **Añade complementos o modificadores con preposición a los adverbios delante, detrás, debajo, encima, enfrente, antes, después y luego.**

- ***delante:*** *Quitamos la nieve que había delante de la puerta.*

- ***detrás:*** *Había mirado detrás de la casa hasta la parte de delante.*

- ***debajo:*** *Había trastos debajo del sofá.*

- ***encima:*** *Puse el vaso encima de la mesa.*

- ***enfrente:*** *Enfrente de la casa hay una gasolinera.*

- ***antes:*** *Antes de las diez estaré en casa.*

- ***después:*** *Preparé la comida para después de mi vuelta.*

- ***luego:*** *Luego de la cena, se marcharon a pasear.*

7. **Forma cinco oraciones. Procura que en cada una de ellas aparezca una agrupación preposicional distinta.**

*El sol se escondió **por entre** los montes./Estuvo pendiente de su llamada **desde por** la mañana./Se quedó ciego **de por** vida./Fue muy bueno **para con** todos./Era un ciudadano **de a pie** y de pronto dio el salto a la fama.*

8. **¿Qué tienen de especial, desde el punto de vista normativo, estas construcciones?**

- *los asuntos a discutir:* es un galicismo sintáctico, hoy este tipo de construcciones se admiten como válidas, especialmente en contextos económicos o administrativos, o con ciertos sustantivos • *rodamientos a bolas:* es un galicismo sintáctico; lo correcto es *rodamientos de bolas* • *contra más me esmero, peor me sale la comida:* es un vulgarismo, se dice *cuanto más me esmero...* • *es seguro de que va a llover:* se trata de un dequeísmo (es el caso opuesto al queísmo), es decir, utilizar *de que* cuando se debería poner *que* • *estoy convencido que vamos a ganar:* es un queísmo: falta la preposición *de*; lo correcto es: *Estoy convencido de que vamos a ganar.*

9. **Construye dos oraciones en las que las palabras pro y vía tengan valor preposicional.**

Vía: *El tren se dirige a Cádiz vía Sevilla./Las imágenes se recibieron vía satélite.*

Pro: *Hubo una manifestación pro Derechos Humanos./Nos ha tocado el cupón pro ciegos.*

10. **Escribe una oración con cada uno de los adverbios donde, cuando y como. En ellas, estos adverbios tienen que ejercer una función próxima a la de preposición.**

Donde: *Ha ido a buscarte donde tus padres.*

Cuando: *Eso ocurrió cuando las fiestas del pueblo.*

Como: *Trabajo como electricista.*

EJERCICIOS DE LAS CONJUNCIONES

1. **Explica en qué casos aunque es conjunción coordinante y en cuáles es subordinante**

- *Aunque tengo dinero, no soy gastador:* en este caso, *aunque* es una conjunción subordinante, ya que introduce una proposición subordinada a la oración principal: no es sustituible por *pero*.

- *Iré al partido aunque llueva:* aquí también realiza la función de conjunción subordinante, ya que tenemos, como en el caso anterior, una proposición subordinada concesiva: no es sustituible por *pero*.

- *Soy trabajador, aunque algo distraído:* en esta oración *aunque* funciona como conjunción coordinante de tipo adversativo: es sustituible por *pero*.

2. ¿Cuáles son los distintos significados de la conjunción coordinante *o* en estos enunciados?

• *O vienes o te quedas:* la conjunción coordinante expresa aquí disyunción o alternativa; indica también la incompatibilidad simultánea de dos acciones.

• *En este cajón puedes meter sábanas o mantas:* en este caso *o* significa también disyunción pero, a diferencia de lo que ocurría en el caso anterior, la elección es entre dos alternativas que no son excluyentes.

• *Juan Ruiz o El Arcipreste de Hita escribió el Libro de buen amor:* en esta oración, *o* tiene un carácter explicativo, indica que los términos unidos son equivalentes, es decir, se designa con ellos una misma realidad.

3. Determina el papel que desempeñan las conjunciones *y* y *pero* en las oraciones siguientes.

• *¿Y tú me lo preguntas?:* la conjunción tiene un valor enfático; sirve para introducir una secuencia y conectarla con lo anterior. No introduce realmente, como en otros casos, una proposición coordinada copulativa.

• *Pero ¡seré despistado!:* pero tiene también un valor enfático. Introduce una oración que no tiene una conexión directa con lo dicho anteriormente; no tiene valor adversativo, sino, más bien, valor expresivo.

4. La conjunción *que* en las oraciones siguientes, ¿es coordinante o subordinante?

• *Quieras que no, hay que trabajar:* la conjunción *que* es aquí coordinante, la frase equivale a *quieras o no quieras*, claramente una coordinada disyuntiva.

• *El niño estaba dale que dale, habla que te habla...:* la conjunción *que* es también coordinante, con valor semejante a la conjunción copulativa *y*: dale *y* dale, habla *y* habla...

5. Construye dos oraciones con las locuciones *o sea* y *es decir*. ¿Qué significado aportan estas locuciones?

Llegó a las siete y media, es decir, una hora tarde./ Su pueblo, o sea, Moratalla, está a veinte kilómetros de aquí.

Estas locuciones tienen, junto con la frase que introducen, un carácter explicativo, esto es, aclaran algo de lo expresado en el enunciado.

6. Explica si *ni* es una verdadera conjunción en *no tengo ni un duro*. Razona tu respuesta.

No se trata, en este caso, de una verdadera conjunción; *ni* se emplea como intensificador que refuerza la expresividad de la frase. Equivale a *ni siquiera, ni tan solo...* Pero en cualquier caso también podríamos decir *No tengo un duro*, aunque la frase perdería gran parte de su valor expresivo.

7. Indica la clase a la que pertenecen estas conjunciones y locuciones conjuntivas:

• *aunque:* puede ser coordinante adversativa o subordinante concesiva • *sino:* coordinante adversativa • *o sea:* coordinante explicativa • *ya que:* subordinante causal • *luego:* coordinante ilativa • *mas:* coordinante adversativa • *sino que:* coordinante adversativa. • *tan pronto como:* subordinante temporal y, como constituyente discontinuo, también coordinante copulativa • *así que:* coordinante ilativa • *conque:* coordinante ilativa.

8. ¿Cuál es la diferencia sintáctica que presenta la conjunción *si* en estas oraciones?

• *Nunca sabré si has acertado:* la conjunción *si* introduce una interrogativa indirecta total, complemento directo de *saber*.

• *Nunca lo sabré si no me lo dices:* la conjunción *si* es el nexo que une la oración principal con una subordinada adverbial condicional.

9. ¿Qué diferencias sintácticas presenta la palabra *luego* en estas oraciones?

• *Luego me acerco a tu casa:* luego aquí es un adverbio de tiempo que desempeña la función de complemento circunstancial.

• *Pienso, luego existo:* luego en este enunciado introduce una oración coordinada ilativa.

10. Indica los distintos valores de *cuando* en los siguientes enunciados:

• *Cuando no llama es que está enfermo:* en este caso es una conjunción subordinante condicional.

• *Cuando no llama, nos ponemos nerviosos:* en este caso es un adverbio relativo.

11. Determina cuáles son los distintos valores de la secuencia *siempre que* en estas oraciones:

• *Siempre que juego, gano:* en esta oración, la secuencia *siempre que* tiene valor temporal.

• *Te lo contaré siempre que no se lo digas a nadie:* en esta oración, la secuencia *siempre que* tiene valor condicional.

12. Señala la diferencia sintáctica existente en la palabra *mientras* en estos dos enunciados:

• *Yo hago las camas; tú, mientras, preparas el desayuno:* en este caso, *mientras* es un adverbio, tiene una cierta independencia sintáctica; por tanto, no puede ser una conjunción.

• *Mientras yo hago las camas, tú preparas el desayuno:* en esta oración, *mientras* introduce una proposición subordinada temporal; por lo tanto, es una conjunción subordinante o un adverbio relativo.

13. ¿Significan lo mismo los dos enunciados siguientes?

• *Ella cantaba mientras yo hacía la comida.*
• *Ella cantaba, mientras que yo hacía la comida.*

El significado de estos dos enunciados tiene matices distintos. En la primera oración, *mientras* es un adverbio relativo con valor subordinante temporal; se expresan dos acciones que trascurren al mismo tiempo. Sin embargo, en la segunda, *mientras que* es un enlace gramatical coordinante con valor adversativo.

EJERCICIOS DE LAS INTERJECCIONES

1. Clasifica estas interjecciones y explica su significado:

• *¡aúpa!:* es una interjección con función apelativa; se usa para animar a alguien a levantarse o a levantar algo, es una expresión de ánimo.

• *¡eh!:* es una interjección propia, apelativa; se usa para llamar la atención, preguntar, advertir o reprender a alguien.

• *¡ja!:* es una interjección propia, onomatopéyica o imitativa; imita el sonido de la risa y, dependiendo del tono y del contexto en el que aparezca, puede significar carcajada o ironía.

• *¡joroba!:* es una interjección impropia, expresiva; expresa sorpresa, extrañeza, admiración o disgusto.

• *¡pumba!:* es una interjección propia, onomatopéyica o imitativa. Esta voz recuerda una caída ruidosa.

• *¡vale!:* es una interjección formularia; indica conformidad.

2. ¿De qué tipo son las siguientes frases interjectivas? Indica el significado de cada una de ellas.

• *¡Hay que ver!:* se trata de una frase interjectiva impropia expresiva; se usa para intensificar algo o para indicar sorpresa, indignación e incredulidad; puede aparecer sola o con algún complemento.

• *¡No te fastidia!:* es una frase interjectiva impropia; expresión familiar con la que se concluye un comentario que revela molestia o enojo.

• *¡Qué ha de ser!:* frase interjectiva propia, equivalente a *¡Qué va!*

• *¡Qué va!:* frase interjectiva propia que se emplea para expresar incredulidad o para negar lo que el otro afirma; equivale a *¡Quia!*

• *¡Vete a saber!:* es una frase interjectiva propia; indica que una cosa se desconoce o es difícil de averiguar.

3. Construye enunciados en los que estas palabras actúen como interjecciones o formen parte de frases o grupos interjectivos:

• *bien:* ¡Bien, campeón! ¡Así se juega!/¡Bien por ti! Por fin has conseguido resolverlo. • *bravo:* ¡Bravo, hemos terminado los exámenes!/¡Bravo, Juan, así se hace! • *mira:* ¡Mira por dónde! Me he encontrado yo con ellos esta misma mañana./ La primera vez que juega a la lotería y le toca, ¡mira tú que suerte!/¡Mira con lo que nos sale ahora! Como si no nos hubiéramos preocupado nunca por él./¡Mira que es pesado tu hermano! • *arrea:* ¡Arrea! Me he vuelto a olvidar la mochila./¡Arrea, otra mancha! ¡Cómo se va a poner tu madre!

EJERCICIOS DE ENUNCIADO Y ORACIÓN

1. Escribe diez enunciados oracionales: dos que coincidan con oraciones simples, tres con oraciones compuestas complejas y cinco con oraciones compuestas con conjuntos oracionales:

Oraciones simples: *Abran paso./Me duele la cabeza.*

Oraciones complejas: *La niña con la que estuviste hablando es amiga mía./Juan me dijo que no vendría./Tengo muchas ganas de que nos veamos.*

Conjuntos oracionales: *Estudio mucho, pero no apruebo./Llegué, vi, vencí./Si te apetece, nos vamos al cine./No quiero ir al cine, sino que prefiero quedarme en casa./Aunque no lo creas, es verdad.*

2. Escribe diez enunciados no oracionales.

Buenas tardes./Perros, no./Hasta mañana./¡Hola! / De nada./Ni loco./¡Acción!/¡Socorro!/Cada loco con su tema./¡Muy mal!

3. Clasifica las siguientes oraciones coordinadas:

- *Ni fui al teatro ni me quedé en casa* (coordinadas copulativas).

- *O vienes o te quedas, pero di algo* (*o vienes o te quedas* son coordinadas disyuntivas, y *o vienes o te quedas, pero di algo* son coordinadas adversativas).

- *No fui al teatro, sino que preferí ir al cine* (coordinadas adversativas).

4. ¿Cuál es la diferencia sintáctica entre una oración compuesta compleja y otra con conjunto oracional por subordinación?

Las oraciones complejas contienen una subordinada de uno de sus elementos, mientras que en el conjunto oracional, cuando encontramos una subordinada, esta incide sobre toda la oración.

5. ¿Cuál es la diferencia sintáctica entre los conjuntos oracionales (oraciones compuestas) por coordinación y los conjuntos oracionales (oraciones compuestas) por subordinación?

En los conjuntos oracionales por coordinación, las oraciones del enunciado son coordinadas o yuxtapuestas; sin embargo, los conjuntos oracionales por subordinación se componen de una oración principal y de otra subordinada a aquella.

6. Construye dos oraciones compuestas complejas dentro de las cuales haya, al menos, otra oración compuesta compleja.

No he cogido los discos **que me dijiste que trajera**.*/Preséntame al chico* **que quieres que venga a cenar esta noche**.

7. Escribe un conjunto oracional (oración compuesta) por coordinación cuyos componentes coordinados sean oraciones compuestas complejas.

Me explicaste por qué no habías venido, pero no entendí las razones que me diste.

8. Construye un conjunto oracional (oración compuesta) por subordinación, cuyas oraciones sean compuestas complejas.

Si no estás a gusto en la habitación que te han asignado, pediré que te trasladen a otro cuarto.

9. Convierte en oraciones compuestas complejas las siguientes oraciones simples:

- *El niño comilón puede enfermar.* → *El niño que come mucho puede enfermar.*

- *Deseo tu llegada con verdadero interés.* → *Deseo con verdadero interés que llegues.*

- *Me preocupa tu comportamiento tan extraño.* → *Me preocupa que te comportes de una forma tan extraña.*

10. Transforma en oraciones simples las siguientes oraciones compuestas complejas:

- *Atacaron a una persona que no tenía armas.* → *Atacaron a una persona inerme.*

- *Te agradecería muchísimo que participaras con nosotros.* → *Agradecería muchísimo tu participación.*

11. Señala cuál es el sujeto de las siguientes oraciones simples:

- *Me da miedo la guerra* (sujeto: *la guerra*).

- *No me extraña su actitud* (sujeto: *su actitud*).

- *Se vive bien en este país* (sujeto cero, es una oración impersonal).

- *Se premió a los mejores* (sujeto cero, es una oración impersonal).

- *Se pronunciaron discursos interesantes* (sujeto: *discursos interesantes*; oración pasiva refleja).

- *Cantidad de alumnos se quedaron sin profesor* (sujeto: *cantidad de alumnos*).

12. Construye tres oraciones impersonales con complementos directos de persona con *a*.

Se espera a los embajadores esta mañana./Se detuvo a los ladrones./Se descalificará a los que lleguen tarde.

13. Construye tres oraciones impersonales con verbo intransitivo y la partícula *se*.

Se corre muy bien en esta pista./Se come mal en este restaurante./Se duerme a gusto en esta cama.

14. Construye tres oraciones impersonales en las que no aparezca la partícula *se* ni los verbos tengan significado meteorológico.

Había mucha gente en la sala./Me basta con vuestra presencia./Hace tiempo que no te veo.

15. ¿Cuál es la diferencia sintáctica entre las siguientes oraciones con el verbo *ser*?

- *Juan es médico.*

- *Médico es lo que es Juan.*

La primera oración es atributiva no ecuativa, y la segunda es ecuacional.

16. Escribe oraciones ecuacionales correspondientes a estas otras oraciones:

- *Ayer vi a tu hijo en el colegio.* → *A tu hijo es a quien vi ayer en el colegio./En el colegio es donde vi ayer a tu hijo./Ayer fue cuando vi a tu hijo en el colegio.*

- *Yo siempre trabajo los lunes en mi oficina.* → *Los lunes es cuando trabajo siempre en la oficina./ En la oficina es donde trabajo siempre los lunes./Trabajar es lo que hago siempre los lunes en la oficina.*

17. Escribe tres estructuras de predicación, pero sin verbo.

Desgraciadamente, *Luis vive sin dinero (Es una desgracia que...)./***Con la ventana abierta**, *hace frío (Estando abierta la ventana,...)./***Feliz**, *se fue a celebrarlo (Estando feliz...).*

18. Escribe tres oraciones en las que haya un atributo del sujeto y otras tres en las que haya un atributo del complemento directo.

Atributo del sujeto: *Juan está muy guapo./Tu hijo parece cansado./Yo soy así.*

Atributo del complemento directo: *Considero a tu madre una gran persona./Me han llamado tonta./ Te han nombrado delegado.*

19. Construye tres oraciones en las que haya un predicativo del sujeto y otras tres en las que haya un predicativo del complemento directo.

Predicativo del sujeto: *Tus hermanos vinieron cansados./Elena trabaja como secretaria./Salí aburrida de clase.*

Predicativo del complemento directo: *Han servido fría la sopa./Me devolvieron estropeado el coche./Lleva roto el traje.*

20. Escribe dos oraciones en las que el atributo o el predicativo sea un sustantivo o grupo nominal y otras dos en que sea una oración.

Sustantivo o grupo nominal: *Pedro es arquitecto./ Carmen es la alcaldesa del pueblo.*

Oración: *La Liga está que arde./Los vi cómo escondían el regalo.*

21. Escribe dos oraciones en las que haya un atributo de un sujeto cero.

Cuando se está cansado, es difícil trabajar./Si se es intransigente, no se llega a ninguna parte.

22. Escribe tres oraciones con tópicos y otras tres con atributos oracionales.

Tópicos: *En cuanto a lo que me dijiste el otro día, creo que no tienes razón./En lo que se refiere a tu salud, deberías consultar a un médico./Por lo que a mí respecta, no pienso ir esta tarde.*

Atributos oracionales: *Obviamente, no llegamos a tiempo./Desafortunadamente, no nos tocó el premio./Felizmente, todo se quedó en un susto.*

EJERCICIOS DE LOS GRUPOS SINTÁCTICOS

1. Segmenta las oraciones siguientes y señala todos los grupos sintácticos que hay en ellas:

- Todos aquellos niños que cantaban en el coro serán premiados por la Asociación de Padres[1].

- Me preocupa enormemente la situación tan complicada en que se encuentran mis padres.

[1] Si consideramos que *serán premiados* es un verbo en voz pasiva, *por la Asociación de Padres* desempeña la función de complemento agente. Sin embargo, si interpretamos *serán premiados* como un verbo copulativo y su atributo, *por la Asociación de Padres* es el complemento del adjetivo-participio *premiados*.

- Nos dijeron que había ocurrido un accidente muy grave cerca de nuestra casa.

  Act. | Núcleo | Mod. cuant. | Núcleo | | Act. | Núcleo

  Núcleo | Mod.: oración adjetiva | Núcleo | Mod.: gr. prep.

  Sujeto: grupo nominal | CC: grupo adverbial

  Predicado: grupo verbal | Predicado: grupo verbal

  CI | Núcleo | CD: oración sustantiva

  Predicado: grupo verbal

2. Construye un grupo nominal en el que haya un actualizador compuesto de tres determinativos y dos modificadores que pertenezcan a categorías distintas.

todas las demás mesas de madera que vendían

3. Construye tres grupos nominales con un actualizador complejo.

cantidad de libros; multitud de papeles; infinidad de personas

4. Construye un grupo nominal con un actualizador compuesto y un modificador en aposición.

mi otro hijo el médico

5. Construye dos grupos nominales cuyo núcleo sea un pronombre personal que vaya modificado por un determinativo cardinal.

vosotros tres; ellos cuatro

6. Construye dos grupos nominales cuyo núcleo sea un pronombre interrogativo o indefinido con un modificador introducido por la preposición de.

¿cuál de los dos?; alguno de vosotros

7. Construye un grupo adjetival con un modificador cuantificador y otro introducido por una preposición.

Con modificador cuantificador: *muy grande.*

Con una preposición: *propenso a engordar.*

8. Segmenta los grupos adjetivales siguientes, indicando las categorías y las funciones:

- *dos centímetros más alto* (*dos centímetros*: grupo nominal cuantificador de *más; más:* adverbio modificador cuantificador de *alto; alto:* adjetivo núcleo del grupo adjetival).

- *varias veces más caro* (*varias veces*: grupo nominal cuantificador de *más; más:* adverbio cuantificador de *caro; caro:* adjetivo núcleo del grupo adjetival).

- *casi tres veces más barato* (*casi*: adverbio cuantificador de *tres; tres veces:* grupo nominal cuantificador de *más; más:* adverbio cuantificador de *barato; barato:* adjetivo núcleo del grupo adjetival).

9. Construye un grupo adverbial con un modificador cuantificador y otro precedido de preposición.

Con un modificador cuantificador: *mucho después.*

Con preposición: *detrás de la casa.*

10. Construye tres grupos verbales cuyos núcleos sean perífrasis verbales de infinitivo y que vayan complementados por un complemento directo y un complemento indirecto.

Debe de haber comprado las flores a esa gitana. Tienes que explicar ese problema a tu hermano. Estuve a punto de dar el regalo a su hijo.

11. Construye tres grupos verbales cuyos núcleos sean sendas locuciones verbales seguidas de un complemento directo.

He echado de menos a mi hermana durante su ausencia./Hice añicos el jarrón de porcelana./ Siempre me echas en cara mis fallos.

12. Construye dos grupos verbales cuyos núcleos exijan dos argumentos.

Di tres libros a Pilar./He pedido un cuento a la tía.

13. Construye dos grupos verbales cuyos núcleos exijan un argumento complemento directo y un complemento indirecto no argumental.

Preparé la comida a mi hermana./Limpié el coche a mi padre.

14. Escribe un grupo verbal con un complemento directo desempeñado por el relativo que y otro por el interrogativo quién.

el cuadro que he pintado/¿A quién has visto?

15. Construye dos grupos verbales en los que haya sendos complementos indirectos desempeñados por pronombres átonos.

Me explicaron la lección./Nos regalaron bombones.

16. Indica la diferencia sintáctica funcional que hay en el grupo nominal *la víctima* en las oraciones siguientes:

- *Golpearon a la víctima* (complemento directo).
- *Pegaron a la víctima* (complemento indirecto).
- *Escribieron a la víctima* (complemento indirecto).
- *Nadie se acuerda de la víctima* (complemento de régimen).
- *Estuvimos con la víctima* (complemento circunstancial).

17. Construye dos grupos verbales con complemento directo y complemento indirecto y otros dos con solo el complemento indirecto.

Con complemento directo e indirecto: *Escribí una carta a mi novia* (*una carta*: complemento directo; *a mi novia*: complemento indirecto)./*He puesto el abrigo al niño* (*el abrigo*: complemento directo; *al niño*: complemento indirecto).

Con complemento indirecto: *Me preocupas./Le gusta (tu vestido) a María.*

EJERCICIOS DE LA ORACIÓN Y CONJUNTOS

1. Construye tres oraciones compuestas complejas en las que los verbos principales sean *asustar*, *molestar* y *encantar*, y cuyo sujeto sea una oración.

Me asusta que llegues siempre tan tarde./Me molesta mucho que no me digas la verdad./Me encantó lo que dijiste.

2. Construye una oración compuesta compleja pasiva refleja con una interrogativa indirecta como sujeto del verbo principal.

No se sabe si vendrá el presidente esta noche.

3. Haz que las oraciones subordinadas *que nadie lo sabrá* y *que llueva* funcionen como sujeto en una oración compuesta compleja.

En círculos especializados se cree que nadie lo sabrá./No me importa que llueva.

4. Construye tres oraciones compuestas complejas en las que los complementos directos de los verbos principales sean interrogativas indirectas con pronombre o adverbio interrogativo.

No sé quién me lo dijo./Ignoro cuál fue el motivo./Me pregunto cómo lo hiciste.

5. Di la diferencia sintáctica que existe entre estos pares de oraciones:

- *No me he enterado de si han venido./Si han venido, no me he enterado.*

En la primera oración, la interrogativa indirecta realiza la función de complemento de régimen del verbo principal de una oración compleja. En el segundo caso, *si han venido* es una oración subordinada condicional dentro de un conjunto oracional por subordinación.

- *Me preguntaron cuándo iba a salir./Me lo preguntaron cuando iba a salir.*

En la primera oración, *cuándo iba a salir* es una interrogativa indirecta que realiza la función de complemento directo del verbo principal *preguntaron* dentro de una oración compleja. En el segundo caso, *cuando iba a salir* es una subordinada temporal que realiza la función de complemento circunstancial del verbo principal dentro de una oración compleja.

6. Escribe un enunciado en el que una oración sea subordinada del verbo principal, pero en estilo directo.

Pedro dijo: «No iré el viernes a la fiesta».

7. Señala si hay o no incorrección en la unión de las oraciones subordinadas al verbo principal:

- *Me acuerdo que fui feliz:* en esta oración hay una incorrección, ya que se ha eliminado la preposición *de* en el complemento de régimen; nos encontramos ante un caso de queísmo.
- *Confío de que vengáis pronto:* en esta oración hay una incorrección, ya que *confiar* rige la preposición *en* en su complemento de régimen; nos encontramos ante un caso de dequeísmo.
- *Me fijé que tenía una herida en el cuello:* en esta oración se ha eliminado la preposición *en* en el complemento de régimen, aunque con este verbo es el uso más frecuente.
- *Insistió de que teníamos que protestar:* en esta oración hay una incorrección, ya que *insistir* rige la preposición *en* en su complemento de régimen; nos encontramos ante un caso de dequeísmo.

8. Construye dos oraciones con significado causal y otras dos con significado final y que sean complementos circunstanciales del verbo principal de una oración compuesta compleja.

Causales: *Te lo traje porque me lo habías pedido./ Llegué a tiempo gracias a que cogí un taxi.*

Finales: *He venido a que me expliques la lección./ Estoy ahorrando con vistas a comprarme un coche.*

9. Escribe tres oraciones subordinadas adjetivas que tengan como nexo un adverbio relativo.

Me lo encontré en el restaurante donde habíamos comido./No me gustó el modo como te comportaste./Aquel fue el momento cuando nos conocimos.

10. Indica la diferencia sintáctica que existe entre las oraciones siguientes:

- *El hecho de que hayas estudiado no te exime de culpa.*
- *El hecho que nos obligó a castigarlo fue su mala conducta.*

En la primera oración tenemos una oración subordinada sustantiva (*que hayas estudiado*) que realiza la función de modificador del sustantivo. En el segundo caso, *que nos obligó a castigarlo* es una oración subordinada adjetiva, cuyo antecedente es *hecho.*

11. Escribe dos oraciones compuestas complejas en las que haya sendas oraciones adjetivas especificativas con el relativo *el cual* (*la cual, los cuales, las cuales*).

Los chicos con los cuales estuviste ayer han venido a buscarte./Esta es la casa en la cual he vivido siempre.

12. Escribe dos oraciones compuestas complejas en las que haya sendas oraciones adjetivas explicativas con el relativo *quien, quienes*.

Me encontré con tu hermano, quien me ayudó a subir la compra./Estuve con tus padres, quienes me contaron lo que había sucedido.

13. Escribe tres oraciones de relativo que no sean adjetivas.

Ahora que te veo, te recuerdo que cojas las llaves (que es un proadverbio)./Fui a tu casa, lo cual me llenó de alegría./De guapo que es, todas se enamoran de él (que es un proadjetivo).

14. Construye un enunciado constituido por una oración compuesta con conjunto oracional, en el que uno de los componentes sea una oración de relativo no adjetiva.

Me voy de vacaciones en agosto, que es lo normal.

15. Construye dos oraciones compuestas complejas en las que haya sendos complementos circunstanciales de lugar oracionales, otras

dos con complementos circunstanciales de tiempo oracionales y otras dos con complementos circunstanciales de modo oracionales.

Complementos de lugar: *Llegué hasta donde me permitieron mis fuerzas./Vivo donde se acaba el pueblo.*

Complementos de tiempo: *Voy sacando el coche mientras te arreglas./Avísame cuando hayas terminado.*

Complementos de modo: *Encontré la casa como la dejé./He ordenado los papeles conforme me dijiste.*

16. Escribe sendas oraciones subordinadas temporales con los nexos *conforme*, *apenas*, *nada más que*, *en cuanto*.

Conforme salí de casa, empezó a llover./Apenas te fuiste, llegó Juan./Nada más que llegue a casa, me meto en la cama./En cuanto sepas algo, dímelo, por favor.

17. Indica la diferencia sintáctico-semántica entre las oraciones subordinadas de los siguientes enunciados:

- *La calle está según subes a la izquierda.*
- *Según vienes de la plaza, me compras el pan.*

La primera oración subordinada es una adverbial de lugar; se puede sustituir por un adverbio de lugar: *la calle está allí.* La segunda es una oración temporal que expresa simultaneidad, en un momento determinado, con lo expresado por el verbo principal.

18. Construye tres oraciones causales con *porque* y que no complementen al verbo principal de la oración.

Ya ha vuelto de la playa, porque está el coche en la puerta./Debe de estar enfermo, porque no ha venido a trabajar./Creo que está enfadado, porque no ha abierto la boca desde que ha llegado.

19. Construye tres oraciones causales cuyos nexos no sean *porque* ni *ya que*.

Como no quieres acompañarme, iré yo sola./Sé que no estuviste ayer, pues me lo dijo María./Puesto que no llovía, decidí ir a la playa.

EJERCICIOS DE FONÉTICA Y FONOLOGÍA

1. Indica los fonemas que corresponden a la letra *x* y a la letra *h*.

La letra *x* representa dos fonemas: /k/ + /s/. La letra *h* no representa ningún fonema.

2. Señala las letras que representan estos fonemas.

/θ/: *c*; *z* • /k/: *c*+*a, o, u*; *qu*+*e, i*; *k* • /g/: *g*+*a, o, u*; *gu*+*e, i* • /x/: *g*+*e, i*; *j* • /b/: *v*; *b*; *w* (en ocasiones) • /y/: *y*; *ll* (solo en zonas de yeísmo).

3. ¿Qué fonemas pueden representar las letras *y, c* y *g*?

La letra *y* puede representar los fonemas /i/ (*ley*) e /y/ (*ayer*). La letra *c* puede representar los fonemas /k/ (*roca, coche, cuadro*) y /θ/ (*cepo, racimo*). La letra *g* puede representar los fonemas /x/ (*gesto, régimen*) y /g/ (*gala, gota, agua, pingüino*).

4. Escribe las letras que representan los fonemas /č/ y /ļ/.

El fonema /č/ está representado en la escritura por el dígrafo *ch*. El fonema /ļ/ está representado en la escritura por el dígrafo *ll*.

5. Señala los objetos de estudio de la fonética y de la fonología.

La fonética se ocupa de la descripción de las cualidades físicas del sonido, de la producción y percepción del sonido, y analiza también las sílabas. La fonología se ocupa de analizar las relaciones que contraen los sonidos dentro de la lengua, o sea, los fonemas para diferenciar significados.

6. Explica por qué se suelen cometer faltas de ortografía con las letras.

La correspondencia entre las letras y los fonemas no es exacta; es decir, no todas las letras representan un solo fonema. Esto da lugar a una serie de desajustes que son la causa de las faltas de ortografía que se suelen cometer.

7. Busca contextos en que las siguientes oposiciones se neutralicen.

• /p///t/: Se neutralizan cuando aparecen delante de consonante no líquida. Por ejemplo: en *captar*, [kaḇtár], la *p* es un sonido intermedio [b] entre el fonema /p/ y el fonema /b/.

• /t///d/: Se neutralizan cuando aparecen delante de consonante que no sea *r*, y en posición final. Por ejemplo: en *atleta*, [aḏléta], la *t* es un sonido intermedio entre el fonema /t/ y el fonema /d/. Es una [ḏ] ensordecida.

• /r///r̄/: Se neutralizan en posición final de sílaba y de palabra. Por ejemplo: en *sacar*,

[sakár], la *r* se puede pronunciar como vibrante simple o múltiple, sin que afecte al significado de la palabra.

• /m///n/: Se neutralizan en posición final de sílaba y de palabra cuando preceden al fonema /b/. Por ejemplo: en *envío*, [embío], la *n* se puede pronunciar como una *m* sin que cambie el significado de la palabra. En *álbum*, [álbum], ocurre lo mismo.

8. Haz la trascripción fonética y la trascripción fonológica del texto propuesto en el ejercicio.

Fonética:

[ará kósa ðe ðóz méses • el noḇelísta xwampédro aparíθjo ḇíno a mi ðespáĉo • tomó asjénto. dexó kaér soḇre la mésa un líḇro • i me aḇrumó las espáldas kon úna kweştjóṇ ke por el ḇúlto jel péso se pareθía múĉo a úna pjéðra ðe molér]

Fonológica:

/ará kósa de dós méses el noḇelísta xuáN pédro aparício ḇíno a mi despáĉo tomó asiéNto dexó kaéR soḇre la mésa úN líḇro i me aḇrumó las espáldas koN úna kuestióN ke poR el búlto i el péso se pareθía múĉo a úna piédra de moléR/

9. Escribe palabras en las que aparezcan alófonos de los fonemas que indica el ejercicio.

• [ãṇĉóa]; [aŋgúŝtja]; [ĩmmedjáto]; [ĩɱfórme]; [eṇθíma]; [kóṇde]; [rána] • [maldeθír]; [kaḻθáða]; [koḻĉón]; [láḇjo] • [karízma]; [kásko]; [θéşto]; [deẓðíĉa] • [abaníko]; [ẽmbléma] • [rwéða]; [ãṇdén] • [agar̄ár]; [gáto].

10. Separa en sílabas las siguientes palabras.

• *vo-so-tros* • *co-he-sión* • *a-dhe-ren-te* • *ta-húr* • *cons-tric-ción* • *pers-pi-ca-cia* • *re-ú-no* • *i-nhi-bo* • *co-hí-bo* • [téks-to] • [as-fik-sia] • *vein-ti-séis* • *a-tes-ti-güéis* • *de-sha-cí-a-mos* • *ins-pi-ra-ción*.

11. Indica los diptongos, los triptongos y los hiatos que aparecen en estas palabras.

• *pie*: diptongo • *píe*: hiato • *lío*: hiato • *lió*: hiato • *tahona*: hiato • *vehículo*: hiato • *transeúnte*: hiato • *cláusula*: diptongo • *farmacéutico*: diptongo • *limpiáis*: triptongo • *reíais*: hiato: e-í-a; diptongo: ai • *heroico*: diptongo • *héroe*: hay un hiato, aunque en la pronunciación espontánea se suele convertir en diptongo • *pétreo*: hay un hiato, aunque en la pronunciación espontánea se suele convertir en diptongo • *buey*: triptongo • *fauna*: diptongo • *ciudadanía*: diptongo (iu); hiato (ía) • *meteoro*: hay un hiato, aunque en la pronunciación espontánea se suele convertir en diptongo • *rubéola:* hiato • *geranio:* diptongo.

EJERCICIOS DE ORTOGRAFÍA

1. Pon o no, según la norma, una *h* en donde corresponda:

- hincapié
- exhalación
- halago
- inhóspito
- exhibición
- mohín
- cohesión
- vehículo
- desahuciar
- exuberante
- exhortar
- ovalado
- inhibición
- transeúnte
- adherencia
- enhebrar

2. Pon *b* o *v*, según la norma, donde corresponda:

- bóveda
- exuberante
- absorber
- avalancha
- convidar
- cohibía
- prohibió
- válvula
- herbívoro
- verbena
- deber
- combinar
- inhibiste
- gravamen

3. Coloca donde sean necesarias las letras *g*, *j* o el dígrafo *gu* según la norma (en caso necesario, pon también la diéresis):

- extranjero
- ingerir
- gitano
- pedagógico
- conduje
- lengüeta
- injerencia
- ingestión
- paradójico
- coger
- cónyuge
- lingüista

4. Pon las letras *s* o *x*, según dicte la norma, en estas palabras:

- extranjero
- asfixia
- espectáculo
- eximio
- estructura
- síntesis
- explicar
- estentóreo
- estridente
- espontáneo
- expectación
- espectador
- exquisito
- sintaxis
- tesis
- clímax
- escéptico
- exhausto

5. ¿Cuáles de estas palabras pueden escribirse indistintamente con *c* y *z*?

- zigzag
- cinc
- zebra
- zipizape
- eczema
- cenit

- cabecero
- zéjel

Cinc, eczema y *cenit* pueden escribirse indistintamente con *c* y *z*: *cinc/zinc, eczema/eccema, cenit/zenit.*

6. Pon *c* o *cc*, según la norma, en las palabras siguientes:

- sujeción
- adición (suma)
- inflación
- aflicción
- abstracción
- contrición
- fruición
- adicción (de *adicto*)
- infracción
- inspección
- discreción
- satisfacción

7. Pon la palabra que corresponda de los pares siguientes: *halla/haya, calló/cayó, rallar/rayar, rallo/rayo, valla/vaya.*

- El que busca halla.
- ¡Ojalá haya quien encuentre el dinero!
- Una piedra cayó del tejado.
- El niño lloraba, pero al ver a su madre se calló.
- Este producto puede rayar la pared.
- Voy a rallar pan para unos filetes.
- Salió de casa como un rayo.
- A veces rallo el pan.
- Tal vez vaya mañana a saltar la valla.

8. Escribe *ll* o *y* según corresponda:

- yendo
- hallazgo
- boya
- boyante
- reyerta
- bayeta
- escayola
- subrayar

9. Escribe *r* o *rr* según corresponda:

- desriñonar
- altorrelieve
- honra
- virrey
- enraizar
- antirromano
- irrupción
- subrogar

10. Pon diéresis en las palabras que lo necesiten:

- siguientes
- antigualla
- averigüemos
- contigüidad
- antigüedad
- averiguo
- contiguo
- antiguo

11. Elige de entre *porque, por que, porqué* y *por qué* según corresponda:

- No sé *por qué* preguntas siempre el *porqué* de las cosas.

531

- El gobierno aboga **por que/porque** se privatice esa empresa.
- ¿No habéis aprobado **porque** habéis tenido mala suerte?
- **¿Por qué** tengo que decirte la razón **por que** me eligieron concejal?

12. Coloca tilde en las palabras siguientes que la necesiten:

- averiguabais • veintiséis • transeúnte • bíceps • álbum • raíz • raíces • vio • ti • hincapié • puntapié • decimotercero • frágilmente • da • clímax • regímenes • insinúo • adecua • evacuo • huisteis • estándar • accésit • superávit • cuórum • interviú • íbamos • tráigame.

13. Pon la tilde en el monosílabo que la necesite:

- No sé si él lo hizo a propósito.
- Quiero saber si te dijo que sí a ti.
- A él no le gusta el vino, pero a mí sí.
- Tengo para mí que a Juan le gusta el té.
- Tal vez me dé por irme a tu casa.
- Tú sabes muy bien qué he hecho, mas no quieres decirlo.
- Ya no quiero dar más dinero.
- Sé simpático con los demás.

14. Coloca los signos de puntuación en los enunciados siguientes:

- No te quedes ahí, Felipe, te puedes enfriar.

- Los complementos del verbo son los siguientes: el directo, el indirecto, el circunstancial, etc.
- Tú eres muy listo, ¿crees que no me iba a enterar?
- Yo, que soy un obrero, he conseguido una cosa: sacar adelante a mis hijos.
- Cuando voy al colegio... ¿sabes?... me pongo nervioso y... ¿me entiendes?... me entra como angustia y..., bueno, es mejor cambiar de tema, ¿no crees?
- Oye, tú, ¿por qué me has dicho: «No tienes vergüenza»?

15. Puntúa debidamente el texto siguiente:

Y ahora, al hotel. Un Mercedes último modelo aguarda a la señorita Mulder, escoltada ya por su agente y Namo de la Peña, en nombre de Zoypes, la casa que la ha elegido como madrina de su línea más joven [...].

«Pero... ¿de dónde ha salido esta mujer?», pregunta el personal que la atiende.

Todo lo pide por favor; no desea ni caviar, ni champán, ni tan siquiera un gin-tonic; no se ha empeñado en cambiar la decoración de la habitación; se disculpa antes de contestar el móvil [...]. La rubia con clase (así la llaman) está feliz de encontrarse en España otra vez (y ya van tres). Al parecer, nuestro país goza de gran reputación.

Observación: también cabe otra puntuación en el renglón cuarto:

—Pero... ¿de dónde ha salido esta mujer? —pregunta el personal que la atiende.

Índice temático

C